Die Dogmatik der konkludenten Täuschung

Europäische Hochschulschriften
Publications Universitaires Européennes
European University Studies

Reihe II
Rechtswissenschaft

Série II Series II
Droit
Law

Bd./Vol. 3100

PETER LANG
Frankfurt am Main · Berlin · Bern · Bruxelles · New York · Oxford · Wien

Michael Gauger

Die Dogmatik der konkludenten Täuschung

Zugleich eine Abhandlung über die Täuschungshandlung des Betrugstatbestands

PETER LANG
Europäischer Verlag der Wissenschaften

Die Deutsche Bibliothek - CIP-Einheitsaufnahme

Gauger, Michael:

Die Dogmatik der konkludenten Täuschung : zugleich eine Abhandlung über die Täuschungshandlung des Betrugstatbestands / Michael Gauger. - Frankfurt am Main ; Berlin ; Bern ; Bruxelles ; New York ; Oxford ; Wien : Lang, 2001
(Europäische Hochschulschriften : Reihe 2, Rechtswissenschaft ; Bd. 3100)
Zugl.: Hamburg, Univ., Diss., 2000
ISBN 3-631-37657-X

D 18
ISSN 0531-7312
ISBN 3-631-37657-X

Meinem Vater
(1925 – 1999)

Vorwort

Die vorliegende Arbeit wurde im Sommersemester 2000 vom Fachbereich Rechtswissenschaft der Universität Hamburg als Dissertation angenommen.

Mein aufrichtiger Dank gilt meinem Doktorvater, Herrn Prof. Dr. Kurt Seelmann, der die Untersuchung des vorliegenden Themas angeregt und die Arbeit auch über die räumliche Distanz zwischen Hamburg und Basel hinweg engagiert betreut hat. Seine geduldige und fürsorgliche Doktorandenbetreuung sowie seine stets aufmunternde Kritik haben wesentlich zum Gelingen dieser Arbeit beigetragen. Mein Dank richtet sich auch an Herrn Prof. Dr. Uwe Hansen für die zügige Anfertigung des Zweitgutachtens.

Danken möchte ich ferner meiner Frau Kari sowie meinem Freund und Sozietätspartner, Herrn Rechtsanwalt Jörg Hintz.

Mein ganz besonderer Dank gilt meinen Eltern, die mich während meiner gesamten Ausbildung in jeder Hinsicht unterstützt und gefördert haben. Mit ihrer steten Unterstützung haben sie mir eine Entwicklung ermöglicht, die ihnen selbst verwehrt geblieben ist.

Gewidmet ist diese Arbeit meinem Vater, der die Fertigstellung der Arbeit leider nicht mehr erleben konnte. Über den erfolgreichen Abschluß meines Promotionsvorhabens wäre er stolz gewesen.

Hamburg, November 2000 *Michael Gauger*

Inhaltsverzeichnis

Abkürzungsverzeichnis

a. A.	andere Ansicht
a.a.O.	am angegebenen Ort
AcP	Archiv für die civilistische Praxis
a. F.	alte Fassung
AG	Amtsgericht
Amtl. Begr.	Amtliche Begründung
Anm.	Anmerkung
AK	Alternativkommentar
Alt.	
AOK	Allgemeine Ortskrankenkasse
AP	Arbeitsrechtliche Praxis
ArchCrimR N. F.	Archiv des Criminalrechts, Neue Folge zitiert nach Jahrgang und Seite
ArchKrim	Archiv für Kriminologie
Art.	Artikel
AT	Allgemeiner Teil
Aufl.	Auflage
BAG	Bundesarbeitsgericht
BayOblGSt.	Bayerisches Oberstes Landesgericht in Strafsachen
Bd.	Band
BB	Betriebs-Berater, zit. nach Jafrgang und Seite
BGB	Bürgerliches Gesetzbuch vom 18.8.1896.
BGE	Bundesgerichtsentscheid, zitiert nach Entscheidungen des Schweizerischen Bundesgerichts, Amtliche Sammlung
BGH	Bundesgerichtshof
BGHR	BGH-Rechtsprechnung Strafsachen
BGHSt.	Entscheidungen des Bundesgerichtshofs in Strafsachen, zit. nach Band und Seite
BGHZ	Entscheidungen des Bundesgerichtshofs in Zivilsachen, zit. nach Band und Seite
Bl.	Blatt
BT	Besonderer Teil
BVerfGE	Entscheidungen des Bundesverfassungsgerichts, zit. nach Band und Seite
bzw.	beziehungsweise

ders.	derselbe
d. h.	das heißt
dies.	dieselbe (n)
Diss.	Dissertation
Einf.	Einführung
E.	Entwurf
etc.	et cetera
EvBl.	Evidenzblatt für Rechtsmittelentscheidungen
f.	folgender, folgende, folgendes
ff.	folgende
FN.	Fußnote
FS	Festschrift
GA	Goltdammers Archiv für Strafrecht, zitiert nach Jahrgang und Seite.
GG	Grundgesetz für die Bundesrepublik Deutschland
GK	Gemeinschaftskommentar
GmbHG	Gesetz betreffend die Gesellschaften mit beschränkter Haftung
GWB	Gesetz gegen Wettbewerbsbeschränkungen
HGB	Handelsgesetzbuch
h. M.	herrschende Meinung
i.e.S.	im engeren Sinne
i.d.R.	in der Regel
i.d.S.	in diesem Sinne
i. S.	im Sinne
i.S.d.	im Sinne des
i.S.e.	im Sinne einer
i.V.m.	in Verbindung mit
JA	Juristische Arbeitsblätter, zit. nach Jahrgang und Seite
JR	Juristische Rundschau, zit. nach Jahrgang und Seite
JuS	Juristische Schulung, zit. nach Jahrgang und Seite

JW	Juristische Wochenschrift, zit. nach Jahrgang und Seite
JZ	Juristenzeitung, zit. nach Jahrgang und Seite
KGSt.	Kammergericht in Strafsachen
krit.	kritisch
Lb.	Lehrbuch
LG	Landgericht
LGSt.	Landgericht in Strafsachen
LH	Lehrbuch
LK	Strafgesetzbuch
LM	Nachschlagewerk des BGH, herausgegeben von Lindenmaier-Möhring
MDR	Monatsschrift für Deutsches Recht, zit. nach Jahrgang und Seite
m.N.	mit Nachweisen
MSchKrim	Monatsschrift für Kriminologie und Strafrechts reform
MüKo	Münchener Kommentar zum Bürgerlichen Gesetzbuch
m.w.N.	mit weiteren Nachweisen
Nachw.	Nachweis (e)
NJW	Neue Juristische Wochenschrift, zit. nach Jahrgang und Seite
NJW-RR	Neue Juristische Wochenschrift- Rechtsprechungs-Report Zivilrecht, zit. nach Jahr und Seite
N.K.	Nomos Kommentar zum Strafgesetzbuch
Nr.	Nummer
NStE.	Neue Entscheidungssammlung für Strafrecht
NStZ	Neue Zeitschrift für Strafrecht, zit. nach Jahr gang und Seite
OGH	Oberster Gerichtshof in Wien
OGH SST	Oberster Gerichtshof (Österreich), Sammlung strafrechtlicher Entscheidungen
OLGSt.	Entscheidungen der Oberlandesgerichte zum Straf- und Strafverfahrensrecht

Pr.StGB	Preußisches Strafgesetzbuch
Rdn.	Randnote
RGBl	Reichgesetzblatt ohne Ziffer
RGRK	Das Bürgerliche Gesetzbuch mit besonderer Berücksichtigung der Rechtsprechung, des Reichsgerichts und des Bundesgerichtshofes (BGB-Kommentar)
RGSt.	Entscheidungen des Reichsgerichts in Strafsachen
RStGB	Strafgesetzbuch für das Deutsche Reich
S.	Seite
SchwZStrR	Schweizerische Zeitschrift für Strafrecht
scil.	scilicet
SK	Systematischer Kommentar zum Strafgesetzbuch
sog.	sogenannt
StGB	Strafgesetzbuch
StPO	Strafprozeßordnung.
StR	Strafrecht
str.	streitig
StrV.	Strafverteidiger (Zeitschrift) zit. nach Jahrgang und Seite
u.	und
u.a.	und andere
Urt.	Urteil
usw.	und so weiter
v.	vom oder von
vgl.	vergleiche
Vor.	Vorbemerkung
VRS	Verkehrsrechts-Sammlung, zit. nach Band und Seite
wistra	Zeitschrift für Wirtschaft. Steuer. Strafrecht, zit. nach Jahrgang und Seite
WM	Wertpapier-Mitteilungen Teil IV. Zeitschrift für Wirtschafts- und Bankrecht, zit. nach Jahrgang und Seite

z. B.	zum Beispiel
ZfA	Zeitschrift für Arbeitsrecht, zit. nach Jahrgang und Seite
ZIP	Zeitschrift für Wirtschaftsrecht, zit. nach Jahrgang und Seite
zit.	zitiert
ZRP	Zeitschrift für Rechtspolitik, zit. nach Jahrgang und Seite
ZStW	Zeitschrift für die gesamte Strafrechtswissenschaft, zit. nach Band und Seite

Einleitung

I. Gegenstand und Relevanz der Untersuchung

Gegenstand der Untersuchung ist die Täuschungshandlung des Betrugstatbestandes, insbesondere in der Erscheinungsform der sogenannten konkludenten Täuschung.

Anstelle der gesetzlichen Aufgliederung der Täuschungshandlung in Vorspiegeln, Entstellen oder Unterdrücken von Tatsachen hat sich heute überwiegend eine Einteilung des Täuschungsbegriffs etabliert, wonach begrifflich zwischen drei Täuschungsmodalitäten unterschieden wird: a) der ausdrücklichen Täuschung, b) der konkludenten Täuschung und c) einer Täuschung durch unterlassene Aufklärung.
Ausdrückliche und konkludente Täuschung bilden dabei den Bereich der aktiven Begehung, die Täuschung durch unterlassene Aufklärung den Bereich des unechten Unterlassens. Letzteres freilich nur insoweit, als man einen Betrug durch Unterlassen überhaupt anerkennt.

In der Praxis wirft diese begriffliche Unterscheidung der einzelnen Täuschungsmodalitäten häufig schwerwiegende Abgrenzungsprobleme auf. Dies gilt zum einen für die Unterscheidung von ausdrücklicher und konkludenter Täuschung, besondere Schwierigkeiten aber bereitet die Abgrenzung von konkludenter Täuschung und Täuschung durch unterlassene Aufklärung. Während eine Unterscheidung von ausdrücklicher und konkludenter Täuschung teilweise für entbehrlich gehalten wird, da beide Varianten Erscheinungsformen der aktiven Täuschungshandlung darstellen[1], liegen die Gründe, die eine klare Abgrenzbarkeit von konkludenter Täuschung und Täuschung durch unterlassene Aufklärung als unversichtbar erscheinen lassen, auf der Hand: Zwischen diesen beiden Täuschungsmodalitäten verläuft die Grenze von aktiver Begehung und unechtem Unterlassen. Gelangt der Tatrichter zu einer Bewertung des Täterverhaltens als Unterlassung, müssen für eine Bestrafung die Merkmale des § 13 I[*], insbesondere also die Voraussetzungen einer Garantenpflicht, vorliegen. Zudem besteht im Falle der Unterlassungstat die Möglichkeit einer Strafmilderung gemäß § 49 I.

Damit zeigt sich, daß die konkludente Täuschung innerhalb des Täuschungsbegriffs eine zentrale Stellung einnimmt. Die Problematik, die sich der Strafrechtswissenschaft in diesen Bereich stellt, erschöpft sich jedoch keineswegs in

---

[1] So etwa *Kühne*, Geschäftstüchtigkeit, S. 15 ff.
[*] §§ ohne Gesetzangabe sind solche des StGB.

einem reinen Abgrenzungsproblem. Denn obwohl weithin anerkannt ist, daß es neben der ausdrücklichen Täuschung noch eine weitere Erscheinungsform der aktiven Täuschung gibt, sind sowohl deren gegenständlicher Bereich als auch die Frage, nach welchen allgemeinen Kriterien das Vorliegen einer konkludenten Täuschung zu beurteilen ist, heftig umstritten. Teilweise wird auch im Hinblick auf Art. 103 II GG der Vorwurf erhoben, der Begriff der konkludenten Täuschung nehme erst vor dem Hintergrund seiner Kasuistik erkennbare Konturen an und sei für sich genommen nicht in der Lage, eine klare Trennungslinie zwischen strafbarem und straflosem Verhalten zu ziehen[2].

Ziel der nachfolgenden Untersuchung ist es, die konkludente Täuschung dogmatisch zu erfassen. Dabei wird vor allem die Konzeption der herrschenden Meinung, die bei der Ermittlung der konkludenten Täuschung darauf abstellt, ob dem Täterverhalten ein »Erklärungswert« zukommt, einer kritischen Würdigung unterzogen werden. Ferner wird zu untersuchen sein, inwieweit sich die Konzeption der herrschenden Meinung widerspruchsfrei in ein alle Täuschungsmodalitäten berücksichtigendes Gesamtsystem integrieren läßt. Insofern versteht sich die Arbeit nicht nur als Beitrag zur Problematik der konkludenten Täuschung, sondern darüber hinaus als allgemeiner Beitrag zur Täuschungshandlung des Betrugstatbestandes.

II. Die Funktion und rechtspolitische Bedeutung von Betrug und Täuschungshandlung

1. Der Betrug als *listiger* Eingriff in fremdes Vermögen

Die Vermögensdelikte im engeren Sinne schützen das Vermögen als Ganzes vor Schädigungen. Der strafrechtliche Vermögensschutz ist jedoch nicht allumfassend, das folgt schon aus der notwendig fragmentarischen Natur des Strafrechts. Dem Prinzip der Subsidiarität des strafrechtlichen Rechtsgüterschutzes wird bei den Vermögensdelikten im engeren Sinne dadurch Rechnung getragen, daß nicht jedwede Vermögensschädigungen strafbedroht sind, sondern nur solche, die durch bestimmte, besonderes verwerflich erscheinende Angriffsformen erfolgen. So verbieten die §§ 266, 291 das Ausnutzen einer bestimmten vorgefundenen Situation[3], in der das fremde Vermögen schutzlos dem Zugriff des

---

[2] Vgl. i.d.S. *Tönnies*, S. 17 und passim; *Reese*, S. 23 f.; ähnlich *Samson/Günther*, SK, § 263, Rdn 27; *Samson*, Strafrecht II, S. 139.

[3] Vgl. *Samson/Günther*, SK, § 263 Rdn. 1.

Täters ausgeliefert ist[4]. Der Erpresser dagegen findet keine die Vermögensschädigung begünstigende Situation vor, sondern er führt eine solche erst herbei, indem er Nötigungsmittel einsetzt und damit das Opfer entgegen dessen eigentlichem Willen zu einer selbstschädigenden Vermögensverfügung zwingt.

Beim Betrug ist das Opfer zwar in der Regel fähig und auch, zumindest latent, willig, sein Vermögen vor Schädigungen zu bewahren, anders als bei der Erpressung kommt es jedoch zu keiner offenen Konfrontation zwischen Schädigungswillen des Täters und Abwehrwillen des Opfers. Dem Täter gelingt es vielmehr, seine vermögensschädigende Willensrichtung zu verbergen und damit den Abwehrwillen des Opfers geschickt zu umgehen. Die eigentliche Besonderheit des Betrugs aber liegt in der *notwendigen Teilnahme* des Opfers an der Verwirklichung des Tatbestandes. Der Täter dringt nicht gewaltsam von außen in die rechtlich geschützte Vermögensphäre seines Opfers ein, sondern er bedient sich einer *List,* um das fremde Vermögen von *innen heraus* zu schädigen. Das Opfer wird dabei irrtumsbedingt zu einem Werkzeug gegen sich selbst. Die betrugsspezifische Angriffsform auf das geschützte Rechtsgut Ver-mögen läßt sich somit als *listiger Eingriff* in fremdes Vermögen charakterisieren.

2. Geschäftstüchtigkeit - zivilrechtsrelevante Unredlichkeit - strafbarer Betrug

Bei einer Reihe von Tatbeständen des Besondren Teils besteht ein Machtgefälle zwischen Täter und Opfer, aus dem heraus die Tat überhaupt erst möglich wird [5].

Wissen ist Macht. In diesem Sinne besteht auch beim Betrug ein solches Machtgefälle, denn es ist die Macht des Wissenvorsprungs, die der Täter einsetzt, um sich auf Kosten des Opfers zu bereichern. Das Nutzbarmachen einer solchen Wissensüberlegenheit kann für sich genommen jedoch ebensowenig strafbedroht sein, wie das Streben nach Gewinn, welches sich in einer wettbewerbsorientierten Gesellschaft als legitime Motivation eines jeden wirtschaftlich Handelnden darstellt [6].

---

[4] Bei § 291 ist der Vermögensinhaber aufgrund einer spezifischen Schwäche nicht in der Lage, sein Vermögen vor dem Angriff des Wucherers zu schützen (vgl. hierzu *Kindhäuser*, zur Struktur des Wuchertatbestandes, NStZ 1994, S. 105 ff.). Im Falle der Untreue ermöglicht das Opfer dem Täter den Zugriff auf sein Vermögen, weil es ihm besonders vertraut und glaubt, gerade seitens des Täters keine Vermögensschädigungen befürchten zu müssen.

[5] So kann aufgrund seiner Machtposition der Erpresser das Opfer zu einer schädigenden Vermögensverfügung zwingen oder der Nötiger dem Opfer seinen Willen aufdrängen.

[6] Vgl. *Arzt/Weber*, LH, Rdn. 399: "Das Ausnutzen besseren Wissens zur Gewinnerzielung kann die Rechtsordnung grundsätzlich nicht verbieten, weil es sonst nicht mehr interessant wäre, sich um Wissen (Wissenvorsprünge) zu bemühen".

Daß derjenige, der mehr weiß als andere, im *freien Spiel der Kräfte* oftmals auch als Gewinner dasteht, gehört zu den Grundprinzipien unserer freien (sozialen) Marktwirtschaft. Dem Gewinn auf der einen Seite steht dabei häufig ein Vermögensdefizit auf der anderen Seite gegenüber. Mit der Strafbarkeit des Betruges stellt sich damit zugleich die Frage nach der Abgrenzung von wohlverdientem, aus Geschäftstüchtigkeit herrührendem Gewinn und strafbarer Vermögensschädigung. Aus dem subsidiären Charakter des Strafrechts folgt, daß nicht jede Vertragsverletzung oder Abweichung von den Gepflogenheiten des Geschäftsverkehrs zugleich auch strafbedroht sein kann, sondern dem Betrug vielmehr nur jene Verhaltensweisen vorbehalten sind, die sich als sozial unerträgliche Übervorteilung erweisen. Es muß also zwischen drei möglichen Formen der Vermögensschädigung differenziert werden: Der systemimmanenten Vermögensschädigung, einer nur zivilrechtsrelevanten "ungerechtfertigten Bereicherung" und dem strafbaren Betrug.

3. Die Bedeutung der Täuschungshandlung innerhalb der Betrugsmerkmale

Die Natur des Betruges als eines Selbstschädigungsdeliktes bringt es mit sich, daß der Täter auf das tatbestandsmäßige Geschehen nur mittelbar Einfluß nimmt[7]. Auslösendes Moment für die irrtumsbedingte Selbstschädigung des Opfers ist die Täuschungshandlung. Sie ist zugleich das einzige Merkmal des äußeren Tatbestandes, welches vom Täter selbst verwirklicht wird. In ihr entlädt sich die kriminelle Energie des Täters. Ist die Täuschungshandlung erfolgreich, agiert das Opfer wie der Täter es will und wird zu einem Werkzeug gegen sich selbst. Die Täuschungshandlung ist mithin der vom Täter ausgehende kriminelle Impuls zur Verwirklichung des Tatbestandes. Da nicht jede in Bereicherungsabsicht bewirkte Vermögensschädigung als Betrug strafbar ist[8], kommt dem Merkmal der Täuschungshandlung die Funktion zu, ein Kriterium dafür zu liefern, welche der Verhaltensweisen, die zu einer Vermögensschädigung führen, mit der ultima ratio des Strafrechts sanktioniert werden sollen.

---

[7] Vgl. hierzu *Zimmerl*, ZStW 49, S. 39 ff., 53,54; *Schroeder*, ZStW 60, S. 3 ff., 70; *Cramer*, Vermögensbegriff, S. 206 f.

[8] Vgl. oben unter II.

1. Teil: Der Täuschungsbegriff – Erörterung der Grundlagen

A. Der Gesetzeswortlaut

Ausgangspunkt aller Erörterungen zum Täuschungsbegriff muß der Wortlaut des § 263 I sein. Das Gesetz umschreibt die Täuschungshandlung als Vorspiegelung falscher, Entstellung oder Unterdrückung wahrer Tatsachen, wodurch ein Irrtum erregt oder unterhalten wird.

Die Ausdrucksweise des Gesetzes gilt gemeinhin als sprachlogisch verfehlt und gesetzestechnisch mißlungen[9]. So können Tatsachen existieren bzw. nicht existieren, sie können aber nicht "falsch" sein. Die Beziehung "wahre" Tatsache dagegen ist pleonastisch, da es der Gegebenheit einer jeden Tatsache entspricht, daß sie wahr ist[10]. Die im Gesetzeswortlaut genannten Modalitäten "Vorspiegeln", "Entstellen" und "Unterdrücken" bezeichnen keine heterogenen Handlungsalternativen, sondern gehen konturenlos ineinander über und lassen sich, je nach Blickwinkel des Betrachters, beliebig miteinander vertauschen[11]. Sie werden daher heute allgemein als für das Strafrecht unbrauchbar empfunden[12]. Trotz dieser sprachlichen Unzulänglichkeiten lassen sich dem Gesetzeswortlaut jedoch zwei für die Täuschungshandlung grundlegende Wertungen entnehmen: Die Täuschungshandlung muß zur Herbeiführung eines tatbestandmäßigen Zwischenerfolgs[13] führen, der in einer Irrtumserregung bzw. Irrtumsunterhaltung besteht. Des weiteren gehört der Betrugstatbestand zu den verhaltensgebundenen Delikten. Das Erregen bzw. Unterhalten eines Irrtums ist nicht schlechthin, sondern nur insoweit betrugsrelevant, als es auf bestimmte Art und Weise erfolgt.

---

9 Statt vieler: *Lackner*, LK, § 263, Rdn 9.; vgl. auch die amtliche Begründung zum E 62, S. 423.

10 Maurach/Schroeder-Maiwald; BT 1, § 41, Rdn. 25.

11 Schon bei *Binding* findet sich der Hinweis (vgl. *Binding* BT 1, S. 340): "Wenn das Gesetzbuch in § 263 der Vorspiegelung falscher die Entstellung und Unterdrückung wahrer Tatsachen zustellt, so ist das nur eine scheinbare Vermehrung der Mittel. Denn die entstellte wahre Tatsache ist eine falsche, und die Unterdrückung einer wahren Tatsache ist die Vorspiegelung einer falschen Tatsache, im Gewande der unterlassenen Mitteilung der wahren".

12 Vgl. nur *Schönke/Schröder-Cramer*, § 263, Rdn. 7.

13 Gegenstand der Untersuchung die Täuschungshandlung ist, wird im folgenden jener tatbestandsmäßige Zwischenerfolg als Handlungserfolg bezeichnet.

B. Der (unmittelbare) Täuschungserfolg: Erregen bzw. Unterhalten eines Irrtums

Im folgenden soll der im Gesetz als Irrtumserregung bzw. Irrtumsunterhaltung bezeichnete Handlungserfolg untersucht werden. Zunächst ist hierzu der Begriff des Irrtums zu klären.

I. Der Irrtum

Der Irrtum im Rahmen des Betrugstatbestandes wird üblicherweise als das Auseinanderfallen von Vorstellung und Wirklichkeit definiert[14]. Die Schwierigkeiten, die sich ergeben, wenn man versucht, das Irrtumsmerkmal genau zu erfassen, ergeben sich daraus, daß der Irrtum einen tatbestandlichen Erfolg bezeichnet, der nicht in einer physischen Veränderung der Außenwelt, sondern einem psychischen Phänomen besteht.

1. Tatsachen als Gegenstand des Irrtums

Eine erste Einschränkung des Irrtumsbegriffs folgt aus dem Gesetz selbst: Gemäß § 263 I ist das Auseinanderfallen von Vorstellung und Wirklichkeit nur insoweit betrugsrelevant, als es sich auf Tatsachen bezieht. Der Tatsachenbegriff wird entscheidend geprägt durch die Unterscheidung von Tatsachen und Werturteilen. Unter Tatsachen werden im allgemeinen vergangene oder gegenwärtige Geschehnisse oder Zustände verstanden[15]. Dabei sollen nach ganz herrschender Meinung nicht nur Erscheinungen der Außenwelt, sondern auch psychische Gegebenheiten und Zustände wie Absichten, Wissen und Überzeugungen als sogenannte innere Tatsachen erfaßt sein[16]. Reine Werturteile oder subjektive Meinungsäußerungen werden dagegen nicht zu den Tatsachen gezählt[17].

Bei der Abgrenzung von Tatsachen und Werturteilen wird überwiegend, in Anlehnung an das Beleidigungsrecht, darauf abgestellt, daß Tatsachen objektivierbar und damit dem Beweis zugänglich seien, während es sich bei Urteilen oder Meinungsäußerungen um subjektive, persönliche Wertungen handele[18].

---

14 *Samson/Günther*, SK, § 263, Rdn. 49; *Lackner*, LK, Rdn. 73; *Schönke/Schröder-Cramer*. a.a.O., Rdn. 33; *Tröndle/Fischer*, § 263, Rdn. 18.

15 *Lackner*, LK, Rdn. 10; *Schönke/Schröder-Cramer*, a.a.O., Rdn. 8 m.w.N.

16 *Lackner*, a.a.O., Rdn. 11; *Schönke/Schröder-Cramer*, a.a.O., Rdn. 10; BGHSt 15, S. 24. Abweichend lediglich *Naucke*, Betrug, S. 111, 214.Vgl. ferner *Graul*, JZ 1995, S. 595 ff. (598 ff.), die auch Erfahrungs- und Rechtsätze mit in den Täuschungsbegriff aufnehmen will.

17 *Lackner*,a.a.O., Rdn. 12.

18 *Schönke/Schröder-Cramer*, Rdn. 9 m.w.N.

Dieser Grundsatz erfährt jedoch eine Reihe von Einschränkungen und Ausnahmen, so daß stark bezweifelt werden muß, ob es sich bei der Unterscheidung der beiden Begriffspaare um eine brauchbare dogmatische Konzeption handelt[19]. So ist zum einen anerkannt, daß Werturteile einen Tatsachenkern enthalten und insoweit unter den Tatsachenbegriff fallen können[20]. Darüber hinaus werden selbst reine Werturteile als Tatsachenbehauptungen anerkannt, wenn der Erklärende eine besondere Fachkompetenz besitzt oder der Erklärungsgegner nicht in der Lage ist, die tatsächlichen Grundlagen des Werturteils nachzuprüfen[21]. Insgesamt bereitet die Abgrenzung von Tatsachen und Werturteilen, Rechtsprechung und Literatur erhebliche Schwierigkeiten, was sich unter anderem auch darin äußert, daß stets betont wird, die Grenzen zwischen beiden Kategorien seien fließend[22].

Wie *Ellmer*[23] überzeugend dargelegt hat, geht es bei der Unterscheidung von Tatsachen und Werturteilen um den Gedanken des Vetrauensschutzes, also letztendlich darum, jene Fälle aus dem Betrugstatbestand auszuscheiden, in denen das Opfer extrem leichtgläubig auf eine Entscheidungsgrundlage vertraut hat. Nur vor dem Hintergrund des Vertrauensschutzgedankens lasse sich erklären, daß reklamehafte Anpreisungen wie "bestes Waschmittel der Welt", "meistgelesene Illustrierte", nicht zu den Tatsachenbehauptungen gerechnet würden (obwohl auch ihnen ein objektivierbarer Tatsachenkern innewohnt), während man andererseits reine Werturteile dem Tatsachenbegriff unterstelle, sofern der Erklärende besondere Fachkompetenz besitzt bzw. der Erklärungsgegner nicht in der Lage ist, die tatsächlichen Grundlagen des Werturteils nachzuprüfen.

Die Richtigkeit dieser Überlegungen zeigt sich, wenn man danach fragt, warum der betrugsrelevante Irrtum auf Tatsachenirrtümer beschränkt ist. Der Irrtum stellt im Gefüge des Betrugstatbestandes das Bindeglied zwischen Täuschung und Vermögensverfügung dar. Er ist mithin das der Vermögensverfügung zugrundeliegende Motiv. Mit der Beschränkung auf Tatsachenirrtümer bringt das Gesetz zum Ausdruck, daß nur bestimmte Motivationslagen betrugsrelevant sind und das Opfer nicht auf jede ihm gelieferte Entscheidungsgrundlage vertrauen darf. Die Funktion des Tatsachenmerkmals besteht somit in einer tatbestandsimmanenten

---

19 *Samson/Günther*, SK, § 263, Rdn. 18.

20 *Lackner*, LK, Rdn. 11; *Schönke/Schröder-Cramer*, a.a.O., Rdn. 9; jeweils mit umfangreichen weiteren Nachweisen.

21 *Schröder*, JR, 1958, S. 106; *Lackner*, Rdn. 11 am Ende; *Schönke/Schröder-Cramer*, Rdn. 10; OLG Stuttgart NJW 1979, S. 2574.

22 *Lackner*, a.a.O; *Schönke/Schröder-Cramer* a.a.O., *Maurach/Schroeder-Maiwald*, BT 1, § 41 II, Rdn. 31; *Wessels/Hillenkamp*, BT 2, Rdn. 496.

23 *Ellmer*, Opfermitverantwortung, S. 90 ff.; zustimmend *Arzt*, LH 3, Rdn. 397 und FN 8; vgl. auch *Samson/Günther*, SK, § 263, Rdn. 18; *Samson*, JA, 1978, S. 469, 471; sowie *Lackner* a.a.O., FN. 30.

Schutzbegrenzung, womit zugleich deutlich wird, daß durch eine Definition der Tatsache die Grenzen des Betrugstatbestandes mitbestimmt werden. Wo der Schutz des Strafrechts eingreift und auf die gelieferte Entscheidungsgrundlage vertraut werden darf, kann aber nicht von der formalen Abgrenzung zweier Begriffe abhängen, sondern muß normativ am Sinn und Zweck des Tatbestandsmerkmals »*Tatsache*« orientiert sein. Man sollte sich daher offen zu einer teleologischen Auslegung des Merkmals »*Tatsache*« bekennen, was, zumindest vom Ergebnis her gesehen, ohnehin schon gängiger Praxis entspricht[24].

2. Irrtum als Fehlvorstellung über Tatsachen

Definiert man den betrugsrelevanten Irrtum als Auseinanderfallen von Vorstellung und Wirklichkeit in bezug auf Tatsachen, stellt sich die Frage, wie konkret eine Vorstellung beschaffen sein muß, um dem Irrtumsbegriff zu genügen. Anerkannt ist zunächst, daß eine der Wirklichkeit widersprechende Fehlvorstellung immer dann vorliegt, wenn bestimmte Tatsachen angenommen werden, die in Wirklichkeit nicht gegeben sind[25]. Als problematisch erweist sich hingegen, ob auch das bloße Nichtkennen der Wirklichkeit, also jene Fallkonstellation, die als sog. *ignorantia facti* bekannt ist, einen Irrtum darstellt.

Nach herrschender Meinung[26] ist zwischen einer positiven Fehlvorstellung und dem Fehlen einer Vorstellung zu unterscheiden. Das bloße Nichtkennen von Tatsachen stellt demnach keine der Wirklichkeit widersprechende Vorstellung dar und fällt nicht unter den Irrtumsbegriff.

Demgegenüber sieht eine im Schrifttum und vereinzelt auch in der Rechtsprechung vertretene Minderheitsmeinung im Falle der *ignorantia facti* das Erfordernis eines Widerspruchs zwischen Vorstellung und Wirklichheit als erfüllt

---

24 Vgl. hierzu nur den sog. " Haarverdicker - Doppelhaar "- Fall (BGHSt. 34 , S. 199 ff.), in dem der *Bundesgerichtshof* davon ausging, der Angeklagte habe *neben* seiner als Meinungsäußerung eingestuften marktschreierischen Reklame über die Wirksamkeit der von ihm angebotenen Produkte - und somit über Tatsachen - getäuscht.

25 *Samson/Günther*, SK, § 263, Rdn. 50.

26 RG St 42, S. 40 ff. (41); BGHSt 2, S. 325 ff. (326); BGHSt 24, S. 254 ff. (260); BGHSt v. 26.02.1987, BGHR § 263 I Irrtum 1; BGHSt v. 30.04.1987, BGHR, § 263 I Irrtum 2; BGHSt v. 03.09.1987, BGHR § 263 I, Irrtum 3; BGHSt, wistra 1988, S. 353 f. (354); BGHSt v. 08.11.1989, BGHR § 263 I, Irrtum 5; BGHSt v. 29.03.1990, BGHR, § 263 I, Irrtum; BGHSt v. 04.02.1992, BGHR, § 263 I Irrtum 8; BGHSt v. 26.10.1993, BGHR § 263 I Irrtum 9; OLGSt Düsseldorf, NJW 1989, S. 2003, 2004; OLGSt Köln, NJW 1991, S. 1122; KGSt JR 1986, S. 469; AG Tiergarten, NJW 1989, S. 846; *Blei*, BT, § 61 III 1; *Bockelmann*, Eb. Schmidt-FS, S. 437 ff. (438); *Welzel*, Lehrbuch. S. 370; *Wessels/Hillenkamp*, BT 2, Rdn. 508; *Lackner*, LK, § 263, Rdn. 75 m.w.N.

an[27]. Positive Fehlvorstellung und bloße Unkenntnis seien austauschbare Begriffe. Wer die Wahrheit nicht kenne, habe eine positive Fehlvorstellung über die Wirklichkeit, wie umgekehrt eine positive Fehlvorstellung zur Unkenntnis der Wahrheit führe[28]. Eine Einbeziehung der *ignorantia facti* in den Irrtumsbegriff sei auch im Hinblick auf den Betrug durch Unterlassen geboten, da bei Vorliegen einer Aufklärungspflicht schon das bloße Vorenthalten der Wahrheit erfaßt sei[29].

Eine vermittelnde Ansicht unterscheidet ebenfalls zwischen positiver Fehlvorstellung und dem Fehlen einer Vorstellung, will aber grundsätzlich[30] bzw. in bestimmten Fällen[31] die *ignorantia facti* dem Irrtum gleichstellen.

Trotz ihrer gegenteiligen dogmatischen Standpunkte unterscheiden sich die genannten Ansichten in ihren praktischen Auswirkungen nicht annähernd in dem Maße, wie es zunächst den Anschein haben mag. Dies liegt daran, daß nach herrschender Meinung zwar das Vorliegen einer positiven Fehlvorstellung konstitutives Element des Irrtums ist, als Voraussetzung hierfür aber nicht ein substantiiert ablaufender Denkprozeß gefordert wird, sondern bei teilweise unterschiedlichen Nuancierungen bereits die aus konkreten Tatsachen abgeleitete Vorstellung, es sei "alles in Ordnung", ausreichend sein soll[32].

Im Ergebnis nimmt so die herrschende Meinung in einer Reihe von Fällen das Vorliegen einer positiven Fehlvorstellung an, die nach den Gegenauffassungen zur *ignorantia facti* zu zählen sind[33].

---

27 *Schönke/Schröder-Cramer*, § 263, Rdn. 36; *Kühne*, Geschäftstüchtigkeit, S. 48 ff. (50); *Tröndle/Fischer*, § 263, Rdn. 18a; *Arzt*, BT, LH 3, Rdn. 413 ff., 468 ff.; *Franzheim*, wistra 1987, S. 313 ff. (314); OLGSt *Celle*, MDR 1957, S. 436.

28 *Cramer* und *Kühne*, jeweils a.a.O.

29 *Cramer* a.a.O.

30 *Hardwig*, GA 1956, S. 6 ff. (13).

31 *Groß*, NJW 1973, S. 600 ff. (602).

32 *Lackner*, a.a.O., Rdn. 77 m.w.N.

33 Die Auseinandersetzung um die rechtliche Bewertung der *ignorantia facti* wird zusätzlich durch den Umstand erschwert, daß auch über die tatsächlichen Voraussetzungen dieser Figur keine Einigkeit besteht. Während die herrschende Meinung eine *ignorantia facti* nur bei völligem Fehlen eines Vorstellungsbildes annehmen will (vgl. *Seelmann*, NJW 1980, S. 2545 f. (2550) m.w.N.; *Krack*, List als Tatbestandsmerkmal, S. 36), ist nach den Gegenauffassungen der Bereich der *ignorantia facti* wesentlich weiter gefaßt (vgl. etwa die Fälle, in denen Groß, a.a.O. S. 602, eine Gleichstellung der *ignorantia facti* mit dem Irrtum befürwortet). Der Ursprung dieser Bezeichnung geht auf eine Entscheidung des Reichsgerichts (RGSt 42, S. 40 ff.) zurück: Nach den Feststellungen der Vorinstanz war der Angeklagte mit dem Zug gefahren, ohne zuvor einen entsprechenden Fahrschein gelöst zu haben. Offen-geblieben war allerdings, auf welche Weise sich der Angeklagte die Möglichkeit zur Benutzung des Zuges verschafft hatte. Das Reichsgericht stellte daraufhin klar, daß

Vor diesem Hintergrund stellt sich die Frage, ob zwischen positiver Fehlvorstellung und bloßer Unkenntnis überhaupt unterschieden werden kann, oder ob es sich, wie von *Cramer* und *Kühne* behauptet, um deckungsgleiche Begriffe handelt, die nicht voneinander abgegrenzt werden können[34]. Zur Begründung ihrer These führen *Cramer* und *Kühne* das Beispiel an, jemand befände sich in Unkenntnis darüber, daß aus seinem Lager zehn Säcke Mehl gestohlen wurden. Die Unkenntnis über die tatsächliche Anzahl der Säcke führe nun automatisch zu einer entsprechenden Fehlvorstellung. Hierbei eine Unterscheidung treffen zu wollen, erscheine sinnlos[35].

In der Tat sind in dem angeführten Beispiel Unkenntnis und postive Fehlvorstellung inhaltlich austauchbar. Allerdings nur deshalb, weil eine Vorstellung über die Vollständigkeit des Lagers existiert[36]. Die Richtigkeit der These, bloße Unkenntnis und positive Fehlvorstellung seien austauschbare, deckungsgleiche Begriffe, läßt sich damit freilich nicht begründen. Hierfür wäre vielmehr der Nachweis erforderlich, daß von bloßer Unkenntnis stets auf das Bestehen einer positiven Fehlvorstellung geschlossen werden kann. Wer aber weder von der Existenz des Lagers etwas weiß, noch von dem Umstand, daß aus diesem Lager etwas gestohlen wurde, befindet sich zweifellos ebenso in Unkenntnis über die tatsächliche Anzahl der Säcke. Diese Unkenntnis ist jedoch nicht inhaltlich identisch mit einer fehlerhaften Vorstellung, sondern entspricht der völligen Abwesenheit eines Vorstellungsbildes. Die bloße Unkenntnis erweist sich somit gegenüber der positiven Fehlvorstellung als der weitere Begriff.

Damit ist nachgewiesen, daß positive Fehlvorstellung und bloße Unkenntnis keine deckungsgleichen Begriffe sind. Das angeführte Beispiel macht aber zugleich deutlich, daß das Nichtkennen eines Umstandes dann zu einer positiven Fehlvorstellung wird, wenn sich eine Vorstellung auf das Nichtvorhandensein dieses Umstandes bezieht. Wer also fälschlicherweise glaubt, sein Lager sei vollständig bzw. es sei kein blinder Passagier an Bord, befindet sich in einem Irrtum.

Steht fest, daß zwischen bloßer Unkenntnis und positiver Fehlvorstellung unterschieden werden kann, bleibt zu klären, ob und gegebenenfalls welche Gründe gegen eine Einbeziehung der bloßen Unkenntnis in den Irrtumsbegriff sprechen.

Betrug, in Ermangelung einer falschen Vorstellung des Verfügenden, jedenfalls dann nicht in Betracht käme, wenn die Vertreter der Eisenbahnverwaltung von der Anwesenheit des Angeklagten *überhaupt keine Vorstellung* erlangt hätten und verwies zur weiteren Sachverhaltsaufklärung an die Vorinstanz zurück.Die Entscheidung spricht also eher für ein Verständnis der ignorantia facti im Sinne der herrschenden Meinung.

34 *Cramer* und *Kühne*, jeweils a.a.O.

35 Wie FN. 34.

36 Vgl. *Seelmann*, NJW, 1980, S. 2545 ff. (2550).

Bedenken im Hinblick auf Art. 103 II GG muß zunächst die uferlose Ausweitung des Irrtumsbegriffs erwecken, die eine Einbeziehung der bloßen Unkenntnis zur Konsequenz hätte. »Irrtum« i.S.d. § 263 I wäre nicht mehr die Abweichung von Vorstellung und Wirklichkeit, sondern bereits der Mangel an Erkenntnis überhaupt. Es erscheint äußert fraglich, ob eine so extensive Interpretation des Tatbestandsmerkmals "Irrtum" noch mit dem natürlichen Wortsinn des Gesetzes zu vereinbaren ist. Entscheidend dürfte jedoch der von *Lackner* gegen die Einbeziehung der bloßen Unkenntnis erhobene Einwand sein, daß von einer für den Unrechtsgehalt des Betrugs konstitutiven Überlistung des Verfügenden nur dann die Rede sein kann, wenn dieser unter dem Einfluß der Täuschung eine Fehlvorstellung entwickelt und durch sie zu einer Vermögensverfügung motiviert wird[37]. Dem kann auch nicht entgegengehalten werden, eine Einbeziehung der bloßen Unkenntnis sei im Hinblick auf den Betrug durch Unterlassen geboten[38].
Gegen diese Argumentation *Cramers* sprechen schon methodische Gründe. Das Tatbestandsmerkmal »Irrtum« kann nicht vom Unterlassensbereich her bestimmt werden, da ein Unterlassen i.S.d. § 13 I dem positiven Tun wertmäßig entsprechen muß und nicht umgekehrt. Das betrugsspezifische Erfordernis der Überlistung ist daher für den Bereich des Unterlassens ebenso unverzichtbar wie bei der aktiven Begehung[39]. Wäre dagegen bereits das reine Vorenthalten der Wahrheit, ohne entsprechende Fehlvorstellung des Verfügenden, von § 263 I erfaßt, bekäme der Betrug durch Unterlassen den Charakter eines echten Unterlassungsdelikts und das Tatbestandsmerkmal "Irrtum" bliebe als tatbestandsmäßiger Zwischenerfolg bedeutungslos[40].

Der Irrtumsbegriff des § 263 I setzt somit das Bestehen einer positiven Fehlvorstellung voraus, das bloße Nichtkennen von Tatsachen reicht dagegen, soweit sich nicht eine Vorstellung auf das Nichtvorhandensein dieser Tatsachen bezieht, nicht aus.

3. Konkretisierung der Fehlvorstellung

Mit dem Ausschluß des bloßen Nichtwissens aus dem Irrtumsbegriff ist noch nicht entschieden, wie konkret ein Bewußtseinsinhalt beschaffen sein muß, um

---

37 *Lackner*, a.a.O., Rdn. 76.

38 So aber *Cramer*, a.a.O., Rdn. 36; ähnlich *Hardwig*, a.a.O., der darin ein Argument für die Gleichsetzung von Irrtum und bloßem Nichtwissen sieht.

39 *Lackner*, a.a.O.; ebenso BGHSt, wistra 1988, S. 353 f. (354); BGHSt, wistra 1990, S. 9 ff. (98) BGHSt, v. 04.02.1992, BGHR § 263 I Irrtum 8 (jeweils zum Unterlassen der AOK-Anmeldung).

40 Von daher erübrigt sich auch eine Auseinandersetzung mit der Frage, ob es möglich ist, das bloße Nichtwissen mit dem Irrtumsmerkmal gleichzusetzen.

als positive Fehlvorstellung dem Irrtumsbegriff zu genügen. Schwierigkeiten bereitet hier vor allem der Umstand, daß die psychische Realität gedanklicher Vorstellungen sich nicht in einem "Alles oder Nichts" erschöpft, sondern aus einem Spektrum unterschiedlicher Bewußtseinsgrade besteht, das von der latenten und unreflektierten Vorstellung, alles habe seine Richtigkeit, bis hin zu einem bewußtseinsdominanten, substantiiert ablaufenden Denkprozeß reicht. Dieses psychologische Phänomen ist der Strafrechtswissenschaft bereits aus dem Allgemeinen Teil bekannt. In der Vorsatzlehre geht es um das ganz ähnlich gelagerte Problem, daß das Wissenselement des Vorsatzes eine Vorstellung des Täters vom Vorliegen der den objektiven Tatbestand bildenden Umstände voraussetzt[41].

Die umfangreiche Diskussion zu diesem Problem soll hier nicht in allen Einzelheiten nachvollzogen werden. Im Ergebnis besteht zumindest weitgehende Einigkeit darüber, daß für ein aktuelles Täterbewußtsein nicht ständige volle Aufmerksamkeit im Sinne eines "Daran-Denkens" erforderlich ist, sondern ein aktuelles Bewusstsein, entsprechend den Erkenntnissen aus der Psychologie, auch in Gestalt eines sachgedanklichen Mitbewußtseins sowie eines ständig verfügbaren Begleitwissens bestehen kann[42]. Diese zur Bewußtseinsform des Vorsatzes entwickelten Grundsätze werden heute von der ganz herrschenden Meinung im Schrifttum auf die Irrtumsproblematik übertragen. Danach ist für das Bestehen einer positiven Fehlvorstellung kein bewußtseinsdominanter, substantiiert ablaufender Denkprozeß erforderlich, sondern die auf einer konkreten Tatsachenwahrnehmung beruhrende Vorstellung, es sei "alles in Ordnung", ausreichend[43]. *Kühne* hat hiergegen den Einwand erhoben, durch die Einbezeichung des sachgedanklichen Mitbewußtseins laufe man Gefahr, nicht mehr zum nur latent vorhandenen Wissen abgrenzen zu können und damit letztendlich den Irrtum zu fingieren[44]. Dieser Einwand erweist sich jedoch als unbegründet, wenn man bedenkt, daß durch das Korrelat der konkreten Tatsachenwahrnehmung bereits ein gewisses Maß an Aktualisierung des Bewußtseins erreicht wird. Insbesondere in standardisierten Situationen wie etwa den Alltagsgeschäften wird in der Regel nur ein peripheres Begleitwissen als Grundlage für Vermögensverfügungen herangezogen werden, das keine Bewußtseinsdominanz erlangt.

---

41 Vgl. nur *Jescheck*, AT, § 29 II 2 u. 3; *Baumann/Weber*, AT, § 26 II 3a.

42 Vgl. *Schmidhäuser*, *H. Mayer-FS.*, S. 317 ff.; *Platzgummer*, Die Bewußtseinsform des Vorsatzes, S. 83, 89 ff.; *Stratenwerth*, AT, Rdn. 264; *Wessels/Beulke*, AT, Rdn. 240; *Schönke/Schröder-Cramer*, § 15 Rdn. 50; *Rudolphi*, SK, § 16 Rdn. 24 m.w.N.

43 Vgl. *Lackner*, a.a.O, Rdn. 77; *Sieber*, Computerkriminalität, S. 209 f. u. 2/7; *M.-K. Meyer*, Ausschluß der Autonomie durch Irrtum, S. 195; *Samson/Günther*, SK, § 263, Rdn. 52; *Schönke/Schröder-Cramer*, § 263, Rdn. 39; *Maurach/Schroeder-Maiwald*, BT 1, § 41 II, Rdn. 59; *Maiwald*, Der Zueignungsbegriff im System der Eigentumsdelikte, S. 169.

44 *Kühne*, a.a.O. S. 52 und FN 172.

Dennoch wird man nicht bestreiten können, daß auch bzw. gerade in diesen Situationen ein betrugstypisches Überlisten möglich ist.

Der Bundesgerichtshof hat zur Frage, wie konkret ein Bewußtseinsinhalt beschaffen sein muß, um als positive Fehlvorstellung dem Irrtumsbegriff zu genügen, bisher nicht ausdrücklich Stellung genommen. Während in der älteren Rechtsprechung häufig nur darauf abgestellt wurde, ob es für den Verfügenden nach bestehender Rechts- oder Interessenlage Grund dazu gab, sich über das Vorliegen bestimmter Tatsachen Gedanken zu machen[45], läßt sich den Urteilen aus jüngerer Zeit eine deutliche Annäherung an den Standpunkt der vorherrschenden Schrifttumsmeinung entnehmen[46].

Die von Teilen des Schrifttums gegen die ältere Rechtsprechung des Bundesgerichtshofes vorgetragene, durchaus berechtigte Kritik, der Bundesgerichtshof neige dazu, das Vorliegen einer positiven Fehlvorstellung zu fingieren[47] bzw. das Irrtumsmerkmal nicht weit genug einzugrenzen[48], kann daher heute als überholt gelten.

4. Fehlvorstellung und Zweifel

Eine der wissenschaftlich ungeklärtesten und zugleich umstrittensten Fragen der Betrugsdogmatik ist, ob eine Fehlvorstellung und damit ein Irrtum i.S.d. § 263 I voraussetzt, daß der »Irrende« den Inhalt seiner Vorstellung für sicher zutreffend hält oder ob ein Irrtum auch unter Zweifeln möglich ist. Diese Frage nach dem erforderlichen Intensitätsgrad der Fehlvorstellung ist in jüngerer Zeit Gegenstand lebhafter Kontroversen. Dabei besteht im Ausgangspunkt Übereinstimmung darüber, daß eine Fehlvorstellung nicht notwendig ein hundertprozentiges Überzeugtsein voraussetzt, sondern ein gewisses Maß an Zweifel das Vorliegen eines

---

45 Vgl. die in dieser Hinsicht berühmt gewordenen Entscheidungen: BGHSt 2, S. 325 ff. (326); 24, S. 257 ff. (260); 24, S. 306 ff. (389).

46 Vgl. hierzu nur BGHSt v. 29.03.1990, NStE Nr.44 zu § 263; BGHSt v. 04.02.1992, BGHR, § 263 I Irrtum 8; BGHSt v. 26.10.1993, BGHR, § 263 I Irrtum 9; BGHSt, StrV 1994, S. 82 ff. (83); BGHSt v. 10.11.1994, BGHR, § 263 I Irrtum 10; BGHSt, wistra, 1997, S. 100.

47 So z.B. *Groß*, NJW 1973, S. 600 ff. (602); *Trosien*, J R 1976, S. 549 ff. (552); *Kurth*: Das Mitverschulden des Opfers beim Betrug, S. 106, FN. 3; *Reese*, Täuschung und Irrtum beim Betrug, S. 50 ff. *Kühne*, a.a.O., S. 52 f. m.w.N.; *Lackner*, a.a.O., Rdn. 78 (am Ende), 90.

48 *Sieber*, Computerkriminalität, S.20 f.; *Tiedemann*, Subventionskriminalität, S. 203 f.

Irrtums unberührt läßt[49]. Wo jedoch eine Grenze zu ziehen ist und welche Kriterien hierbei den Ausschlag geben sollen, wird kontrovers beurteilt.

Die unterschiedlichen zu dieser Problematik vertretenen Ansichten lassen sich im wesentlichen auf drei verschiedene dogmatische Ausgangspunkte zurückführen, wobei alle Ansätze den Lösungsweg übereinstimmend aus der Funktion, die das Irrtumsmerkmal innerhalb des Betrugstatbestandes zu erfüllen hat, herzuleiten versuchen[50].

a) Dogmatische Lösungsansätze

aa. Ansätze aus einer teleologischen Betrachtungsweise des Irrtumsmerkmals

(1) "Für-möglich-halten" der Wahrheit (herrschende Meinung)

Die überwiegende Meinung im Schrifttum[51] sowie der Bundesgerichtshof[52] gehen von einer weiten Interpretation des Irrtumsmerkmals aus. Dannach liegt ein Irrtum bereits dann vor, wenn der Zweifelnde einen Vorstellungsinhalt für möglicherweise wahr hält und sich aufgrund dieses Umstandes zu einer Vermögensverfügung motivieren läßt. Zur Begründung wird auf die allgemeine Schutzaufgabe des Betrugstatbestandes verwiesen, die darin bestehe, das Rechtsgut Vermögen gegen die besondere Angriffsart der Überlistung zu schützen[53]. Der List des Täters falle regelmäßig auch derjenige zum Opfer, der trotz bestehender Zweifel verfüge. Denn aus der Tatsache, daß verfügt wurde, gehe in der Regel hervor, daß aufgrund einer erfolgten Abwägung die Erwartung der Wahrheit den Zweifel wirkungslos gemacht und dem Täter die Erreichung seines Zieles ermöglicht habe[54]. Der Getäuschte, der sich trotz seiner Zweifel lieber auf die Wahrheit als auf die Unwahrheit verlasse, sei nicht weniger schutzwürdig als ein besonders leichtgläubiges Opfer, das blind auf die vom Täter gemachten Angaben vertraue. Daß ein Irrtum, der zwar nicht von Zweifeln begleitet ist, dafür aber auf grober

---

49 Vgl. nur *Giehring*, GA 1973, S. 1 ff. (S. 10 ff.); *Amelung*, GA 1977, S. 1; *Lackner*, a.a.O., Rdn. 79.

50 Vgl. *Lackner*, a.a.O., Rdn. 80 ff.m.N.

51 *Lackner*, a.a.O., Rdn. 80 ff; *Schönke/Schröder-Cramer*, a.a.O., Rdn. 40; *Tröndle/Fischer*, a.a.O., Rdn. 18; *Samson/Günther*, SK, § 263, Rdn. 58; *Wessels/Hillenkamp*, BT 2, Rdn. 510; *Maurach/Schroeder-Maiwald*, BT 1, § 41 II, Rdn. 60 ff.; *Otto* Jura 1983, S. 16 ff.; 21, 22.

52 BGHSt; wistra 1990, S. 305 f. (305); BGHSt, wistra 1992, S. 95 ff. (97).

53 *Lackner*, a.a.O., Rdn. 80.

54 *Lackner*, a.a.O.; BGHSt, wistra 1990, S. 305.

Fahrlässigkeit des Getäuschten beruht, für § 263 I ausreichend sei, entspreche der ganz herrschenden Meinung und lasse sich auf den historischen Willen des Gesetzgebers stützen[55].

Die Grenzen des Irrtumsmerkmals sind nach herrschender Meinung allerdings dann überschritten, wenn der Zweifelnde zur Wahrheitsfrage innerlich nicht Stellung nimmt, sondern ihr gleichgültig gegen-übersteht bzw. sich mit dem Gedanken an einen Vermögensschaden abgefunden hat[56]. Wer eine vorgespielte Tatsache nur für möglich halte, zu ihrer Wahrheit aber nicht Position beziehe, namentlich ihr gegenüber gleichgültig sei, falle nicht auf eine List herein. Seine Vorstellung sei im Hinblick auf die Wahrheit keine "Fehl-Vorstellung", sondern eine nach jeder Richtung offene[57]. Vom Standpunkt der herrschenden Meinung aus ist somit letztlich nicht entscheidend, welchen Intensitätsgrad ein bestehender Zweifel erreicht hat. Maßgebend ist vielmehr, ob sich das Opfer in seinem Vertrauen darauf, die Tatsachenvorstellung werde schon der Wahrheit entsprechen, über jenen Zweifel hinwegsetzt.

(2) Abgrenzung nach dem Grad der Wahrscheinlichkeit (*Giehring* u.a.)

Nach einer von *Giehring* im Rahmen seiner für die gesamte Diskussion richtungsweisenden Abhandlung über den "Prozeßbetrug im Versäumnis und Mahnverfahren" begründeten Ansicht kommt es für die Frage, ob auch der Zweifelnde i.S.d. § 263 I irrt, entscheidend auf ein Wahrscheinlichkeitsurteil des Zweifelnden zum Zeitpunkt der Vermögensverfügung an[58]. Ein Irrtum liegt danach vor, wenn der Zweifelnde den unterbreiteten Sachverhalt für überwiegend wahrscheinlich hält[59]. Wie für die herrschende Meinung, besteht auch für *Giehring* die ratio des Betrugstatbestandes darin, das Rechtsgut Vermögen gegen die besondere Angriffsart der Überlistung zu schützen. Das Angriffsmittel List verliere jedoch im gleichen Maße an Gefährlichkeit, in dem beim Opfer Zweifel an der Wahrheit der vorgetäuschten Tatsache aufkämen[60]. Zugleich vermindere sich, unabhängig davon, ob es zu einer vermögensschädigenden Verfügung komme, die Schutzwürdigkeit des Betroffenen, da er das mit der für ihn zweifelbehafteten Tatsachengrundlage verbundene Risiko, einen Vermögensschaden zu erleiden, bewußt eingehe[61]. Eine extensive Interpretation des Irrtumsmerkmals, die alle Arten von

---

55 *Lackner*, a.a.O.

56 *Lackner*; *Schönke/Schröder-Cramer*; *Maurach/Schroeder-Maiwald*; jeweils a.a.O.

57 *Lackner*, a.a.O., Rdn. 81.

58 GA 1973, S. 1 ff.

59 *Giehring*, a.a.O., 16 ff., 29; zustimmend *Dästner*, ZRP 1976, S. 36 ff., 37; *Sonnen*, wistra 1982, S. 123 ff., 126.

60 *Giehring*, a.a.O., S. 17 f.

61 A.a.O., S. 18.

Möglichkeitsvorstellungen erfasse, sei kriminalpolitisch wie dogmatisch nicht haltbar. Andererseits hieße es, den Anwendungsbereich des Betrugs unangemessen zu verkürzen, wollte man einen Irrtum nur beim Überzeugtsein von einer Tatsache bejahen[62]. Die Grenze, außerhalb derer Zweifel des Opfers das Vorliegen eines Irrtums ausschließen, will *Giehring*, in Anlehnung an die zur Abgrenzung des *dolus eventualis* entwickelte Wahrscheinlichkeitstheorie, ausschließlich nach dem Grad eines Möglichkeits- oder Wahrscheinlichkeitsurteils des Zweifelnden bestimmen[63]. Auf eine emotionale Stellungnahme des Betroffenen könne es dagegen nicht ankommen, da hierdurch weder die Angriffsintensität noch die Schutzwürdigkeit des bedrohten Angriffsobjekts berührt werde[64]. Auch gehe es bei der Bestimmung des Irrtumsbegriffs nicht um die Feststellung einer willenmäßigen Entscheidung für oder gegen eine Rechtsgutsverletzung.

Die Abgrenzung zwischen Irrtum und Nichtirrtum könne daher nur nach dem Grad der Wahrscheinlichkeit erfolgen, wobei es zwei Möglichkeiten gäbe, zwischen denen zu unterscheiden nicht ohne gewisse Willkür möglich sei: Der einfachen und der überwiegenden Wahrscheinlichkeit. Das Kriterium der überwiegenden Wahrscheinlichkeit sei dabei für eine rechtliche Differenzierung besser geeignet und entspreche im stärkeren Maße dem semantischen Gehalt des Irrtumsbegriffs. Zudem erscheine es angemessen, bereits denjenigen die Folgen seiner vermögensschädigenden Disposition ohne strafrechtlichen Schutz tragen zu lassen, der die Unwahrheit der ihm unterbreiteten Tatsache für ebenso wahrscheinlich halte, wie die Wahrheit[65].

Eine Fehlvorstellung i.S.d. § 263 I setzt damit nach *Giehring* die der Wirklichkeit widersprechende Vorstellung voraus, das Vorliegen einer Tatsache sei sicher oder doch jedenfalls wahrscheinlicher als ihr Nichtvorliegen[66] [67].

---

62 A.a.O., S. 18.

63 A.a.O., S. 19 ff.

64 Darin liegt der entscheidende Unterschied der *Giehring*schen Auffassung zur heute herrschenden Meinung.

65 *Giehring*, a.a.O., S. 22.

66 *Giehring*, a.a.O., S. 22.

67 Einen ähnlichen Standpunkt vertritt *Krey*, BT 2, Rdn. 373 f. Abweichend von *Giehring* hält er das Erfordernis überwiegender Wahrscheinlichkeit jedoch für zu eng und will statt dessen darauf abstellen, daß der Zweifelnde die ihm unterbreitete Tatsache für schlicht wahrscheinlich hält. Bei der Auffassung *Krey*'s handelt es sich allerdings weniger um einen eigenständigen, fundierten Lösungsweg als vielmehr um einen auf "teleologischem Denken und Konsensfähigkeit angelegten Versuch", zwischen der herrschenden Meinung und dem *Giehring*schen Standpunkt zu vermitteln.

bb. Viktimodogmatische Restriktion des Irrtumsmerkmals (*Amelung, R. Hassemer* u.a.)

Eine weitere, insbesondere im jüngeren Schrifttum vertretene Ansicht will das Irrtumsmerkmal aus viktimodogmatischen Gesichtspunkten einschränken[68].

Ausgangspunkt ist dabei die Überlegung, daß das Strafrecht als ultima ratio immer dort zurückzutreten habe, wo das Opfer über Möglichkeiten verfüge, seine Rechtsgüter auf weniger einschneidende Weise als es durch das staatliche Strafrecht geschieht, selbst zu bewahren[69]. Sofern der Rechtsgutsträger seine Güter durch ihm mögliche und zumutbare Maßnahmen des Individualschutzes selbst schützen könne, brauche und dürfe das Strafrecht nicht eingreifen[70].
Dieser für die gesamte Strafrechtsdogmatik Geltung beanspruchende Gedanke[71] wird von den Anhängern des viktimodogmatischen Prinzips unmittelbar auf § 263 I übertragen. Dem Irrtumsmerkmal komme danach die Funktion zu, dem Prinzip der Subsidiarität des strafrechtlichen Rechtsgüterschutzes Geltung zu verschaffen[72]. Zwar treffe es zu, daß der Sinn des Betrugstatbestandes darin bestehe, das Rechtsgut Vermögen gegen Überlistung zu schützen, eine Gesamtbetrachtung des Normzwecks sei aber für sich genommen nicht geeignet, die eigenständige Funktion des Irrtumsmerkmals herauszukristallisieren[73]. Ob ein betrugsrelevanter Irrtum vorliege oder nicht, bemesse sich nach der Schutzwürdigkeit des Zweifelnden[74], die ihrerseits wiederum davon abhängig sei, welche konkreten Selbstschutzmöglichheiten dem Zweifelnden zur Verfügung stünden[75].

Auf die Möglichkeit effektiven Selbstschutzes abstellend, unterscheiden die Anhänger des viktimodogmatischen Prinzips zwischen allgemeinen oder diffusen Zweifeln, die sich in einem unsubstantiierten Gefühl des Mißtrauens erschöpfen, und solchen Zweifeln, die auf einem konkreten Anhaltspunkt beruhen[76].

---

68 *Amelung*, GA 1977, S. 1 ff.; *R. Hassemer*, S. 25, 80 ff. und passim; *Schünemann*, Faller-Festschrift, S. 357 ff. (362 ff.); ders. NStZ 1986, S. 439 ff.; *Beulke*, NJW 1977, S. 1073; ders. JR 1978, S. 390.

69 *R. Hassemer*, S. 25, 80 ff. und passim; *Amelung*, S. 6.

70 *R. Hassemer*, S. 25, 80 ff.

71 Vgl. *R. Hassemer*, S. 81. Teilweise wird der Anwendungsbereich dieses Prinzips auf "Auslegungsspielräume" beschränkt, vgl. *Schünemann*, Faller-FS, S. 357 ff. (367, 368).

72 *Amelung*, S. 2, 6; *R. Hassemer*, S. 118.

73 *Amelung*, S. 6.

74 Zwar stellen auch die Vertreter der herrschenden Meinung sowie insbesondere *Giehring* auf Schutzwürdigkeitserwägungen ab, im Gegensatz zum viktimodogmatischen Ansatz erheben sie den Gedanken des Opfermitverschuldens jedoch nicht zu einem allgemeinen Prinzip, sondern verwenden ihn als Argumentationstopos im Rahmen einer teleologisch orientierten Gesetzesinterpretation.

75 *Amelung*, a.a.O., *R. Hassemer*, S. 127 ff., der von "konkreten Zweifeln" spricht.

76 *Amelung* und *R. Hassemer*, jeweils a.a.O.

Wer aufgrund konkreter Anhaltspunkte[77] zweifle, habe die Möglichkeit, sich in ausreichendem Maße selbst vor Vermögensschädigungen zu schützen und sei kein taugliches Betrugsopfer. Der auf konkreten Anhaltspunkten beruhende Zweifel müsse daher aus dem Bereich des betrugsrelevanten Irrtums ausgeschlossen werden.

cc. Parallele zur Einwilligung in eine Fremdschädigung (*Herzberg*)

Einen von den bisher dargelegten Ansichten in seiner Dogmatik grundlegend abweichenden Lösungsansatz vertritt *Herzberg*[78]. Im Wege der systematischen Auslegung gelangt er zu der Erkenntnis, daß das Irrtumsmerkmal in einem engen sachlich-systematischen Zusammenhang mit den Willensmängeln bei der Einwilligung in eine Fremdschädigung stehe[79]. Funktion des Irrtumsmerkmals sei es nicht, der Subsidiarität des strafrechtlichen Rechtsgüterschutzes zur Geltung zu verhelfen, sondern den Fall der mangelfreien Einwilligung in den Vermögensverlust aus dem Tatbestand des vollendeten Betruges auszuscheiden. Die Kriterien für die Annahme eines Irrtums i.S.d. § 263 I müßten daher mit der Lehre von den Willensmängeln, wonach einer Einwilligung ihre erfolgsunwertausschließende Wirkung genommen werden könne, harmonisieren[80]. Für das Problem des Irrtums unter Zweifeln sei daher stets zu prüfen, ob bei einem anderen Vermögensdelikt und gleichgelagerter Fallkonstellation, die unter Zweifeln vorgenommene Vermögensverfügung eine wirksame Einwilligung darstellen - und folglich eine Bestrafung wegen vollendeter Tat ausschließen - würde[81]. *Herzberg* setzt dabei als selbstverständlich voraus, daß eine rechtsgutsbezogene Fehlvorstellung i.S.d. Einwilligungslehre immer schon dann vorliegt, wenn der Betroffene zwar die Gefahr einer Rechtsgutsverletzung erkennt, aber darauf vertraut, eine Rechtsgutsverletzung werde nicht eintreten[82].

---

77 Solche sollen z.B. vorliegen bei widersprüchlichen Informationen oder bestimmten äußeren Umständen des Geschäfts (Verkauf eines »echten« Perserteppichs an der Haustür) vgl. *Amelung*, a.a.O., S.6.

78 GA 1977, S. 289 ff. (295 ff.); zustimmend *Röhmel*, JA 1977, S. 584, 585.

79 A.a.O., S. 295 f.

80 A.a.O., S. 296.

81 A.a.O., S. 269.

82 So führt *Herzberg* (a.a.O., S. 297) für den beispielhaft angeführten Fall der veruntreuenden Unterschlagung eines Heiratsschwindlers aus: "Obwohl die Eigentümerin dem Täter die Sachen zweifelnd, d.h. im Bewußtsein der Möglichkeit unredlicher Absicht des drohenden Verlustes ausgehändigt hat, würde doch niemand auch nur erwägen, die Hingabe als eine die Rechtswidrigkeit der Zueignung ausschließende Einwilligung zu beurteilen. Die trügerische Hoffnung, der Glaube, der geliebte Mann sei vielleicht doch ehrlich, genügt uns schon als rechtsgutsbezogene Fehlvorstellung i.S. der Einwilligungslehre, so daß sich die Annahme einer »inneren Zustimmung«, wie sie die Willensrichtungstheorie als wirksame Einwilligung genügen läßt, verbietet".

Damit schließt sich *Herzberg* im Ergebnis der herrschenden Meinung an, die es für die Annahme eines Irrtums i.S.d. § 263 I ausreichen läßt, wenn das Opfer eine Vorstellung für möglich hält und sich aufgrund einer inneren Stellungnahme für diese Möglichkeit entscheidet.

b) Kritik und Stellungnahme

aa. Kritik an den dargestellten Lösungsansätzen

•

Gegen die herrschende Meinung ist einzuwenden, daß sie bei der dogmatischen Begründung ihrer Interpretation des Irrtumsmerkmals zu sehr auf den Gesamtzweck des § 263 I abstellt, anstatt nach der eigenständigen Funktion des Irrtumsmerkmals zu fragen. Jener normative Gesamtzweck, der darin besteht, das Rechtsgut Vermögen gegen Überlistungen zu schützen, ist die allen Tatbestandsmerkmalen des Betruges übergeordnete ratio und sagt für sich genommen nichts über die zur Erörterung stehende eigenständige Funktion des Irrtumsmerkmals aus[83]. Es ist daher nicht weiter verwunderlich, daß auch Vertreter anderer Ansichten das Argument des »Vermögensschutzes vor Überlistungen« für sich in Anspruch nehmen, im Ergebnis aber zu einer abweichenden Lösung gelangen[84].

Nicht ersichtlich ist ferner, warum es nach herrschender Meinung bei der Abgrenzung von Irrtum und Nichtirrtum entscheidend auf ein voluntatives Element ankommen soll. Die angeführte Begründung, aus der Tatsache, daß trotz bestehender Zweifel verfügt wurde, gehe hervor, daß der Betroffene schließlich doch der List des Täters zum Opfer gefallen sei, ist ein Zirkelschluß, denn es wird das Ergebnis, das erst begründet werden soll, bereits vorausgesetzt. Nur unter der Voraussetzung, daß bestehende Zweifel das Vorliegen eines Irrtums unberührt lassen, läßt sich nämlich behaupten, auch derjenige, der sich "lieber auf die Wahrheit als auf die Unwahrheit verlasse," falle einem Betrug zum Opfer.

Bleibt festzuhalten, daß die herrschende Meinung nicht in der Lage ist, ihren Standpunkt dogmatisch hinreichend zu begründen[85].

---

83 Insofern ist der Kritik *Amelung*'s (a.a.O., S. 1 ff.) an der herrschenden Meinung zuzustimmen.

84 So etwa *Giehring*, a.a.O., S. 18. Damit liegt der Verdacht nahe, daß es sich bei der Argumentation mit dem Gesamtzweck des Betrugstatbestandes nur um die vorgeschobene Begründung für ein auf anderem Wege gefundenes Ergebnis handelt.

85 Dies wird teilweise sogar von Anhängern der herrschenden Meinung selbst eingestanden, vgl. *Samson/Günther*, SK, § 263, Rdn. 56.

Gegen das von *Giehring* und *Krey* als maßgebend erachtete Kriterium subjektiver Wahrscheinlichkeit[86] spricht, daß sich der Grad eines Wahrscheinlichkeitsgefühls mit den im Strafprozeß zur Verfügung stehenden Mitteln praktisch nicht verläßlich feststellen läßt. Sofern sich der Getäuschte überhaupt auf einen Wahrscheinlichkeitsgrad festlegen wird, kommt seiner Zeugenaussage nur bedingt Glaubwürdigkeit zu, da er in der Regel im Hinblick auf zivilrechtliche Schadenersatzansprüche ein eigenes Interesse an der Verurteilung des Täters haben wird[87]. Auch ist dem Einwand *Lackners* beizupflichten, daß der Zweifelnde nicht vor der Entscheidung steht, eine unterbreitete Tatsache für mehr oder weniger wahrscheinlich zu halten, sondern, ob er auf der Grundlage seiner Tatsachenvorstellung eine Vermögensverfügung treffen soll oder nicht[88]. Darüber hinaus wird von *Giehring* und *Krey* nicht mit der erforderlichen Stringenz nachgewiesen, warum es entscheidend darauf ankommen soll, daß der Zweifelnde die Richtigkeit seiner Vorstellung für »überwiegend wahrscheinlich« bzw. »bloß wahrscheinlich« gehalten hat[89].

Kritik am viktimodogmatischen Lösungsansatz richtet sich sowohl gegen das viktimodogmatische Prinzip im allgemeinen als auch gegen die konkrete Umsetzung dieser Lehre auf das spezielle Tatbestandsmerkmal »Irrtum« in § 263 I [90].
So wird der Einwand erhoben, die Viktimologie, als Ursprungsort der heutigen Viktimodogmatik, könne zwar kriminologisch-empirische Erkenntnisse über typische Täter- Opfer-Beziehungen liefern, es gäbe aber keinen verläßlichen Weg, auf dem jene Erkenntnisse Eingang in die Dogmatik des materiellen Strafrechts finden könnten[91]. Diese grundsätzliche Kritik braucht für die vorliegende Problemstellung nicht weiter vertieft zu werden, denn abgesehen davon, ob es sich wirklich um ein "umfassendes regulatives Prinzip zur Tatbestandseingrenzung im Strafrecht"[92] handelt, vermag auch die Umsetzung der viktimodogmatischen Maxime auf das Irrtumsmerkmal in § 263 I nicht zu überzeugen. Schon der dogmatische Ausgangspunkt, dem Irrtumsmerkmal die Funktion beizulegen,

---

86 Sei es nun überwiegende oder bloße Wahrscheinlichkeit.

87 *Lackner*, a.a.O., Rdn. 80; *Samson/Günther*, a.a.O., Rdn. 57.57; *Ellmer*, a.a.O., S. 152.

88 *Lackner*, a.a.O.

89 Wie bereits oben ausgeführt, bescheinigt *Giehring* selbst dem Kriterium der »überwiegenden Wahrscheinlichkeit« eine gewisse Willkür, während *Krey* sich lediglich auf die *Plausiblität* seiner Auffassung beruft.

90 *Hillenkamp*, Vorsatztat und Opferverhalten, S. 21 ff. und passim; *Derksen*, Handeln auf eigene Gefahr, S. 116 ff.; *Frisch*, *Festschrift für Bockelmann*, S. 647 ff. (655 f.); *Maurach/Schroeder-Maiwald*, a.a.O., Rdn. 61; *Schönke/Schröder-Cramer*, Vor § 13, Rdn. 19 m.w.N.; *Loos/ Krack*, JUS 1995, S. 205 ff. (207 f.).

91 Vgl. *Derksen*, a.a.O., S. 120.

92 So *Schünemann*, Faller-Festschrift, S. 35 ff.

dem Subsidiaritätsgrundsatz Geltung zu verschaffen, ist im Ansatz verfehlt, da die inhaltliche Funktion eines einzelnen Tatbestandsmerkmals nicht darin bestehen kann, ein allgemeines für das gesamte Strafrecht geltendes Prinzip durchzusetzen[93].

Nicht gefolgt werden kann ferner der These, der Zweifelnde bedürfe keines strafrechtlichen Schutzes, da er sich ebensogut selber schützen könne. Mögliche Selbstschutzmaßnahmen des Zweifelnden können allenfalls bewirken, daß der vom Täter ausgehende Angriff auf das fremde Vermögen keinen Erfolg hat, sie können aber den Angriff als solchen nicht verhindern. Den Schutz, den das Strafrecht durch seine generalpräventive Wirkung einem Rechtsgut schon im Vorfeld einer möglichen Straftat gewährt, kann sich der einzelne aus eigener Kraft nicht verschaffen[94].

Davon abgesehen ist der viktimodogmatische Lösungsansatz auch im Hinblick auf seine praktischen Konsequenzen wenig plausibel. Zum einen ist nicht einzusehen, warum ein Betrugsopfer, das seinen Zweifeln nicht nachgeht, weniger schutzwürdig sein soll als jemand, der trotz konkreter Anhaltspunkte Zweifel nicht einmal aufkommen läßt. Die Möglichkeit, sich selbst zu schützen, wäre in beiden Konstellationen gleichermaßen vernachlässigt[95]. Des weiteren wird das mit der viktimodogmatischen Einschränkung des Irrtumsmerkmals verfolgte kriminalpolitische Anliegen, konkrete Zweifel aus dem Betrugstatbestand auszuschließen und zu entkriminalisieren, nicht erreicht: Da der Täter in der Regel nicht Zweifel hervorrufen, sondern täuschen will, bliebe er stets wegen versuchten Betrugs strafbar[96] [97].

Der viktimodogmatische Lösungsansatz ist daher ebenfalls abzulehnen.

Auch die Auffassung *Herzbergs* hält einer kritischen Analyse nicht stand. *Herzberg* selbst relativiert die Reichweite seiner These, die Kriterien für die Annahme eines Irrtums i.S.d. § 263 I müßten mit der Lehre von den Willensmängeln bei der Einwilligung harmonisieren, dahingehend, daß ein Irrtum nicht stets bejaht werden dürfe, wenn es an einer wirksamen Einwilligung in den Vermögensverlust

---

93 *Frisch*, a.a.O.; *Hillenkamp*, a.a.O., S. 22; *Lackner*, a.a.O., Rdn. 80.

94 *Herzberg*, a.a.O., S. 294; *Kurth*, a.a.O., S. 143.

95 *Maurach/Schroeder-Maiwald*, a.a.O.; *Ellmer*, S. 153; *Kurth*, S. 150; *Seelmann*, JUS 1982, S. 268 ff. (270); *Schönke/Schröder-Cramer*, § 263, Rdn. 40; *Otto*, a.a.O., S. 22 m.w.N.

96 Vgl. *Arzt*, LH3, Rdn. 418; *Ellmer*, S. 152.

97 Allerdings bestünde für den Angeklagten im Prozeß die Möglichkeit, in bezug auf seinen Tatvorsatz einzuwenden, er habe beim Getäuschten keine zweifelsfreie Fehlvorstellung hervorrufen wollen (vgl. hierzu *Lackner*, Rdn. 80; *Krack*, a.a.O., S. 39). Es kann jedoch nicht im Sinne der Vertreter des viktimodogmatischen Lösungsansatzes sein, einem Angeklagten prozessuale Schutzbehauptungen an die Hand zu liefern.

mangele[98]. Es wird also nicht bestimmt, wann trotz bestehender Zweifel ein Irrtum vorliegt, sondern, wann trotz bestehender Zweifel kein Nichtirrtum vorliegt[99]. Damit kommt der Parallele zur Einwilligung von vornherein nur der beschränkte Nutzen einer Negativabgrenzung zu.

Aber auch vor dem Hintergrund dieser eingeschränkten Zielsetzung erweist sich *Herzbergs* Lösungsweg als nicht überzeugend. So wird begründungslos die Äquivalenz von Fremd- und Selbstschädigung unterstellt. Dabei ist es keineswegs selbstverständlich, daß das Geschehenlassen einer fremden Handlung nach den gleichen Maßstäben zu beurteilen ist wie die Vornahme einer eigenen Handlung[100]. Die gravierendste Schwäche des *Herzberg*schen Lösungsansatzes besteht jedoch darin, daß ein Rekurrieren auf die Lehre von den Willensmängeln bei der Einwilligung für die Lösung der hier zur Erörterung stehenden Problematik des Irrtums unter Zweifeln beim Betrug gar nicht fruchtbar gemacht werden kann[101]. Zwar ist anerkannt, daß ein Willensmangel in Form einer rechtsgutsbezogenen Fehlvorstellung einer Einwilligung ihre erfolgsunwertausschließende Wirkung nehmen kann[102], allein mit dieser Erkenntnis ist aber noch nichts gewonnen. Die entscheidende Frage nämlich, ob ein die Wirksamkeit der Einwilligung ausschließender Irrtum auch im Falle einer zweifelbehafteten Fehlvorstellung des Einwilligenden vorliegt, wird in der Einwilligungslehre überhaupt nicht diskutiert[103].

Somit kann für das Problem des Irrtums unter Zweifeln beim Betrug auch nicht auf die Lehre von den Willensmängeln bei der Einwilligung zurückgegriffen werden.

---

98 *Herzberg*, a.a.O., S. 298. Damit wird dem Umstand Rechnung getragen, daß es einer Einwilligung aus den verschiedensten Gründen an Wirksamkeit fehlen kann (z.B. wegen mangelnder Einwilligungsfähigkeit).

99 "Die hier geforderte Harmonisierung kann also nur dahin gehen, daß man nicht als *zutreffende* Vorstellung (= Nichtirrtum) beim Betrug ansieht, was man -wie die von Zweifeln begleitete trügerische Hoffnung- aus dem Blickwinkel der Einwilligungslehre als eine die Einwilligung wirkungslos machende Fehlvorstellung betrachten würde" (*Herzberg*, a.a.O.).

100 Gegen eine Gleichstellung beider Verwirklichungsformen ließe sich etwa vorbringen, daß im Falle der Einwilligung in eine Fremdschädigung, die Handlung des einen dem anderen Schaden zufügt, also eine Konstellation vorliegt wie sie für ein Unrechtsgeschehen typisch ist (vgl. hierzu *Zaczyk*, Strafrechtliches Unrecht, S. 16 f.).

101 Vgl. *Krack*, a.a.O., S. 40 f.

102 Vgl. nur *Schönke/Schröder-Lenkner*, Vor §§ 32 ff., Rdn. 46 m.w.N.

103 Vgl. *Hirsch*, LK, Vor § 32, Rdn. 92 ff.; *Arzt*, Willensmängel bei der Einwilligung, passim; *Jakobs*, AT, 7/117 ff.; sowie *Krack*, a.a.O. FN 107, der hierin zu Recht den entscheidenden Fehler in der Argumentation *Herzbergs* sieht.

bb. Eigener Lösungsvorschlag

Die Auseinandersetzung mit den dargestellten Meinungen hat deutlich werden lassen, daß eine Antwort auf die Frage, inwieweit auch der Zweifelnde i.S.d. § 263 I irrt, voraussetzt, daß über die inhaltliche Funktion des Irrtumsmerkmals Klarheit besteht. Es wurde bereits festgestellt, daß die spezifische Funktion, die das Irrtumsmerkmal im Gefüge des Betrugstatbestandes zu erfüllen hat, nicht allein aus der allgemeinen Schutzaufgabe des § 263 I oder dem Subsidiaritätsprinzip hergeleitet werden kann[104].

Aufschluß über die inhaltliche Funktion des Irrtumsmerkmals könnte möglicherweise aber ein Einblick in die Normstruktur des Betrugstatbestandes liefern.

Der Betrug ist ein Delikt der notwendigen Teilnahme. Das Opfer selbst wirkt an der Tatbestandsverwirklichung mit, wobei ihm jedoch der soziale Sinngehalt seines Tuns verborgen bleibt. Damit weist die Deliktsstruktur des Betrugs deutliche Parallelen zur mittelbaren Täterschaft in der Konstellation eines quasi undolos handelnden Tatmittlers auf. Erkennt man, daß der Betrug einen vertypten Fall der mittelbaren Täterschaft darstellt[105], wird auch deutlich, welche eigenständige Funktion dem Irrtumsmerkmal zukommt: Das Irtumsmerkmal hat die Funktion, die Werkzeugeigenschaft des Opfers zu erfassen, d.h. die Grenze zwischen fremdbestimmter Vermögensschädigung und selbstbestimmter Vermögensdisposition aufzuzeigen[106].

Für das Problem des Irrtums unter Zweifeln gewinnen damit die in der Täterschaftslehre entwickelten Grundsätze über die Reichweite der Figur der mittelbaren Täterschaft unmittelbare Bedeutung.

Gegen die Möglichkeit, zur Funktionsbestimmung des Irrtumsmerkmals die Grundsätze der mittelbaren Täterschaft heranzuziehen, hat *Frisch*[107] den Einwand erhoben, die Figur der mittelbaren Täterschaft diene allein der Zurechnung fremden Realverhaltens, dessen Strafbarkeit bereits feststünde, nicht aber der Entscheidung über Mißbilligung und Strafbarkeit bestimmter Verhaltensweisen selbst. Dem ist entgegenzuhalten, daß in allen Fällen, in denen Tatmittler und Opfer identisch sind, das Realverhalten des Tatmittlers nicht tatbestandsmäßig

---

104 Vgl. oben unter a) bb.

105 *Jakobs*, AT, 21/81; *Samson*, SK, § 25, Rdn. 47.

106 Ähnlich *M.-K. Meyer* (a.a.O. S. 198 ff.), die für maßgebend hält, ob der Zweifelnde lediglich dazu »angestiftet« wird, von seiner Handlungsfreiheit Gebrauch zu machen oder ob ein Mißbrauch seiner Autonomie vorliegt.

107 *Frisch*; a.a.O., S. 651.

und somit auch nicht strafbedroht ist[108]. Es zeigt sich also, daß ein tatbestandsmäßiges Handeln des Tatmittlers keineswegs konstitutive Voraussetzung der mittelbaren Täterschaft ist. Zudem geht es bei der Funktionsbestimmung des Irrtumsmerkmals nicht darum, die Strafbarkeit eines Realverhaltens des Täuschenden zu begründen, sondern um die Frage, ob der Verfügende derart instrumentalisiert wurde, daß sich die von ihm selbst vorgenommene Vermögensschädigung bei normativer Betrachtungsweise nicht als *Selbst-* sondern als *Fremd*schädigung darstellt.

Dieses Problem wiederum entspricht der zentralen Aufgabenstellung der Figur der mittelbaren Täterschaft, allgemeine Grundsätze dafür zu liefern, wann eine Rechtsgutsverletzung als »*durch einen anderen begangen*« anzusehen ist. Die Frage nach dem erforderlichen Intensitätsgrad einer Fehlvorstellung ist also inhaltlich identisch mit der Frage, ob der Zweifelnde noch als »Werkzeug« bzw. der Täuschende noch als »mittelbarer Täter« anzusehen sind.

Wer Zweifel an der Richtigkeit einer Entscheidungsgrundlage hat, sie aber dennoch als Grundlage für eine Vermögensverfügung heranzieht, der wird in aller Regel auch die Möglichkeit erkennen, einen Vermögensschaden zu erleiden. Er ist also mit einem bewußt fahrlässig handelnden Tatmittler vergleichbar, der die Gefahr einer Rechtsgutsverletzung erkennt und trotzdem handelt. Nach heute ganz herrschender Meinung läßt bewußte Fahrlässigkeit des Vordermannes dessen Werkzeugeigenschaft unberührt[109]. Dabei wird das die Tatherrschaft begründende Übergewicht des Hintermannes im wesentlichen damit begründet, daß es dem Vordermann, im Gegensatz zum Hintermann, an den nötigen Hemmungsmotiven fehle[110].

Dem ließe sich entgegenhalten, daß ein Tatmittler, der die Möglichkeit einer Rechtsgutsverletzung erkennt, nicht eigentlich »blind« ist, sondern final handelt und aus eigenem Entschluß tätig wird[111]. Bezogen auf die Irrtumsproblematik beim Betrug kommt diesem Bedenken allerdings keine Relevanz zu. Ein Übergewicht des Täuschenden gegenüber dem Zweifelnden besteht nämlich nicht nur in voluntativer - sondern auch in intellektueller Hinsicht. Während der konkret Zweifelnde lediglich die Möglichkeit einer Vermögensschädigung erkennt, weiß der Täuschende um den zur Vermögensschädigung führenden Kausalverlauf genau Bescheid. Die Differenz zwischen beiden besteht also keineswegs nur in

108 Wer sich etwa irrtumsbedingt selbst verletzt, verletzt keinen »anderen« i.S.d. § 223 I.

109 Vgl. *Schönke/Schröder-Cramer*, § 25, Rdn. 16; *Roxin*, LK, § 25, Rdn. 78; *Jescheck*, AT, § 62 II 2; *Stratenwerth*, AT, Rdn. 766.

110 Vgl. FN. 107.

111 So die ehemals von *Roxin* vertretene Ansicht (vgl. *Roxin*, Täterschaft und Tatherrschaft, S. 189 ff.).

einer anderen emotionalen Einstellung zum Tatgeschehen, sondern vielmehr darin, daß der Täuschende mehr »sieht« als der Zweifelnde[112]. Das Bestehen einer solchen Differenz in intellektueller Hinsicht ist für das Irrtumsmerkmal geradezu konstitutiv, denn wer genau erkennt, daß die unterbreitete Tatsache nicht der Wahrheit entspricht, kann sich auch nicht über deren Existenz irren. Der Umstand, daß der Irrende aufgrund seiner Zweifel die Möglichkeit einer Vermögensschädigung erkennt, läßt seine Werkzeugeigenschaft also nicht entfallen.

Für das Problem des Irrtums unter Zweifeln ergibt sich damit folgendes Bild: Bestehende Zweifel lassen das Vorliegen eines Irrtums unberührt, sofern die Grenzen der mittelbaren Täterschaft nicht überschritten werden und der Irrende noch als »(quasi) undoloses Werkzeug« in der Hand des Täuschenden anzusehen ist. Voraussetzung hierfür ist zunächst, daß es bei einem intellektuellen Machtgefälle zwischen Täuschendem und »Irrendem« verbleibt. Diese Voraussetzung folgt bereits zwingend aus der Wortsinngrenze des Irrtumsmerkmals, da bei jeweils gleichem Einsichtsvermögen von einem Irrtum nicht mehr die Rede sein kann. Ferner ist erforderlich, daß in voluntativer Hinsicht der Bereich der bewußten Fahrlässigkeit nicht überschritten wird. Ein Irrtum liegt daher nicht vor, wenn dem Zweifelnden der Eintritt eines Vermögensschadens gleichgültig ist[113].

Im Ergebnis bedeutet dies also, daß immer dann, wenn der Täuschende aufgrund der auf seiten des zu Täuschenden bestehenden Zweifel seinen Wissensvorsprung verliert oder aber trotz eines verbleibenden Wissensvorsprunges dem zu Täuschenden der Eintritt eines Vermögensschadens gleichgültig sein sollte, dieser seine Werkzeugeigenschaft verliert und somit nur in subjektiver Hinsicht eine (versuchte) *mittelbare* Täterschaft gegeben ist, während objektiv lediglich eine straflose Anstiftung zur Selbstschädigung vorliegt.

Ist damit der Begriff des Irrtums hinreichend geklärt, so stellt sich im folgenden weiter die Frage, welche Voraussetzungen an die Herbeiführung des tatbestandlichen Zwischenerfolges der Irrtumserregung bzw. dem Unterhalten eines Irrtums zu stellen sind.

---

112 Auch nach der engeren, ehemals von *Roxin* vertreten Ansicht, liegt mittelbare Täterschaft vor, wenn der Hintermann das Risiko einer Rechtsgutsverletzung besser übersieht als der bewußt fahrlässig handelnde Tatmittler (vgl. *Roxin*, a.a.O., S. 192 f.).

113 Im Ergebnis dürfte der hier vertretene Standpunkt weitgehend mit der herrschenden Meinung übereinstimmen. Zwar stellt die herrschende Meinung verbal allein auf die »innere Stellungsnahme« des Zweifelnde ab, es kann aber wohl unterstellt werden, daß auch die Vertreter der herrschende Meinung das Vorliegen eines Irrtums dann verneinen, wenn Täuschender und Irrender gleiche Einsicht in das Tatgeschehen besitzen.

II. Irrtumserregung

Eine Irrtumserregung liegt nach ganz herrschender Meinung vor, wenn durch das Täterverhalten beim Getäuschten eine Fehlvorstellung hervorgerufen wird, die zuvor nicht bzw. nicht in dieser Form bestanden hat[114]. Erforderlich ist somit eine realkausale Verknüpfung zwischen Täterverhalten und Irrtumsentstehung. Existiert dagegen beim Opfer bereits eine Fehlvorstellung und werden dem Vorstellungsbild durch das Täterverhalten keine weiteren unrichtigen Einzelheiten hinzugefügt, scheidet aktive Irrtumserregung aus.

Eine von der herrschenden Meinung abweichende Konzeption zum Merkmal der Irrtumserregung vertritt *Kühne*[115]. Nach seiner Auffassung kann auch im Falle einer bereits existierenden Fehlvorstellung ein diesbezüglicher Irrtum erregt werden[116]. *Kühne* geht dabei von der Prämisse aus, unsere gedanklichen Vorstellungen seien einem ständigen Wechselspiel von Bestätigung und Negierung unterworfen und würden durch Wahrnehmungen aus der Außenwelt permanent aktualisiert. Bei der Willensbildung und ihrer Überprüfung habe man es mit einem dynamischen Prozeß zu tun. Eine gedankliche Vorstellung bleibe daher im Rahmen einer Interaktion nicht einfach erhalten, sondern unterliege selbst dann beständiger Erneuerung, wenn der Grundgedanke letztlich nicht inhaltlich verändert, sondern bestätigt werde[117]. Von diesem Standpunkt aus ist es *Kühne* möglich, ein Täterverhalten, welches sich als Bestätigung einer bereits existierenden Fehlvorstellung darstellt und inhaltlich mit dieser übereinstimmt, als Hervorrufen eines neuen aktualisierten Irrtums gleichen Inhalts aufzufassen.

Mit seiner eigenwilligen Konzeption zur Irrtumserregung hat *Kühne*, soweit ersichtlich, keinerlei Zustimmung gefunden. Bereits die von ihm nicht näher begründete Ausgangsthese, die psychische Realität einer gedanklichen Vorstellung sei *eher dynamisch* und insoweit einem ständigen Kontrollprozeß unterworfen, erscheint äußerst zweifelhaft.

Aber selbst wenn man diese Voraussetzung als gegeben unterstellt, kann im Falle der Bestätigung einer bereits existierenden Fehlvorstellung nicht von der Entstehung eines neuen, lediglich inhaltsgleichen Irrtums ausgegangen werden. Die Entstehung bzw. Veränderung einer Vorstellung setzt voraus, daß das Vorstellungsbild auch tatsächlich einer Neuorientierung unterworfen wird[118]. Ob aber wirklich eine durch das Täterverhalten bedingte Neuorientierung

---

114 Vgl. *Schönke/Schröder-Cramer*, § 263, Rdn. 43; *Lackner*, LK, § 263, Rdn. 91; *Samson/Günther*, SK, § 263, Rdn. 63.

115 *Kühne*, a.a.O., S. 54 ff.

116 A.a.O.

117 A.a.O., S. 56.

118 Vgl. *Klawitter*, Die Grenzen des Betrugs durch Unterlassen, S. 79.

stattgefunden hat, muß immer dann bezweifelt werden, wenn der Vorstellungsinhalt identisch bleibt und keinerlei Veränderung erfährt[119].

Daß *Kühnes* Auffassung nicht haltbar ist, wird auch anhand ihrer praktischen Konzequenzen deutlich. Schon ein nur körperliches Auftreten könnte, sofern eine Fehlvorstellung bereits existiert, als Erregen eines neuen inhaltsgleichen Irrtums verstanden werden. Dies liefe im Ergebnis auf eine uferlose Ausweitung des Tatbestandsmerkmals der Irrtumserregung hinaus. Die Möglichkeit straflosen Ausnutzens[120] eines bereits bestehenden Irrtums wäre damit gleichsam auf Null reduziert. Ferner wäre die Tatbestandsalternative der Irrtumsunterhaltung überflüssig, falls das Einwirken auf eine bereits bestehende Fehlvorstellung als Irrtumserregung erfaßt würde. Soweit *Kühne* die Existenz des Merkmals der Irrtumsunterhaltung dennoch zu rechtfertigen versucht, indem er ausführt: "Wenngleich es deshalb überflüssig ist, ersteres Tatbestandsmerkmal (scil. das Unterhalten eines Irrtums) gesondert aufzuführen, *schadet* es jedoch nicht, in diesen Fällen von einem »Unterhalten« zu sprechen, da dieser Begriff umgangssprachlich eher der Bestätigung einer inhaltlich bereits bestehenden Vorstellung zugeordnet wird"[121], gesteht er damit offen ein, daß seine Lehre auch dem semantischen Gehalt des Merkmals der Irrtumserregung nicht gerecht wird.

Es ist daher der herrschenden Meinung darin zu folgen, daß eine bereits existierende Fehlvorstellung als solche nicht mehr erregt werden kann und eine Irrtumserregung das Entstehen einer originären Fehlvorstellung voraussetzt.

III. Irrtumsunterhaltung

Als Alternative zur Irrtumserregung nennt das Gesetz in § 263 I das Unterhalten eines Irrtums. Begrifflich setzt dieses Merkmal eine bereits bestehende Fehlvorstellung voraus, auf die durch den Täter eingewirkt wird.

Da im Gegensatz zur Irrtumserregung im Falle der Irrtumsunterhaltung ein Irrtum bereits vorhanden ist, mag es zunächst so scheinen, als erschöpfe sich die Täuschungshandlung in dieser Alternative in einem Täuschungsverhalten, ohne daß zudem die Herbeiführung eines tatbestandsmäßigen Zwischenerfolgs erforderlich wäre. Da der Betrug jedoch anerkanntermaßen ein Mehrerfolgsdelikt darstellt[122], dem Herbeiführen eines Vermögensschadens also nur insoweit Betrugsrelevanz zukommt, als diesem tatbestandsmäßigen Enderfolg ein Zwischenerfolg in Gestalt der Irrtumserregung bzw. Irrtumsunterhaltung vorgelagert

---

119 A.a.O.

120 Zum straflosen Ausnutzen eines Irrtums, vgl. BGHSt, JZ 1989, S. 550 f.

121 *Kühne*, a.a.O.

122 Vgl. nur *Lackner*, LK, § 263, Rdn. 7, 8.

ist, wird deutlich, daß auch für die Alternative der Irrtumsunterhaltung das Bestehen einer kausalen Verknüpfung zwischen Täterverhalten und Irrtum unverzichtbare Voraussetzung ist. Es entspricht zudem gesicherter Erkenntnis, daß das Ausnutzen eines bereits vorhandenen Irrtums allenfalls dann unter Strafe gestellt ist, wenn den Täter eine Offenbarungspflicht im Sinne einer Garantenpflicht trifft[123].

Damit stellt sich die Frage, wie dem Erfordernis der Kausalität zwischen Täterverhalten und Irrtum bei der Irrtumsunterhaltung Rechnung zu tragen ist.

Anerkannt ist zunächst, daß ein Irrtum dadurch unterhalten werden kann, daß sein Untergang verhindert wird[124]. Dies ist der Fall, wenn der Täter in einen auf Aufklärung gerichteten Kausalverlauf inhibierend eingreift, er also im Sinne eines Abbruchs rettender Kausalverläufe den Fortbestand eines bereits bestehenden Irrtums verursacht[125].

Die herrschende Meinung bezeichnet darüber hinaus auch ein Bestärken der Fehlvorstellung als Irrtumsunterhaltung. Einen Irrtum unterhalte danach ebenfalls, wer den Intensitätsgrad einer Fehlvorstellung verstärke oder bestehende Zweifel beim Opfer beseitige[126].

Demgegenüber will eine im Vordringen befindliche Schrifttumsmeinung das Intensivieren einer bestehenden Fehlvorstellung als Irrtumserregung erfassen[127]. Würden beim Opfer bestehende Zweifel beseitigt oder der Fehlvorstellung weitere unrichtige Einzelheiten hinzugefügt, handele es sich der Sache nach um die Erregung eines neuen Irrtums, da ein bereits vorhandener Irrtum nicht mehr gesteigert werden könne.[128]Hinter der Kontroverse verbirgt sich bei genauerer Betrachtung mehr als bloß eine sprachliche Differenzierung[129]. Zwischen

---

123 Vgl. *Schönke/Schröder-Cramer*, § 263, Rdn. 46; *Samson/Günther*, SK, § 263, Rdn. 65; *Lackner*, LK, § 263, Rdn. 93; BGHSt, JZ 1994, S. 419 ff. (421, 424).Dabei kommt strafloses Ausnutzen eines Irrtums nicht etwa nur in den Fällen der stillschweigenden Entgegennahme einer Leistung in Betracht, sondern auch bei konkludenter bzw. ausdrücklicher Bestätigung eines Irrtums (vgl. BGHSt, JZ 1988, S. 102; BGHSt, JZ, 1989, S. 550 f.).

124 Vgl. nur *Schönke/Schröder-Cramer*, a.a.O., Rdn. 45; BGHSt, JZ 1989, S. 550.

125 *Samson/Günther*, SK, § 263, Rdn. 64; *Lackner*, a.a.O., Rdn. 92.

126 *Tröndle/Fischer*, § 263, Rdn. 18 b; *Lackner*, a.a.O.; Blei, BT, § 61 III 2; *Maurach/Schroeder-Maiwald*, BT 1, § 41 II, Rdn. 67; *Wessels/Hillenkamp*, BT 2, Rdn. 511 f.

127 *Samson/Günther*, a.a.O., Rdn. 39; *Schönke/Schröder-Cramer*, 3 a.a.O., Rdn. 46; *Joerden*, JZ 1988, S. 103 ff.; ders. JZ 1994, S. 422 ff. (23).

128 Vgl. FN 125.

129 A.A. offenbar *Schönke/Schröder-Cramer*, a.a.O.

Erregen und Verstärken einer Fehlvorstellung differenzieren zu wollen, erscheint nur sinnvoll, sofern damit auch inhaltliche Abgrenzung verbunden ist[130]. Eine abweichende Gewichtung von Irrtumserregung und Irrtumsverstärkung - sei es qualitativer oder quantitativer Art - hieße im Hinblick auf den Handlungserfolg bei der Irrtumsunterhaltung, gemessen an der Irrtumserregung, ein »Weniger« an Erfolgsunrecht ausreichen zu lassen. Es geht also dem Grunde nach darum, ob für das Merkmal der Irrtumsunterhaltung das gleiche Maß an Erfolgsunrecht verwirklicht werden muß, wie es beim Merkmal der Irrtumserregung verlangt wird. Schon die Fragestellung deutet an, in welchen Konflikt mit dem rechtsstaatlichen Prinzip der Gerechtigkeit unter dem Aspekt des Gleichheitssatzes[131] eine Ungleichgewichtung von Irrtumserregung und Irrtumsunterhaltung zwangsläufig geraten muß: Irrtumserregung und Irrtumsunterhaltung stehen sich in § 263 I als prinzipiell gleichrangige Tatbestandsalternativen gegenüber und sind derselben Strafandrohung unterworfen. Für die Alternative der Irrtumsunterhaltung, im Verhältnis zur Irrtumserregung, ein »Weniger« an Erfolgsunrechtsverwirklichung ausreichen zu lassen, liefe darauf hinaus, zwei in einem Tatbestand zusammengefaßte Alternativen bei ungleichen Strafbarkeitsvoraussetzungen mit gleicher Strafe zu sanktionieren. Wirklich gerechtfertigt erscheint die in § 263 I erfolgte Gleichstellung von Irrtumserregung und Irrtumsunterhaltung daher nur, sofern auch das vom Täter hinsichtlich des tatbestandsmäßigen Zwischenerfolgs »Irrtum« zu verwirklichende Erfolgsunrecht einander entspricht[132].

Damit steht fest, daß für beide Tatbestandsalternativen ein einheitlicher Maßstab zu fordern ist. Das Einwirken auf eine bereits bestehende Fehlvorstellung muß daher entweder deren Untergang verhindern oder die Qualität einer Irrtumserregung erreichen. Lehnt man, wie hier, eine Ungleichgewichtung von Irrtumserregung und Irrtumsunterhaltung ab, macht es auch keinen Sinn, begrifflich zwischen dem Erregen und dem Verstärken einer Fehlvorstellung zu differenzieren. Im Falle der Erweiterung einer bereits bestehenden Fehlvorstellung handelt sich daher ebenfalls um eine Irrtumserregung. Ein Irrtum kann also nur dadurch »unterhalten« werden, daß der Täter in einen Kausalverlauf inhibierend eingreift, der mit an Sicherheit grenzender Wahrscheinlichkeit zur Aufklärung des Irrtums geführt hätte.

---

130 Etwa dargestalt, daß man als Verstärken einer Fehlvorstellung eine Vorstellungsveränderung unterhalb der Schwelle der Irrtumserregung ausreichen läßt.

131 Zur überragenden Bedeutung des Gleichheitssatzes für das Gerechtigkeits- und Rechtsstaatsprinzip, vgl. *Larenz*: Methodenlehre, S. 334 f.; BVerfGE 35, S. 263 ff. (372 f.); 38, S. 225 ff. (228); 41, S. 1 ff. (13) *Schmidt-Bleibtreu/Klein*, Art. 3, Rdn. 2 ff.

132 Vgl. in diesem Sinne *Joerden*, JZ 1988, S. 104.

IV. Zusammenfassung

Die Untersuchung der Täuschungshandlung des Betrugstatbestandes hatte in ihrem bisherigen Verlauf den Handlungserfolg zum Gegenstand, also jenen Teil der Täuschungshandlung, den das Gesetz als Irrtumserregung bzw. Irrtumsunterhaltung bezeichnet.

Die Ausführungen haben ergeben, daß ein Irrtum i.S.d. § 263 I eine positive Fehlvorstellung über die Wirklichkeit voraussetzt, dem das Fehlen einer Vorstellung nicht gleichsteht. Für das Problem des Irrtums unter Zweifeln konnten die Grundsätze der mittelbaren Täterschaft fruchtbar gemacht und auf die Parallele zu einem zwar undolos aber fahrlässig handelnden Tatmittler verwiesen werden.

Ferner wurde aufgezeigt, daß, gemäß der tatbestandlichen Gleichrangigkeit von Irrtumserregung und Irrtumsunterhaltung, für die Alternative der Irrtumsunterhaltung ein dem Bewirken einer originären Fehlvorstellung entsprechendes Äquivalent zu fordern ist. Der unmittelbare Erfolg der Täuschungshandlung besteht somit darin, daß der Täter das Entstehen einer originären Fehlvorstellung bewirkt oder den Untergang einer bestehenden Fehlvorstellung verhindert.

Im folgenden Abschnitt wird jener Teil der Täuschungshandlung zu untersuchen sein, den das Gesetz mit den Worten "durch Vorspiegelung..., Entstellung... oder Unterdrückung..." umschreibt. Dabei soll der Frage nachgegangen werden, ob und gegebenfalls welche spezifischen Anforderungen an das Täuschungsverhalten zu stellen sind

C. Das Täuschungsverhalten – Einführung in den Meinungsstand

Während bisher ausschließlich der vom Täter im Rahmen der Täuschungshandlung zu verwirklichende tatbestandsmäßige Zwischenerfolg ermittelt und dargestellt wurde, kann sich die Untersuchung nunmehr der Aufgabe zuwenden, den Verhaltensunwert der Täuschungshandlung näher zu durchleuchten.

Nach ganz überwiegender Ansicht ist für eine Täuschung i.S.d. § 263 I mehr erforderlich, als das bloße Erregen bzw. Unterhalten eines Irrtums. Der Betrugstatbestand ist danach kein reines Mehrerfolgsdelikt, sondern, im Hinblick auf die Täuschungshandlung, ein verhaltensgebundenes Delikt. Die Verursachung einer irrtumsbedingten Selbstschädigung in Bereicherungsabsicht ist demzufolge nur strafbar, sofern der Täter sie mittels Täuschung herbeigeführt hat[133].

---

[133] *Maaß*, a.a.O., S. 33.

Wann das Erregen bzw. Unterhalten eines Irrtums als mittels Täuschung herbeigeführt anzusehen ist, soll nun Gegenstand der Untersuchung sein.

I. Einwirkung auf die Vorstellungsbildung

Im Hinblick auf die an das Täuschungsverhalten zu stellenden Anforderungen wird zunächst diskutiert, ob nur ein solches Täterverhalten als täuschungsrelevant in Betracht kommen soll, durch das Einfluß auf die Vorstellungsbildung des Opfers genommen wird. Hintergrund hierfür ist der Umstand, daß eine Fehlvorstellung, im Sinne eines Auseinanderfallens von Vorstellung und Wirklichkeit, auf zweierlei Weise zur Entstehung gelangen kann[134]: Zum einen, indem bei der Vorstellungsbildung ein Sachverhalt nicht zutreffend erfaßt wird. So etwa, wenn jemand glaubt, ein ihm angebotener Ring, der nur vergoldet ist, sei aus massivem Gold. Zu einer Abweichung von Vorstellung und Wirklichkeit kommt es ferner dort, wo das Bezugsobjekt der Vorstellung eine Veränderung erfährt, die dem Betroffenen verborgen bleibt. Wer also glaubt, sein Ring liege sicher zu Hause im Safe, während er in Wirklichkeit gerade gestohlen wurde, befindet sich in einer positiven Fehlvorstellung und damit in einem Irrtum[135] [136].

Während das Entstehenlassen einer Fehlvorstellung mittels Einflußnahme auf die Vorstellungsbildung anerkanntermaßen den typischen Fall einer täuschungsrelevanten Irrtumserregung darstellt, ist umstritten, ob auch das Herbeiführen einer Fehlvorstellung im Wege der Veränderung des Bezugsobjektes einer Vorstellung als taugliche Täuschungshandlung i.S.d. § 263 I anzusehen ist.

Bei der Auseinandersetzung mit dieser Streitfrage wird häufig eine Verbindung zur Figur der *ignorantia facti* hergestellt[137] und darauf verwiesen, daß bereits bezweifelt werden müsse, ob im Falle der bloßen Objektsveränderung überhaupt eine positive Fehlvorstellung und damit ein Irrtum i.S.d. § 263 I vorliege[138]. Dadurch wird zuweilen der Eindruck erweckt, als würde sich die Frage, ob das bloße Verändern des Betrugsobjekts einer Vorstellung als Täuschungshandlung erfaßt ist, nur stellen, sofern man auch das reine Nichtwissen als Irrtum i.S.d.

---

134 Vgl. *Bockelmann*, Eb. Schmidt-Festschrift, S. 437 ff. (438): *Samson/Günther*, SK, § 263, Rdn. 22; Samson, Strafrecht II, Fall 13, S. 126; *Lackner*, LK, § 263, Rdn. 91; *Schönke/Schröder-Cramer*, § 263, Rdn. 37, 44.

135 Siehe auch oben unter B.I. 2.

136 *Lackner*, StGB § 263; Rdn. 6; *Arzt/Weber*, LH 3, Rdn. 468 ff., m.w.N.

137 *Bockelmann*, a.a.O., S. 439; *Maaß*, a.a.O., S. 34; *Schönke/Schröder-Cramer*, a.a.O., Rdn. 37, 44; *Eser* IV, S. 119, Anm. 53; *Maurach/Schroeder-Maiwald*, a.a.O., Rdn. 58. Zur Figur der *ignorantia facti*; vgl. oben B.I.2.

138 Vgl. *Bockelmann*, a.a.O., S. 439; *Maurach/Schroeder-Maiwald*, a.a.O.

§ 263 I anerkennt (sog. weiter Irrtumsbegriff)[139]. Wie bereits an anderer Stelle dargelegt wurde, geht es bei der Kontroverse um den engen oder weiten Irrtumsbegriff jedoch ausschließlich darum, ob für einen Irrtum i.S.d. § 263 I das Vorhandensein eines positiven Vorstellungbildes erforderlich ist oder nicht[140]. Die Voraussetzungen des engen Irrtumsbegriffs sind daher stets erfüllt, wenn zu einem Gegenstand eine gedankliche Verbindung besteht, jener Gegenstand eine Veränderung erfährt und der Betroffene weiterhin glaubt, der Gegenstand sei nach wie vor unverändert.

Es zeigt sich also, daß auch nach dem engen Irrtumsbegriff Irrtümer aufgrund einer Objektsveränderung keineswegs ausgeschlossen sind[141]. Das Problem, ob nur solches Täterverhalten täuschungsrelevant ist, durch das auf den Akt der Vorstellungsbildung eingewirkt wird, stellt sich somit unabhängig davon, ob man dem engen oder weiten Irrtumsbegriff anhängt. Es stellt sich daher die Frage, ob eine Täuschungshandlung i.S.d. § 263 I neben dem Herbeiführen eines Irrtums die Beeinflussung der Vorstellungsbildung voraussetzt.

Die ganz herrschende Meinung steht auf dem Standpunkt, nur das Hervorrufen einer Fehlvorstellung mittels Einflußnahme auf den Akt der Vorstellungsbildung weise die Betrugstypik des Überlistens auf[142]. Keine Täuschungshandlung begehe daher, wer lediglich durch heimliches Verändern des Bezugsobjektes einer Vorstellung diese unrichtig werden lasse. Allerdings sehen offenbar nicht alle Vertreter der herrschenden Meinung in der Forderung nach Einflußnahme auf den Akt der Vorstellungsbildung einer an das Täuschungs*verhalten* zu stellende Voraussetzung. So vertritt *Eser*[143] die Ansicht, in den Fällen der bloßen Veränderung des Vorstellungsgegenstandes fehle es an der erforderlichen Kausalität zwischen Täuschung und Irrtum, während *Cramer*[144] annimmt, der Täter werde zwar in den betreffenden Fällen für einen Irrtum kausal, es handele sich insoweit aber um einen Irrtum, der für § 263 I nicht relevant sei.

---

139 Vgl. *Bockelmann*, a.a.O.; *Schönke/Schröder-Cramer*, a.a.O., Rdn. 49, *Lackner*, LK, a.a.O., Rdn. 76; *Maurach/Schroeder-Maiwald*, a.a.O.

140 Siehe oben unter B.I. 2.

141 Nachfolgende Beispielsfälle sind so gewählt, daß die Voraussetzungen des engen Irrtumsbegriffs erfüllt sind.

142 *Bockelmann*, a.a.O.; *Eser*, a.a.O.; *Kühne*, a.a.O., S. 54; *Lackner*, a.a.O., Rdn. 18; ders. StGB, § 263, Rdn. 6; *Samson/Günther*, SK, § 263, Rdn. 22; *Samson* JA 1978, S. 469 ff. (472); *Schönke/Schröder-Cramer*, a.a.O., Rdn. 37, 44; *Welzel*, Lb., S. 370; *Wessels/Hillenkamp*, BT 2, Rdn. 511; *Hansen*, Jura 1990, S. 510 ff. (515).

143 *Eser*, a.a.O.; ähnlich *Blei*, BT, § 61 III 1.

144 *Cramer*, a.a.O.

Beide in ihrer Begründung abweichenden Ansätze innerhalb der herrschenden Meinung erweisen sich jedoch bei näherer Betrachtung als nicht haltbar. Ungenau ist zunächst die Formulierung *Esers*, die Täuschung müsse für den Irrtum kausal werden. Das Erfordernis der Kausalität betrifft das Merkmal der Irrtumserregung bzw. Unterhaltung. Dieses Merkmal ist erfüllt, wenn eine kausale Verknüpfung zwischen dem Täterverhalten und dem tatbestandsmäßigen Zwischenerfolg »Irrtum« vorliegt[145]. Daß auch im Falle der bloßen Objektsveränderung eine solche Verbindung bestehen kann, wurde bereits dargelegt. Es geht daher nicht um die Frage der Kausalität zwischen Täterverhalten und Irrtum, sondern darum, ob eine Irrtumserregung vorliegt, die mittels Täuschung erfolgt ist.

Zu widersprechen ist ferner der Ansicht *Cramers*, im Falle der bloßen Objektsveränderung handele es sich um die Herbeiführung eines für § 263 I irrelevanten Irrtums. Dies hätte nämlich zur Konsequenz, daß ein Irrtum, der einmal im Wege der Objektsveränderung entstanden wäre, nun auch später nicht mehr im Sinne des § 263 I »unterhalten« werden könnte. Darüber hinaus ist es inkonsequent, einerseits schon das reine Nichtkennen der Wahrheit als Irrtum i.S.d. § 263 I anzuerkennen[146], andererseits aber einer durch den Täter verursachten positiven Fehlvorstellung jegliche Relevanz absprechen zu wollen[147]. Soweit die herrschende Meinung eine Einwirkung auf die Vorstellungsbildung des Irrenden verlangt, ist hierin also eine das Täuschungs*verhalten* betreffende Voraussetzung zu sehen.

Der Standpunkt der herrschenden Meinung, nur solche Handlungen als täuschungsrelevant anzuerkennen, die einen Irrtum im Wege der Beeinflussung der Vorstellungsbildung erzeugen, ist jedoch nicht unumstritten. So vertritt *Arzt*[148] die Auffassung, als Täuschungshandlung i.S.d. § 263 I komme grundsätzlich jede Tätigkeit in Betracht, die den Erfolg »Irrtum« herbeiführe. Auch das Hervorrufen eines Irrtums durch bloßes Verändern des Bezugsobjekts einer Vorstellung sei daher als taugliche Täuschungshandlung erfaßt. Der Ausschluß der bloßen Objektsveränderung aus dem Täuschungsbegriff, wie er von der herrschenden Meinung gefordert werde, solle nur als Begründung dafür dienen, daß die Fälle des § 265 a I, insbesondere das Schwarzfahren, nicht unter den Tatbestand des § 263 I fielen. Zudem sei der Betrug kein Äußerungsdelikt und könne daher auch durch Manipulationen an und mit Gegenständen begangen werden.

---

[145] *Lackner*, a.a.O., Rdn. 91.

[146] So aber *Cramer*, a.a.O., Rdn. 36.

[147] Vgl. *Lackner*, a.a.O., Rdn. 76.

[148] *Arzt/Weber*, LH 3, Rdn. 398, 468 ff.

Daß *Arzt* nicht gefolgt werden kann wird deutlich, wenn man sich die Konsequenzen seiner Auffassung vor Augen führt. Nach einem von *Arzt* selbst angeführten Beispielsfall soll eine tatbestandliche Täuschungshandlung vorliegen, wenn ein Dieb heimlich die Tasche seines Opfers mit einem scharfen Messer aufschlitzt, dessen Inhalt stiehlt und das Opfer weiterhin glaubt, die Handtasche sei unversehrt und der Inhalt noch vorhanden[149]. Bei Zugrundelegung dieses extrem weiten Täuschungsbegriffs verschwimmen die Grenzen von Selbst- und Fremdschädigung. Nimmt man mit *Arzt* an, daß in dem angeführten Beispiel die weiteren Voraussetzungen des Betrugs ebenfalls erfüllt sind[150], kommt es zu einer tatbestandlichen Überschneidung von Diebstahl und Betrug. Damit gingen dem Betrugstatbestand seine von Rechtsprechung und Wissenschaft so mühsam erarbeiteten und im Hinblick auf Art. 103 II dringend geforderten Konturen verloren. Von einer randscharfen Trennung zwischen Wegnahme einerseits und abgelisteter Selbstschädigung andererseits könnte keine Rede mehr sein.

Arzt rechtfertigt die Konsequenzen seiner Auffassung damit, daß eine Unterscheidung zwischen heimlicher Objektsveränderung ohne Täuschungscharakter und einer täuschungsrelevanten, gegen die Vorstellungsbildung gerichteten Handlung, unmöglich sei[151]. Auch im Falle der bloßen Objektsveränderung werde der Erfolg »Irrtum« herbeigeführt und so auf die Vorstellung des Irrenden eingewirkt. Dem ist entgegenzuhalten, daß sehr wohl differenziert werden kann, zwischen einer Handlung, die auf den Akt der Vorstellungsbildung einwirkt und dadurch eine Fehlvorstellung zur Entstehung gelangen läßt und dem Hervorrufen eines Irrtums durch bloßes Verändern des Bezugsobjektes einer Vorstellung.

Der entscheidende Unterschied zeigt sich, wenn man beide Formen der Irrtumsverursachung mit einem Datenverarbeitungsvorgang vergleicht. Im Falle der Irrtumserregung mittels Einwirkung auf die Vorstellungsbildung findet ein Informationszufluß statt. Es werden neue Informationen aufgenommen und verarbeitet, wodurch ein Vorstellungsbild entsteht, das nicht mit der Wirklichkeit übereinstimmt. Dagegen bleibt im Falle der bloßen Objektsveränderung ein Informationszufluß aus. Es werden dem Bewußtsein keine neuen Daten mit falschem Informationsgehalt zugeführt und verarbeitet, sondern es entsteht ein Informationsdefizit. Die bereits vorhandenen Daten verlieren an Aktualität und werden falsch, weil die Wirklichkeit auf die sie sich beziehen eine Veränderung erfährt, die dem Betroffenen verborgen bleibt.

---

149 *Arzt*, a.a.O., Rdn. 468.

150 Die Vermögensverfügung läge dann in der Nichtgeltendmachung zivilrechtlicher Schadenersatz und Herausgabeansprüche, der Vermögensschaden im Fehlen einer, der Vermögensminderung entsprechenden, Kompensation. Zur Kritik an dem Verzicht der h.M. auf ein Verfügungsbewußtsein bei der Nichtgeltendmachung von zivilrechtlichen Ansprüchen, vgl. *Hansen*, MDR 1975, S. 533 ff.

151 *Arzt*, a.a.O., Rdn. 470.

Steht fest, daß zwischen beiden Formen der Irrtumsverursachung unterschieden werden kann, läßt sich auch erkennen, warum nur ein solches Täterverhalten Täuschungsrelevanz aufweist, das gegen die Vorstellungsbildung gerichtet ist. Die Einwirkung auf den Akt der Vorstellungsbildung ist erforderlich, um den für die Betrugstypik konstitutiven Prozeß der Selbstschädigung in Gang zu setzen. Denn dort, wo weder ein Informationszufluß noch eine Informationsverarbeitung stattfindet, ist der Vorgang des »Überlistens« nicht gegeben.
Damit ist keineswegs gesagt, daß eine Irrtumserregung mittels Einflußnahme auf die Vorstellungsbildung nicht auch durch Manipulationen an und mit Gegenständen erfolgen kann. Entscheidend ist vielmehr, daß die Tatsachenmanipulation dem Opfer zur Kenntnis gebracht wird, da nur so der Mechanismus der Selbstschädigung ausgelöst werden kann. Es wird also nicht die Tatsachenveränderung als solche aus dem Täuschungsbegriff ausgeschlossen, sondern es scheiden lediglich jene Handlungen aus, die allein durch Veränderung des Vorstellungsgegenstandes eine Fehlvorstellung erzeugen[152].

Zurückzuweisen ist ferner der von *Arzt* gegen die herrschende Ansicht erhobene Einwand, die Forderung nach einer Einflußnahme auf die Vorstellungsbildung des Irrenden solle nur eine Begründung dafür liefern, daß die Fälle des § 265 a I (Erschleichen freien Eintritts und Schwarzfahren) nicht unter § 263 I fielen. Nach seiner Entstehungsgeschichte und systematischen Stellung innerhalb der Vermögensdelikte hat § 265 a I Lückenfüllungsfunktion. § 265 a I wurde nicht geschaffen, um Verhaltensweisen, die den Betrugstatbestand erfüllen, durch seine mildere Strafandrohung zu privilegieren, sondern um Verhaltensweisen strafen zu können, die gerade nicht von § 263 I erfaßt werden[153]. Dies folgt schon zwingend aus der Tatsache, daß § 265 a I aufgrund seiner formellen Subsidiarität im Wege der Gesetzeskonkurrenz hinter § 263 I zurücktritt. Wären beim Schwarzfahren und dem Erschleichen freien Eintritts die Voraussetzungen des Betrugs erfüllt und ginge es lediglich darum, diese Fälle gegenüber dem »normalen« Betrug zu privilegieren, dann müßte § 265 a I als lex specialis dem § 263 I vorgehen anstatt im Wege der Gesetzeskonkurrenz zurückzutreten.

Insgesamt erweist sich somit die von *Arzt* gegen den Standpunkt der herrschenden Meinung vorgebrachte Kritik als unbegründet.

---

152 *Samson/Günther*, SK, § 263, Rdn. 22.

153 Vgl. *Lackner*, LK, § 265 a, Rdn. 1; *Schönke/Schröder-Lenckner*, § 265 a, Rdn. 1; *Wessels/Hillenkamp*, BT 2, Rdn. 666 ff. § 265 a ist durch die Strafrechtsnovelle v. 28.06.1935 (RGBl. S. 839) eingeführt worden und entspricht fast wörtlich dem § 347 des E 1927. In der Begründung zu § 347 des E 1927, auf den die amtliche Begründung zur Strafrechtsnovelle v. 28.06.1935 auf S. 41 ausdrücklich verweist, heißt es: "Der blinde Passagier muß häufig straflos bleiben, weil ihm eine Täuschung nicht nachgewiesen werden kann".

Zusammenfassend ist festzustellen, daß eine Täuschungshandlung i.S.d. § 263 I die Einflußnahme auf den Akt der Vorstellungsbildung des Irrenden voraussetzt und daß das Herbeiführen einer Fehlvorstellung durch bloßes Verändern des Vorstellungsobjektes kein taugliches Täuschungsverhalten darstellt.

II. Das Erfordernis einer weitergehenden Einschränkung

Die Untersuchung des Täuschungsbegriffs hat bisher ergeben, daß ein Täterverhalten vorliegen muß, das über die kausale Verknüpfung zum tatbestandsmäßigen Zwischenerfolg »Irrtum« hinaus eine Einwirkung auf den Akt der Vorstellungsbildung des Irrenden voraussetzt. Daran anschließend stellt sich die Frage, ob jede mittels Einwirkung auf die Vorstellungsbildung des Irrenden erfolgte Irrtumserregung bzw.- unterhaltung als Täuschungshandlung i.S.d. § 263 I erfaßt ist oder ob der Täuschungsbegriff eine weitgehende Einschränkung erfordert.

Ganz überwiegend wird in dem Erfordernis der Einwirkung auf die Vorstellungsbildung nur eine Mindestvoraussetzung gesehen, zu der noch weitere Umstände hinzutreten müssen[154]. Das Erregen bzw. Unterhalten eines Irrtums mittels Einwirkung auf die Vorstellungsbildung ist danach, für sich genommen, nicht hinreichende, sondern nur notwendige Bedingung für das Vorliegen einer Täuschungshandlung i.S.d. § 263 I. Demgegenüber vertritt *Bockelmann* die Ansicht, das Merkmal der Täuschung sei bereits immer dann erfüllt, wenn durch Einflußnahme auf die Vorstellungsbildung beim Opfer eine Fehlvorstellung vorsätzlich erregt werde[155]. Mit seiner Auffassung ist *Bockelmann* weitgehend auf Ablehnung gestoßen[156]. Die Kritik, wie sie insbesondere von *Samson* vorgebracht wird, richtet sich in erster Linie gegen die uferlose Ausweitung des Täuschungsbegriffs und die damit verbundene konturenlose Ausdehnung des Betrugstatbestandes. So weist *Samson* zutreffend darauf hin, daß, bei Zugrundelegung der *Bockelmannschen* These, jeder Vertragsschluß unter Partnern mit unterschiedlichem Kenntnisstand den Täuschungsbegriff erfüllen und als strafbarer Betrug anzusehen wäre. Der Vertragspartner mit unterlegenem Wissen wird durch den überlegenen Vertragspartner motiviert, sein unterlegenes Wissen zu

---

154 Vgl. *Samson/Günther*, SK, § 263, Rdn. 22 ff.; *Herzberg*, a.a.O., S. 72; *Lackner*, LK, § 263, Rdn. 18 ff.; *Schönke/Schröder-Cramer*, § 263, Rdn. 11.

155 *Bockelmann*, a.a.O., S. 440; ders, NJW 1961, S. 1934 f. (1935). Grundsätzlich zustimmend *Hansen*, MDR 1975, S. 533 ff., der in diesem Zusammenhang jedoch zugleich von einer „extensiven Auslegung“ des Täuschungsmerkmals spricht. Ähnlich *Nitze*, Entsprechensklausel, S. 179 ff. (180).

156 Vgl. *Samson/Günther*, SK, § 263, Rdn. 22; *Samson*, Strafrecht II, Fall 15, S. 140 f.; *Herzberg*, a.a.O., S.72; zustimmend *Klawitter*, a.a.O., S. 83.

aktualisieren und auf dieser Grundlage eine für ihn nachteilige Vermögensverfügung zu treffen[157].

Dieser Ansatzpunkt der Kritik erweist sich als durchaus berechtigt. Aus dem fragmentarischen Charakter des strafrechtlichen Rechtsgüterschutzes, insbesondere im Bereich der Vermögensdelikte, folgt, daß nur solche Angriffe auf das Rechtsgut Vermögen strafbedroht sein können, die sich als besonders verwerflich darstellen[158]. Das Gesetz trägt diesem Umstand in § 263 I dadurch Rechnung, daß es neben dem Erregen bzw. Unterhalten eines Irrtums fordert, daß die Irrtumserregung bzw.- unterhaltung durch Vorspiegelung, Entstellung oder Unterdrückung von Tatsachen, also durch Täuschung, erfolgt. Zwar geht *Bockelmann* nicht so weit, daß er den Worten "durch Vorspiegelung, Entstellung oder Unterdrückung" überhaupt keine Bedeutung zukommen läßt, so daß es vorschnell wäre, in der *Bockelmannschen* Lehre einen Vorstoß gegen die Garantiefunktion des Strafrechts zu sehen[159], er reduziert ihren inhaltlichen Gehalt aber auf das Erfordernis der Einwirkung auf die Vorstellungsbildung des Irrenden. Entscheidend ist dabei, daß das Erfordernis der Einwirkung auf die Vorstellungsbildung ebensowenig wie das Merkmal der Irrtumserregung bzw.- unterhaltung in der Lage ist, das Täterverhalten als verwerflichen Angriff auf das Rechtsgut Vermögen zu charakterisieren. Wie *Bockelmann* selbst ausführt, liegt eine Irrtumserregung bereits dann vor, wenn eine Ursache dafür gesetzt wird, daß eine Fehlvorstellung entsteht[160]. Verwechselt also A den B mit C, weil B und C sich sehr ähneln, dann setzt B allein durch sein körperliches Auftreten eine Ursache dafür, daß A sich irrt.

Ähnlich liegt es mit dem Erfordernis der Einwirkung auf die Vorstellungsbildung des Irrenden. Eine Einwirkung auf die Vorstellungsbildung ist immer dann gegeben, wenn es, wie es bei der Irrtumserregung regelmäßig der Fall ist, zu einer Interaktion der Beteiligten kommt, das Opfer also aufgrund des Täterverhaltens bestimmte Umstände zur Kenntnis nimmt und verarbeitet. Damit erweist sich das Erfordernis der Einwirkung auf die Vorstellungsbildung des Irrenden als lediglich faktisches Moment, das für sich genommen nicht in der Lage ist, die besondere Verwerflichkeit, wie sie nach dem ultima ratio Prinzip des Strafrechts für die Täuschungshandlung zu fordern wäre, zum Ausdruck zu bringen.

Auch die von *Bockelmann* schon für das objektive Vorliegen einer Täuschungshandlung geforderte subjektive Zwecksetzung[161] vermag daran nichts zu

---

157 *Samson*. Strafrecht II, Fall 15, S. 141.

158 Vgl. i.d.S., *Volk*, JUS 1981, S. 880 ff. (880).

159 A.A. *Klawitter*, a.a.O.

160 *Bockelmann*, a.a.O., S. 440.

161 *Bockelmann*, a.a.O.; "Täuschung ist allein ein solches Verhalten, das auf Täuschung angelegt, auf Täuschung berechnet ist (wobei natürlich bedingter Vorsatz genügt). Wer

ändern. Wer z.B. nichts weiter tut, als eine Ware zu einem höheren als dem marktüblichen Preis anzubieten oder ein Aktienpaket in dem Wissen verkauft, daß die Aktien alsbald in ihrem Wert fallen werden, handelt in der Regel zumindest mit dem bedingten Vorsatz, bei seinem Vertragspartner eine entsprechende Fehlvorstellung zu erzeugen. Derartige vorsätzliche Irrtumserregungen, die den Irrenden zur Vornahme einer für ihn nachteiligen Vermögensverfügung verleiten, sind aber in einer wettbewerbsorientierten Gesellschaft, in der das Streben nach Gewinn, auch wenn es auf Kosten anderer geschieht, eine grundsätzlich legitime Motivation darstellt, durchaus systemkonform[162]. Abgesehen davon ist mit der von *Bockelmann* geforderten Einschränkung des Täuschungsbegriffs auf vorsätzlich begangene Irrtumserregungen schon deshalb nichts gewonnen, weil gemäß § 15 ohnehin nur vorsätzlich begangene Tathandlungen von § 263 I erfaßt werden.

Damit ist nachgewiesen, daß nicht jede Irrtumserregung bzw.- unterhaltung, die mittels Einwirkung auf den Akt der Vorstellungsbildung des Irrenden bewirkt wird, die Voraussetzungen einer Täuschungshandlung i.S.d. § 263 I erfüllt, sondern eine weitgehende Einschränkung des Täuschungsbegriffs erforderlich ist.

III. Täuschungsverhalten - Verhalten mit Erklärungswert ? (Anforderungen an das Täuschungsverhalten nach der Konzeption der herrschenden Meinung).

Steht somit fest, daß nicht jede Einwirkung auf die Vorstellungsbildung, die einen Irrtum erregt oder unterhält, als Täuschungshandlung i.S.d. § 263 I erfaßt ist, bleibt die Frage, welche weiteren an das Täterverhalten zu stellenden Voraussetzungen vorliegen müssen, damit die Merkmale einer Täuschung erfüllt sind.

Die herrschende Meinung versucht, der Erkenntnis, daß eine Einwirkung auf die Vorstellungsbildung des Irrenden für sich genommen nicht ausreichend ist, um den Verhaltensunwert der Täuschungshandlung zu erfassen, dadurch gerecht zu werden, indem sie verlangt, das Täterverhalten müsse einen sog. Erklärungswert aufweisen. Für eine Täuschung durch positives Tun sei demnach erforderlich, daß der Täter entweder expressis verbis die Unwahrheit erkläre oder ein Verhalten an den Tag lege, aus dem nach Maßgabe der Verkehrsauffassung eine konkludente

---

ohne Täuschungsvorsatz einen Irrtum verursacht, hat diesen Irrtum zwar erregt, aber nicht durch Täuschung".

162 *Vgl. Samson/Günther*, SK, § 263, Rdn. 2.

Erklärung hergeleitet werden könne[163]. Dabei wird teilweise das Vorliegen eines Erklärungstatbestandes ausdrücklich zum konstitutiven Element des Täuschungsbegriffs erhoben. So vertritt *Herzberg* die Auffassung, konstitutiv für den Täuschungsbegriff sei die Lüge. Zu fordern sei daher stets, daß der Täter etwas Falsches erkläre. Lasse sich dies auch bei weitestem Verständnis des Erklärungsbegriffs nicht annehmen, müsse das Merkmal der Täuschung und damit Betrug entfallen[164].

Nicht alle Vertreter der herrschenden Meinung bekennen sich so deutlich zum Erfordernis eines Erklärungstatbestandes wie *Herzberg*. Häufig wird schlicht, in Anlehnung an die überkommene Einteilung der Täuschungsmodalitäten in ausdrückliche Täuschung, konkludente Täuschung und Täuschung durch unterlassene Aufklärung, ohne weitere Begründung davon ausgegangen, daß die aktive Täuschung eine ausdrückliche bzw. schlüssige Erklärung des Täters voraussetze[165]. *Herzberg* ist jedoch darin zuzustimmen, daß ein solches Vorgehen unverständlich wäre, würde man nicht im Vorliegen einer Falscherklärung des Täters das konstitutive Element der Täuschung erblicken, denn nur unter dieser Prämisse läßt sich erklären, warum die herrschende Meinung auch bei der konkludenten Täuschung danach fragt, ob dem Täterverhalten eine stillschweigende bzw. schlüssige Erklärung entnommen werden kann[166].

Nur vereinzelt finden sich Stimmen im Schrifttum, die zwar eine über das Erfordernis der Einwirkung auf die Vorstellungsbildung des Opfers hinausgehende Einschränkung des Täuschungsbegriffs befürworten, sich zugleich aber dagegen aussprechen, das Vorliegen eines Erklärungstatbestandes zum entscheidenden Element des Täuschungsbegriffs zu erheben[167]. Zu ihnen ist insbesondere

---

163 Für die Literatur vgl.: *Schönke/Schröder-Cramer*, § 263, Rdn. 12; *Wessels/Hillenkamp*, BT 2, Rdn. 498; *Herzberg*, a.a.O. S. 72; *Eser* IV, S. 112 ff.; *Tröndle/Fischer*, § 263, Rdn. 6a ff.; *Blei*, BT, § 61,4.; Preisedanz, § 263, Anm. 2-4, *Maurach/Schroeder-Maiwald* BT 1, § 41, Rdn. 35 ff.; *Maaß*, GA 1984, S. 266; *Otto*, BT, § 51, III 1.; *Triffterer*, JUS 1971, S. 182 ff.; *Klawitter*, Die Grenzen des Betruges durch Unterlassen, S. 84 ff. Für die Rechtsprechung vgl. nur: OLGSt Köln, NJW 1984, S.1979 f. (1979); OLGSt Düsseldorf v. 13.11.1986, NStE Nr.6 zu § 263; OLGSt Köln v. 16.01.1987, NStE Nr. 15 zu § 263; OLGSt Karlsruhe v. 07.05.1987, NStE Nr.9 zu § 263; OLGSt Düsseldorf v. 27.02.1989, NStE Nr.39 zu § 263; OLGSt Köln, v. 19.10.1990, wistra 1991, S. 115 f.; BGHSt 3, S. 69 ff. (70 ff.); BGHSt v. 16.06.1989, BGHR § 263 I Täuschung 6; BGHSt v. 16.11.1993, BGHR, § 263 I Täuschung 13; BGHSt v. 10.11. 1994, BGHR § 263 I, Irrtum 10.

164 *Herzberg*, a.a.O.

165 Vgl. z.B. *Blei*, BT, § 61,4.; *Tröndle/Fischer*, a.a.O.; *Eser*. a.a.O.; *Otto*, a.a.O.; *Welzel*, Lb., S. 368 f.

166 *Herzberg*, a.a.O.

167 *Lackner*, § 263, Rdn. 19; zustimmend *Samson/Günther*, SK, § 263, Rdn. 23; *Krey*, BT 2, Rdn. 338.

Lackner zu zählen. *Lackners* Haltung zur herrschenden Meinung erscheint zunächst widersprüchlich. Einerseits findet sich der Hinweis, es sei nicht unbedingt erforderlich, daß die Einwirkung auf die Vorstellung des Opfers durch ausdrückliche oder stillschweigende Erklärungen erfolgen müsse[168]. Andererseits bestimmt auch *Lackner* die aktive Täuschungshandlung als ausdrückliches oder schlüssiges Vorspiegeln von Tatsachen[169].

Der Grund für diesen scheinbaren Widerspruch liegt vor allem in der zur herrschenden Ansicht grundlegend abweichenden Konzeption *Lackners* zur konkludenten Täuschung. So definiert *Lackner*, übereinstimmend mit der herrschenden Meinung, die konkludente Täuschung zunächst als ein Gesamtverhalten, das nach der Verkehrsanschauung als stillschweigende Erklärung über eine Tatsache zu verstehen sei[170]. Im Gegensatz zur herrschenden Ansicht stellt er dann jedoch nicht darauf ab, ob dem Täterverhalten ein tatsächlicher Erklärungswert entnommen werden könne, sondern fragt, ob bei normativer Deutung des Täterverhaltens diesem ein bestimmter Erklärungsinhalt als miterklärt unterstellt werden dürfe. Maßgebend dafür, ob dem Täterverhalten ein bestimmter Erklärungsinhalt als miterklärt unterstellt werden dürfe, sei das Vorliegen einer Pflicht zur Irrtumsverhinderung, die wiederum mit einer Aufklärungspflicht im Sinne einer Garantenpflicht inhaltlich identisch sei[171]. Im Ergebnis verläßt *Lackner* damit das Kriterium des Erklärungswerts und stellt bei der konkludenten Täuschung, ebenso wie bei der Täuschung durch Unterlassen, darauf ab, ob der Täter mit seinem Verhalten gegen eine ihm obliegende Aufklärungspflicht verstößt. Auf diese abweichende dogmatische Konzeption *Lackners* zur konkludenten Täuschung soll an dieser Stelle zunächst nicht weiter eingegangen werden.

Festzuhalten bleibt hingegen, daß die ganz herrschende Meinung das Vorliegen einer aktiven Täuschungshandlung davon abhängig machen will, ob dem Täterverhalten ein Erklärungswert entnommen werden kann, wobei das Kriterium »Erklärungswert« dahingehend verstanden wird, die am Rechtsverkehr orientierte Auslegung des Täterverhaltens müsse zu dem Schluß führen, der Täter wolle eine bestimmte Tatsache erklären[172]. Inwieweit diese Konzeption ihrem Anspruch gerecht zu werden vermag, den gesamten Bereich der aktiven Täuschungshandlung dogmatisch zu erfassen, ist insbesondere davon abhängig, ob auch die konkludente Täuschung, also jener Bereich, in dem gerade keine ausdrückliche Falscherklärung des Täters vorliegt, mit Hilfe des Kriteriums »Erklärungswert«

168 *Lackner*, a.a.O.
169 *Lackner*, a.a.O., Rdn. 20.
170 *Lackner*, a.a.O., Rdn. 28.
171 *Lackner*, a.a.O., Rdn. 28 ff., 53 f.; grundsätzlich zustimmend *Samson/Günther*, SK, § 263, Rdn. 36 f.; *Seelmann*, NJW 1980, S. 2545 ff. (2546 f.), *Volk*, JUS 1981, S. 880 ff. (881 f.).
172 *Schönke/Schröder-Cramer*, § 263, Rdn. 12.

erfaßt werden kann. Die Probleme, die sich aus der Konzeption der herrschenden Meinung für die Dogmatik der konkludenten Täuschung ergeben, werden im zweiten Teil dieser Arbeit noch ausführlich zu erörtern sein.

Im folgenden soll zunächst auf eine Problematik hingewiesen werden, die im Zusammenhang mit der Bestimmung des Verhaltensunwerts der aktiven Täuschungshandlung als eines Verhaltens mit Erklärungswert bisher kaum Beachtung gefunden hat[173]. Es geht dabei um die Frage, welche Konsequenzen es für den Betrug durch Unterlassen nach sich zieht, wenn bei der Bestimmung der positiven Begehungsform der Täuschung auf ein Erklärungsverhalten abgestellt wird.

D. Konsequenzen der Lehre vom Täterverhalten mit Erklärungswert für den Betrug durch Unterlassen

Während im Bereich des positiven Tuns das Vorliegen einer Täuschungshandlung ganz überwiegend davon abhängig gemacht wird, daß ein Verhalten mit Erklärungswert vorliegt, findet sich für den Betrug durch Unterlassen nur vereinzelt die Forderung, auch das Unterlassen müsse Erklärungswert aufweisen, um als Täuschung in Betracht zu kommen[174]. Überwiegend wird die Forderung nach einem Erklärungswert des Unterlassens, soweit darauf überhaupt eingegangen wird, u.a. mit der Begründung zurückgewiesen, das Abstellen auf einen Erklärungswert des Unterlassens führe zu unhaltbaren Ergebnissen, da ein wesentlicher als strafwürdig empfundener Bereich des Unterlassens dann nicht mehr als strafbarer Betrug erfaßt werden könne[175].

I. Standpunkt der herrschenden Meinung

Die Rechtsprechung stellt bei der Bestimmung dessen, was als Täuschung durch Unterlassen strafbar sein soll, maßgebend darauf ab, ob der Täter eine ihm obliegende Aufklärungspflicht verletzt hat. Die Frage nach einem dem Täuschen durch positives Tun entsprechenden Modalitätenäquivalent wird entweder gänzlich übergangen oder es findet sich allenfalls der lapidare Hinweis, auch die Voraussetzungen des zweiten Gleichstellungserfordernisses des § 13 I seien erfüllt[176]. Im Ergebnis macht die Rechtsprechung eine Verurteilung wegen

---

173 Vgl. aber *Riggert*, MDR 1990, S. 203 f. (204).

174 So etwa *Herzberg*, a.a.O., S. 74 ff.

175 *Cramer*, a.a.O., Rdn. 18; *Maaß*, Betrug verübt durch Schweigen, S. 8 f.; *Hillenkamp*, JR 1988, S. 301 ff. (303). Vgl. ferner *Lackner*, a.a.O., Rdn. 69.

176 RGSt 70, S. 151, 153 ff.; BGHSt 6, S. 198 ff. (199); BGHSt 30, S. 177 ff. (181); BGHSt 33, S. 244 ff. (246); BGHSt, NJW 1990, S. 2006; OLGSt Stuttgart, NJW 1969,

Betruges durch Unterlassen somit in aller Regel allein davon abhängig, daß ein Verstoß gegen eine Aufklärungspflicht vorliegt[177]. Eine Auseinandersetzung mit der Frage, ob und gegebenenfalls wann eine unterlassene Aufklärung i.S.d. § 13 I einer Täuschung durch positives Tun »entspricht« findet regelmäßig nicht statt. Geradezu bezeichnend für den Standpunkt der Rechtsprechung ist insoweit die Entscheidung des *Bayerischen Obersten Landesgerichts v. 05.02.1987*[178] in der es heißt: *"Angesichts der bestehenden Garantenpflicht hatte das Unterlassen des Angeklagten .... die Qualität einer Täuschung."*

Dieser Standpunkt entspricht im wesentlichen auch der im Schrifttum vorherrschenden Lehre. Zwar wird zumeist darauf verwiesen, beim Betrug durch Unterlassen sei gemäß § 13 I 2. Halbsatz erforderlich, daß das Unterlassen der Tatbestandsverwirklichung durch ein positives Tun entspreche[179], ob und gegebenenfalls welche weiteren über das Vorliegen einer Rechtspflicht zur Aufklärung hinausgehenden Anforderungen an das Unterlassen zu stellen sind, wird allerdings nicht mitgeteilt[180]. Es kann daher davon ausgegangen werden, daß auch die herrschende Lehre die Entsprechensklausel des § 13 I 2. Halbsatz im Falle einer Aufklärungspflichtverletzung regelmäßig als erfüllt ansieht[181].

II. Einschränkung des Unterlassensbereichs auf Unterlassungen mit Erklärungswert

Demgegenüber will eine Minderheitsmeinung in der Literatur auch für die Täuschung durch Unterlassen darauf abstellen, ob dem Unterlassen des Täters ein Erklärungswert zukommt[182]. Da es sich beim Betrug anerkanntermaßen um ein verhaltensgebundenes Delikt handele, könne das Vorliegen einer Strafbarkeit nicht allein von der Verletzung einer Garantenpflicht abhängig sein, sondern es

---

S. 1975, MDR 1978, S. 336; OLGSt Düsseldorf, JZ 1987, S. 104; OLGSt Hamm, NJW 1987, S. 2245; Bay ObLGSt, NJW 1987, S. 1654 ff.; OLGSt Köln, JZ 1988, S. 101 ff. (102); OLGSt Stuttgart, wistra 1990, S. 109, 110; OLGSt Düsseldorf, StrV 1991, S. 520.

177 *Lackner*, a.a.O., Rdn. 69.

178 Abgedruckt in: NStE Nr.10 zu § 263.

179 So etwa *Tröndle/Fischer*, a.a.O., Rdn. 12; *Wessels/Hillenkamp*, BT 2, Rdn. 503; *Eser*, a.a.O., S. 115; *Maurach/Schroeder-Maiwald*, § 41, Rdn. 49; *Blei*, BT, 61,4.c). Allein auf das Vorliegen einer Aufklärungspflichtverletzung abstellend: *Kohlrausch-Lange*, § 263, Anm. 4.; *Preisedanz*, § 263, Anm. 4.b); *Welzel*, Lb., S. 369 f.; *Triffterer*, a.a.O., S. 183 ff.

180 Vgl. jedoch auch *Maaß*, a.a.O; *Schönke/Schröder-Cramer*, a.a.O., Rdn. 19, die die Entsprechensklausel dahingehend berücksichtigen wollen, daß an das Vorliegen einer Garantenpflicht erhöhte Anforderungen gestellt werden.

181 Vgl. *Hillenkamp*, a.a.O., S. 303.

182 *Herzberg*, a.a.O., S. 74 ff.; zustimmend *Jakobs*, AT 29/80; *Klawitter*, a.a.O., S. 87 ff. Im Ergebnis wohl auch *Schünemann*, Grund und Grenzen, S. 369.

müsse dem Unterlassen zusätzlich die Qualität einer Täuschung zukommen. Die Vorgehensweise der herrschenden Meinung, die bei der aktiven Täuschung einen Erklärungswert des Täterverhaltens verlange, im Bereich des Unterlassens jedoch auf ein entsprechendes Korrelat verzichte und den Verstoß gegen eine Aufklärungspflicht ausreichen lasse, laufe auf eine tatbestandserweiternde Analogie hinaus[183]. Erforderlich sei daher, daß auch das Unterlassen des Täters Erklärungswert aufweise, da nur unter dieser Voraussetzung das Unterlassen dem Begehen durch positives Tun entspreche[184].

Auf diesem Wege gelangt die Minderheitsmeinung zu einer rigorosen Einschränkung der Unterlassensstrafbarkeit. Ein Täuschen durch Unterlassen komme danach nur in der Form in Betracht, daß das Unterlassen als solches, kraft Vereinbarung oder Konvention, den Sinngehalt einer Erklärung aufweise[185] oder der Täter es pflichtwidrig unterlasse, aus seinem Organisationskreis nach außen dringende Fehlinformationen zurückzuhalten[186]. Zur Verdeutlichung wird für den erstgenannten Fall als Beispiel angeführt, daß zwei Geschäftsleute die Vereinbarung getroffen haben, das Schweigen auf eine zugesandte Abrechnung sei als Bestätigung ihrer Richtigkeit zu verstehen und der Rechnungsempfänger schweigt, obwohl er einen Fehler zu seinen Gunsten entdeckt hat[187]. Die letztgenannte Fallkonstellation soll z.B. vorliegen, wenn ein Chef nicht verhindert, daß seine Sekretärin einen Brief, der nur als Entwurf gedacht war und falsche Informationen enthält, zur Post bringt[188]. Das bloße pflichtwidrige Vorenthalten einer Information sei einer aktiven Täuschung dagegen nicht begehungsgleich[189].

III. Axiologische Vergleichbarkeit von aktiver Täuschung und Täuschung durch Unterlassen.

Wenn gemäß § 13 I 2. Halbsatz ein Unterlassen nur insoweit strafbedroht ist, als es der Begehung durch ein positives Tun "entspricht", so folgt daraus, daß der tatbestandliche Bereich des Unterlassens durch die positive Begehungsform determiniert wird[190].

---

183 *Herzberg*, a.a.O., S. 81.

184 *Herzberg* und *Klawitter*, jeweils a.a.O.

185 *Herzberg*, a.a.O., S. 81; *Jakobs*, a.a.O., *Klawitter*, a.a.O., der den Betrug durch Unterlassen sogar auf diese Fallkonstellation beschränken will.

186 *Herzberg* und *Jakobs*, a.a.O.

187 *Herzberg*, a.a.O.

188 *Jakobs*, a.a.O.

189 *Jakobs*, a.a.O.

190 Vgl. *Riggert*, a.a.O.

Vor diesem Hintergrund stellt sich die Frage, inwieweit das Abstellen auf einen Erklärungswert des Täterverhaltens bei der Bestimmung der aktiven Täuschung dazu zwingt, den Betrug durch Unterlassen auf jene Fälle zu beschränken, in denen auch das Unterlassen einen Erklärungswert aufweist.

Im folgenden soll daher untersucht werden, ob es mit § 13 I 2. Halbsatz vereinbar ist, das Vorliegen einer aktiven Täuschungshandlung davon abhängig zu machen, daß ein Verhalten mit Erklärungswert vorliegt, im Bereich des Unterlassens aber auf ein entsprechendes Korrelat zu verzichten und allein auf den Verstoß gegen eine Aufklärungspflicht abzustellen. Dabei wird es unerläßlich sein, sich Klarheit über die allgemeine Bedeutung und Funktion der Entsprechensklausel des § 13 I zu verschaffen, da diese Frage in der Wissenschaft noch nicht abschließend geklärt ist[191]. Zuvor muß jedoch noch auf jene Literaturmeinungen eingegangen werden, die den Betrug durch Unterlassen prinzipiell ablehnen.

1. Strafbarkeit des Betruges durch Unterlassen

Nach ständiger Rechtsprechung sowie herrschender Lehre kann ein Betrug gemäß § 13 I durch Unterlassen verwirklicht werden[192]. Abweichend hiervon gibt es jedoch auch Auffassungen in der Literatur, die den Betrug durch Unterlassen aus grundsätzlichen Erwägungen heraus ablehnen.

a) Betrug durch Unterlassen generell ablehnende Auffassungen

Nach einer von *Naucke* vertretenen Ansicht kann der Betrugstatbestand nur durch ein positives Tun verwirklicht werden[193]. Dabei geht *Naucke* von der Prämisse aus, Art. 103 II GG zwinge zu einer historischen Auslegungsmethode im Strafrecht[194]. Die Verfasser des Grundgesetzes hätten sich mit dem Inhalt des Grundsatzes *nullum crimen sine lege scripta* nicht näher befaßt, sondern ihn schlicht aus der entsprechenden Bestimmung des Art. 116 WRV übernommen, die ihrerseits wiederum wegen der systematischen Stellung bei den Freiheitsrechten des einzelnen auf § 2 PrStGB von 1851 als historischen Vorgänger verweise. § 2 PrStGB bilde daher auch heute noch die alleinige Quelle, aus der

---

191 Vgl. *Seelmann*, NK, § 13, Rdn. 67; *Kühl*, AT, § 18, Rdn. 122; sowie *Krey*, BT2, Rdn. 357.

192 Vgl. nur RGSt 70, S. 151, 153 ff.; BGHSt 6, S. 198 ff. (199); *Lackner*, LK, § 263, Rdn. 52 mit umfangreichen Nachweisen.

193 *Naucke*, Betrug, S. 106 ff., 182 ff., 232 ff. und passim; ders. JZ 1967, S. 371 ff. (372).

194 *Naucke*, a.a.O., S. 184 ff., 214; ders., Festschrift für *Engisch*, S. 274 ff.; zustimmend, *H. Mayer*, AT, S. 36.

Art. 103 II GG inhaltlich bestimmt werden könne[195]. Für die Frage, mit welchen Mitteln festgelegt werden dürfte, was in den jeweiligen Straftatbeständen »gesetzlich bestimmt« sei, habe sich der preußische Gesetzgeber bei den Beratungen zu § 2 PrStGB eindeutig zur historischen Auslegungsmethode bekannt[196]. Über Art. 103 II GG komme der historischen Auslegungsmethode somit Verfassungsrang zu. Gesetzlich bestimmt i.S.d. Art. 103 II GG könne daher nur sein, was der historische Gesetzgeber bei Abfassung der einzelnen Tatbestände als strafbar erfassen wollte.

Für Reichweite und Grenzen des Betrugs folge daraus, daß auf die Entstehungsgeschichte im PrStGB von 1851 zurückgegriffen werden müsse, da der Betrugstatbestand seither keine gesetzliche Änderung erfahren habe[197]. Den Beratungen zu § 241 PrStGB, dem Vorgänger des heutigen § 263 I, sei zu entnehmen, daß der Betrugstatbestand nur die aktive Täuschung erfassen sollte[198]. Diese Auffassung habe der historische Gesetzgeber durch Verwendung der Tätigkeitsworte Vorspiegeln, Entstellen, Unterdrücken auch gesetzlich fixiert, weshalb eine Ausweitung des Betrugstatbestandes auf den Unterlassensbereich, wie ihn die heute ganz herrschende Ansicht für zulässig halte, zwangsläufig mit dem in Art. 103 II GG normierten Bestimmtheitsgebot in Konflikt geraten müsse[199]. Dieser Konflikt lasse sich auch durch § 13 I nicht beseitigen. Da § 13 I auf das Unterlassen einer Erfolgsabwendung abstelle, wäre als Betrug durch Unterlassen bereits das bloße Nichtverhindern einer Vermögensschädigung unter Strafe gestellt, wodurch das Bild des Betrugs vollständig verzerrt würde. Über die Entsprechensklausel des § 13 I könne dieser Befund nicht korrigiert werden, da die Entsprechensklausel zu unbestimmt sei und gerade offen bleibe, welche Fälle der Nichtverhinderung einer Vermögensschädigung der aktiven Täuschung gleichstehen sollen[200].

Gegen die Möglichkeit, daß ein Betrug durch Unterlassen verwirklicht werden könne, sind auch von *Grünwald* grundsätzliche Einwände erhoben worden[201]. Anders als *Naucke* argumentiert *Grünwald* nicht mit dem historischen Willen des Gesetzgebers aus dem 19. Jahrhundert, sondern damit, daß beim Unterlassungstäter die von § 263 I in subjektiver Hinsicht geforderte Bereicherungsabsicht i.S.d. dolus direktus 1. Grades nicht vorliegen könne. Die Vorsatzform der

---

195 *Naucke* a.a.O., S. 184 ff.
196 *Naucke*, a.a.O., S. 185.
197 *Naucke*, a.a.O., S. 214.
198 *Naucke*, a.a.O., S. 69 ff., 106 f.; vgl. auch *Goltdammer*, Materialien II, S. 545.
199 *Naucke*, a.a.O., S. 106 f., 214.
200 *Naucke*, a.a.O., S. 235 ff.
201 *Grünwald, H. Mayer* - Festschrift, S. 281 ff.

Absicht enthalte ein voluntatives Element i.S. eines das Geschehen in der Außenwelt lenkenden finalen Verwirklichungswillens. Da der Unterlassungstäter aber für den Eintritt des tatbestandsmäßigen Erfolges nicht kausal werde, sondern der Erfolg unabhängig von der Unterlassung eintrete, sei ein final auf Bewirkung des tatbestandsmäßigen Erfolges gerichteter Wille des Unterlassungstäters, von vornherein ausgeschlossen. Dies habe zur Konzequenz, daß Delikte wie der Betrug, die als überschießende Innentendenz Absicht i.e.S. voraussetzen, nicht durch Unterlassen begangen werden könnten[202].

b) Stellungnahme

Die Auffassung *Nauckes*, der Betrugstatbestand sei auf ein Begehen durch positives Tun beschränkt, da nach dem Willen des Gesetzgebers aus den 19. Jahrhundert allein diese Verwirklichungsform strafbedroht sein sollte, ist weithin auf Ablehnung gestoßen[203]. Bereits die Ausgangsthese *Nauckes*, Art. 103 II GG zwinge dazu, den Inhalt einer Strafnorm ausschließlich nach dem Vorstellungsbild und den Motiven des historischen Gesetzgebers zu bestimmen, erscheint unhaltbar. In Konsequenz dieser Auffassung wäre jeder inhaltlichen, den sich wandelnden Lebensverhältnissen entsprechenden Fortentwicklung einzelner Gesetzesbegriffe durch Rechtsprechung und Wissenschaft von vornherein der Boden entzogen. Das Gesetz würde vom Zeitpunkt seines Inkrafttretens an mumifiziert und damit um die Möglichkeit gebracht, auch auf neue, zur Zeit seiner Entstehung noch nicht absehbare Regelungsprobleme zu reagieren. Dies liefe im Ergebnis darauf hinaus, daß nur durch ständiges korrigierendes Eingreifen der Legislative den Anforderungen der sich permanent verändernden Rechtswirklichkeit begegnet werden könnte[204]. Zudem bleibt in *Nauckes* Argumentationskette offen, warum gerade die historische Auslegungsmethode für die Interpretation des Art. 103 II GG maßgebend sein soll[205]. Eine weitere Schwäche der historischen Auslegungsmethode besteht darin, daß sich ein Wille »des« Gesetzgebers häufig gar nicht ausmachen läßt. Sofern sich in den Gesetzesmaterialien überhaupt Stellungnahmen zu einzelnen Sachfragen finden, geben diese häufig nur die Auffassungen einzelner am Gesetzgebungsverfahren

---

202 *Grünwald*, a.a.O., S. 289 ff.

203 *Cramer*, Vermögensbegriff, S. 28 ff.; *Lackner*, a.a.O., Rdn. 52; *Schönke/Schröder-Eser*, § 1, Rdn. 42; a.a.O., *Cramer*, § 263, Rdn. 18; *Schünemann*, Grund und Grenzen, S. 271 ff.; *Stratenwerth*, Germann-Festschrift, S. 258 ff.; *Maaß*, a.a.O., S. 7; *Klawitter*, a.a.O., S. 31 ff.

204 Vgl. *Schönke/Schröder-Eser*, § 1, Rdn. 41; *Tröndle*, LK, § 1, Rdn. 44; *Rudolphi*, SK, § 1, Rdn. 31.

205 Vgl. *Schünemann*, a.a.O., S. 273, FN. 81, der deshalb gegen die Argumentation *Nauckes* den Vorwurf der petitio principii erhebt.

beteiligter Personen oder Gremien wieder, die aber nicht notwendig mit dem Willen jener übereinstimmen müssen, die das entsprechende Gesetz verabschiedet haben[206]. Ferner ist zu bedenken, daß der Gesetzgeber gar nicht imstande ist, allen von ihm verwendeten Begriffen einen eindeutig bestimmten Inhalt zu geben und dies möglicherweise auch gar nicht will, sondern die konkrete Ausformung bestimmter Begriffe ganz bewußt der Rechtsprechung und Lehre überläßt[207]. Demgemäß ist nach ganz überwiegender Ansicht der Wille des historischen Gesetzgebers, sofern er sich überhaupt ermitteln läßt, für die Bestimmung eines Norminhalts nur von untergeordneter Bedeutung[208]. Nach der weithin auch im Strafrecht als maßgebend anerkannten objektiv-teleologischen Auslegungsmethode ist das entscheidende Instrument bei der Auslegung von Gesetzen die Frage nach dem Zweck des Strafrechtssatzes zur Zeit seiner Anwendung[209]. Die historische Auslegungsmethode ist danach zwar nicht gänzlich abzulehnen, ihr kommt bei der Norminterpretation jedoch nur flankierende Bedeutung zu, die namentlich vom Alter der zu interpretierenden Norm abhängig ist[210].

Der Streit um den Erkenntniswert der historischen Auslegungsmethode braucht hier nicht in allen Einzelheiten nachvollzogen zu werden, denn auch vom Standpunkt der historischen Auslegungsmethode aus kann *Naucke*s Argumentation nicht überzeugen. Wenn man schon entsprechend der historischen Auslegungsmethode mit dem Willen des Gesetzgebers argumentiert, dann muß dabei auch unmittelbar auf die Vorstellungen des jeweiligen Gesetzgebers bzw. der am Gesetzgebungsverfahren beteiligten Gremien und Personen abgestellt werden, mögen diese Vorstellungen auch noch so dürftig sein[211]. *Naucke* bemüht sich bei seiner Interpretation des Art. 103 II GG jedoch nicht darum, den Willen und die konkreten Vorstellungen des Gesetzgebers von 1949 zu ermitteln, sondern er unterstellt dem Verfassungsgeber in Ermangelung entgegenstehender Äußerungen schlicht, man habe an den Motiven eines hundert Jahre zurückliegenden Gesetzgebungsaktes festhalten wollen[212]. Für § 263 I dürfte feststehen, daß der Gesetzgeber spätestens mit Einführung des § 13 I in das StGB von der Zulässigkeit des

---

206 *Tröndle*, a.a.O.; *Jakobs*, AT, 4/21.

207 *Eser*, a.a.O., Rdn. 42.

208 *Tröndle*, a.a.O., *Maurach/Zipf*, AT, § 9 II, Rdn. 15, m.w.N.

209 Vgl. *Jescheck*, AT, § 17 IV, 1 b); *Jakobs*, a.a.O.; *Maurach/Zipf*, a.a.O.; *Tröndle*, a.a.O., Rdn. 46; *Rudolphi*, SK, § 1, Rdn. 32; *Schönke/Schröder-Eser*, a.a.O., Rdn. 43; *Schwalm*, Heinitz-Festschrift, S. 47 ff.; *Schmidhäuser*, Würtenberger-Festschrift, S. 91 ff.; *Schmidt-Aßmann* in: Maunz /Dürig, Art. 103 II GG, Rdn. 228 ff.; BVerfGE 1, S. 299 ff. (312); 10, S. 235 ff. (244); 11, S. 126 ff. (129 f.); 20, S. 283 ff. (293); BGHSt. 1, S. 74 ff. (75 f.); 10, S. 157 ff. (159 f.); 26, S. 156 ff. (159 f.).

210 *Rudolphi*, a.a.O.

211 *Cramer*, a.a.O., S. 29.

212 *Cramer*, a.a.O.

Betrugs durch Unterlassen ausging. Gerade die Täuschung durch Unterlassen wurde nämlich als Beispiel dafür herangezogen, daß es bei den verhaltensgebundenen Delikten eines zweiten Gleichstellungserfordernisses i.S.e. Modalitätenäquivalentes bedarf, was schließlich zur Normierung der Entsprechensklausel in § 13 I 2. Halbsatz führte[213].

Selbst vom Standpunkt einer streng am Willen des Gesetzgebers orientierten Auslegungsmethode aus ist *Nauckes* Standpunkt daher nicht haltbar.

Auch *Grünwald* hat sich mit seiner These, ein Betrug könne nicht durch Unterlassen verwirklicht werden, da die von § 263 I in subjektiver Hinsicht geforderte Bereicherungsabsicht bei einem Unterlassungstäter unmöglich sei, nicht durchzusetzen vermocht[214].

Zwar wird heute überwiegend anerkannt, daß die voluntative Steuerung eines tatbestandsmäßigen Geschehens auf die Verwirklichungsform des positiven Tuns beschränkt ist und es einen finalen Verwirklichungswillen daher auf der Unterlassungsseite nicht geben kann[215], daraus mit *Grünwald* den Schluß zu ziehen, ein absichtliches Unterlassen sei nicht möglich, erscheint jedoch voreilig. Gegen die Auffassung unter »Absicht« sei nur ein auf Erfolgsverwirklichung gerichteter, finaler Steuerungswille zu verstehen, ist zu Recht der Einwand erhoben worden, daß damit der Begriff der Absicht ausschließlich Anhand der positiven Begehungsform bestimmt wird, womit von vornherein ausgeschlossen ist, daß er auf Unterlassungen zutreffen kann[216]. Maßgebend muß daher sein, ob sich im Unterlassungsbereich, entsprechend der andersartigen Struktur der Unterlassungsdelikte, ein zur absichtlichen Erfolgsherbeiführung äquivalentes Gegenstück finden läßt[217].

Die herrschende Ansicht bejaht diese Möglichkeit und verweist darauf, daß es auch dem Unterlassungstäter gerade auf den Eintritt des tatbestandsmäßigen Erfolges ankommen - und sein Unterlassen insoweit zielgerichtet sein könne[218].

---

213 Vgl. *Gallas*, Niederschriften, Bd. 12, S. 80 f.

214 Vgl. *Jakobs*, AT, 29/91 f.; *Jescheck*, LK, Vor. § 13, Rdn. 96; *Herzberg*, a.a.O., S. 226 f.; *Maaß*, a.a.O.,S. 7 f.; *Rudolphi*, SK, Vor § 13, Rdn. 27; *Samson/Günther*, SK, § 263, Rdn. 42; *Schönke*, Unterlassene Erfolgsabwendungen, S. 179 ff.; *Schöke/Schröder-Cramer*, § 15, Rdn. 98; *Stratenwerth*, AT, Rdn. 1051.

215 *Jackobs*, a.a.O., Rdn. 91; *Jescheck*, a.a.O., *Samson*, Strafrecht I, S. 40; *Schürmann*, Unterlassensstrafbarkeit, S. 44; *Schöne*, a.a.O.

216 *Herzberg*, a.a.O.; *Rudolphi*, a.a.O.

217 Vgl. *Cramer*, a.a.O.; *Jescheck*, a.a.O.; *Rudolphi*, a.a.O.; *Schöne*, a.a.O.; *Strathenwerth*, a.a.O.

218 Vgl. nur *Rudolphi*, a.a.O.; *Seelmann*, a.a.O.; *Cramer*, a.a.O., *Lackner*, LK, § 263, Rdn. 52.

Hiergegen hat *Schürmann* vorgebracht, ein solches "Darauf-Ankommen" sei nicht mehr als ein bloßer Wunsch und daher einer absichtlichen aktiven Tatbestandsverwirklichung nicht gleichwertig[219]. Der Einwand erweist sich jedoch als unbegründet, wenn man bedenkt, daß auch bei der aktiven Begehung des Betrugs die überschießende Innentendenz in Gestalt der Bereicherungsabsicht oftmals nicht mehr ist als ein bloßer Wunsch, denn der Täter hat häufig nach Vornahme der Täuschungshandlung keinen unmittelbar steuernden Einfluß mehr auf das tatbestandsmäßige Geschehen. Ob es tatsächlich zur Vornahme der erstrebten Vermögensverfügung kommt, ist dann allein vom Willen des Getäuschten abhängig.
In Anbetracht der andersartigen Struktur der Unterlassungsdelikte bleibt festzuhalten, daß entgegen der Auffassung *Grünwald*s, auch im Unterlassungsbereich ein der absichtlichen Tatbestandsverwirklichung des Begehungstäters entsprechendes Korrelat vorliegen kann, eine absichtliche Unterlassung mithin grundsätzlich möglich ist.

Die den Betrug durch Unterlassen generell ablehnen Auffassungen haben sich damit als unbegründet erwiesen.

Steht somit fest, daß ein Betrug durch Unterlassen nach Maßgabe des § 13 I prinzipiell möglich ist, kann im folgenden weiter der Frage nachgegangen werden, inwieweit es mit der Entsprechensklausel des § 13 I 2. Halbsatz zu vereinbaren ist, daß die herrschende Meinung im Bereich der Täuschung durch positives Tun darauf abstellt, ob ein Verhalten mit Erklärungswert vorliegt, im Bereich des Unterlassens aber auf ein entsprechendes Korrelat verzichtet und allein den Verstoß gegen eine Aufklärungspflicht für maßgebend hält.

Zunächst ist hierzu die Bedeutung und Funktion der Entsprechensklausel des § 13 I zu klären.

2. Die inhaltliche Funktion der Entsprechenklausel des § 13 I 2. Halbsatz

a) Die unterschiedlichen Auffassungen und ihre Auswirkungen auf den Betrug durch Unterlassen

Auch rund fünfundzwanzig Jahre nach Einführung des § 13 I ins StGB[220] besteht über die inhaltliche Bedeutung der Entsprechensklausel in § 13 I 2. Halbsatz

---

219 *Schürmann*, a.a.O., S. 47.
220 Eingeführt durch das 2. StRG (in Kraft getreten am 1.1.1975).

keine hinreichende Klarheit[221]. Die unterschiedlichen Ansichten darüber, welche Funktion der Entsprechensklausel im Zusammenhang mit der Gleichstellung von positivem Tun und Unterlassen zukommt, sollen im folgenden kurz dargelegt und ihre Auswirkungen für den Betrug durch Unterlassen aufgezeigt werden.

aa. Strenge Modalitätenäquivalenztheorie

Nach im Schrifttum überwiegend vertretener Auffassung beschränkt sich der Anwendungsbereich der Entsprechensklausel auf jene Delikte, bei denen der Tatbestand nicht lediglich das bloße Herbeiführen eines bestimmten Erfolgs beschreibt, sondern darüber hinaus eine bestimmte Art und Weise der Erfolgsverwirklichung voraussetzt[222].

Für die Gleichstellung von Tun und Unterlassen im Bereich der reinen Erfolgsdelikte kommt es danach lediglich darauf an, ob das Unterlassen einer Handlung der Vornahme einer Handlung in ihrer Bewirkensqualität gleichwertig ist. Eine solche Bewirkensäquivalenz des Unterlassens wird immer dann angenommen, wenn ein Garant es pflichtwidrig unterläßt, den Erfolgseintritt zu verhindern, obwohl ihm dies möglich ist[223]. Werde dagegen in einem Tatbestand neben der Erfolgsverwirklichung eine spezifische Handlungsmodalität vorausgesetzt, wie etwa bei der Nötigung, der gefährlichen Körperverletzung oder dem Betrug, müsse der gesteigerte Handlungsunwert auch im Unterlassensbereich seine Berücksichtigung finden. In einer zweiten Gleichstellungsprüfung sei daher festzustellen, ob das Unterlassen der gebotenen Handlung der Tathandlung des Begehungsdelikts auch hinsichtlich ihres gesteigerten Handlungsunwertes »entspreche«[224]. Allein hierin liege die Funktion der Entsprechensklausel des § 13 I 2. Halbsatz.

Die Frage, nach welchen allgemeinen Kriterien zu entscheiden sei, ob ein Unterlassen eine der aktiven Begehung entsprechende Modalitätenäquivalenz aufweise, wird dahingehend beantwortet, das Unterlassen müsse denselben sozialen Sinngehalt aufweisen, wie das im jeweiligen Tatbestand beschriebende positive

---

221 Vgl. FN 191. Teilweise wird die Entsprechensklausel auch für funktionslos gehalten, vgl. *Maurach*, AT, S. 251 f.; *Krey*, BT 2, Rdn.357, sowie insbesondere *Nitze*, Entsprechensklausel.

222 *Schönke/Schröder-Stree*, § 13, Rdn. 4; *Jakobs*, AT, 29/7; *Jescheck*, AT, § 59,V, 1.; ders., § 13, Rdn. 5; *Kühl*; AT, § 18, Rdn. 123; *Erbert*, AT, S. 163 f.; *Rudolphi*, SK, § 13, Rdn. 16 ff.; ders. ZStW 86 (1974), S. 68 ff. (70 f.).

223 Vgl. FN 221.

224 *Rudolphi*, SK, § 13, Rdn. 18; ders. ZStW 86 (1974) S. 68 ff. (70 f.).

Tun. Eine weitergehende Konkretisierung könne nur an Hand der einzelnen Tatbestände des Besonderen Teils vorgenommen werden[225].

Nach dieser Auffassung besteht die Funktion der Entsprechensklausel also darin, bei den verhaltensgebundenen Delikten in einem von der Frage der Garantenpflicht unabhängigen zweiten Prüfungsschritt zu ermitteln, ob das Unterlassen denselben sozialen Sinngehalt aufweist, wie die im Begehungstatbestand beschriebende Tathandlung.

Für den Betrug durch Unterlassen ergibt sich aus diesem Ansatz zunächst, daß es auf eine Prüfung der Entsprechensklausel ankommt, da der Betrug nicht die begehungsneutrale Erfolgsverwirklichung unter Strafe stellt, sondern verlangt, daß die Vermögensschädigung mittels Täuschung herbeigeführt wird. Es wäre somit neben der Feststellung einer Garantenpflicht des Unterlassenden in einem zweiten Schritt zu prüfen, ob das Unterlassen den gleichen sozialen Sinngehalt aufweist wie eine aktive Täuschungshandlung. Sieht man, entsprechend der herrschenden Meinung, den sozialen Sinngehalt der Täuschungshandlung darin, daß der Täter durch ausdrückliches bzw. schlüssiges Erklärungsverhalten den tatbestandsmäßigen Zwischenerfolg »Irrtum« herbeiführt, dann kann das Unterlassen der Aufklärung einer aktiven Täuschung nur »entsprechen«, wenn es ebenfalls Erklärungswert aufweist.

Nach der im Schrifttum überwiegend vertretenen Ansicht zur Funktion der Entsprechensklausel wäre es somit nicht möglich, bei der aktiven Täuschungshandlung auf das Vorliegen eines Erklärungsverhaltens des Täters abzustellen, im Bereich des Unterlassens jedoch allein den Verstoß gegen eine Aufklärungspflicht i.S. einer Garantenpflicht ausreichen zu lassen. Vielmehr wäre in einer von der Frage der Garantenpflicht unabhängigen separaten Entsprechensprüfung zu ermitteln, ob dem garantenpflichtwidrigen Unterlassen der Aufklärung zusätzlich der soziale Sinngehalt einer Falscherklärung zukommt. Als konsequent erweisen sich bei diesem Verständnis der Entsprechensklausel dagegen jene Autoren, die den Betrug durch Unterlassen, entgegen der herrschenden Ansicht, auf Unterlassungen mit Erklärungswert beschränken wollen[226].

---

225 *Kühl*, a.a.O., *Schönke/Schröder-Cramer*, § 13, Rdn. 4; *Haft*, AT, § 4, 2.; *Lackner*, StGB, § 13, Anm. 4. *Jescheck*, AT, § 59, V. 1.; ders. LK, § 13, Rdn. 5; *Rudolphi*, SK, § 18; ders. ZStW 86, S. 68 ff., (70 f.).

226 Vgl. oben FN 181.

bb. Doppelfunktion der Entsprechensklausel

Nach anderer Auffassung[227] kommt der Entsprechensklausel des § 13 I 2. Halbsatz zweierlei Funktion zu. Einerseits wird in Übereinstimmung mit der Modalitätenäquivalenztheorie die Bedeutung der Entsprechensklausel darin gesehen, den erhöhten Handlungsunwert der verhaltensgebundenen Delikte auf Unterlassenseite zum Ausdruck zu bringen, andererseits dürfe der Anwendungsbereich der Entsprechensklausel jedoch nicht auf die verhaltensgebundenen Delikte beschränkt werden. Vielmehr müsse auch bei den reinen Erfolgsdelikten die Möglichkeit bestehen, mit Hilfe der Entsprechensklausel korrigierend einzugreifen, da auch eine Bewirkensäquivalenz nicht in jedem Falle schon mit einer Garantenpflichtverletzung vorliege[228].

Da die Theorie der Doppelfunktion der Entsprechensklausel sich nur hinsichtlich der reinen Erfolgsdelikte von der Auffassung der herrschenden Lehre unterscheidet, kann für die Auswirkungen dieser Theorie auf den Betrug durch Unterlassen nach oben verwiesen werden.

cc. Die Lehre von der Gesamtbewertung der Tat

Teile des Schrifttums[229] und vereinzelt auch die Rechtsprechung[230] stellen bei der Beurteilung, inwieweit ein Unterlassen der Verwirklichung durch ein positives Tun i.S.d. § 13 I 2. Halbsatz »entspricht«, darauf ab, ob nach einer Gesamtbewertung der Tat dem Unwertgehalt des Unterlassens ein der positiven Begehung vergleichbares Gewicht zukommt[231].

Die materielle Bedeutung der Entsprechensklausel liegt nach dieser Auffassung in einem am Begehungsdelikt orientierten umfassenden Strafwürdigkeitsvergleich

---

227 *Blei*, AT, S. 330 f.; *Lackner*, StGB, § 13, Rdn. 16; *Arzt*, JA 1980, S. 707 ff. (717).

228 *Lackner*, a.a.O.; *Blei*, a.a.O., *Blei* sieht zudem die Gefahr, daß durch einen zu weiten Zuschnitt der Garantenpflichten Unterlassungen bestraft würden, bei denen es an einer Entsprechung fehle.

229 Vgl. *Tröndle/Fischer*, § 13, Rdn. 17; *Henkel*, MSchrKrim 1961, S. 178 ff. (188 f.); *Woesner*, NJW 1975, S. 201; *Androulakis*, Unterlassungsdelikte, S. 219 ff.; *Schürmann*, S. 115 ff.

230 Vgl. etwa OLGSt Karlsruhe, MDR 1975, S. 771 f. (771); BGHSt, NStZ 1984, S. 164 (wo jedoch jeweils ausschließlich auf Zumutbarkeitserwägungen abgestellt wird).

231 Dieses Verständnis der Entsprechensklausel entspricht im wesentlichen der amtlichen Begründung zu § 13 des E 1962 (vgl. dort S. 125), wonach den unechten Unterlassungsdelikten in der Unrechtsbewertung stets dasselbe Gewicht zukommen sollte, wie der aktiven Tatbegehung.

des Unterlassens, wobei im Hinblick auf die Strafmilderungsmöglichkeit gemäß § 13 II zumeist nur auf eine annähernde Gleichwertigkeit abgestellt wird[232]. Anders als nach der Modalitätenäquivalenztheorie ist nach diesem Ansatz nicht unbedingt erforderlich, daß jedes einzelne Unrechtsmerkmal des Begehungsdelikts auf Unterlassensseite seine Berücksichtigung findet, da es nur auf eine im Ergebnis gleiche bzw. annähernd gleiche Unrechtsbewertung ankommen soll. So könne das Fehlen einer spezifischen Handlungsmodalität auf Unterlassensseite durch eine erhöhte Pflichtenstellung des Unterlassenden[233] oder andere den Unwertgehalt des Unterlassens erhöhende Umstände aufgewogen werden[234].

Danach wäre es also keineswegs zwingend, die Täuschung durch Unterlassen auf jene Fälle zu beschränken, in denen dem Unterlassen zusätzlich ein Erklärungswert zukommt, weil das Fehlen einer Modalitätenäquivalenz auf Unterlassensseite, je nach Lage des Einzelfalls, durch andere unrechtserhöhende Umstände aufgewogen werden könnte.

dd. Theorie der modalitätenspezifischen Einschränkung der Garantenpflichten

Nach einem von *Maaß*[235] unter Bezugnahme auf das *Armin Kaufmannsche* Umkehrprinzip[236] entwickelten Lösungsansatz, erfordert die Entsprechensklausel des § 13 I 2. Halbsatz keine von der Frage der Garantenpflicht unabhängige Entsprechensprüfung, wie dies von den Vertretern der strengen Modalitätenäquivalenztheorie gefordert wird. Vielmehr wirke sich die Entsprechensklausel auf den Tatbestand des Unterlassungsdelikts dahingehend aus, daß bei den verhaltensgebundenen Delikten die Garantenstellungen "tatbestands- und modalitätenspezifisch enger zu fassen" seien. Mit der Feststellung einer derart begrenzten Garantenpflicht liege dann zugleich die erforderliche Äquivalenz von Tun und

---

232 *Tröndle/Fischer*, § 13, Rdn. 17, *Woesner*, a.a.O., *Schürmann*, a.a.O., S. 115. Anders noch *Androulakis*, a.a.O.; *Henkel*, a.a.O.

233 So insbesondere *Schürmann*, a.a.O., S. 119 ff., der maßgebend auf eine Sonderpflichtverletzung des Unterlassenden abstellen will. Vgl. hierzu auch *Arzt*, JA 1980, S. 553 ff. (555).

234 Vgl. *Tröndle/Fischer*, a.a.O.. Vgl. auch die amtl. Begründung zu § 13 des E 1962, S. 125.

235 *Maaß*, Betrug verübt durch Schweigen, S. 32 ff., 44; zustimmend *Schönke/Schröder-Cramer*, § 263, Rdn. 19. *Maaß* entwickelt seine Ansicht zwar anhand des Betrugs, er gibt seinen Ausführungen jedoch ausdrücklich einen allgemeingültigen Aussagegehalt.

236 *Armin Kaufmann*, Die Dogmatik der Unterlassungsdelikte, S. 206 ff., 277 ff. und passim. Vgl. auch S. 287 ff., wonach die »Gleichstellungsfrage« darüber entscheide, ob jemand als Garant anzusehen sei.

Unterlassen vor, so daß es einer gesonderten Entsprechensprüfung nicht mehr bedürfte[237].

Wie eine solche modalitätenspezifische Einschränkung der Garantenpflichten konkret vorzunehmen sei, wird von *Maaß* anhand des Betrugs exemplarisch vorgeführt. So könne der Handlungsmodalität für den Betrug durch Unterlassen dadurch Rechnung getragen werden, daß nur solche Garantenstellungen in Betracht zu ziehen seien, die, gemessen an den allgemeinen Garantenpflichten, auf einem gesteigerten Vertrauensverhältnis zwischen Täter und Opfer beruhten[238].

Die Darstellung der unterschiedlichen zur Funktion der Entsprechensklausel vertretenen Ansichten hat deutlich werden lassen, daß es mit der vorherrschenden Auffassung von der Funktion der Entsprechensklausel nicht zu vereinbaren ist, den Verhaltensunwert der Täuschungshandlung in einem Erklärungsverhalten des Täters zu sehen, beim Betrug durch Unterlassen jedoch lediglich darauf abzustellen, ob eine Garantenpflichtverletzung vorliegt. Etwas anderes könnte sich nur ergeben, wenn man der Theorie von der modalitätenspezifischen Einschränkung der Garantenpflichten oder der Lehre von der Gesamtbewertung der Tat folgt.

b) Kritik an den dargestellten Auffassungen

aa. Ablehnung der Lehre von der Gesamtbewertung der Tat

Gegen die Lehre von der Gesamtbewertung der Tat sind schon aus rechtsstaatlichen Gründen Bedenken anzumelden, da sie keine hinreichend konturierten Maßstäbe dafür liefert, wann der Unrechtsgehalt einer Unterlassung dem typischen Unrechtsgehalt des Begehungsdelikts quantitativ entsprechen soll. Zwar mag es im Einzelfall nicht ausgeschlossen sein, eine Unterlassungstat mit einer durch positives Tun begangenen Tat hinsichtlich des jeweils konkret verwirklichten Unwertgehaltes zu vergleichen, da der Unwertgehalt einer Tat jedoch von Fall zu Fall variiert, wird sich ein »typischer« Unrechtsgehalt kaum mit hinreichender Bestimmtheit generalisierend festlegen lassen[239]. Aber selbst wenn es möglich wäre, den Unrechtsgehalt eines Deliktes generell festzuhalten, bestünden an der praktischen Durchführbarkeit einer solchen »Gesamtsaldierung« erhebliche Zweifel. Wie aus der Strafmilderungsmöglichkeit nach § 13 II deutlich wird, kann

---

237 *Maaß*, a.a.O.,S. 34,35; *Cramer*, a.a.O.. Im Ergebnis ebenso *Kühne*, Geschäftstüchtigkeit, S. 91.

238 *Maaß*, a.a.O., S. 35 ff.

239 Vgl. *Metzen*, Problematik und Funktion der fakultativen Strafmilderung für die Begehung durch Unterlassen, S. 127; *Klawitter*, a.a.O., S. 55.

es bei einem Strafwürdigkeitsvergleich von positivem Tun und Unterlassen nicht auf eine völlige Gleichheit ankommen[240]. Es bliebe also nur die Wahl zwischen »etwas weniger als gleich viel« und »wesentlich weniger als gleich viel«, wobei ersteres zur Strafbarkeit führen müßte. Eine anhand rationaler Kriterien vorgenommene objektivierbare Entscheidung zwischen strafbarem und straflosen Verhalten erscheint vor diesem Hintergrund so gut wie ausgeschlossen. Letzlich wäre es also allein dem reinen Rechtsempfinden des jeweiligen Tatrichters überlassen, ein Unterlassen als ausreichend strafwürdig - und damit strafbar - anzuerkennen oder nicht[241]. Bedenklich im Hinblick auf Art. 103 II GG stimmt zudem die Vorstellung, das Fehlen bestimmter unrechtsbeeinflussender Handlungsmerkmale könnte auf Unterlassensseite durch andere unrechtserhöhende Umstände substituiert werden. Damit würde im Ergebnis eine Bestrafung möglich gemacht auch ohne, daß alle Merkmale des gesetzlichen Tatbestandes erfüllt wären[242].

bb. Ablehnung der Theorie der Doppelfunktion der Entsprechensklausel

Eine inhaltliche Auseinandersetzung mit der Theorie von der Doppelfunktion der Entsprechenklausel wird schon durch den Umstand erschwert, daß selbst unter den Vertretern dieser Auffassung anscheinend keine hinreichende Klarheit darüber besteht, worin genau die von ihnen befürwortete "zweite Funktion" der Entsprechensklausel eigentlich bestehe soll. Zwar kommt deutlich zum Ausdruck, daß eine Anwendung der Entsprechensklausel auch außerhalb der verhaltensgebundenen Delikte für möglich gehalten wird, alles Weitere bleibt jedoch im Dunkeln[243].

Soweit *Blei* darüber hinaus der Entsprechensklausel die Funktion zuweisen will, einem zu weiten Zuschnitt der Garantenpflichten entgegenzuwirken[244], ist zu bedenken, daß dieses Anliegen sich leicht ins Gegenteil verkehren kann. Das Vertrauen auf eine möglicherweise bestehende Korrekturmöglichkeit über die Entsprechensklausel, könnte nämlich dazu verleiten, an das Vorliegen einer Garantenstellung geringere Anforderungen zu stellen, wodurch im Ergebnis einer Ausuferung der Garantenpflichten gerade Vorschub geleistet würde[245].

---

240 *Schönke*, a.a.O., S. 356. Insoweit zustimmend auch *Tröndle/Fischer*, a.a.O.;*Woesner*, a.a.O., *Schünemann*, S. 111 f.

241 *Jescheck*, AT, § 59, V., 1.; *Roxin*, JUS 1973, S. 197 ff. (199).

242 Vgl. *Nickel*, Die Problematik der unechten Unterlassungsdelikte, S. 95: "Daß hierin ein Verstoß gegen den *nullum crimen sine lege* Satz liegt, ist offensichtlich".

243 Vgl. nur *Lackner*, StGB, § 13, Rdn. 16.

244 Vgl. *Blei*, a.a.O.

245 Vgl. *Roxin*, a.a.O., S. 199; *Baumann*, BT, S. 230.

Insgesamt stellt sich die Auffassung von der Doppelfunktion der Entsprechensklausel damit als weithin unausgegoren dar und vermag schon deshalb nicht zu überzeugen.

cc. Modalitätenspezifische Einschränkung der Garantenpflichten ?

Bleibt zu prüfen, ob die Funktion der Entsprechensklausel in einer modalitätenspezifischen Einschränkung der Garantenpflichten bestehen kann.

(1) Garantenpflichten als Sonderpflichten

Zunächst mag diese Fragestellung verwundern. Das Vorliegen einer Garantenpflicht setzt nach dem Wortlaut des § 13 I voraus, daß jemand "rechtlich dafür einzustehen hat, daß der Erfolg nicht eintritt". Diese Voraussetzung bezieht sich also auf das »Ob« der Erfolgsverwirklichung, während die Entsprechensklausel das »Wie« der Erfolgsverwirklichung betrifft. Auf den ersten Blick scheint es daher so, als handele es sich um zwei grundsätzlich unabhängig voneinander zu beurteilende Strafbarkeitsvoraussetzungen, die keinerlei Bezug zueinander aufweisen[246].

Daß es möglicherweise doch eine Verbindung zwischen diesen beiden Gleichstellungskriterien gibt, könnte sich ergeben, wenn man danach fragt, warum dem unterlassenden Garanten ein tatbestandsmäßiger Erfolg zugerechnet wird, nicht jedoch demjenigen, der lediglich gegen eine »Jedermannspflicht« zum Handeln i.S.d. § 323 c verstößt. So wird der Mutter, die tatenlos zusieht, wie ihr Kind im Badesee ertrinkt der Tod des Kindes zugerechnet[247], nicht aber dem zufällig vorbeikommenden Spaziergänger, der ebenfalls untätig bleibt. Der Grund für die Erfolgszurechnung des unterlassenden Garanten liegt somit in der besonderen Pflichtenstellung, kraft derer der Garant dazu verpflichtet ist, den drohenden Schaden vom bedrohten Rechtsgutsobjekt abzuwenden[248]. Die Garantenpflicht ist also Ausdruck einer Sonderpflicht bzw. besonderen Nähebeziehung des Garanten zum geschützten Rechtsgutsobjekt.

---

246 So der Standpunkt der strengen Modalitätenäquivalenztheorie.

247 Hierbei handelt es sich freilich um eine Zurechnung im normativen Sinne.

248 *Schönke/Schröder-Stree*, § 13, Rdn. 2.

(2) Anwendbarkeit des § 13 auf sog. Pflichtdelikte ?

Bei manchen Delikten, den sog. Pflichtdelikten[249], besteht nun aber der gesteigerte Unwertgehalt des »Wie« der Erfolgsverwirklichung ebenfalls gerade darin, daß der Täter in einer besonderen Nähe zum geschützten Rechtsgutsobjekt steht bzw. gegen eine ihm obliegende besondere Pflichtenstellung verstößt[250]. Fraglich ist allerdings, ob bzw. inwieweit diese Delikte überhaupt unter den Anwendungsbereich des § 13 fallen. Hierzu werden in Rechtsprechung und Literatur[251] jeweils unterschiedliche Standpunkte vertreten[252].
Während vereinzelt die Auffassung vertreten wird, der Regelungsbereich des § 13 I sei seinem Wortlaut nach nur auf die Tatbestände unanwendbar, bei denen ausschließlich eine Inaktivität ponalisiert werde - also auf sog. echte Unterlassungsdelikte - steht die ganz überwiegende Meinung im Schrifttum auf dem Standpunkt, ein unechtes Unterlassen falle immer dann nicht unter den Regelungsbereich des § 13 I, wenn es bereits im Besonderen Teil kraft ausdrücklicher oder sinngemäßer Gleichstellung positiviert worden sei.

---

249 Der Begriff des Pflichtdelikts geht zurück auf *Roxin* (Täterschaft und Tatherrschaft, S. 352 ff., 459ff.; ders., AT I, § 10, Rdn.128) und bezeichnet jene Delikte, die als besondere Täterqualifikation eine spezifische Pflichtenstellung zum geschützten Rechtsgut voraussetzen .

250 Vgl. z.B. §§ 266 I 2. Alt., 336, 340 I.

251 Für eine Anwendung des § 13 I *Maurach/Gössel-Zipf*, § 46, Rdn. 44; im Ergebnis für den Fall der Treubruchsuntreue durch Unterlassen ebenfalls bejahend: *BayObLGSt*, JR 1989, S. 299 ff. Ablehnend dagegen z.B. *Jescheck*, LK, § 13, Rdn.10; *Seebode*, JR 1989, S. 301 ff.; *Rudolphi*, SK, § 13, Rdn. 4 ff, jeweils m. w. N. Einen eigenen Weg geht BGHSt 36, S. 227 ff. (228 f.), wo zwar die Anwendbarkeit des § 13 I auf einen Fall der Treubruchsuntreue durch Unterlassen ausdrücklich offengelassen wird, zugleich aber eine Strafmilderungsmöglichkeit gemäß §§ 13 II i.V.m. 49 I zumindest analog möglich sein soll.

252 Eine Auseinandersetzung mit den divergierenden Auffassungen wird dabei durch den Umstand erschwert, dass im Brennpunkt der Diskussion um den Regelungsbereich des § 13 die Frage steht, ob die Strafmilderungsmöglichkeit der §§ 13 II i.V.m. 49 I auch auf jene Fälle Anwendung finden kann, in denen ein Unterlassen bereits im Straftatbestand des Besonderen Teils positiviert sei. So wird entgegen der herrschenden Meinung im Schrifttum teilweise gefordert, § 13 II müsse auf alle unechtenUnterlassungsdelikte gleichermaßen Anwendung finden, unabhängig davon, ob diese im Besonderen Teil eigenständig geregelt worden seien oder nicht, da durch einen bloß gesetzestechnischen Unterschied nicht das Strafmaß präjudiziert werden dürfe (vgl. *Maurach/Gössel-Zipf*, § 46, Rdn. 143 f.; *Schünemann*, ZStW 96 (1984), S. 287 ff. (303, 317); *Seelmann*, NK, § 13, Rdn. 20 f.).Die hier zur Erörterung stehende Fragestellung, inwieweit bei sog. Pflichtdelikten zur Begründung der Strafbarkeit auf § 13 I zurückgegriffen weren muß (und diese somit unter den Anwendungsbereich des § 13 fallen), wird dagegen - sofern sich hierzu überhaupt Ausführungen finden - nur recht oberflächlich behandelt.

Zur Begründung ihrer Auffassung wird von seiten der Vertreter der überwiegenden Meinung im Schrifttum ausgeführt, die allgemeine Gleichstellungsnorm des § 13 sei überall dort nicht anwendbar, wo der Gesetzgeber entweder ausdrücklich eine abschließende Sonderregelung getroffen habe, d.h. ein Unterlassen als selbstständige Verwirklichungsform in den Tatbestand aufgenommen wurde - wie etwa in § 225 I 3. Alternative bzw. in § 109 I 2. Alternative - oder sich eine solche Sonderregelung aus dem Sinn des jeweiligen besonderen Straftatbestandes ergebe[253]. Lezteres sei insbesondere bei jenen Delikten der Fall, deren Unrechtsgehalt in einer spezifischen Rechtspflichtverletzung bestehe, die durch Tun und Unterlassen in gleicher Weise verwirklicht werden könnten, wie es beispielsweise bei der Treubruchsuntreue der Fall sei[254]. Eine Gleichstellung von positivem Tun und Unterlassen sei in diesen Fällen bereits im jeweiligen Tatbestand des Besonderen Teils erfolgt, weshalb die allgemeine Gleichstellungsnorm des § 13 nach dem Rechtssatz *lex specialis derogat legi generali* zurückzutreten habe[255].

Der eigentliche Hintergrund dieser Kontroverse ist jedoch weniger die Frage, ob auch die im Besonderen Teil positivierten unechten Unterlassungsdelikte in den Anwendungsbereich des § 13 I fallen, als vielmehr die Frage, inwieweit die fakultative Strafmilderungsmöglichkeit des § 13 II auch auf jene Delikte anzuwenden ist, bei denen sich eine Gleichstellung von positivem Tun und Unterlassen bereits aus dem Besonderen Teil ergibt. Hierin mag wohl auch der Grund liegen, warum diese Auseinandersetzung weithin von Strafwürdigkeitserwägungen geprägt ist bzw. als Diskussion um den kriminalpsychologischen Unterschied zwischen aktivem Tun und Unterlassen geführt wird [256]. Dabei wird jedoch allzu leicht übersehen, daß die Strafbarkeit eines bestimmten Verhaltens keineswegs allein von dessen Strafwürdigkeit abhängen kann, sondern darüber hinaus stets die verfassungsmäßige Schranke des Art. 103 II GG beachtet werden muß. So hat *Gössel* [257] zu Recht darauf hingewiesen, daß alle Erfolgsherbeiführungen im Gesetz notwendig als handelnde Aktivitäten beschrieben sind und die Aufnahme eines bestimmten »Erfolgs« in den Straftatbestand zugleich als Hinweis des Gesetzgebers darauf zu verstehen ist, daß das Verhalten des Täters die Qualität eines »Bewirkens« in der Außenwelt aufweisen muß.

Für die Tatbestandsverwirklichung durch unechtes Unterlassen kann es daher nicht allein maßgebend sein, ob es möglich ist, eine spezifische Pflichtenstellung

---

253 *Rudolphi*, a.a.O., Rdn. 4.
254 *Rudolphi* u. *Jescheck*, jeweils a.a.O.
255 Wie vorstehend.
256 Auf einen "fortbestehenden kriminalpsychologischen Unterschied zwischen aktivem Tun und Unterlassen" stellt etwa *Schünemann*, a.a.O., ab.
257 *Maurach/Gössel - Zipf*, AT, Bd. 2, § 46, Rdn. 44, 14.

gleichermaßen durch positives Tun wie durch Unterlassen zu verletzen, sondern es müßte - um dem Bestimmtheitsgebot genüge zu tun - durch das Nichthandeln des Täters auch ein entsprechender »Erfolg« in der Außenwelt bewirkt werden können. Es kann heute als gesicherte Erkenntnis gelten, daß es eine realkausale Verknüpfung zwischen einem Nichtstun und dem Eintritt eines Erfolges in der Außenwelt nicht geben kann, da das Fehlen einer Handlung kein Ereignis, sondern das Ausbleiben eines Ereignisses ist, und dasjenige, was nicht ist auch keine Folgen haben kann[258]. Wer also als Inhaber einer Vermögensbetreuungspflicht i.S.d. § 266 I 2. Alternative eine Forderung verjähren läßt oder als Aufsichtspflichtiger nicht verhindert, daß die ihm unterstellten Personen das Vermögen schädigen, welches er zu betreuen hat, mag zwar gegen die ihm obliegende Sonderpflicht verstoßen, es fehlt aber an einer realkausalen Verknüpfung der Pflichtwidrigkeit mit dem Eintritt des Vermögensnachteils[259]. Der Vermögensnachteil wäre in diesen Fällen also nicht i.S.d. § 266 I »zugefügt« [260] und somit eine Strafbarkeit nicht vom Wortlaut des § 266 gedeckt, so daß - um mit einer Bestrafung nicht in Widerspruch mit dem nulla-poena-Grundsatz zu geraten - auf die Bestimmung des § 13 I zur Begründung der Strafbarkeit zurückgegriffen werden müßte.

Hiergegen ließe sich nun der Einwand erheben, daß möglicherweise dort, wo dem einzelnen Tatbestand des Besonderen Teils ein unechtes Unterlassen als Verwirklichungsform zu entnehmen sei, davon ausgegangen werden müsse, daß das Gesetz eine realkausale Verknüpfung zwischen Unterlassen und Erfolgseintritt fingiere[261].
Aus einer derartigen Fiktion wäre dann der Wille des Gesetzgebers zu entnehmen, ein entsprechendes unechtes Unterlassen unabhängig vom Regelungsbereich des § 13 für strafbar zu erklären und damit auch der fakultativen Strafmilderungsmöglichkeit der § 13 II und 49 I zu entziehen.

Dem ist jedoch entgegenzuhalten, daß im Hinblick auf das Bestimmtheitsgebot strenge Voraussetzungen an das Vorliegen einer gesetzlichen Fiktion gestellt werden müssen, d.h. es muß sich aus dem Gesetz selbst das Vorliegen einer Fiktion unzweideutig ergeben[262]. Dies kann einmal einmal dadurch geschehen, daß der Gesetzgeber selbst - wie beispielsweise in § 8 OWiG - ausdrücklich

---

258 Vgl. hierzu nur *Jakobs*, AT, 7/25, 29/15 ff.

259 Daran wird zugleich deutlich, daß es sich um unechtes Unterlassen im technischen Sinne handelt.

260 Zur Bedeutung des Nachteilzufügens i.S.d. § 266, vgl. nur *Lackner*, StGB, § 266, Rdn. 146.

261 Vgl. hierzu *Schürmann*, a.a.O., S. 79. Zum Begriff der gesetzlichen Fiktion allgemein, vgl. *Larenz/Canaris*, Methodenlehre, S. 83 f., m.w.N.

262 Vgl. *Schürmann*, a.a.O., m.w.N.

bestimmt, daß ein (unechtes) Unterlassen unter den genannten Voraussetzungen als »Handeln« i.S.d. Ordnungswidrigkeitengesetzes gelten soll. Möglich ist aber auch, daß sich das Vorliegen einer gesetzlichen Fiktion daraus ergibt, daß ansonsten eine in sich widerspruchsfreie Auslegung der Norm unmöglich wäre. Wenn in einem Tatbestand - wie etwa in § 225 I 3. Alternative - die Nichtvornahme einer pflichtgemäßen Handlung als Verwirklichungsform ausdrücklich im Tatbestand genannt wird, so folgt daraus zwingend, daß eine Ausnahme von dem Grundsatz des Erfordernisses einer realkausalen Verknüpfung zwischen Täterverhalten und Taterfolg vorliegt, das Gesetz also ein »Bewirken« des Taterfolges figiert, da andererseits die Norm selbst in sich widersprüchlich wäre[263].

Anders liegt die Sache dagegen, sofern - wie etwa im Falle der Treubruchsuntreue - im Tatbestand des Besonderen Teils eine ambivalente Verwirklichungsform bezeichnet ist, sich also gleichermaßen ein positives Tun wie Unterlassen unter die im Tatbestand beschriebene Verhaltensweise subsumieren läßt. Hier ließe sich nämlich der Gesetzeswortlaut durchaus widerspruchsfrei dahingehend auslegen, daß nur eine solche Pflichtwidrigkeit tatbestandsmäßig und daher strafbedroht sein soll, die einen Erfolg in der Außenwelt in Gestalt eines Vermögensnachteils realkausal zu bewirken vermag und somit nur die aktive Verwirklichungsform erfaßt wäre. Für die Annahme einer gesetzlichen Fiktion, kraft derer eine Unterlassung der aktiven Verwirklichungsform in ihrer Bewirkensqualität gleichgesetzt werden könnte, bliebe daher in diesen Fällen kein Raum.

Es zeigt sich also, daß immer dann auf § 13 I ergänzend zurückgegriffen werden muß, wenn sich zwar das im Besonderen Teil beschriebene Täterverhalten in gleicher Weise durch positives Tun wie Unterlassen verwirklichen läßt, die Annahme einer gesetzlichen Fiktion, vermittels derer die fehlende Bewirkensqualität des Unterlassens überwunden werden könnte, jedoch in Ermangelung einer unzweideutigen gesetzlichen Regelung nicht möglich ist.

Für den Anwendungsbereich des § 13 I ergibt sich daher folgendes Bild: Wird in einem Tatbestand des Besonderen Teils ein entsprechendes Unterlassen ausdrücklich aufgeführt[264], bzw. wie in § 336 das Unterlassen der Handlung gleichgestellt, liegt eine abschließende Sonderregelung vor, die als *lex specialis* § 13 I vorgeht. Fehlt es dagegen an einer ausdrücklichen Aufnahme des entsprechenden Unterlassens in den Deliktstatbestand, wie dies etwa bei § 266 der Fall ist, dann liegt auch keine § 13 I verdrängende *lex specialis* vor und es ist für eine

---

263 Vgl. *Schürmann*, a.a.O.

264 So z.B. in §§ 221 I, 225, 340 I, 357.

Unterlassensstrafbarkeit auf § 13 I als allgemeine Gleichstellungsnorm zurückzugreifen[265].

Steht somit fest, daß die sog. Pflichtdelikte grundsätzlich unter den Anwendungsbereich des § 13 I fallen, ist der Weg für die Gleichstellung von positivem Tun und Unterlassen praktisch vorgegeben. Da der erhöhte Handlungsunwert bei den sog. Pflichtdelikten in dem Verstoß des Täters gegen eine ihm obliegende Pflichtenstellung besteht, ist auf Unterlassensseite der Verstoß gegen eine Garantenpflicht erforderlich, die inhaltlich mit der Pflichtenstellung des Begehungstäters übereinstimmt. Die Gleichstellungsfrage erschöpft sich damit in diesem Bereich mit der Feststellung einer spezifischen, der besonderen Pflichtenstellung des Begehungstäters entsprechenden Garantenpflichtverletzung. Eine darüber hinausgehende separate Entsprechensprüfung erübrigt sich, da es keiner weiteren Unrechtstransformation bedarf[266].

(3) Verbindung zwischen Garantenpflichten und spezifischem Handlungsunwert bei den sog. Pflichtdelikten

Damit steht fest, daß sich eine Verbindung zwischen Garantenpflicht und spezifischem Handlungsunwert feststellen läßt, sofern das besondere »Wie« der Erfolgsverwirklichung darin besteht, daß der Täter gegen eine ihm obliegende besondere Pflichtenstellung verstößt. Nicht ersichtlich ist dagegen, wie es außerhalb der Delikte mit besonderer Pflichtenstellung möglich sein soll, eine spezifische Handlungsmodalität auf Unterlassensseite durch Einschränkung der Garantenpflichten zum Ausdruck zu bringen[267]. Leider läßt sich auch den Ausführungen *Maaß's* zu dieser Frage nichts entnehmen. Dennoch dürfte auch *Maaß* diese Problematik nicht entgangen sein. Abweichend vom Standpunkt der herrschenden Meinung sieht er den spezifischen Unwertgehalt der Täuschungshandlung des Betruges nämlich nicht in einer Falscherklärung des Täters[268],

---

265 Nur zur Klarstellung sei erwähnt, daß dieses Ergebnis von der Frage, inwieweit die Milderungsmöglichkeit des § 13 II allgemein auf die im Besonderen Teil positivierten unechten Unterlassungen Anwendung finden kann, streng zu unterscheiden ist. Zum Geltungsbereich des § 13 II, vgl. *Seelmann*, a.a.O.

266 Im Ergebnis herrschende Meinung. Die praktischen Auswirkungen der Kontroverse um die Anwendbarkeit des § 13 belaufen sich mithin darauf, ob die fakultative Strafmilderung des
§ 13 II eingreift oder nicht. Zu dieser Streitfrage vgl. BGHSt 36, S. 228; *Rudolphi*, a.a.O., Rdn. 6; *Maurach/Gössel*, AT 2, § 46, Rdn. 143 f.

267 Ablehnend auch *Klawitter*, a.a.O., S. 53 f.

268 Vgl. *Maaß*, a.a.O., S. 10 (mit Verweis auf *Lackner* und *Samson*).

sondern in der Verletzung einer zwischen Täter und Opfer bestehenden spezifischen Vertrauensbeziehung[269].

Festzuhalten bleibt, daß eine modalitätenspezifische Einschränkung der Garantenpflichten prinzipiell möglich ist, soweit das »Wie« der Erfolgsverwirklichung in dem Verstoß des Täters gegen eine ihm obliegende besondere Pflichtenstellung besteht.

dd. Ablehnung der strengen Modalitätenäquivalenztheorie

Damit ist zugleich das Erforderliche zur strengen Modalitätenäquivalenztheorie gesagt. Der strengen Modalitätenäquivalenztheorie ist insoweit zuzustimmen, als die Strafbarkeit des Unterlassens zwingend davon abhängig gemacht wird, daß auf Unterlassensseite ein dem erhöhten Handlungsunwert entsprechendes Äquivalent vorliegt. Als unzutreffend hat sich hingegen der Standpunkt erwiesen, Garantenpflicht und Modalitätenäquivalenz seien stets als zwei unabhängig voneinander zu beurteilende Gleichstellungskriterien zu betrachten.

c) Eigener Lösungsvorschlag

Die Auseinandersetzung mit den unterschiedlichen Auffassungen hat deutlich werden lassen, daß es mit der inhaltlichen Funktion der Entsprechensklausel nicht zu vereinbaren ist, auf die Transformation bestimmter unrechtbeinflussender Handlungsmerkmale in den Unterlassungstatbestand zu verzichten. Die Auffassung, es komme nur auf einen im Ergebnis quantitativ gleichwertigen Unrechtsgehalt des Unterlassens an, hat sich als unhaltbar erwiesen[270]. Es muß daher im Ergebnis sichergestellt sein, daß sich nicht nur für das »Ob« der Erfolgsverwirklichung auf Unterlassensseite ein äquivalentes Gegenstück finden läßt, sondern auch für das »Wie«. Ob dies in einem von der Frage der Garantenpflicht unabhängigen Prüfungsschritt erfolgt oder durch eine spezifische Einschränkung der Garantenpflichten geschieht, kann dabei keinen Unterschied machen. Sichergestellt sein muß nur, *daß* der besondere über die bloße Erfolgsverwirklichung hinausgehende Handlungsunwert auf Unterlassensseite zum Ausdruck kommt. Damit ist nicht gesagt, daß das »Wie« der Erfolgsverwirklichung wahlweise durch eine spezifische Einschränkung der Garantenpflichten oder eine gesonderte Entsprechensprüfung in das Unterlassungsdelikt transformiert werden kann. Maßgebend hierfür ist vielmehr die Frage, welcher soziale Sinngehalt der

---

269 *Maaß*, a.a.O., S. 35. Anders dagegen ders. GA 1984, S. 266, wo mit der herrschenden Meinung auf einen Erklärungswert des Täterverhaltens abgestellt wird.

270 Vgl. oben unter D. III. 2. dd.

Tathandlung des jeweiligen Begehungsdelikts zukommt. In der Regel wird die Ermittlung des sozialen Sinngehalts der Tathandlung dabei ergeben, daß dieser sich nicht durch eine spezifische Einschränkung der Garantenpflichten zum Ausdruck bringen läßt. Besteht der gesteigerte Unwertgehalt des »Wie« der Erfolgsverwirklichung aber gerade darin, daß der Täter in einem besonderen Näheverhältnis zum geschützten Rechtsgut steht bzw. gegen eine ihm obliegende besondere Pflichtenstellung verstößt, ist die materielle Funktion der Entsprechensklausel erfüllt, wenn eine Garantenpflichtverletzung vorliegt, die inhaltlich mit der besonderen Pflichtenstellung des Begehungstäters übereinstimmt.

VI. Zusammenfassung

Es hat sich gezeigt, daß nicht jede Irrtumserregung oder -unterhaltung, die mittels Einflußnahme auf den Akt der Vorstellungsbildung des Irrenden bewirkt wird, eine Täuschungshandlung i.S.d. § 263 I darstellt, sondern an das Täuschungsverhalten weitergehende, einschränkende Anforderungen zu stellen sind.

Die vorstehenden Ausführungen haben ferner ergeben, daß es mit der Funktion der Entsprechensklausel des § 13 I 2. Halbsatz nicht zu vereinbaren ist, bei der aktiven Täuschungshandlung auf das Vorliegen eines Erklärungsverhaltens abzustellen, im Bereich des Unterlassens jedoch allein den Verstoß gegen eine Aufklärungspflicht i.S. einer Garantenpflicht ausreichen zu lassen. Vom Standpunkt der strengen Modalitätenäquivalenztheorie folgt dieses Ergebnis schon zwingend daraus, daß es sich nach dieser Theorie bei Garantenpflicht und Modalitätenäquivalenz stets um zwei unabhängig voneinander zu beurteilende Gleichstellungskriterien handelt. Demgegenüber wurde hier nachgewiesen, daß es prinzipiell möglich ist, nicht nur das »Ob« sondern auch das »Wie« einer Erfolgsverwirklichung durch entsprechende inhaltliche Ausgestaltung der Garantenpflichten zum Ausdruck zu bringen. Der herrschenden Meinung ist dieser Weg freilich versperrt, da sie den sozialen Sinngehalt der Täuschungshandlung nicht als Verletzung einer dem Täter obliegenden besonderen Pflichtenstellung begreift, sondern in der Abgabe einer ausdrücklichen oder schlüssigen Falscherklärung sieht.

2. Teil: Kritik an der Lehre vom Täterverhalten mit Erklärungswert

A. Ausblick auf den weiteren Verlauf der Untersuchung

Die im bisherigen Verlauf der Untersuchung gewonnenen Erkenntnisse haben ergeben, daß die Konzeption der herrschenden Meinung, was den Betrug durch positives Tun und Unterlassen anbelangt, einer axiologischen Vergleichbarkeit dieser beiden Begehungsformen nicht gerecht zu werden vermag und daher mit der Gleichstellungsnorm des § 13 in einem unvereinbaren Wertungswiderspruch steht. Dabei hat sich gezeigt, daß das Abstellen auf ein Erklärungsverhalten des Täters zur Erfassung der aktiven Täuschungshandlung dazu zwingt, auch im Bereich der Täuschung durch Unterlassen darauf abzustellen, ob dem Unterlassen des Täters ein Erklärungswert zukommt. Für die Reichweite des Betruges durch Unterlassen bedeutet dies eine rigorose Einschränkung der Unterlassensstrafbarkeit, wodurch dem Betrug durch Unterlassen ein wesentlicher Teil seines heutigen rechtstatsächlichen Anwendungsbereiches, wie er sowohl von der Rechtsprechung als auch der ganz überwiegenden Mehrheit des Schrifttums für strafwürdig empfunden wird, verlorenginge. Eine Konsequenz, die bislang nur einige wenige Autoren in der Literatur zu akzeptieren bereit sind[1].

Es zeigt sich also, welche rechtspolitische Brisanz sich hinter der Fragestellung verbirgt, wie die aktive Täuschungshandlung dogmatisch zu erfassen ist und daß es sich dabei keineswegs nur um einen rechtstheoretischen Aspekt ohne praktische Relevanz handelt.

Für den weiteren Verlauf der Untersuchung stellt sich damit die Aufgabe, die Konzeption der herrschenden Meinung, wonach bei der ausdrücklichen bzw. konkludenten Täuschung nach einem Erklärungswert des Täterverhaltens zu fragen ist, einer kritischen Analyse zu unterziehen. Dabei wird zum einen zu prüfen sein, inwieweit die Lehre vom Verhalten mit Erklärungswert überhaupt in der Lage ist, ihrem selbsterhobenen Anspruch gerecht zu werden, den gesamten Bereich der aktiven Täuschung, insbesondere den der konkludenten Täuschung, zu erfassen. Ferner wird zu untersuchen sein, ob der soziale Sinngehalt der Täuschungshandlung tatsächlich in einem Erklärungsverhalten liegen kann oder

---

[1] Vgl. die im 1. Teil unter FN 182 genannten. Nur zur Klarstellung sei erwähnt, daß es keineswegs Ziel der vorliegenden Arbeit sein soll, eine möglicherweise bestehende und gegebenenfalls als rechtspolitisch verfehlt empfundene "Strafbarkeitslücke" mit Hilfe einer rechtsdogmatischen Konstruktion zu überwinden. Selbstverständlich kann es für die Strafbarkeit eines bestimmten Verhaltens *de lege lata* nicht allein auf dessen Strafwürdigkeit ankommen.

möglicherweise in einem erklärungsunabhängigen normativen Kriterium zu sehen ist.

Fest steht jedenfalls, daß es für das Verhältnis von aktiver Täuschung und Täuschung durch Unterlassen - und damit für die Reichweite des Betruges durch Unterlassen - von entscheidender Bedeutung ist, ob der Verhaltensunwert der aktiven Täuschung mit einer Falscherklärung des Täters gleichzusetzen ist oder nicht[2].

B. Exkurs: Die historische Entwicklung des Täuschungsbegriffs

Betrachtet man die Worte »Vorspiegelung«, »Entstellung« und »Unterdrückung«, mit denen das Gesetz in § 263 I das Täuschungsverhalten umschreibt, so deutet zunächst nichts darauf hin, daß hier eine Verhaltensweise gemeint sein könnte, die sich darin erschöpft, mit Hilfe der Sprache die Unwahrheit zum Ausdruck zu bringen.

Soweit im Schrifttum entsprechend der herrschenden Meinung auf eine ausdrückliche bzw. schlüssige Falscherklärung des Täters zur Erfassung des Verhaltensunwertes der Täuschungshandlung abgestellt wird, geschieht dies regelmäßig ohne nähere Begründung[3]. Lediglich *Herzberg* bildet insofern eine Ausnahme, als er die Lüge für den Betrug als konstitutiv bezeichnet[4]. Eine Begründung für diese Behauptung sucht man allerdings auch bei *Herzberg* vergebens.

In der Literatur findet sich zwar vereinzelt im Zusammenhang mit der im Gesetzeswortlaut enthaltenen Bezeichnung »falsche Tatsachen« der Hinweis, nicht eine Tatsache, sondern nur die Aussage über eine Tatsache könne falsch sein[5]. Hieraus den Schluß zu ziehen, das Täuschungsverhalten müsse notwendig in der Abgabe einer falschen Tatsachenbehauptung liegen, ist aber schon deshalb nicht möglich, weil das Gesetz dem Vorspiegeln »falscher« das Entstellen und Unterdrücken »wahrer« Tatsachen gleichgestellt hat. Dies gilt um so mehr, wenn man bedenkt, daß der historische Gesetzgeber des § 241 PrStGB, auf den diese Formulierung zurückgeht[6], auch mit der Formulierung »unterdrücken«

---

2 Dies verkennt *Lackner* (LK, a.a.O., Rdn. 30), wenn er meint, es sei im Hinblick auf das praktische Ergebnis unerheblich, ob zur Erfassung des Verhaltensunwerts der aktiven Täuschung auf ein Erklärungsverhalten oder ein normatives Kriterium abgestellt wird.

3 Vgl. nur die im 1. Teil unter FN 163 genannten.

4 *Herzberg*, a.a.O., S. 72.

5 *Blei*, BT, § 61, 1. II. ; *Samson/Günther*, § 263, Rdn, 7.

6 Vgl. hierzu die oben im 1. Teil unter D. III. 1. gemachten Ausführungen.

ausschließlich eine aktive Begehungsweise erfassen wollte - oder sollte man etwa nur durch Worte bzw. sprachliche Umschreibungen Tatsachen unterdrücken können ? Dem natürlichen Wortsinn läßt sich eine solche Beschränkung jedenfalls nicht entnehmen. Für den Tatbestand der Urkundenunterdrückung etwa ist allgemein anerkannt, daß ein »Unterdrücken« i.S.d. § 274 I Nr. 1 in einer jeglichen, ohne Zueignungsabsicht erfolgenden Handlung bestehen kann, durch die dem Beweisführungsberechtigten die Benutzung der Urkunde dauernd oder zumindest zeitweilig entzogen bzw. vorenthalten wird[7]. Worin mag nun aber der eigentliche Grund dafür liegen, daß die herrschende Meinung wie selbstverständlich davon ausgeht, daß der Verhaltensunwert der aktiven Täuschung darin besteht, daß der Täter ausdrücklichlich oder konkludent die Unwahrheit sagt ?

Aufschluß hierüber kann möglicherweise ein kurzer Blick auf die historische Entwicklung von Täuschungsbegriff und Betrugstatbestand liefern.

I. Die römischrechtlichen Quellen des Täuschungsbegriffs

Auch wenn sich der Betrugstatbestand in seiner heutigen Funktion als Vermögensdelikt im Vergleich zu anderen Tatbeständen, wie etwa dem Diebstahl, erst relativ spät herausgebildet hat und als Werk der materialistischen Denkweise des 19. Jahrhunderts gilt[8], reicht die Existenz strafbewährter Täuschungshandlungen wesentlich weiter zurück. Eine herausragende Stellung nehmen dabei die römischen Rechtsquellen der *crimina falsi*, des *stellionatus* sowie der *actio de dolo* ein, auf die an dieser Stelle in der gebotenen Kürze eingegangen werden soll. Ihre Kenntnis ist insofern von Bedeutung, als das römische Recht die Entwicklung des Betrugstatbestandes im 19. Jahrhundert maßgeblich mitbeeinflußt hat[9].

So wurden im römischen Recht zunächst eine Reihe von Täuschungshandlungen unter dem Begriff des »Falschen« (*falsum*) zusammengefaßt. Darunter verstand man jedoch weniger einen abstrakt konturierten Tatbestand im heutigen Sinne als vielmehr eine Ansammlung besonders verwerflicher und damit strafwürdig erscheinender Täuschungshandlungen[10], die, gemessen am heutigen Verständnis, völlig unterschiedlichen Rechtsgütern zuzurechnen waren.

Der Begriff bzw. die Fallgruppe des *falsum* umfaßte daher gleichermaßen Fälschungsdelikte wie z.B. die Testaments-, Urkunden- und Grenzfälschung, Münz- und Metallfälschung, ferner Delikte gegen die Rechtspflege in Gestalt der

---

7 Vgl. nur OLGSt Koblenz, NStZ 1995, S. 50, 51; *Wessels/Hettinger*, BT 1, Rdn. 893.

8 Vgl. nur *Lackner*, LK, § 263, Rdn.1; *Maurach/Schroeder-Maiwald*, BT, § 41I, Rdn. 1.

9 Vgl. nur *Hupe*, Falsum, S. 4, m. w. N. .

10 Wobei jedoch anscheinend nicht stets auch eine vollendete Täuschungshandlung erforderlich war, vgl. *Hupe*,a.a.O., S. 33.

Falschaussage, der Bestechung von Richtern und Zeugen sowie sonstiges irreführendes Verhalten, wie etwa das Vortäuschen Soldat zu sein oder das unerlaubte Tragen militärischer Rangabzeichen[11]. Als eigentliche Betrugshandlungen fielen unter den Begriff des *falsum* beispielsweise der wiederholte Verkauf derselben Sache an unterschiedliche Käufer, der Verkauf einer verpfändeten Sache durch einen Nichtberechtigten oder das Erschleichen eines begünstigenden Verwaltungsaktes mit einhergehender Schädigung des Fiskus[12]. Allerdings bildeten Betrugshandlungen im heutigen Sinne in der Fallgruppe des *falsum* eher die Ausnahme, da ganz überwiegend nur solche Täuschungshandlungen als *crimina falsi* erfaßt wurden, bei denen als Mittel der Täuschung in Zeichen, Formen und Verhältnisse des öffentlichen Vertrauens (*publica fides*) eingegriffen wurde[13].

Schutz gegen sonstige betrügerische Verhaltensweisen, die nicht von der Kasuistik des *falsum* erfaßt wurden, bot ursprünglich nur die Institution der *actio de dolo*. Hierbei handelte es sich um eine außerordentliche zivilrechtliche Ergänzungsklage, über die das Opfer arglistiger Vermögensschädigungen unter bestimmten Voraussetzungen Schadenersatz erlangen konnte, wobei als Nebenfolge einer Verurteilung mit der sog. *infamia* zugleich auch eine gewisse Pönalisierung des Verurteilten eintrat[14]. Auch dieses Rechtsinstitut war jedoch subsidiär und stand nicht jedem Opfer von Lug und Trug zur Verfügung. Bedingt durch eine Trennung zwischen Recht und Moral konnten im römischen Zivilrecht die Lüge und das Überlisten eines Vertragspartners nämlich durchaus legitime Mittel sein, um die eigenen Interessen gegenüber dem Geschäftspartner durchzusetzen und wurden von der Verkehrsauffassung nicht per se als unredlich empfunden[15].

Neben die Fallgruppe des *falsum* trat später - d.h. in der Kaiserzeit um 200 n. Chr. - der Begriff der »Schufterei« (*stellionatus*)[16]. Hierbei handelte es sich im Gegensatz zu den *crimina falsi* um ein von Rechtsprechung und Lehre entwickeltes und vom Zivil- ins Strafrecht übertragenes *crimen extraordinarium*, wodurch dem Umstand Rechnung getragen werden sollte, daß einerseits über die gesetzlich normierte Kasuistik des *falsum* nicht alle als strafwürdig empfundenen Formen betrügerischen Verhaltens im Rechtsverkehr erfaßt werden konnten und andererseits über das Rechtsinstitut der *actio de dolo* keine hinreichende

---

11 Vgl. *Mommsen*, Römisches Strafrecht, S. 669 ff.; *Hupe*, a.a.O., S. 13 ff.

12 *Hupe*, a.a.O., S. 27, m.N.

13 Vgl. *Mommsen*, a.a.O., S. 678 f.; *Hupe*, a.a.O., S. 33 m.N.

14 *Hupe*, a.a.O., S. 36, 59 und passim.

15 *Hupe*, a.a.O., S. 32, 36 und passim.

16 Vgl. *Schaffstein* in : FS für Wieacker, S. 281, 284.

Generalprävention erzielt werden konnte, um die Redlichkeit im Wirtschaftsleben zu schützen[17].

Inwieweit es sich bei der Figur des *stellionatus* bereits um ein tatbestandlich konturiertes Gebilde oder eher um einen Sammelbegriff für eine umfangreiche Kasuistik handelte, ist nicht eindeutig überliefert. Zwar setzten die Fälle des *stellionatus* regelmäßig einen durch Arglist in Bereicherungsabsicht herbeigeführten Vermögensschaden voraus, die heute überwiegende Meinung versteht den *stellionatus* jedoch eher als vages Sammelsorium einer umfangreichen Kasuistik, ähnlich der Fallgruppe des *falsum*[18].

Auch über die Figur des *stellionatus* sollten aber nicht etwa jedwede Vermögensschädigungen erfaßt werden, die mittels eines täuschenden oder irreführenden Verhaltens bewirkt wurden, sondern nur solche, die, im Rahmen bürgerlichrechtlicher Verkehrsgeschäfte begangen, auf einem besonders verwerflich erscheinenden Täuschungsmanöver beruhten[19].

Da sich die Fallgruppen des *falsum* und *stellionatus* teilweise überschnitten, konnte eine systematische Abgrenzung dieser beiden Begriffe nicht erreicht werden, wodurch eine Trennung zwischen Fälschungsdelikt und Betrugshandlung zunehmens unmöglich wurde und beide Deliktstypen miteinander verschmolzen[20].

Dem gemeinen Recht - geprägt durch die Begriffe des *falsum* und *stellionatus* - war die Vorstellung eines allgemeinen Betrugstatbestandes ebenfalls fremd[21]. Der Betrug, soweit dieser Begriff überhaupt auftauchte, wurde ganz überwiegend entweder als Diebstahl oder als Fälschung behandelt[22].

II. Die Entwicklung von Täuschungsbegriff und Betrugstatbestand im 19. Jahrhundert

Die mangelnde Unterscheidung zwischen Unwahrheit und Unechtheit sowie die damit einhergehende Verquickung von Fälschungsdelikten einerseits und Betrugshandlungen im heutigen Sinne andererseits unter dem Begriff des »Falschen«

---

17 *Hupe*, a.a.O., S. 40.

18 *Naucke*, a.a.O., S. 63; weitere Nachweise bei *Lackner*, LK, a.a.O., Rdn. 2.

19 Vgl. *Naucke*, S. 63 m.N. Beispiele für typische Konstellationen des *stellionatus* bei *Hupe*,a.a.O., S. 45 ff.

20 *Hupe*, a.a.O., S. 56.

21 *Binding*, Lehrbuch BT 1, S. 339; *Welzel*, Lehrbuch, S. 368.

22 *Binding*, a.a.O.; *Welzel*, a.a.O.; *Maurach /Schroeder-Maiwald*, a.a.O., Rdn. 3.

verhinderte bis ins 19. Jahrhundert hinein die Bildung eines eigenständigen Betrugsbegriffs im deutschen Recht[23].

Erst die Vorarbeiten zum PrStGB von 1851 führten langsam zu einer Abkehr von dem bis dahin vorherrschenden Dogma, sämtliche als strafwürdig empfundene Täuschungshandlungen - unabhängig davon, welches Rechtsgut betroffen war - unter dem Begriff des *falsum* zu vereinen und machten damit den Weg frei, den Betrug zu einem reinen Vermögensdelikt auszugestalten. Die Strafrechtswissenschaft war dabei gleichermaßen bemüht, einen materialen Strafgrund für die Schaffung eines allgemeinen Betrugstatbestandes zu finden[24], als auch bestrebt, einer Ausweitung als Betrug strafbarer Täuschungshandlungen entgegenzuwirken[25]. Letzteres schien schon allein deshalb geboten, um nicht über das Strafrecht den für Handel und Wirtschaftsverkehr gewünschten und zugleich als unabdingbar erachteten Freiraum einzuengen[26]. So wird etwa in den Materialien des Entwurfs von 1828 das Wesen des Betruges zwar allgemein als eine Rechtsverletzung durch Täuschung beschrieben, zugleich jedoch betont, daß durch einen derart weiten Begriff eine Vielzahl der im gewöhnlichen Lebensverkehr vorkommenden Täuschungshandlungen kriminalisiert würden, was mit dem Gedanken der Subsidiarität des Strafrechts nicht zu vereinbaren sei[27].

Die zentrale Aufgabe, die sich der Strafrechtswissenschaft in ihrem Bemühen um einen allgemeinen Betrugstatbestand stellte, war daher die dogmatische Trennung zwischen einem bloß moralisch anstößigen Verhalten im Rechtsverkehr einerseits

---

23 So erfaßte noch das bayerische StGB von 1813 in seinen Art. 256 ff. unter der "Beeinträchtigung fremder Rechte durch Betrug" neben Urkunden- und Aussagedelikten diverse andere Formen von Täuschungshandlungen, wie Kindesunterschiebung, Verleumdung und falsche Anschuldigung.

24 Vgl. *Naucke*, a.a.O., S. 65 m.N.

25 So heißt es beispielsweise bei Merkel (Kriminalistische Abhandlungen II, S. 254 f.): "Nach allgemeiner Rechtssitte macht in Handel und Wandel nicht alles Gerede der Geschäftslustigen juristisch verantwortlich. Nicht jede marktschreierische Empfehlung, nicht jede übertreibende Behauptung, welche die Aufmerksamkeit erregen, die Neugierde wecken, die Interessen aufreizen soll, von denen der Betreffende zu profitieren gedenkt, ist von rechtlichen Folgen begleitet. Der geschäftliche Verkehr ist wortreich und scheint einer Beredsamkeit nicht entbehren zu können, die sich außerhalb der Grenzen rechtlich verantwortlich machender Thätigkeit bewegt. Derselben ist die Lüge in hunderterlei Formen und seit je geläufig, und es möchte ein vergebliches Bemühen sein, ihr mit den Zwangsmitteln des Zivil- und Kriminalprozesses eine aufrichtigere Wahrheitsliebe beizubringen."

26 Vgl. nur *Köstlin*, Civilrecht, S. 294 f.

27 Vgl. *Beseler*, Kommentar, S. 458, m.N. Hieran mag es wohl auch gelegen haben, daß der Entwurf von 1828 statt eines einheitlichen Betrugstatbestandes wiederum nur eine Ansammlung spezifischer Täuschungshandlungen enthielt.

sowie einer rechtswidrigen Täuschung mit zivil- bzw. strafrechtlichen Folgen andererseits[28]. Vor allem die Unterscheidung zwischen zivilrechtsrelevanter Täuschung und strafbarem Betrug stand hierbei besonders im Mittelpunkt der Diskussion. Die ganz überwiegende Auffassung ging dabei übereinstimmend von einem grundsätzlich subsidiären Verhältnis des Strafrechts gegenüber dem Zivilrecht aus[29].

Umstritten war hingegen, nach welchen allgemeinen Kriterien die Abgrenzung eines strafbaren vom nur zivilrechtsrelevanten Betrug erfolgen sollte. Auf diese Kontroverse, die stark durch die Rechtsphilosophie *Kants* und *Hegels* beeinflußt war und vor allem durch die Arbeiten *Köstlins*[30] und *Merkels*[31] geprägt wurde, soll hier nicht näher eingegangen werden. Bemerkenswert insoweit ist jedoch, daß das Vorliegen bzw. der Gebrauch einer Lüge keineswegs notwendig eine Bewertung der Täuschung als strafbar nach sich zog[32]. Vielmehr stellte man ganz überwiegend darauf ab, daß weitere Voraussetzungen hinzutreten müßten, um in einer Lüge einen strafbaren Betrug sehen zu können. So wurde teilweise gefordert, es müsse eine "Vergewaltigung des Erkenntnisvermögens des Betrogenen" vorliegen, damit aus einer Lüge ein strafbarer Betrug werde[33] oder es wurde verlangt, die Lüge müsse von einer derartigen Qualität beschaffen sein, daß auch ein Mann von hinreichender Klugheit auf sie hereinfallen könne[34].

Dieses Spannungsverhältnis zwischen dem Wunsch nach einem allgemeinen Betrugstatbestand einerseits und der Forderung nach Beibehaltung eines subsidiären Anwendungsbereiches des strafbaren Betruges andererseits ist auch für die weiteren Vorarbeiten zum PrStGB von 1851 kennzeichnend. Eine Lösung dieses Konfliktes wurde dabei vor allem über das Merkmal der Täuschungshandlung gesucht, die häufig auch mit dem Betrug als solchem gleichgesetzt wurde[35]. Als Ausdruck der Forderung, eine subsidiäre Anwendung der Betrugsstrafbarkeit zu gewährleisten und dies auch im Gesetzeswortlaut deutlich zu machen, findet sich beispielsweise der Vorschlag, das Merkmal der Täuschungshandlung des Betrugstatbestandes auf arglistige Täuschungen zu beschränken, um auf diese Weise "anzudeuten", daß nicht jede Täuschung einen strafbaren Betrug darstelle[36].

---

28 Vgl. *Ellmer*, a.a.O., S. 25.

29 Wie vorstehend.

30 Abhandlungen, S. 117 ff. und passim.

31 Abhandlungen II, S. 78 ff. und passim.

32 So findet sich bei *Merkel* (a.a.O., S. 255, FN.1) der Hinweis auf den Satz "*Jemand der kauft und verkauft kann dies nicht ohne Lüge tun !*"

33 *Cucumus*, S. 48.

34 Vgl. *Escher*, S. 62-64; *Geib*, S. 195.

35 Vgl. *Beseler*, Komm., S. 459; *Nauke*, a.a.O., S. 74.

36 *Naucke*, a.a.O., mit Verweis auf *Beseler*, a.a.O. Die Formulierung "arglistige" Täuschung wurde dann jedoch als zu unbestimmt verworfen.

Weitere Versuche eine Ausweitung der Betrugsstrafbarkeit zu verhindern, bestanden etwa darin, vorzuschlagen, bei der Formulierung des Betrugstatbestandes die Täuschungshandlung auf schriftlich fixierte Äußerungen zu beschränken[37] oder auf Formulierungen wie "List und Schläue" bzw. "List und Ränke" zurückzugreifen, um auf diese Weise klarzustellen, daß nur besonders verwerfliche Täuschungen strafbedroht sein sollten[38].

Daß trotz aller Bemühungen, über das Merkmal der Täuschungshandlung den strafbaren Betrug von einem bloß moralisch anstößigen Verhalten abzugrenzen und dies auch im Gesetzeswortlaut zum Ausdruck zu bringen, in § 241 PrStGB letztlich einer diesbezüglich eher farblosen Formulierung der Vorzug gegeben wurde[39], ist vor allem darauf zurückzuführen, daß man eine nähere Erläuterung des Täuschungsmittels für notwendig und wohl auch ausreichend hielt[40]. So sollte über den Begriff der »Tatsachen« klargestellt werden, daß anpreisende Meinungsäußerungen sowie Werturteile und dergleichen aus dem Täuschungsbegriff auszuscheiden waren. Die Formulierung "Vorbringen falscher" und "Unterdrücken wahrer" Tatsachen wurde dagegen gewählt, um zum Ausdruck zu bringen, daß eine Täuschungshandlung sowohl durch Hervorbringen von etwas »Falschem« als auch durch Unterdrücken von etwas »Wahrem« begangen werden konnte[41].

Durch die heute allgemein als sprachlogisch verfehlt geltende Gegenüberstellung der »falschen« und »wahren« Tatsachen[42] sollten also nicht die Tatsachen als Gegenstand des Irrtums umschrieben werden, sondern eher die Art und Weise der Irrtumserregung bzw. Unterhaltung. Es zeigt sich also, daß das Dogma des *falsum* noch immer in gewisser Weise im Denken verhaftet und somit noch

---

37 Dieser Vorschlag wiederum wurde mit dem Argument verworfen, eine schriftliche Äußerung sei nicht notwendig "gefährlicher" als eine mündliche und es seien andererseits mündliche Täuschungsmanöver denkbar, die man als "höchst gefährlich" einstufen müsse, vgl. hierzu *Goltdammer*, Materialien II, S. 538 f.; *Naucke*, a.a.O., S. 77.

38 *Naucke*, a.a.O., S. 77 m. N.

39 Der Wortlaut des § 241 PrStGB von 1851 lautet: "Wer in gewinnsüchtiger Absicht das Vermögen eines anderen dadurch beschädigt, daß er durch Vorbringen falscher oder durch Enstellen oder Unterdrücken wahrer Tatsachen einen Irrtum erregt, begeht einen Betrug".

40 *Naucke*, a.a.O. Anders dagegen das schweizerische Strafrecht. Art. 146 des schweizerischen StGB lautet: "Wer in der Absicht, sich oder einen anderen unrechtmäßig zu bereichern, jemanden durch Vorspiegelung oder Unterdrückung von Tatsachen *arglistig* irreführt oder ihn in einem Irrtum *arglistig* bestärkt und so den Irrenden zu einem Verhalten bestimmt, wodurch dieser sich selbst oder einen anderen am Vermögen schädigt, ... wird ... bestraft." Vgl. zu den Voraussetzungen des Arglistmerkmals im einzelnen die Ausführungen unten im 3. Teil unter B. 2.

41 Vgl. *Naucke*, a.a.O., S. 77, 78 m. N.

42 Vgl. hierzu im 1. Teil unter A.

keineswegs vollkommen überwunden war. Nur so läßt sich auch erklären, daß in § 243 PrStGB Münz- und Urkundsdelikte als eine Art qualifizierter Betrug aufgeführt waren.

Nachdem die Kodifizierung eines allgemeinen Betrugstatbestandes in § 241 PrStGB erstmals gelungen war, wurde seine Fassung ohne wesentliche Änderung auch in später nachfolgende Strafgesetzbücher übernommen. Der Entwurf des § 237 von 1870, der in unveränderter Form zunächst als StGB für den Norddeutschen Bund verkündet wurde und später in das RStGB von 1871 sowie in das StGB über ging, enthielt neben einigen rein sprachlichen Veränderungen[43] lediglich die Erweiterung der Täuschungshandlung um die Variante des »Unterhaltens eines Irrtums«. Wesentlich bedeutsamer im Hinblick auf die Betrugsdogmatik ist dagegen die im Entwurf von 1870 vorgenommene Loslösung des Betruges von den Fälschungsdelikten. Die noch in § 243 PrStGB als Fälle eines qualifizierten Betruges aufgeführten Katalogtaten wurden mit der Begründung gestrichen, soweit es sich um Betrugsunrecht handele, sei dieses in ausreichendem Maße vom allgemeinen Betrugstatbestand erfaßt, im übrigen müsse auf die Münz- und Urkundendelikte verwiesen werden[44].

III. Fazit

Die Frage, ob für eine Täuschungshandlung stets eine Erklärung des Täters vorliegen müsse, ist - soweit ersichtlich - in den Vorarbeiten zu § 241 PrStGB nicht thematisiert worden. Dennoch läßt sich den langjährigen Kontroversen um die richtige Fassung eines allgemeinen Betrugstatbestandes entnehmen, daß man ganz offensichtlich davon ausging, eine betrugsrelevante Täuschungshandlung sei typischerweise mit der Abgabe einer Erklärung des Täters verbunden. Allerdings wäre es vorschnell, hierin eine Bestätigung der *Herzbergschen* These zu erblicken, wonach die Lüge für den Betrug konstitutiv sei. Zum einen steht nämlich fest, daß es in der Diskussion um die Schaffung eines allgemeinen Betrugstatbestandes für selbstverständlich gehalten wurde, daß nicht jede Lüge zugleich auch eine Täuschung i.S.d. Betrugstatbestandes begründen könne[45], zum anderen machen die Bestrebungen um eine Einschränkung des Täuschungsbegriffs deutlich, daß man das Wesen der betrugsrelevanten Täuschung weniger in einem bestimmten formalen äußeren Geschehen sah, sondern statt dessen Einigkeit

---

43 Die Fassung lautete nun: "Wer in der Absicht, sich oder einem Dritten einen rechtswidrigen Vermögensvorteil zu verschaffen, das Vermögen eines anderen dadurch beschädigt, daß er durch Vorspiegelung falscher oder durch Entstellung oder Unterdrückung wahrer Tatsachen einen Irrtum erregt oder unterhält, wird wegen Betruges ... bestraft".

44 Stenographische Berichte 1870, Bd.3, S. 78 (zitiert nach *Nauke*, a.a.O., S.99).

45 Vgl. hierzu nur die unter FN 25 und 32 wiedergegebenen Zitate *Merkels*.

darüber bestand, daß auf ein materielles Kriterium zur Erfassung des Betrugsunrechts abzustellen sei. Der Umstand, daß die scheinbar so widersinnige Gegenüberstellung »falscher« und »wahrer« Tatsachen in den Gesetzeswortlaut des § 241 PrStGB Aufnahme fand und die Tätigkeitsworte »Vorbringen«, »Entstellen« und »Unterdrücken« verwendet wurden, um das Täterverhalten zu umschreiben, deutet darauf hin, daß man offenbar davon ausging, dieses inhaltliche Kriterium der Täuschung liege in der Erregung eines Irrtums mittels einer - wie auch immer gearteten - Verwendung materieller Unwahrheit durch den Täter[46].

Nun ließe sich der Einwand erheben, daß möglicherweise auch *Herzberg* den Begriff der Lüge in einem materiellen Sinne verstanden haben will, er also in der »Lüge« lediglich ein Synonym für die Verwendung materieller Unwahrheit sieht. Doch auch wenn *Herzberg* hierzu in seinen Ausführungen nicht ausdrücklich Stellung nimmt, kann diese Möglichkeit mit Gewißheit ausgeschlossen werden. Wie bereits aufgezeigt wurde, führt *Herzberg* seine These, wonach die Lüge für den Betrug konstitutiv sei, nämlich gerade als Argumentationstopos dafür an, daß der Betrug durch Unterlassen auf jene Fallkonstellationen beschränkt sein müsse, in denen dem Unterlassen ein eigenständiger Erklärungswert zukomme bzw. es den Sinngehalt einer Erklärung aufweise[47].

Damit steht zugleich fest, daß *Herzberg* den Begriff der Lüge in einem formellen Sinne versteht, er also die Lüge mit der Abgabe einer der Wahrheit widersprechenden Erklärung durch den Täter gleichsetzt.

C. Die wahrheitswidrige Erklärung als konstitutives Element der (ausdrücklichen) Täuschung ?

Auch wenn der Blick auf die historische Entwicklung des Betrugstatbestandes die *Herzbergsche* These nicht zu bestätigen vermochte, bleibt dennoch die Frage, ob der Verhaltensunwert der Täuschungshandlung in einem Erklärungsverhalten des Täters zu sehen ist, d.h. mit der Abgabe einer Falscherklärung gleichgesetzt werden kann.

Da der Betrug in seiner positiven Begehungsform anerkanntermaßen entweder durch ausdrückliche oder konkludente Täuschung verwirklicht werden kann, ist es naheliegend, zunächst einmal zu untersuchen, wie es sich für den Bereich der sog. ausdrücklichen Täuschung im Hinblick auf die vorliegende Fragestellung verhält. Vom Standpunkt der *Herzbergschen* These aus wäre es nämlich nur konsequent, das Vorliegen einer Täuschungshandlung immer dann als gegeben

46 Vgl. dazu auch *Maurach/Schroeder/Maiwald*, BT, Teil 1, § 41, Rdn. 5.

47 Vgl. nur die oben unter D. II. gemachten Ausführungen.

anzunehmen, wenn der Täter einen Irrtum dadurch erregt, daß er eine in bezug auf Tatsachen wahrheitswidrige Erklärung abgibt. Wäre also die Lüge bzw. die falsche Tatsachenbehauptung für den Betrug konstitutiv, so müßte sich feststellen lassen, daß die wahrheitswidrige Tatsachenbehauptung - das Vorliegen der weiteren Betrugsmerkmale unterstellt - stets zur Betrugsstrafbarkeit führt.

Dem soll nun anhand der sog. ausdrücklichen Täuschung nachgegangen werden, jener Fallkonstellation also, in der sich der Täter einer ausdrücklichen Lüge bedient, um das Opfer in einen Irrtum zu versetzen[48].

I. Ansätze einer tatbestandlichen Reduktion der Täuschungshandlung

Die Frage, ob eine ausdrückliche Täuschung[49] stets die Voraussetzungen einer strafbaren Täuschungshandlung i.S.d. Betrugstatbestandes erfüllt[50], wird in der Literatur in dem Zusammenhang diskutiert, ob besonders plumpe oder leicht

---

[48] Was genau unter dem Begriff der ausdrücklichen Täuschung zu verstehen ist bzw. worin diese sich von der konkludenten Täuschung unterscheidet, ist heftig umstritten. Soweit ersichtlich werden hierzu im wesentlichen drei unterschiedliche Ansatzpunkte vertreten: Nach der wohl engsten Auffassung liegt eine ausdrückliche Täuschung nur dann vor, wenn der Täter die Unwahrheit *expressis verbis* zum Ausdruck bringt, d.h., sie zum Gegenstand seiner Aussage macht (so vor allem *Cramer*, a.a.O., § 263, Rdn. 13). Demgegenüber betont *Maiwald*, es sei für das Vorliegen einer ausdrücklichen Täuschung nicht erforderlich, daß die betrugsrelevante Tatsache wörtlich erwähnt werde. Vielmehr liege auch in bestimmten Fällen der Manipulation an Gegenständen, wie etwa dem Verändern eines Elektrizitätszählers oder der Falschetikettierung von Waren, eine ausdrückliche Täuschung vor (vgl. *Maurach/Schroeder - Maiwald*, § 41 II, Rdn. 38). Noch einen Schritt weiter geht *Lackner*, nach ihm ist die sog. ausdrückliche Täuschung ebenfalls nicht auf verbale Tatsachenbehauptungen beschränkt, sondern kann auch durch Manipulation an Gegenständen erfolgen. Dabei bezieht *Lackner* die Tatsachenmanipulation jedoch in weit größerem Umfange in den Bereich der ausdrücklichen Täuschung mit ein als *Maiwald*. Ein ausdrückliche Täuschung sei nicht nur gegeben bei der Verwendung falscher Maße und Gewichte oder dem falschen Etikettieren von Lebensmitteln, sondern auch in Konstellationen, die von der überwiegenden Meinung als Fälle einer konkludenten Täuschung angesehen werden, wie etwa dem Anbieten von Spielen an Glücksspielautomaten unter Verringerung der Gewinnchance durch Ausschalten der Bremsvorichtung oder dem Verkauf von Losen, bei denen das Gewinnlos für den Hauptgewinn vertragswidrig zurückgehalten wurde (vgl. *Lackner*, LK, § 263, Rdn. 25 ff.). Auf diese Kontroverse soll an dieser Stelle nicht weiter eingegangen werden. Soweit im folgenden von einer ausdrücklichen Täuschung die Rede ist, wird hierunter eine *expressis verbis* geäußerte falsche Tatsachenbehauptung verstanden, was nach allen Auffassungen den Begriff der ausdrücklichen Täuschung erfüllt.

[49] Bezeichnenderweise wird die Forderung nach einem einschränkenden Korrektiv der Täuschungshandlung üblicherweise nur im Zusammenhang mit der ausdrücklichen, nicht aber der sog. konkludenten Täuschung gestellt. Auf den Grund hierfür wird noch an späterer Stelle eingegangen werden.

[50] Das Vorliegen der weiteren Tatbestandsvoraussetzungen unterstellt.

erkennbare Täuschungen aus dem Täuschungsbegriff auszuscheiden sind bzw. inwieweit ein mögliches Mitverschulden des Opfers auf der Tatbestandsebene im Rahmen der Täuschungshandlung strafbarkeitseinschränkend zu berücksichtigen ist[51].

Diese Ansätze, die im folgenden dargestellt und gewürdigt werden sollen, sind für die hier zugrunde liegende Fragestellung insoweit relevant, als mit den Bestrebungen nach einer Restriktion des Täuschungsbegriffs zugleich auch die Forderung nach einem normativen Kriterium zur Erfassung der Täuschungshandlung verbunden ist.

1. Im Bereich des Erfolgsunrechts

Unter den Autoren, die eine Einschränkung des Täuschungsbegriffs respektive der ausdrücklichen Täuschung befürworten, sind zunächst jene vorzustellen, die das Problem der besonders plumpen bzw. leicht erkennbaren Täuschung im Bereich des Erfolgsunrechts berücksichtigen wollen.

a) Der Kausalzusammenhang zwischen Lüge und Irrtum (*Naucke*)

Nach *Naucke* erfüllt nicht jede unwahre Tatsachenbehauptung, der das Opfer glauben schenkt, den Täuschungsbegiff, sondern nur eine solche von hinreichender Intensität[52]. *Naucke* unterscheidet dabei zwischen Täuschungshandlungen, die einen »Kernfall« des Betruges betreffen und solchen, die lediglich als »Randfall« anzusehen seien. Letzteres liege vor in Fällen, "in denen die Täuschung schwach, leicht zu bewerkstelligen oder einfach zu durchschauen war". Ein solcher »Randfall« sei etwa gegeben bei dem Verkauf eines Teppichs als *echt* an der Haustür zu einem erstaunlich niedrigen Preis unter gleichzeitiger Gewährung eines Preisnachlasses um bis zu 2/3 der ursprünglich geforderten Summe[53]. Die Fälle, in denen die Täuschung nur eine schwache Intensität aufweise bildeten einen Fremdkörper innerhalb der Betrugsdogmatik, da das Angriffsmittel auf das geschützte Rechtsgut Vermögen in diesen Fällen derart untypisch sei, daß nicht mehr von einer irrtumsbedingten Selbstschädigung, sondern nur noch von Selbstschädigung kraft mangelnder Aufmerksamkeit die Rede sein könne. Hierdurch verlagere sich die Deliktsnatur des Betruges von einem reinen Vermögensdelikt

---

[51] Nicht zu verwechseln hiermit ist die ebenfalls unter dem Aspekt der Opfermitverantwortung diskutierte und in dieser Arbeit bereits behandelte Problematik des Irrtums unter Zweifeln (vgl. dazu die im ersten Teil unter B. I. 4. gemachten Ausführungen).

[52] *Naucke*, Peters-Festschrift, S. 109 ff. (112 f., 117 ff.).

[53] *Naucke*, a.a.O., S. 112.

hin zu einem Delikt zum Schutze der Wahrheit[54]. Zudem könne es nicht Aufgabe des Strafrechts sein, verbreitete Formen intellektueller Ungeübtheit und Unsicherheit ertragbar zu machen durch Bestrafung dessen, der diese Ungeübtheit für sich einsetze. Das Strafrecht dürfe nicht Torheit und Lebensfremdheit fördern, sondern habe Chancen zur Einübung von Eigeninitiativen offen zu lassen, wo immer dies möglich sei. Die leicht durchschaubare Täuschung müsse daher - ebenso wie der leicht vermeidbare Irrtum - aus dem Bereich betrugsrelevanten Verhaltens ausgeschlossen werden[55].
Eine unwahre Tatsachenbehauptung, die auf seiten des Getäuschten einen entsprechenden Irrtum erregt hat, stellt nach *Naucke* somit nur dann eine Täuschungshandlung i.S.d. § 263 I dar, wenn es sich nicht um eine leicht zu durchschauende bzw. eine Täuschung von geringerer Intensität handelt[56]. Als Maßstab dafür, wann eine Täuschung von hinreichender Intensität vorliegen soll, stellt *Naucke* darauf ab, ob "man", d.h. ein verständiger Durchschnittsbürger, die Tatsachenbehauptung als wahrheitswidrig durchschaut hätte[57]. Hierbei, so wird betont, handele es sich um ein normatives Verfahren, das die Intensität der Täuschung ebenso bewerte wie die Gründe für die Täuschungsanfälligkeit des Opfers.

Als dogmatischen Standort zur Umsetzung seiner Forderung nach einer Restriktion des Betrugstatbestandes auf Täuschungen von hinreichender Intensität hält *Naucke* das Merkmal der Kausalität zwischen Täuschung und Irrtum für "am ehesten" geeignet. Die leicht entdeckbare Täuschung sei nur zu erfassen und zu präzisieren, sofern man sowohl den Täuschenden, den zu Täuschenden sowie die Situation, in der sich beide befinden, zugleich betrachte, was am besten über den Kausalzusammenhang zwischen Täuschungsverhalten und Irrtum erreicht werden könne. Die Kausalität zwischen Täuschungsverhalten und Irrtum sei daher entgegen der herrschenden Auffassung nicht nach der Bedingungstheorie zu ermitteln. Ausreichend für eine Bestrafung wegen Betruges könne vielmehr nur ein adäquater Kausalzusammenhang zwischen Täuschung und Irrtum sein[58]. Hierdurch würde das Strafrecht zugleich auch von dem Zwang befreit, jeden billigen Schwindel als strafbaren Betrug akzeptieren zu müssen[59].

---

54 *Naucke*, a.a.O., S. 117.
55 *Naucke*, a.a.O.
56 So soll es nach einem weiteren von *Naucke* gebildeten Beispielsfall (a.a.O., S. 119) an einer *Täuschungshandlung* fehlen, wenn ein Vertreter von Massagegeräten einem Wohnungsinhaber an der Haustür wahrheitswidrig erklärt, er könne diesem ansehen, daß er an Durchblutungsstörungen leide, der Wohnungsinhaber dies glaubt und ein entsprechendes Gerät erwirbt.
57 *Naucke*, a.a.O., S. 115 ff., 119.
58 Zustimmend *Riegger*, Betrug, S. 195 ff.
59 *Naucke*, a.a.O., S. 118.

b) Einschränkung über die Lehre von der objektiven Zurechnung (*Kurth*)

Anknüpfend an die Überlegungen *Nauckes* will auch *Kurth* eine unwahre Tatsachenbehauptung, die beim Adressaten eine entsprechende Fehlvorstellung hervorgerufen hat, aus dem Bereich betrugsrelevanten Täuschungsverhaltens ausscheiden, sofern sie leicht durchschaubar war[60]. Allerdings zieht *Kurth* hierbei nicht den objektiven Maßstab eines verständigen Durchschnittsbürgers heran, sondern ist bemüht, durch ein Abstellen auf die individuelle Persönlichkeit des Betrugsopfers sicherzustellen, daß die jeweils unterschiedlichen intellektuellen Fähigkeiten, Bedürfnisse und Emotionen des Betrogenen mehr Berücksichtigung finden[61].

Ähnlich wie *Naucke* versucht auch *Kurth* die von ihm angestrebte Einschränkung der Betrugsstrafbarkeit bei leicht durchschaubaren Täuschungen mit Hilfe einer Begrenzung des Zurechnungszusammenhanges von Täterverhalten und Irrtum zu erreichen. Dabei knüpft er allerdings nicht an das Merkmal der Kausalität zwischen Täuschung und Irrtum an, sondern er versucht, in Anlehnung an die Lehre von der objektiven Zurechnung, ein Haftungskorrektiv aus dem Schutzbereich der Norm herzuleiten[62].

Eine Täuschung sei demnach nur dann objektiv zurechenbar und somit betrugsrelevant, sofern sich der Irrtum als Ausdruck eines vom Täter verursachten rechtlich mißbilligten Risikos darstelle, das zugleich vom Schutzzweck des Betrugstatbestandes erfaßt sei. Die Zurechnung des Irrtums zum Täterverhalten werde auf diese Weise durch rein normative Gesichtspunkte wie den Sinn und Zweck sowie die Tragweite des Betrugstatbestandes, aber auch allgemeine Prinzipien des Strafrechts, wie das ultima-ratio-Prinzip sowie das Prinzip der Eigenverantwortlichkeit, bestimmt[63].

c) Stellungnahme

Nauckes Vorschlag, eine Beschränkung des Bereichs strafbarer Täuschungshandlungen über das Merkmal der Kausalität zwischen Täuschung und Irrtum zu erreichen, ist überwiegend auf Ablehnung gestoßen[64].

---

60 *Kurth*, Das Mitverschulden des Opfers beim Betrug, S. 160 ff.

61 *Kurth*, a.a.O., S. 166 f.

62 *Kurth*, a.a.O., S. 169 ff.

63 *Kurth*, a.a.O., S. 172, 177 ff.

64 Vgl. *Tröndle*, JR 1974, S. 221 (224); *Blei*, JA 1974, S. 681 (684 f.); *Hillenkamp*, a.a.O., S. 85 ff.; *Lackner*, LK, a.a.O., Rdn. 91; *Samson/Günther*, a.a.O., Rdn. 62; *Ellmer*, a.a.O., S. 156 f.; *Kindhäuser*, Täuschung und Wahrheitsanspruch beim Betrug, S. 398 ff. (405); *Krack*, a.a.O., S. 64 ff. Zustimmend dagegen *Riegger*, Betrug, S. 195 f. Verhaltene Zustimmung auch bei *Seelmann*, JUS 1982, S. 268 ff. (270).

Gegen *Nauckes* dogmatischen Ansatzpunkt sprechen schon methodologische Gründe. Das Merkmal der Kausalität ist ein für alle Delikte des Besonderen Teils gleichermaßen Geltung beanspruchendes Kriterium des Allgemeinen Teils, das unabhängig vom jeweiligen Deliktstatbestand allgemeingültig bestimmt werden muß. Für den Kausalzusammenhang zwischen Täuschung und Irrtum beim Betrug können daher keine anderen Maßstäbe gelten, als es sonst außerhalb des Betrugstatbestandes anerkanntermaßen der Fall ist. Es ist daher zu Recht gegen *Naucke* der Vorwurf erhoben worden, sein dogmatischer Ausgangspunkt verstoße gegen den Grundsatz der logischen Stabilität[65].

Darüber hinaus führt die Lehre *Nauckes* zu einer Vermengung der systematisch zu trennenden Fragen des bloßen Kausal- bzw. Ursachenzusammenhangs einerseits und strafrechtlicher Erfolgszurechnung andererseits. Kausalität und Zurechnung betreffen jedoch - wie heute weitgehend anerkannt ist - zwei logisch nachrangige Prüfungsschritte. Erst wenn das Bestehen einer Ursächlichkeit zwischen Täterverhalten und Erfolgseintritt bejaht wurde, stellt sich die daran anknüpfende Frage, ob dieser Kausalzusammenhang auch tatbestandlich relevant und die kausale Ursache damit im Sinne einer strafrechtlichen Haftung auch zurechenbar ist[66]. Dieser Einwand gilt um so mehr, wenn man bedenkt, daß *Naucke* als Maßstab dafür, wann eine Täuschung von hinreichender Intensität vorliegen soll, entgegen der sonst üblichen Adäquanzlehre, nicht auf die empirische Wahrscheinlichkeit des Erfolgseintritts abstellt[67], sondern vielmehr darauf, ob ein verständiger Durchschnittsbürger die Täuschung durchschaut hätte, was im Ergebnis einer normativen Bestimmung der Kausalität gleichkommt[68]. An der Kausalität von Täuschung und Irrtum kann bei den in Rede stehenden Fallkonstellationen aber gar kein Zweifel bestehen, da das Opfer der Lüge des Täters ja gerade Glauben schenkt und der Irrtum somit durch das Täterverhalten realkausal verursacht wurde. Demgemäß könnte allenfalls - entsprechend der Auffassung *Kurths* - in Frage gestellt werden, ob bei einer besonders plumpen

---

65 *Ellmer*, a.a.O., S. 157 f.

66 Vgl. statt vieler nur *Roxin*, AT, Bd. I, § 11, Rdn. 33; *Kühl*, AT, § 4, Rdn. 36.

67 Vgl. hierzu nur *Maurach/Zipf*, AT 1, § 18 II, Rdn. 30 ff.

68 Daß es sich hierbei um eine wertende Bertrachtungsweise handelt, wird von *Naucke* auch offen eingestanden (vgl. a.a.O., S. 118). Bereits *Ellmer* (a.a.O., S. 157) hat darauf hingewiesen, daß dieses normative Kriterium *Nauckes* zur Bestimmung des Adäquanzurteils nicht dem üblichen Verständnis der Adäquanztheorie entspricht. Stellt man dagegen gemäß dem gängigen Verständnis der Adäquanztheorie allein darauf ab, ob eine vom Täter gesetzte Ursache allgemein erfahrungsgemäß geeignet ist, einen bestimmten tatbestandsmäßigen Erfolg herbeizuführen, so wird nicht nur die Prüfung von Ursachenzusammenhang und Zurechnung gleichgesetzt, sondern die Frage der strafrechtlichen Verantwortlichkeit für den eingetretenen Erfolg - statt primär auf die normative Relevanz einer Ursache abzustellen - von der empirischen Wahrscheinlichkeit des Erfolgseintritts abhängig gemacht (vgl. zur Kritik an der Adäquanztheorie nur *Roxin*, a.a.O.)

Täuschung die Irrtumsverursachung dem Täterverhalten neben seiner kausalen Verursachung auch objektiv zurechenbar ist.

Jedenfalls aber kann die Frage der Zurechnung nicht mittels einer *ad-hoc*-Wertung, worauf "man" hätte kommen müssen, gelöst werden[69]. Abgesehen davon, daß *Naucke* keine allgemeingültigen Kriterien dafür liefern kann, auf welche Art von Täuschung "man" noch hereinfallen *darf* bzw. welche Täuschungsintensität ein idealisierter Durchschnittsbürger zu durchschauen in der Lage ist, handelt es sich hierbei um einen objektiven Maßstab, mittels dessen die individuellen Besonderheiten der Täter-Opfer-Beziehung naturgemäß nicht berücksichtigt werden können. Der Täter wird die Intensität seiner Täuschung nämlich häufig gerade davon abhängig machen, welches Maß an intellektueller Schwäche oder Leichtgläubigkeit ihm auf der Opferseite begegnet[70], was zu dem nicht nur kriminalpolitisch äußerst befremdlich wirkenden Ergebnis führen würde, daß die Täuschung eines »dummen« bzw. intellektuell schwachen Menschen in Bereicherungsabsicht regelmäßig straflos, das Täuschen einer intelligenten Person dagegen regelmäßig als zumindest versuchter Betrug strafbar wäre[71] [72].

Der Standpunkt *Nauckes* hat sich damit als unhaltbar erwiesen.

Bleibt zu prüfen, ob es möglich ist, im Falle einer besonders plumpen bzw. leicht zu durchschauenden Täuschung die objektive Zurechnung zwischen Täterverhalten und Irrtum zu verneinen, wie es *Kurth* vorgeschlagen hat.

Nach der Lehre von der objektiven Zurechnung wird dem Täter ein von ihm realkausal verursachter Erfolg nur zugerechnet, sofern das erfolgsverursachende Täterverhalten zugleich auch eine rechtlich mißbilligte Gefahr für den Erfolgseintritt geschaffen und diese Gefahr sich sowohl im eingetretenen Erfolg realisiert hat, als auch vom Schutzzweck der verletzten Strafnorm erfaßt wird[73].

---

69 So auch *Kindhäuser*, a.a.O., S. 405.

70 Vgl. *Kindhäuser*, a.a.O., S. 405.

71 Das Vorliegen der weiteren Tatbestandsvoraussetzungen unterstellt.

72 Ferner hätte das Abstellen auf einen objektiven Maßstab zur Bestimmung der Grenze strafbaren Täuschungsverhaltens zur Folge, daß die Information über Betrugstechniken seitens der Massenmedien zwangsläufig dazu führen müßte, daß ein idealisierter Durchschnittsbürger auf entsprechende Täuschungspraktiken nicht mehr hereinfallen *dürfte* und somit demjenigen der Strafrechtsschutz entzogen würde, der es - anders als die breite Masse der Bevölkerung - unterläßt, sich über bestimmte Fernseh- oder Radiosendungen zu informieren (vgl. *Samson/Günther*, a.a.O., Rdn. 62). Aus dem verfassungsrechtlich über Art. 5 I GG geschützten Recht, sich ungehindert aus allgemein zugänglichen Quellen zu informieren, würde damit also die Pflicht zur Entgegennahme von Informationen konstituiert.

73 Vgl. nur *Roxin*, AT, § 11, Rdn. 41; *Wessels/Beulke*, AT, Rdn. 180 f.

Die genannten Voraussetzungen sind im Falle einer leicht durchschaubaren Täuschung jedoch gleichermaßen erfüllt wie bei einer schwer zu durchschauenden, da auch die plumpe Täuschung die Gefahr in sich trägt, das Opfer in einen Irrtum zu versetzen und zu einer selbst-schädigenden Vermögensverfügung zu veranlassen[74].

Diese rechtlich mißbilligte Gefahr liegt auch bei einer plumpen Täuschung nicht außerhalb des Schutzbereichs der Norm, da der Normzweck des Betrugstatbestandes gerade darin besteht, das Rechtsgut Vermögen vor irrtumsbedingten Selbstschädigungen zu schützen. Die normtypische Gefahr des Betrugstatbestandes, aufgrund einer Täuschung eine irrtumsbedingte Selbstschädigung vorzunehmen, ist nicht von der Intensität der eingesetzten Täuschung abhängig. Sie ist vielmehr immer dann gegeben, wenn in der konkreten Situation das Opfer den Ausführungen des Täters Glauben schenkt. Zwar wird im Zusammenhang mit der Lehre von der objektiven Zurechnung diskutiert, ob und unter welchen Voraussetzungen ein Fehlverhalten des Opfers die Zurechnung des tat-bestandsmäßigen Erfolges zum Täterverhalten entfallen läßt, Voraussetzung für einen solchen Zurechnungsausschluß ist jedoch stets, daß der Sich-Selbst-Schädigende frei und vollverantwortlich handelt[75].

Daß vor diesem Hintergrund der Aspekt eines möglichen Opfermitverschuldens im Rahmen der Erfolgszurechnung keine Rolle spielen kann, wird deutlich, wenn man sich die Normstruktur des Betrugstatbestandes vor Augen hält.

Wie bereits an anderer Stelle ausgeführt wurde, besteht die inhaltliche Funktion des Irrtumsmerkmals darin, die Werkzeugeigenschaft des Opfers zu umschreiben[76]. Der Betrug als vertypter Fall der mittelbaren Täterschaft zeichnet sich mithin dadurch aus, daß auf seiten des Opfers stets ein Defektzustand besteht, der bedingt, daß dem Opfer der soziale Sinngehalt seines Tuns verborgen bleibt. Gemessen an den Grundsätzen der Lehre von der objektiven Zurechnung ist daher für einen Zurechnungsausschluß kraft eines Opferfehlverhaltens im Bereich der Erfolgszurechnung kein Raum, da es aufgrund des regelmäßig vorliegenden Defektzustandes des Irrenden schon an der für einen Zurechnungsausschluß erforderlichen Grundvoraussetzung eines freiverantwortlich handelnden Opfers fehlt. Darüber hinaus spricht gegen einen Ausschluß der Erfolgszurechnung, daß im Falle einer Täuschung von geringer Intensität zwar Fahrlässigkeit auf seiten des Opfers gegeben sein mag, der täuschende Täter jedoch

---

74 Dies wird von *Kurth*, a.a.O. auch nicht in Abrede gestellt. Ebenso *Ellmer*, a.a.O., S. unter Verweis auf §§ 123 u. 826 BGB. Vgl. auch *Krack*, a.a.O., S. 67.

75 Vgl. nur *Rudolphi*, SK, Vor. § 1, Rdn. 79, *Roxin*, AT, § 11, Rdn. 86 ff.; *Jescheck*, AT, § 28 IV, 4.

76 Siehe oben im ersten Teil unter B. I. 4. b) bb.

vorsätzlich handelt, weshalb es auch bei Vorliegen eines Opfermitverschuldens grundsätzlich bei einem normativen Stufenverhältnis zwischen Täter- und Opferverhalten verbliebe[77].

Damit steht zugleich fest, daß ein mögliches Opfermitverschulden bei leicht durchschaubaren bzw. besonders plumpen Täuschungen im Bereich des Erfolgsunrechts keine Berücksichtigung finden kann.

2. Im Bereich des Handlungsunrechts

Neben dem vorstehend erörterten Ansatz, das Problem der besonders plumpen bzw. leicht zu durchschauenden Täuschung im Bereich des Erfolgsunrechts zu berücksichtigen, wird in jüngerer Zeit im Schrifttum auch dafür plädiert, bestimmte Konstellationen leicht erkennbarer Täuschungen über das Handlungsunrecht aus dem Täuschungsbegriff auszuscheiden.

a) Erfordernis des berechtigten Vertrauens (*Ellmer*)

Auch nach *Ellmer* erfüllt nicht jede ausdrückliche Lüge, die zu einem entsprechenden Tatsachenirrtum beim Getäuschten führt, die Voraussetzungen einer (ausdrücklichen) Täuschung i.S.d. Betrugstatbestandes[78]. Erforderlich sei vielmehr, daß zu dem täterbezogenen Element der Lüge beim Getäuschten ein opferbezogenes Element in Form des schutzwürdigen Vertrauens hinzutrete. Erst die Verbindung dieser beiden komplementären Elemente bilde das Handlungsunrecht des Betruges. Eine Lüge werde demnach nur dann zur Täuschung i.S.d. § 263 I, wenn einerseits das Opfer auf die Wahrheit der Aussage des Täters vertraue und andererseits dieses Vertrauen auch schutzwürdig sei[79]. Dogmatisch leitet *Ellmer* seine Auffassung zum Verhaltensunwert der Täuschungshandlung aus einem Vergleich der Normstruktur von Untreue und Betrug her[80]. Der Mißbrauch berechtigten Vertrauens stelle danach das die Untreue und den Betrug verbindende Element dar, welches die Vereinigung dieser beiden Tatbestände im 22. Abschnitt des StGB rechtfertige. Während der Betrüger mit seiner Täuschungshandlung regelmäßig erst eine Vertrauenssituation schaffe, nutze der Täter im Falle der Untreue eine ihm bereits eingeräumte Vertrauensstellung aus. Da im Falle des Betruges - ebenso wie bei der Untreue - allein das fremde Vermögen ge-schütztes Rechtsgut sei, komme dem Vertrauenselement zwar im

---

77 Vgl. *Ellmer*, a.a.O., S. 162 f.

78 *Ellmer*, a.a.O., S. 271 ff. und passim.

79 *Ellmer*, a.a.O., S. 273.

80 *Ellmer*, a.a.O., S. 271.

Rahmen des Erfolgsunrechts keinerlei Relevanz zu, seine Funktion bestehe aber gerade darin, das Handlungsunrecht des Betrugstatbestandes zu kennzeichnen und damit eine exaktere normative Erfassung der Täuschungshandlung zu ermöglichen[81]. Das Vertrauen des Opfers sei jedoch nicht *per se* schützenswert, sondern nur, soweit es sich als berechtigt erweise. Berechtigtes Vertrauen, im Gegensatz zu "blindem", sei dabei möglich in Gestalt des begründeten sowie des notwendigen Vertauens. Begründetes Vertrauen setze als solches das Bestehen eines legitimierenden Grundes voraus. Ein solcher könne einmal darin liegen, daß der Vertrauende die Redlichkeit des anderen zuvor einer entsprechenden Kontrolle unterzogen habe oder aber das Vertrauen auf einem besonderen Vertrauensverhältnis basiere[82].

Notwendiges Vertrauen wiederum sei dadurch gekennzeichnet, daß es dem einzelnen nicht zugemutet werden könne, die Redlichkeit des anderen zu überprüfen, etwa weil dieser eine überlegene Fachkompetenz besitze oder aber weil eine Kontrolle mit erheblichem Zeit- und Arbeitsaufwand verbunden wäre[83]. Unberechtigtes bzw. "blindes" Vertrauen liege demgegenüber vor, sofern kein Grund zu vertrauen vorgelegen habe, etwa weil aufgrund der konkreten Umstände erkennbar Anlaß zum Mißtrauen bestanden habe. Dem berechtigten Vertrauen korreliere somit die Pflicht des Vertrauenden zur Aufmerksamkeit bzw. zum Mißtrauen. Demgemäß könne ein berechtigtes Vertrauen nur vorliegen, sofern der Vertrauende seine Obliegenheit zur Aufmerksamkeit und Kontrolle nicht verletzt habe[84].

Eine solche Obliegenheitsverletzung soll nach *Ellmer* einmal dann in Betracht kommen, wenn der Getäuschte nach seinen individuellen Kenntnissen und Fähigkeiten in der Lage gewesen wäre, die Täuschung des Täters zu durchschauen, d.h. zu erkennen, daß der Täter lügt. Ferner soll eine Obliegenheitsverletzung des Getäuschten möglich sein, wenn dem Opfer zwar keine Überprüfungsmöglichkeiten hinsichtlich des Wahrheitsgehaltes der Täterbehauptung zur Verfügung standen, das Opfer aber dem Täter nicht hätte vertrauen dürfen, weil ihm die Gefahr einer Täuschung hätte bewußt sein müssen, wie etwa dann, wenn bei Abgabe eines Werturteils eine innere Tatsache mitbehauptet werde und der Täter sich zudem widersprüchlich verhalte oder eine schroff gegensätzliche Interessenlage bestehe[85].

---

81 *Ellmer*, a.a.O., S. 271 f.

82 Letzteres sei etwa der Fall, wenn es sich um "gewachsenes Vertrauen" im Rahmen einer längeren Bekanntschaft handele oder die Person, der Vertrauen entgegengebracht werde, ein besonderes Vertrauen kraft Amtes genieße (Vgl. *Ellmer*, a.a.O., S. 276).

83 *Ellmer*, a.a.O.

84 *Ellmer*, a.a.O., S. 278 f.

85 *Ellmer*, a.a.O., S. 282.

Hinsichtlich der Frage, ab wann bei einem Verstoß des Irrenden gegen seine Pflicht zur Aufmerksamkeit und Kontrolle, das Handlungsunrecht des Täuschenden berührt sein soll, stellt *Ellmer* darauf ab, ob die Nachlässigkeit des Getäuschten den Grad der »groben Fahrlässigkeit«, bzw. nach strafrechtlicher Terminologie, den der Leichtfertigkeit, erreicht. In diesen Fällen schrumpfe das im kognitiven Bereich bestehende Machtgefälle zwischen Täter und Opfer nämlich gleichsam auf Null, falls das Opfer von zumutbaren und zur Verfügung stehenden Schutzmöglichkeiten keinen Gebrauch mache [86].

b) Beschränkung des Handlungsunwertes auf die Verletzung einer dem Opfer gegenüber bestehenden Wahrheitspflicht (*Kindhäuser*)

Einen ähnlichen Stanpunkt wie *Ellmer* vertritt auch *Kindhäuser*[87]. Auch nach seiner Auffassung erfüllt eine falsche Tatsachenbehauptung, die zu einem entsprechenden Irrtum des Getäuschten führt, nicht *per se* die Voraussetzungen einer Täuschungshandlung, sondern nur, sofern zugleich mit der falschen Tatsachenbehauptung ein dem Opfer zustehender Wahrheitsanspruch verletzt wird.

Dogmatischer Ansatzpunkt der Überlegungen *Kindhäusers* ist dabei die Interpretation des Betruges als vermögensschädigendes Freiheitsdelikt. Ebenso wie die Erpressung allgemein als eine gegen die Freiheit der wirtschaftlichen Disposition gerichtete vermögensschädigende Nötigung interpretiert werde, müsse auch der Betrug als ein das Vermögen und die Dispositionsfreiheit schützender Tatbestand begriffen werden. Eine Täuschung könne daher nur dann betrugsrelevant sein, wenn sie freiheitsbeeinträchtigenden Charakter aufweise, d.h. unerlaubt den Handlungsspielraum des Täters zu Lasten des Opfers ausweite[88]. Nur so könne die erforderliche, mit den Kriterien der gängigen Betrugsdogmatik aber nicht durchführbare Unterscheidung zwischen betrugsrelevanten und irrelevanten Verkaufstricks des Alltags getroffen werden. Zur Verdeutlichung führt *Kindhäuser* beispielhaft an, ein Händler wolle einen alten Ladenhüter zu einem bestimmten Preis verkaufen und erklärt hierbei einem Kaufinteressenten - um diesen von einem weiteren Abhandeln des Preises abzubringen - wahrheitswidrig, er habe von einem anderen Kaufinteressenten bereits ein Angebot erhalten, das er nicht zu unterschreiten bereit sei, woraufhin dieser dann den Artikel zu einem Preis erwirbt, den er noch ohne weiteres hätte herunterhandeln können. Bei Zugrundelegung der gängigen Doktrin wäre in dem geschilderten Fall ein strafbarer Betrug gegeben, was aber nicht überzeugen könne, da es ersichtlich an einem Eingriff in

---

86 *Ellmer*, a.a.O., S. 284 f.

87 *Kindhäuser*, Täuschung und Wahrheitsanspruch beim Betrug, ZStW 103, S. 398 ff.

88 *Kindhäuser*, a.a.O., S. 398 f.

die rechtlich geschützte Freiheitssphäre des Erwerbers fehle. Eine Täuschungshandlung weise demgemäß nur dann Betrugsrelevanz auf, sofern ihr zugleich auch ein spezifisches Moment der Freiheitsbeeinträchtigung innewohne[89]. Würde man dagegen, entsprechend der gängigen Lehre, jedwede falsche Tatsachenbehauptung als betrugsrelevant gelten lassen, so liefe dies im Ergebnis darauf hinaus, den Lügenden allein seiner Lüge wegen strafrechtlich haftbar zu machen und damit den strafrechtlich garantierten Freiheitsbereich des Belogenen in nicht legitimierbarer Weise zu erweitern. Soziale Kontakte seien nämlich nicht generell auf Wahrheit angelegt und derjenige, der eine Erklärung abgebe, wolle nicht stets auch für deren Wahrheitsgehalt einstehen. Dies gelte selbst dann, wenn ihm die Fehlerhaftigkeit der Äußerung einen Vermögensvorteil verschaffe, da im allgemeinen ein nur sittlich mißbilligenswertes Verhalten eben gerade nicht ausreichend sei, um eine Haftung im strafrechtlichen Sinne zu begründen[90]. Andererseits sei aber auch denkbar, daß durch eine vorsätzlich und in Bereicherungsabsicht abgegebene unwahre Tatsachenbehauptung zwar eine dem Täter obliegende Wahrheitspflicht verletzt werde, diese Wahrheitspflicht aber nicht dem Opfer gegenüber bestehe. So etwa, wenn in einem Strafverfahren ein Zeuge bewußt falsche Angaben mache, wohl wissend und wollend, daß anwesende Zuhörer daraufhin entsprechende Vermögensverfügungen treffen werden. Selbst bei Vorliegen aller weiteren Tatbestandsvoraussetzungen könne hier keine betrugsrelevante Täuschung vorliegen, da der Zeuge allein dem Gericht gegenüber zur Wahrheit verpflichtet sei[91].

c) Stellungnahme

Betrachtet man die Auffassungen *Ellmers* und *Kindhäusers*, so ergeben sich trotz der verschiedenen dogmatischen Ausgangspunkte weitgehende Übereinstimmungen. Beiden Ansichten ist gemein, daß sie die extreme Leichtgläubigkeit des Opfers - anders als *Nauke* und *Kurth* - nicht dem Bereich des Erfolgsunrechts zuordnen, sondern als ein Problem des Handlungsunrechts begreifen. Dabei stimmen *Ellmer* und *Kindhäuser* darin überein, daß sie - abweichend von der herrschenden Meinung - den Handlungsunwert einer (ausdrücklichen) Täuschung nicht mit der Abgabe einer lügenhaften Tatsachenbehauptung gleichsetzen, sondern darauf abstellen, daß es eines weiteren unrechtsbegründenden Elementes bedürfe, um das Handlungsunrecht des Betruges als erfüllt ansehen zu können. Während *Ellmer* hierzu die Opferperspektive heranzieht und jenes unrechtsbegründende Element in dem stets gesondert zu prüfenden Recht des Getäuschten

---

89 *Kindhäuser*, a.a.O., S. 400.
90 *Kindhäuser*, a.a.O., S. 402 f.
91 *Kindhäuser*, a.a.O., S. 406.

sieht, auf die Wahrhaftigkeit der Tatsachenbehauptung vertrauen zu dürfen, stellt *Kindhäuser* auf die Täterperspektive ab und fragt danach, ob der Täter mit seiner Lüge gegen eine dem Opfer gegen-über bestehende Pflicht verstößt, die Wahrheit sagen zu müssen.

Daß es sich hierbei um inhaltlich korrelierende Voraussetzungen handelt, wird deutlich, wenn man sich die tatsächlichen Auswirkungen beider Ansichten vor Augen hält. So stellt *Kindhäuser* ausdrücklich klar, daß de facto durch die weitaus meisten Lügen beim Betrug auch ein Recht auf Wahrheit verletzt werde und jenen Lügen, bei denen keine Verletzung eines Wahrheitsanspruches des Opfers zu verzeichnen sei, in den meisten Fällen im Ergebnis ohnehin keine Betrugsrelevanz zukäme, die Restiktion auf Wahrheitspflichtver-letzungen also im Normalfall gar nicht zu spüren sei[92]. Dem dürfte es in seinen praktischen Auswirkungen weitgehend entsprechen, wenn *Ellmer* zur Bestimmung dessen, ab wann ein unberechtigtes Vertrauen auf Opferseite vorliegen soll, auf den strafrechtlichen Begriff der »Leichtfertigkeit« rekurriert bzw. die aus dem Zivilrecht bekannte Figur der Obliegenheitsverletzung heranzieht. Schon im Zivilrecht ist anerkannt, daß - da die Rechtsordnung eine Selbstverletzung oder Selbstgefährdung grundsätzlich nicht verbieten kann - für ein anspruchsausschließendes Verschulden gegen sich selbst im Sinne einer Obliegenheitsverletzung nur ein solches Verhalten in Betracht kommen könne, das eine besonders leichtsinnige, unverantwortliche Selbstgefährdung darstellt bzw. als grober Verstoß gegen das von einem verständigen Menschen im eigenen Interesse zu erwartende Verhalten anzusehen ist[93]. Auch unter Leichtfertigkeit im strafrechtlichen Sinne wird - trotz aller Divergenzen im einzelnen - ein Sorgfaltspflichtenverstoß verstanden, der sich objektiv als qualitativ schwere Nachlässigkeit darstellt, deren schädliche Auswirkungen durch naheliegende, einfache Überlegungen von jedermann hätten vermieden werden können, weil sie leicht vorhersehbar waren[94]. Dabei ist zugleich anerkannt, daß sich der Maßstab bezüglich des Grades der rechtlich zu mißbilligenden Gefahr an dem Wert des gefährdeten Rechtsgutes auszurichten hat[95]. Da es sich beim Vermögen aber - im Verhältnis zu anderen Rechtsgütern, wie etwa der körperlichen Unversehrtheit oder gar dem Leben - nicht um ein derart hochrangiges Rechtsgut handelt und es bei dem in Rede stehenden Verhalten nicht um eine Fremdschädigung sondern um eine Selbstschädigung geht, wird man entsprechend hohe Anforderungen an das Opferverhalten stellen müssen, damit Leichtgläubigkeit als »Leichtfertigkeit« bewertet werden kann.

---

92 *Kindhäuser*, a.a.O.

93 *Müko/Grunsky*, § 254, Rdn. 2; *Palandt*, § 616, Rdn. 10. Im Ergebnis führt dies dazu, daß der Maßstab für das Vorliegen einer anspruchsausschließenden Obliegenheitsverletzung ein engerer ist als der der groben Fahrlässigkeit im Zivilrecht.

94 Vgl. nur *Kühl*, AT, § 17, Rdn. 44, m.w.N.

95 Vgl. *Roxin*, AT, 2. Aufl., § 24, Rdn. 82 f.

Demgemäß wird man das Vorliegen eines unberechtigten Vertrauens in eine wahrheitswidrige Tatsachenbehauptung nur in extremen Ausnahmesituationen annehmen können, so daß sich im Ergebnis eine weitgehende Angleichung zwischen *Ellmer* und *Kindhäuser* abzeichnet.

Der Standpunkt *Ellmers* und *Kindhäusers* ist bei *Krack* auf Kritik gestoßen[96].

Zwar geht auch *Krack* davon aus, daß die typische Unrechtskonstellation des Betruges darin zu erblicken sei, daß der Täter durch den Mißbrauch berechtigten Vertrauens auf seiten des Opfers eine irrtumsbedingte Selbstschädigung bewirke. Hierbei handele es sich aber eben bloß um ein typischerweise beim Betrug auftretendes Phänomen, das der Gesetzgeber in § 263 I keineswegs zu einer notwendigen Strafbarkeitsvoraussetzung erhoben habe. Ebenso wie es denkbar sei, daß bestimmte Sachverhalte nicht von einer Strafnorm erfaßt würden, die - gemessen an der materialen Situation - eigentlich erfaßt werden sollten, seien andererseits Fallkonstellationen denkbar, deren Normierung zwar eigentlich nicht der gesetzgeberischen Intention entspreche, die aber dennoch tatbestandlich erfaßt würden. Gleichermaßen verhalte es sich mit dem berechtigten Vertrauen im Rahmen des § 263 I. Wenn also ein Opfer unberechtigterweise auf eine nicht wahrheitsgemäße Tatsachenbehauptung vertraut habe, liege zwar kein Normalfall i.S.d. gesetzgeberischen Intention vor, dessen ungeachtet sei das Täterverhalten jedoch ebenso als strafbarer Betrug erfaßt wie im Falle eines berechtigten Vertrauens, da sich *de lege lata* eine Beschränkung auf berechtigtes Vertrauen dem Tatbestand des § 263 I nicht entnehmen lasse. Das dem Betrug zugrunde liegende Strafbedürfnis - der strafrechtliche Vermögensschutz vor täuschungsbedingter Selbstschädigung - bestehe unabhängig von der Art der eingesetzten Täuschung, da der Täter gleichermaßen eine unfreie Selbstschädigung des Opfers herbeiführe[97]. Eine leicht erkennbare Lüge berge nämlich, ebenso wie eine schwer zu durchschauende, die Gefahr in sich, beim Getäuschten eine Fehlvorstellung zu verursachen, so daß sich in beiden Fällen die Fehlvorstellung des Opfers als Folge einer vom Täter gesetzten, rechtlich mißbilligten Gefahr darstelle[98].

Diese Ausführungen vermögen den Standpunkt *Ellmers* und *Kindhäusers* jedoch nicht zu widerlegen. Wie bereits dargelegt wurde, erschöpft sich der Verhaltensunwert nach *Ellmer* und *Kindhäuser* nicht in einer wahrheitswidrigen Tatsachenbehauptung, sondern ergibt sich erst aus der Kumulation von wahrheitswidriger Tatsachenbehauptung und einem weiteren unrechtsbegründenden Element, dem berechtigten Vertrauen bzw. dem Verstoß gegen eine dem Opfer gegenüber

---

96 *Krack*, a.a.O., S. 69 ff. und passim.
97 *Krack*, a.a.O., S. 69.
98 *Krack*, a.a.O., S 67.

bestehende Wahrheitspflicht. Würde es also an diesem weiteren unrechtsbegründenden Element fehlen, so entfiele demnach zugleich der Verhaltensunwert der Täuschungshandlung und somit ein Teil des materialen Strafgrundes. Es wäre aber zweifellos ein krasser Verstoß gegen das rechtsstaatliche Prinzip der Gerechtigkeit unter dem Aspekt des Gleichheitssatzes, würde man ein Verhalten, welches den Anforderungen des materialen Strafgrundes nur teilweise entspricht, derselben Strafandrohung unterwerfen, wie es bei einem Verhalten der Fall ist, das die materialen Strafgründe der Norm vollen Umfangs erfüllt[99].

Der von *Krack* erhobene Einwand, das dem Betrug zugrunde liegende Strafbedürfnis sei im Fall der Irrtumserregung mittels unwahrer Tatsachenbehauptung stets erfüllt, erweist sich somit als Zirkelschluß, da gerade offen bleibt, ob der Verhaltensunwert der Täuschungs-handlung sich in der Abgabe einer lügenhaften Tatsachenbehauptung erschöpft oder nicht.

Ähnlich verhält es sich mit der Behauptung, eine Lüge beeinhalte stets die Gefahr, beim Adressaten eine Fehlvorstellung zu verursachen, so daß der durch die Lüge verursachte Irrtum auch stets zur Betrugsstrafbarkeit des Lügenden führen müsse.

Haftung im strafrechtlichen Sinne setzt neben der Erfolgsherbeiführung anerkanntermaßen die Pflichtwidrigkeit des Verhaltens voraus, an dem die strafrechtliche Zurechnung anknüpft[100]. Wenn nun aber die Pflichtwidrigkeit der Lüge damit begründet werden soll, daß sie beim Getäuschten einen Irrtum und sich daran anschließend eine selbstschädigende Vermögensverfügung bewirkt habe, so stellt dies eine unzulässige Vermischung von Handlungs- und Erfolgsunrecht dar. Die Pflichtwidrigkeit der Verursachung eines Ereignisses kann nicht damit begründet werden, daß dieses Ereignis eingetreten ist, sondern nur mit einem außerhalb dieses Ereignisses liegenden Umstandes. Wenn man also zur Begründung der Pflichtwidrigkeit der Lüge darauf abstellt, die Lüge habe ja schließlich zu einem Irrtum des Opfers geführt, so könnte man auf das Erfordernis der Lüge auch ebensogut verzichten und jegliches Verhalten, das eine Fehlvorstellung auf seiten des Getäuschten bewirkt, ausreichen lassen, wodurch der Betrug von einem verhaltensgebundenen Erfolgsdelikt zu einem reinen Erfolgsdelikt gemacht würde. Das Erfordernis einer unwahren Tatsachenbehauptung hätte vor diesem Hintergrund nur noch dann eine Berechtigung, wenn es ein umfassendes Recht auf Wahrheit gäbe und dieses umfassende Recht auf Wahrheit zudem noch über

---

99 Vgl. hierzu auch oben im 1. Teil unter B. III.

100 Vgl. statt vieler nur *Wessels/Beulke*, AT, Rdn. 176 ff.

§ 263 I als Rechtsgut geschützt wäre. Beides ist aber anerkanntermaßen nicht der Fall[101].

Es zeigt sich also, daß die Pflichtwidrigkeit einer unwahren Tatsachenbehauptung nicht damit begründet werden kann, daß sie das Opfer in einen Irrtum versetzt hat, sondern daß es hierfür eines außerhalb der Irrtumsbewirkung liegenden Grundes bedarf.

Dem könnte nun entgegengehalten werden, daß jede Erklärung für sich in Anspruch nehme, der Wahrheit zu entsprechen und möglicherweise darin der Grund liegen könnte, in jeder Lüge stets auch eine Pflichtwidrigkeit zu sehen[102]. *Kindhäuser* hat aber zu Recht darauf hingewiesen, daß soziale Kontakte nicht generell auf Wahrheit angelegt sind und derjenige, der etwas erklärt, nicht auch *per se* rechtsverbindlich für die Wahrheit seiner Erklärung einstehen will[103]. Wer also beispielsweise im Rahmen einer Verkaufsverhandlung, um den Kaufpreis zu drücken, seinem Gegenüber erklärt, er könne den geforderten Kaufpreis partout nicht aufbringen, obwohl er in Wirklichkeit über ausreichende finanzielle Mittel verfügt, wird sich wohl kaum an der Rechtsverbindlichkeit dieser Aussage festhalten lassen wollen. Auch ist kein Grund ersichtlich, warum das Vertrauen des Verkäufers auf die Richtigkeit einer solchen Aussage schützenswert sein sollte. Diese rechtstatsächliche Erkenntnis besteht unabhängig davon, wie man den Verhaltensunwert der Täuschungshandlung dogmatisch erfaßt wissen will. Man wird daher ohne weiteres unterstellen können, daß die herrschende Auffassung - wenngleich dies auch nicht offen eingestanden wird - ebenso davon ausgeht, daß derartige "Verkaufstricks des Alltags"[104] nicht in den Bereich strafbarer Betrugshandlungen fallen, obwohl bei ihnen - unter Zugrundelegung der gängigen Betrugsdogmatik - die Tatbestandsvoraussetzungen eines strafbaren Betruges ebenso erfüllt sind wie in dem oben geschilderten *Zeugenfall*. Zwar mag es sich bei den herangezogenen Fallkonstellationen um Grenzfälle handeln und im Regelfall mit der Abgabe einer wahrheitswidrigen Tatsachenerklärung im Rechtsverkehr für den Erklärungsempfänger auch eine verbindliche Vertrauensgrundlage geschaffen werden, dies darf jedoch nicht über die grundsätzliche Problematik hinwegtäuschen, daß es einer positiven Begründung dafür bedarf, warum die Abgabe einer wahrheitswidrigen Erklärung, auf die der Verfügende vertraut, zu einer strafrechtlichen Haftung i.S.d. Betrugstatbestandes führt.

---

101 Vgl. nur *Lackner*, LK, a.a.O., Rdn. 4.

102 Vgl. i.d.S. *Krack*, a.a.O., S. 73.

103 *Kindhäuser*, a.a.O., S. 402 f. Ebenso *Jakobs*, H. Kaufmann Gedächtnisschrift, S. 795 ff. (808 f.).

104 Vgl. ferner den unter C. I. 2.b) wiedergegebenen Beispielsfall *Kindhäusers*.

Somit steht fest, daß der Handlungsunwert einer ausdrücklichen Täuschung entgegen der herrschenden Ansicht nicht mit der Abgabe einer wahrheitswidrigen Tatsachenbehauptung gleichgesetzt werden kann, sondern daß ein weiteres Element hinzutreten muß, damit aus einer lügenhaften Tatsachenbehauptung eine betrugsrelevante Täuschungshandlung wird. Die Ansichten *Ellmers* und *Kindhäusers* haben sich insoweit als zutreffend erwiesen. Demgegenüber läuft der Standpunkt der herrschenden Meinung darauf hinaus, im Falle einer wahrheitswidrigen Tatsachenbehauptung den Erklärenden nur wegen seiner Lüge zu bestrafen und somit im Ergebnis den Schutz der Wahrheit zum Rechtsgut des Betrugstatbestandes zu erheben, da der Umstand, daß die Lüge beim Getäuschten einen Irrtum hervorgerufen hat, für sich genommen nicht zur Begründung der Pflichtwidrigkeit der Lüge herangezogen werden kann[105]. Im Hinblick auf die *Herzbergsche* These, wonach die Lüge für den Betrug konstitutiv sei, ist mithin festzuhalten, daß die Lüge jedenfalls nicht hinreichende Bedingung für das Vorliegen einer Täuschungshandlung sein kann, da im Bereich der ausdrücklichen Täuschung noch ein weiteres unrechtsbegründendes Element hinzutreten muß, damit die wahrheitswidrige Erklärung des Täters den Verhaltensunwert einer ausdrücklichen Täuschung erfüllt.

II. Vorliegen einer wahrheitswidrigen Erklärung als notwendige Voraussetzung einer aktiven Täuschung ?

Die vorangegangenen Ausführungen haben deutlich gemacht, daß sich der Verhaltensunwert einer ausdrücklichen Täuschung nicht darin erschöpft, daß der Täter mittels einer wahrheitswidrigen Tatsachenbehauptung beim Getäuschten einen Irrtum hervorruft, das Vorliegen einer wahrheitswidrigen Erklärung also nicht hinreichende Bedingung zur Erfassung des Verhaltensunwerts der Täuschungshandlung sein kann. Daran anschließend stellt sich die Frage, ob der Lüge für den Betrug möglicherweise insoweit konstitutive Bedeutung zukommt, als das Täuschungsverhalten i.S.d. § 263 I notwendig die Abgabe einer wahrheitswidrigen Erklärung durch den Täter voraussetzt, also gleichsam als konstitutives Minimum zur Erfassung des Verhaltensunwerts der Täuschungshandlung anzusehen ist. Für die Lehre vom Täterverhalten mit Erklärungswert ist damit zugleich die grundlegende Problematik angesprochen, inwieweit das Kriterium »Erklärungswert« überhaupt geeignet ist, den gesamten Bereich der aktiven Täuschung dogmatisch zu erfassen.
Dieser Fragestellung soll nun im folgenden nachgegangen werden.

---

105 Daß das bloße Verursachen einer Fehlvorstellung zwar notwendige aber eben nicht hinreichende Voraussetzung einer Täuschungshandlung ist, wurde bereits im ersten Teil dieser Arbeit unter B II. festgestellt.

1. Der Wertungswiderspruch zwischen den Tatbestandsalternativen Irrtumserregung und Irrtumsunterhaltung

Nach der Konzeption der Lehre vom Täterverhalten mit Erklärungswert setzt das Vorliegen einer Täuschungshandlung i.S.d. § 263 I neben dem Herbeiführen des tatbestandsmäßigen Zwischenerfolgs »Irrtum« voraus, daß der Täter den Irrtum durch ein Verhalten herbeigeführt hat, dem ein Erklärungswert zukommt, d.h. dem sich eine lügenhafte Tatsachenbehauptung entnehmen läßt[106]. Das spezifische Verhaltensunrecht der Täuschungshandlung wird mithin als ein Erklärungsverhalten des Täters definiert[107].

Nach Maßgabe der Lehre vom Täterverhalten mit Erklärungswert kann eine betrugsrelevante Täuschung demnach nur dort gegeben sein, wo sich das Täterverhalten als Erklärungsverhalten darstellt. Diese Grundsätze, sind von den Vertretern der Lehre vom Täterverhalten mit Erklärungswert ursprünglich zwar zur Erfassung des Verhaltensunwerts der Irrtumserregung entwickelt worden, der Verhaltensunwert einer Täuschungshandlung wird jedoch in aller Regel von den Anhängern dieser Lehre ganz allgemein mit einem Erklärungsverhalten gleichgesetzt[108]. Geht man ferner davon aus, daß es sich bei Irrtumserregung und Irrtumsunterhaltung um zwei prinzipiell gleichwertige Tatbestandsalternativen innerhalb des Betrugstatbestandes handelt[109], so müßten diese Grundsätze auch im Bereich der Irrtumsunterhaltung Anwendung finden.

Es wurde bereits dargelegt, daß sich die Tatbestandsalternativen der Irrtumserregung und Irrtumsunterhaltung darin unterscheiden, daß im ersten Fall der Täter eine zuvor nicht existierende Fehlvorstellung hervorruft, während er im zweiten Fall den Untergang einer bereits bestehenden Fehlvorstellung verhindert[110]. Der Unterschied betrifft somit das Verhältnis zum tatbestandsmäßigen Zwischenerfolg »Irrtum«. Während bei der Irrtumserregung das Täterverhalten für den Eintritt dieses Zwischenerfolgs kausal wird, greift der Täter bei der Irrtumsunterhaltung in einen zur Aufklärung des bereits bestehenden Irrtums führenden Kausalverlauf inhibierend ein und bewirkt auf diese Weise seinen Fortbestand[111].

---

106 Vgl. die oben im 1. Teil unter FN 163 genannten.

107 Wie vorstehend.

108 Besonders deutlich wird dies etwa bei: *Schönke/Schröder-Cramer*, a.a.O., Rdn. 12; *Blei*, BT, § 61 II 2.; *Wessels/Hillenkamp*, BT 2, Rdn. 498 ff.

109 Vgl. dazu bereits oben, im ersten Teil unter B. III.

110 A.a.O., Seite 28 ff.

111 Darüber hinaus wird von der überwiegenden Auffassung auch das bloße Bestärken einer bereits bestehenden Fehlvorstellung als Irrtumsunterhaltung angesehen (vgl. dazu oben, a.a.O.). Diese Kontroverse ist für die folgenden Ausführungen jedoch unerheblich.

Fraglich ist jedoch, ob sich der Unterschied beider Alternativen in der abweichenden Verknüpfung zum tatbestandsmäßigen Zwischenerfolg »Irrtum« erschöpft oder ob darüber hinaus auch bezüglich des Verhaltensunwerts eine unterschiedliche Beurteilung zwischen Irrtumserregung und Irrtumsunterhaltung möglich ist. Während nämlich bei den als Irrtumserregung erörterten Fallkonstellationen in aller Regel eine Interaktion bzw. Kommunikationsbeziehung zwischen Täuschendem und Irrendem vorliegt und es somit jedenfalls nicht von vornherein völlig ausgeschlossen erscheint, daß sich dem Täterverhalten ein bestimmter Erklärungsgehalt entnehmen läßt, werden im Bereich der Irrtumsunterhaltung Fallkonstellationen als Täuschung i.S.d. § 263 I angesehen, bei denen es an eben dieser Voraussetzung fehlt. So soll eine Täuschungshandlung in der Variante der Irrtumsunterhaltung etwa dann gegeben sein, wenn der Täter einen Brief, der das Opfer über seinen bereits bestehenden Irrtum aufgeklärt hätte, heimlich vernichtet oder einen Boten, der im Begriff ist, den Irrenden aufzuklären, ablenkt bzw. von seinem Vorhaben abbringt, sofern dadurch die Fehlvorstellung des Irrenden aufrechterhalten bleibt[112]. Zwar liegt in diesen Fällen eine gegen die Vorstellungsbildung des Irrenden gerichtete Handlung vor, die dem Täter nach den Regeln über Eingriffe in rettende Kausalverläufe zugerechnet wird[113], es handelt sich hierbei jedoch um Verhaltensweisen, die weder die Abgabe einer *expressis verbis* geäußerten wahrheitswidrigen Erklärung seitens des Täters, noch einen sonstwie gearteten Erklärungstatbestand betreffen.

Wenn beispielsweise der Täter nichts weiter tut, als einen aufklärenden Brief heimlich aus dem Briefkasten zu entfernen oder einem Boten, von dem er weiß, daß er im Begriff ist, den Irrenden aufzuklären, in einen Raum einsperrt und auf diese Weise die Aufklärung des Irrtums verhindert, kann dieses Verhalten, da es bereits an einer Kommunikationsbeziehung zwischen Täter und Irrendem fehlt, nicht als Abgabe einer Erklärung seitens des Täters aufgefaßt werden. Dennoch stellen derartige Verhaltensweisen nach allgemeiner Auffassung betrugsrelevante Täuschungshandlungen in Form der Irrtumsunterhaltung dar[114]. *Riggert*[115] hat diesbezüglich in einem ähnlichen Zusammenhang darauf hingewiesen, daß die Subsumtion jener Verhaltensweisen - wie etwa die Vernichtung eines aufklärenden Briefes - unter das Tatbestandsmerkmal der Irrtumsunterhaltung, nicht der von der herrschenden Meinung selbst verwendeten Begriffsbestimmung zur Täuschung durch positives Tun entspricht und ein Betrug in der aktiven

---

112 Vgl. *Schönke/Schröder-Cramer*, a.a.O., Rdn. 45; *Lackner*, LK, a.a.O., Rdn. 92; *Samson/Günther*, SK, a.a.O., Rdn. 64; *Klawitter*, a.a.O., S. 89; im Ergebnis wohl auch *Blei*, BT, § 61 III 2. (mit Verweis auf *Cramer*, a.a.O.).

113 *Lackner*, a.a.O., Rdn. 18.

114 Vgl. nur die unter FN 111 genannten.

115 MDR 1990, S. 203 f.

Begehungsform daher vom Standpunkt der herrschenden Meinung aus stets ausgeschlossen sein müßte, soweit es an einer intellektuellen Interaktion zwischen Täuschendem und zu Täuschendem fehlt.

a) Der Betrug in der Variante der Irrtumsunterhaltung als reines Erfolgsdelikt ?

Damit ist bereits angedeutet, welche Konsequenzen sich für die Lehre vom Täterverhalten mit Erklärungswert aus der dargelegten Haltung zur Tatbestandsalternative der Irrtumsunterhaltung ergeben: Wenn einerseits der spezifische Verhaltensunwert einer Täuschungs-handlung mit einem Erklärungsverhalten des Täters gleichgesetzt wird, andererseits jedoch im Falle der Irrtumsunterhaltung Verhaltensweisen erfaßt sein sollen, bei denen es an einem Erklärungsverhalten fehlt, so bedeutet dies nichts anderes, als daß bei der Tatbestands-alternative der Irrtumsunterhaltung auf das Vorliegen eines spezifischen Verhaltensunwertes verzichtet und der Betrug in dieser Begehungsform einem reinen Erfolgsdelikt gleichgesetzt wird.

Zu dieser Erkenntnis hat sich unter den Autoren, die den Verhaltensunwert der Täuschungshandlung in einem Erklärungsverhalten des Täters sehen, bislang nur *Klawitter* offen bekannt[116]. Er bezeichnet es sogar als *allgemeine Ansicht,* daß für eine Täuschung in der Tatmodalität der Irrtumsunterhaltung keine spezifischen Verhaltensanforderungen zu fordern seien und der Betrug insoweit ein reines Erfolgsdelikt darstelle[117].
Auch wenn sich die übrigen Vertreter der Lehre vom Täterverhalten mit Erklärungswert hierzu nicht so offenherzig bekennen wie *Klawitter,* so gibt es dennoch Anhaltspunkte dafür, daß sich seine Einschätzung offenbar auf eine breite Anhängerschaft unter den Vertretern dieser Lehre zurückführen läßt. Besonders deutlich wird dies anhand der Abgrenzungsproblematik des straflosen Ausnutzens eines bestehenden Irrtums vom strafbaren Unterlassen in der Variante der »Irrtumsunterhaltung«. Die Anhänger der Lehre vom Täterverhalten mit Erklärungswert[118] gehen nämlich mit der ganz herrschenden Meinung[119] davon aus, daß ein Betrug durch Unterlassen auch dadurch verwirklicht werden kann, daß der Täter es garantenwidrig unterläßt, einen bestehenden Irrtum aufzuklären und daß es dabei

---

116 *Klawitter*, a.a.O., S. 89.

117 *Klawitter*, a.a.O.

118 Vgl. nur *Schönke/Schröder-Cramer*, a.a.O., Rdn. 46; *Wessels/Hillenkamp*, BT 2, Rdn. 512; *Maurach/Schroeder-Maiwald*,a.a.O., Rdn. 67; *Blei*,a.a.O., § 61 III 2.

119 Vgl. neben den vorstehend genannten: *Samson/Günther*, a.a.O., Rdn. 39, 65; *Lackner*, LK, a.a.O., Rdn 92 f.

für die Abgrenzung von straflosem Ausnutzen eines Irrtums einerseits und strafbarem Unterlassen andererseits allein darauf ankommen soll, ob den Täter eine Aufklärungspflicht i.S. einer Garantenstellung trifft. Im Gegensatz zur »Irrtumserregung« durch Unterlassen, wird für die Unterlassensvariante der Irrtumsunterhaltung somit also nicht einmal mehr verbal darauf abgestellt, daß neben dem Eingreifen einer Garantenstellung auch die Voraussetzungen der Entsprechensklausel des § 13 I erfüllt sein müssen[120]. Es wird demgemäß offenbar davon ausgegangen, daß es in diesem Bereich des Betrugs durch Unterlassen einer über die bloße Erfolgsverursachung hinausgehenden Unrechtstransformation nicht bedürfe, was als weiterer Beleg dafür gewertet werden kann, daß in der Tat der Betrug in Form der Irrtumsunterhaltung weithin als reines Erfolgsdelikt behandelt wird.

Vor diesem Hintergrund stellt sich zunächst einmal die Frage, wie man - vom Boden der Lehre vom Täterverhalten mit Erklärungswert aus - dem Umstand Rechnung tragen will, daß der Wortlaut des § 263 I eben gerade nicht die begehungsneutrale Herbeiführung des tatbestandsmäßigen Zwischenerfolgs ausreichen läßt. Die Formulierung "einen Irrtum erregt oder unterhält" stellt nämlich eindeutig klar, daß sich die Worte "durch Vorspiegelung falscher oder Entstellung oder Unterdrückung wahrer Tatsachen", mit denen das Gesetz die spezifische Verhaltensweise der Tathandlung umschreibt, auf das Erregen eines Irrtums gleichermaßen beziehen wie auf das Unterhalten eines solchen[121].

Nun wäre es naheliegend, einem möglichen Konflikt mit dem verfassungsrechtlichen Bestimmtheitsgebot dadurch zu begegnen, jene Verhaltensweisen, wie etwa das Vernichten eines den Irrtum aufklärenden Briefes oder das Einsperren eines Boten, schlicht unter das Tatbestandsmerkmal »Unterdrückung wahrer

---

120 Besonders deutlich tritt dies etwa bei *Maurach/Schroeder-Maiwald* (a.a.O.) zutage, wo einerseits zur Irrtumserregung durch Unterlassen darauf hingewiesen wird, das Unterlassen müsse einem positiven Tun entsprechen (a.a.O., Rdn. 49) und es andererseits unter Rdn. 67 heißt, das Vorliegen einer Garantenpflicht sei praktisch der einzige Maßstab für die Abgrenzung zum straflosen Ausnutzen eines Irrtums.

121 Diese Erkenntnis wird zudem auch durch die Entstehungsgeschichte des Betrugstatbestandes belegt. Wie bereits dargelegt wurde (vgl. oben unter B II), geht die Erweiterung des Betrugstatbestandes um die Variante des Unterhaltens eines Irrtums zurück auf den Entwurf des § 237 von 1870, der in unveränderter Form zunächst als StGB für den Norddeutschen Bund verkündet wurde und später in das RStGB von 1871 sowie schließlich in das StGB über ging. In den Materialien des Entwurfs von 1870 (Stenographische Berichte, 1870, Bd. 3, S. 78, Anm. 13) findet sich dabei der Hinweis: *"Die Besorgnis einer möglicherweise zu weit gehenden Auslegung ist hier deshalb nicht für wichtig zu erachten, weil das Gesetz, ebenso wie bei der Erregung eines Irrtums, eine äußere Tätigkeit, nämlich die Vorspiegelung falscher oder die Entstellung oder Unterdrückung wahrer Tatsachen voraussetzt."*

Tatsachen« zu subsumieren[122]. Zwar ließen sich - bei natürlicher Betrachtungsweise der Wortsinngrenze - diese Verhaltensweisen durchaus vom semantischen Gehalt des Wortes »Unterdrückung« erfassen, der Lehre vom Täterverhalten mit Erklärungswert ist dieser Weg jedoch versperrt. Nach ihr besteht der Sinngehalt der Worte »Vorspiegelnung, Entstellung oder Unterdrückung von Tatsachen« im Rahmen des § 263 I nämlich erklärtermaßen darin, ein Täterverhalten zu umschreiben, das in einer ausdrücklichen oder schlüssigen Tatsachenbehauptung besteht[123]. Dem Wort »Unterdrückung« kann im Hinblick auf das strafrechtliche Bestimmtheitsgebot aber nicht innerhalb desselben Tatbestandes - je nach Tatbestandsalternative - ein unterschiedlicher Sinngehalt zukommen. Die Bedeutung des strafrechtlichen Bestimmtheitsgebots umfaßt nach üblichem Verständnis zwei rechtsstaatliche Postulate:[124] Zum einen die Bestimmtheit im Sinne eines Bestimmt-worden-Seins, worunter das gesetzliche Bestimmtsein im Sinne eines Angeordnetseins zu verstehen ist, also eine gesetzliche Bestimmung in Form einer *lex praevia* sowie einer *lex scripta*. Darüber hinaus betrifft der rechtsstaatliche Bestimmtheitsgrundsatz jedoch auch das Gebot der Bestimmtheit des Bestimmtseins, d.h. die Forderung nach Exaktheit der gesetzlichen Anordnung, damit die Strafnorm ihre verhaltensdeterminierende Wirkung entfalten kann[125]. Erforderlich ist in dieser Hinsicht eine klare und eindeutige Regelung im Sinne einer *lex certa* einerseits sowie die feste Bindung des Richters an das Gesetz in der Rechtsanwendung andererseits[126]. Der Bestimmtheitsgrundsatz richtet sich also insoweit auch an den rechtsanwendenden Strafrichter. So gesehen verbietet das Bestimmtheitsgebot nicht nur die Anwendung eines Strafgesetzes über die Grenzen des möglichen Wortsinns hinaus, sondern er fordert auch die Willkürfreiheit in der Anwendung des Strafgesetzes selbst. Wenn man somit, entsprechend der Lehre vom Täterverhalten mit Erklärungswert, die in § 263 I enthaltene sprachliche Umschreibung des Täterverhaltens mit den Worten »durch Vorspiegelung, Entstellung oder Unterdrückung von Tatsachen« als sprachlogisch verfehlt ansieht und darauf abstellt, ob eine wahrheitswidrige Tatsachenbehauptung des Täters vorliegt, so stellt dies - bezogen auf den natürlichen Sinngehalt des Wortes »Unterdrückung« - eine Einengung bzw. Spezialisierung dar[127].

---

122 Hierin dürfte wohl auch der Grund dafür zu sehen sein, warum die Anhänger der Lehre vom Täterverhalten mit Erklärungswert derartige Verhaltensweisen als betrugsrelevant ansehen.

123 Vgl. die oben im ersten Teil unter B III genannten.

124 Allgemein zu Bestimmtheitsgebot und Gesetzlichkeitsprinzip, vgl. Roxin, AT, § 5, Rdn. 1 ff.

125 *Rudolphi*, SK, § 1, Rdn. 11; *Schönke/Schröder-Eser*, § 1, Rdn. 17.

126 Vgl. *Schmidhäuser*, in: Gedächtnisschrift für Martens, S. 231 ff.

127 Der Richter darf bei der Anwendung der Strafnorm den vom Gesetzgeber durch den möglichen Wortsinn vorgegebenen Rahmen durch Auslegung der Norm einengen bzw. den Anwendungsbereich spezialisieren, er darf ihn jedoch nicht weiter ausdehnen, d.h. weiter

Soll nun die über das strafrechtliche Bestimmtheitsgebot geschützte verhaltensdeterminierende Wirkung des Betrugstatbestandes erhalten bleiben, muß dieses Verständnis vom Wortsinn für beide Tatbestandsalternativen des Betruges gleichermaßen gelten. Es ist dem Rechtsanwender daher im Hinblick auf das Bestimmtheitsgebot untersagt, dem Wort »Unterdrückung« für die Tatbestandsalternative des Unterhaltens eines Irrtums einen anderen Wortsinn zuzuweisen als für den Bereich der »Irrtumserregung«. Setzt man also - entsprechend der Lehre vom Täterverhalten mit Erklärungswert - den Sinngehalt der Worte »Vorspiegelung, Entstellung oder Unterdrückung falscher Tatsachen« damit gleich, daß der Täter eine wahrheitswidrige Erklärung über Tatsachen abgibt, so liefe es auf eine strafschärfende Analogie hinaus, für die Tatbestandsalternative des Unterhaltens eines Irrtums auf das Vorliegen einer entsprechenden Verhaltensweise zu verzichten und die begehungsneutrale Irrtumsunterhaltung für ausreichend zu erachten[128].

b) Prinzipielle Gleichrangigkeit von Irrtumserregung und Irrtumsunterhaltung auch im Bereich des Handlungsunrechts

Der Standpunkt, den Betrug in der Variante der Irrtumsunterhaltung als reines Erfolgsdelikt zu behandeln, erweckt jedoch nicht nur Bedenken im Hinblick auf den strafrechtlichen Bestimmtheitsgrundsatz. Bereits im Zusammenhang mit dem im Rahmen der jeweiligen Tatbestandsalternative zu verwirklichenden Maß an Erfolgsunrecht wurde festgestellt, daß es einen Verstoß gegen das rechtsstaatliche Postulat der Gerechtigkeit unter dem Aspekt des Gleiheitssatzes darstellen würde, wollte man bei der Irrtumsunterhaltung - gemessen an der Irrtumserregung - ein »Weniger« an Erfolgsunrecht zur Tatbestandsverwirklichung ausreichen lassen[129]. Gleiches muß entsprechend für den Bereich des Handlungsunrechts gelten. Ebenso, wie die einheitliche Strafandrohung ein einheitliches Maß an Erfolgsunrechtsverwirklichung voraussetzt, ist im Bereich des Handlungsunrechts ein gleiches Maß an Unrechtsverwirklichung erforderlich, da sich Irrtumserregung und Irrtumsunterhaltung als zwei prinzipiell gleichrangige Tatbestandsalternativen innerhalb des Betrugstatbestandes gegenüberstehen,

---

generalisieren als es der Gesetzgeber durch den möglichen Wortsinn vorgegeben hat (vgl. *Jakobs*, AT, 4/33).

128 Dies verkennt *Klawitter*, wenn er einerseits gegen *Bockelmann* argumentiert, der Verzicht auf ein spezifisches Täuschungsverhalten im Bereich der Irrtumserregung sei ein Verstoß gegen Art. 103 II GG (a.a.O., S. 83), dann für das Unterhalten eines Irrtums aber die begehungsneutrale Erfolgsverursachung ausreichen lassen will (a.a.O., S. 89).

129 Vgl. oben im ersten Teil unter B III.

die sich lediglich im Hinblick auf ihre Verknüpfung zum tatbestandsmäßigen Zwischenerfolg »Irrtum« unterscheiden[130].

Damit ist zugleich nachgewiesen, daß es nicht möglich ist, den Betrug in der Tatbestandsalternative der Irrtumsunterhaltung als reines Erfolgsdelikt zu behandeln.

c) Konsequenzen für die Lehre vom Täterverhalten mit Erklärungswert

Vor diesem Hintergrund stellt es sich für die Lehre vom Täterverhalten mit Erklärungswert als ein sowohl mit dem strafrechtlichen Bestimmtheitsgebot als auch dem Gerechtigkeitsprinzip im Hinblick auf den Gleichheitssatz unvereinbaren Wertungswiderspruch dar, im Bereich der Irrtumserregung zur Erfassung des Verhaltensunwerts der Täuschungshandlung auf das Vorliegen eines Erklärungsverhaltens des Täters abzustellen, im Bereich der Irrtumsunterhaltung jedoch die begehungsneutrale Erfolgsverursachung ausreichen zu lassen und somit auf das Vorliegen eines spezifischen Verhaltensunwerts zu verzichten.

Vom Boden der Lehre vom Täterverhalten mit Erklärungswert aus wäre es daher nur konsequent, auch im Bereich der Irrtumsunterhaltung allein solches Täterverhalten als betrugsrelevant anzusehen, vermittels dessen ein Irrtum durch eine ausdrückliche oder schlüssige Tatsachenerklärung seitens des Täters aufrechterhalten wird. Dadurch ginge dem Betrugstatbestand jedoch nicht nur im Bereich der aktiven Täuschung ein Teil der allgemein als betrugsrelevant angesehenen Verhaltensweisen verloren. Vielmehr würden auch die Grenzen des Betruges durch Unterlassen eine entsprechende Einschränkung erfahren, da die Entsprechensklausel des § 13 I dazu zwingen würde, auch im Unterlassensbereich zur Bestimmung der Strafbarkeit darauf abzustellen, daß dem Unterhalten eines Irrtums in seiner Unterlassungsvariante ebenfalls ein Erklärungswert zukäme[131]. Ferner wäre es demgemäß nicht möglich, die Abgrenzung des straflosen Ausnutzens eines Irrtums vom strafbaren Unterlassen in der »Unterhaltungsvariante« allein vom Vorliegen einer Aufklärungspflicht im Sinne einer Garantenstellung abhängig zu machen. Auf diese Weise ginge dem Betrug durch Unterlassen ein noch weiterer Teil seines derzeitigen rechtstatsächlichen Anwendungsbereiches verloren, als es bereits die Einschränkung auf Unterlassungen mit Erklärungswert

---

130 Welches Mißverhältnis sich unter diesem Aspekt ergeben kann, wird besonders deutlich, wenn man für das Unterhalten eines Irrtums hinsichtlich der Erfolgsunrechtsverwirklichung bereits ein bloßes Verstärken des Irrtums ausreichen läßt (vgl. dazu oben, a.a.O.) und zudem in dieser Tatbestandsalternative auch noch auf das Vorliegen eines spezifischen Handlungsunwerts verzichtet.

131 Vgl. hierzu die oben unter D. IV. gemachten Ausführungen.

für die Unterlassungsvariante der Irrtumserregung mit sich bringt[132]. Eine Konsequenz, die offenbar selbst Autoren wie *Klawitter*, die im Bereich der »Irrtumserregung« durch Unterlassen eine Beschränkung der Betrugsstrafbarkeit auf Unterlassungen mit Erklärungswert befürworten - und sich zugleich auch zu der damit einhergehenden rigorosen Einschränkung der Unterlassensstrafbarkeit bekennen - nicht zu ziehen bereit sind.

2. Irrtumserregung durch Einwirkung auf die Vorstellungsbildung mittels bloßer Objektsveränderung.

Ein weiterer möglicher Ansatzpunkt der Kritik an der Lehre vom Täterverhalten mit Erklärungswert könnte sich daraus ergeben, daß eine betrugsrelevante Irrtumserregung anerkanntermaßen auch durch täuschende Objektsveränderung erfolgen kann, soweit hierdurch auf die Vorstellungsbildung des Irrenden eingewirkt wird[133]. Nach ständiger Rechtsprechung[134] sowie übereinstimmender Auffassung in der Literatur[135] kann danach eine Täuschungshandlung i.S.d. § 263 I nicht nur durch die Verwendung von Worten bzw. wortvertretenden Zeichen und Symbolen erfolgen, sondern auch durch Verändern äußerer Umstände, wie z.B. das Zurückstellen eines Kilometerzählers an einem PKW, das Benutzen falscher Maßeinheiten oder Gewichte im Warenverkehr oder das heimliche Unterschieben falscher Beweismittel in einem Zivilprozeß[136]. Dies wird nun von einigen Autoren, die nicht zu den Anhängern der Lehre vom Täterverhalten mit Erklärungswert zählen, wie insbesondere *Samson* und *Lackner*, als Argument dafür angebracht, daß das Vorliegen einer Täuschungshandlung i.S.d. § 263 I nicht von der Abgabe einer Erklärung seitens des Täters

---

132 Siehe oben unter A.

133 Für die Abgrenzung zu einem Irrtum, der lediglich dadurch entsteht, daß eine bereits bestehende Fehlvorstellung durch Verändern äußerer Umstände unrichtig wird, ohne daß zugleich auch auf die Vorstellungsbildung des Irrenden eingewirkt wird, vgl. oben im 1. Teil unter B I 1.

134 RGSt 20, S. 144 ff. (145); 35, S. 311 ff. (314); 74, S. 243 ff. (245); BGHSt v. 10.06.1987, BGHR, § 263 I Täuschung 2; OLGSt Hamm, NJW 1968, S. 1894 ff. (1895); OLGSt Düsseldorf, NJW 1982, S. 2268; OLGSt Düsseldorf, NJW 1990, S. 924; OLGSt Hamm, NStZ 1992, S. 593; OLGSt Düsseldorf, StrV 1995, S. 591; LGSt Marburg, MDR 1973; S. 66 f.

135 *Schönke/Schröder-Cramer*,a.a.O., Rdn. 12; *Lackner*, LK, a.a.O., Rdn. 19, 25, 26; *Maurach/Schroeder-Maiwald*, a.a.O., Rdn. 38; *Samson/Günther*, SK, a.a.O., Rdn. 23; *Krey*, BT, Rdn. 338; *Otto*, BT, § 51 III 1a ; *Haft*, BT, § 263 II 2a; *Eser*, Strafrecht IV, Fall 11, A 17, 19.

136 Umstritten ist allerdings, ob die Fälle der Irrtumserregung mittels bloßer Objektsveränderung dem Bereich der ausdrücklichen oder konkludenten Täuschung zuzuordnen sind, vgl. dazu die unter FN 47 gemachten Ausführungen.

abhängen könne[137]. Der Betrug, so heißt es, werde zwar in aller Regel durch die Abgabe wahrheitswidriger Erklärungen seitens des Täters verwirklicht, dennoch setze das Vorliegen einer Täuschungshandlung - da der Betrug kein Äußerungsdelikt sei - nicht das Vorliegen einer Äußerung des Täters voraus. Eine betrugsrelevante Täuschungshandlung begehe daher auch, wer die Tachometeranzeige an einem Miet- oder Gebrauchtwagen zu seinen Gunsten manipuliere, Preisschilder an Waren vertausche, um billiger einkaufen zu können oder einem Dritten gegenüber wahrheitswidrige Angaben in der Erwartung mache, daß das Opfer bei diesem Auskünfte einholen werde[138].

Diese Ausführungen *Lackners* und *Samsons* sind für sich genommen jedoch nicht geeignet, den Standpunkt der herrschenden Meinung zu widerlegen. Dies gilt zunächst für die These, der Betrug sei kein »Äußerungsdelikt«. Abgesehen davon, daß vollkommen im unklaren bleibt, was eigentlich genau unter einem »Äußerungsdelikt«[139] zu verstehen sein soll, ist nach der Lehre vom Täterverhalten mit Erklärungswert nämlich weder erforderlich, daß der Täter eine höchstpersönliche Äußerung gegenüber dem zu Täuschenden tätigt, noch daß er notwendig eine verbale oder schriftliche Erklärung abgibt[140]. Vielmehr wird zur Erfassung des Verhaltensunwerts der Täuschungshandlung darauf abgestellt, ob ein Täterverhalten vorliegt, dem sich nach Maßgabe der Verkehrsauffassung ein Erklärungswert entnehmen läßt. Wenn also der Täter dem Opfer gegenüber nicht selbst in Erscheinung tritt, sondern sich eines Dritten bedient, der dann seinerseits unwissentlich dem Opfer gegenüber falsche Angaben macht und das Opfer dadurch in einen Irrtum versetzt, so kann dem Täter diese Erklärung seines Tatmittlers zwanglos über die Grundsätze der mittelbaren Täterschaft als eigene zugerechnet werden[141].

Ferner soll ein Täterverhalten mit Erklärungswert auch dann vorliegen können, wenn der Täter ein Verhalten an den Tag legt, das sich zwar nicht als Abgabe einer verbalen oder schriftlichen Äußerung darstellt, aus dem sich aber unter Berücksichtigung der Begleit-umstände des Einzelfalles eine stillschweigende bzw. konkludente Erklärung ergebe. In den Fällen der Irrtumserregung durch

---

137 *Lackner*, LK, a.a.O., Rdn. 19, 27; *Samson/Günther*, SK, a.a.O., Rdn. 23. Ferner auch *Bockelmann*, a.a.O., S. 1935, der jedoch neben dem Erfordernis einer Einwirkung auf die Vorstellungsbildung des Irrenden keinerlei Voraussetzungen an den spezifischen Verhaltensunwert der Täuschungshandlung stellt (vgl. dazu oben im 1. Teil unter C. II.).

138 *Lackner*, LK, a.a.O.; *Samson/Günther*, a.a.O.

139 Die These, der Betrug sei kein Äußerungsdelikt, geht zurück auf *Schröder* (vgl. *Schönke/Schröder*, 17. Aufl., § 263, Rdn. 11 u. 20), wurde aber in den nachfolgenden Kommentierungen durch *Cramer* nicht übernommen.

140 Vgl. nur *Schönke/Schröder-Cramer*, a.a.O., Rdn. 12, 14; *Maurach/Schroeder-Maiwald*, a.a.O., Rdn. 38, 39.

141 Vgl. *Schönke/Schröder-Cramer*, a.a.O., Rdn. 180; BGHSt, NStZ 1994, S. 35.

bloße Objektsveränderung wird dabei maßgebend darauf abgestellt, ob der im Wege der Manipulation an und mit Gegenständen geschaffenen Situation ein Erklärungswert zukommt, d.h. ob sich aus der äußeren Sachlage eine Erklärung des Täters herleiten lasse[142]. In den Fällen der Manipulation an und mit Gegenständen soll nun ein entsprechender Erklärungswert darin liegen, daß der Täter den mit zurückgestellter Kilometeranzeige versehenen PKW einem Kaufinteressenten vorführt oder das vertauschte Preisschild zusammen mit der Ware der Kassiererin an der Kasse vorlegt. In diesen Fällen sei dann - auch ohne daß der Täter eine entsprechende verbale oder schriftliche Äußerung getätigt habe - der konkreten Situation der Erklärungswert zu entnehmen, der PKW weise tatsächlich die angezeigte Laufleistung auf bzw. der auf der Ware ausgewiesene Preis entspreche der Auszeichnung durch einen Verkäufer[143]. Die Anhänger der Lehre vom Täterverhalten mit Erklärungswert wollen in den Fällen täuschender Tatsachenmanipulation also keineswegs auf das Vorliegen eines Täterverhaltens mit Erklärungswert zur Erfassung des Verhaltensunwerts der Täuschungshandlung verzichten, so daß es vorschnell wäre, wollte man den Ausführungen *Lackners* und *Samsons* entnehmen, die herrschende Meinung setze sich zu ihrer eigenen dogmatischen Konzeption in Widerspruch. Die entscheidende Frage, die sich vor diesem Hintergrund für die Lehre vom Täterverhalten mit Erklärungswert stellt, ist vielmehr die, ob und gegebenfalls unter welchen Voraussetzungen sich einem äußeren Geschehen ein bestimmter Erklärungsgehalt entnehmen läßt.

Bereits im Zusammenhang mit der im vorangegangenen Abschnitt erörterten Tatbestandsalternative der Irrtumsunterhaltung wurde festgestellt, daß die Möglichkeit, einem Täterverhalten einen bestimmten Erklärungsgehalt zu entnehmen, jedenfalls dann auszuscheiden hat, wenn es an einer Kommunikationsbeziehung bzw. Interaktion zwischen Täuschendem und Irrendem fehlt[144]. Da aber anerkanntermaßen eine Manipulation an und mit Gegenständen erst dadurch zu einer Täuschungshandlung i.S.d. § 263 I wird, daß der Täuschende dem zu Täuschenden die manipulierte Sachlage, sei es durch Vorlage der falsch ausgezeichneten Ware an der Kasse oder durch Vorführen eines PKW mit zurückgestellter Tachometeranzeige, zur Kenntnis bringt[145], kann die Möglichkeit des Vorliegens einer Erklärung - anders als in den Fällen der Irrtumsunterhaltung - jedenfalls nicht von vornherein ausgeschlossen werden. Für die Lehre vom Täterverhalten mit Erklärungswert kommt es somit maßgebend darauf an, ob sich jenen

---

142 Vgl. nur *Schönke/Schröder-Cramer*, a.a.O., Rdn.12; *Maurach/Schroeder-Maiwald*, a.a.O., Rdn. 38; *Eser*, a.a.O., Rdn. 20 ff.

143 Wie vorstehend.

144 Vgl. oben II. 1.

145 Vgl. *Samson*, Strafrecht II, Fall 13, S. 126 ff.; *Lackner*, LK, Rdn. 25; *Eser*, a.a.O., Rdn. 19; OLGSt Düsseldorf, NJW 1982, S. 2268.

Verhaltensweisen, wie dem Vorführen eines PKW mit manipuliertem Tachometer oder dem Vorlegen einer Kaufsache an der Kasse, tatsächlich eine dahingehende Erklärung entnehmen läßt, die Kilometeranzeige entspreche der wirklichen Laufleistung des Fahrzeugs bzw. das Preisschild auf der Ware entspreche der Auszeichnung durch eine hierzu befugte Person.

Damit ist eine Problematik angesprochen, die sich nicht nur im Hinblick auf die Fälle der Irrtumserregung mittels bloßer Objektsveränderung stellt, sondern ganz generell auch all jene Fallkonstellationen betrifft, in denen der Täter die unwahre Tatsache nicht *expressis verbis* zum Gegenstand seiner Aussage macht, sondern das Vorliegen einer wahrheitswidrigen Tatsachenbehauptung allenfalls den jeweiligen Gesamtumständen des konkreten Einzelfalles entnommen werden kann. Welche Voraussetzungen, gemessen an den allgemeinen Kriterien der Gesamtrechtsordnung, erfüllt sein müssen bzw. nach welchen Maßstäben das Vorliegen einer Erklärung im Rechtsverkehr zu bemessen ist, bedarf einer eigenständigen Untersuchung und soll daher im nachfolgenden Kapitel umfassend erörtert werden.

III. Fazit

Die bisherigen Ausführungen zur Kritik an der Lehre vom Täterverhalten mit Erklärungswert haben zum einen ergeben, daß selbst dann, wenn der Täter eine wahrheitswidrige Tatsachenbehauptung *expressis verbis* zum Gegenstand seiner Aussage macht, damit noch nicht die hinreichende Bedingung zur Erfassung des Verhaltensunwerts einer Täuschungshandlung i.S.d. § 263 I gegeben sein kann, sondern ein weiteres unrechtsbegründendes Element hinzutreten muß, damit aus einer Lüge eine betrugsrelevante Irrtumserregung wird.

Ferner hat sich gezeigt, daß es im Bereich der Irrtumsunterhaltung betrugsrelevante Verhaltensweisen gibt, die sich nicht auf die Abgabe einer - wie auch immer gearteten - Erklärung seitens des Täters zurückführen lassen und die Lehre vom Täterverhalten mit Erklärungswert darauf hinausläuft, den Betrug in der Tatbestandsalternative der Irrtumsunterhaltung als reines Erfolgsdelikt zu behandeln. Der hierin liegende Wertungswiderspruch führt sowohl zu einem Konflikt mit dem strafrechtlichen Bestimmtheitsgebot als auch dem verfassungsrechtlich garantierten Gleichheitssatz.

Im Rahmen der Erörterungen zur Täuschung mittels bloßer Objektsveränderung ist darüber hinaus ein Aspekt aufgetaucht, aus dem sich möglicherweise ein weiterer grundlegender Ansatzpunkt der Kritik an der Lehre vom Täterverhalten mit Erklärungswert ergeben könnte. Die Frage nämlich, inwieweit es überhaupt möglich ist, einem Täterverhalten, das nicht in der Abgabe einer ausdrücklichen Tatsachenbehauptung besteht - wie es insbesondere in den Fällen der sog. konkludenten Täuschung der Fall ist - einen bestimmten Erklärungsgehalt zu entnehmen.

D. Analyse des Kriteriums »Erklärungswert«

Nach der Konzeption der herrschenden Meinung setzt der Verhaltensunwert einer aktiven Täuschungshandlung i.S.d. § 263 I voraus, daß das Täterverhalten eine ausdrückliche oder konkludente (unwahre) Tatsachenbehauptung enthält[146].

Während die Feststellung einer unwahren Tatsachenbehauptung regelmäßig dann keine Schwierigkeiten bereitet, wenn der Täter die betreffende Tatsache *expressis verbis* zum Gegenstand seiner Aussage macht, erweisen sich hingegen jene Fallkonstellationen als problematisch, bei denen es an eben dieser Voraussetzung fehlt. Soweit es sich dabei um eine aktive Irrtumserregung bzw. Irrtumsunterhaltung handelt - das Täterverhalten also dem Bereich des positiven Tuns zuzuordnen ist - werden diese Fälle allgemein als sog. konkludente bzw. schlüssige Täuschung bezeichnet[147].

Ebenso wie für den Begriff der ausdrücklichen Täuschung[148], findet diese Terminologie jedoch keine einheitliche Verwendung und es ist umstritten, welche Fallkonstellationen sich hinter den Synonyma konkludente bzw. schlüssige Täuschung im einzelnen verbergen. Einigkeit besteht lediglich insoweit, als daß sich - zumindest dem Grunde nach - begrifflich zwischen einer ausdrücklichen und einer konkludenten Täuschung differenzieren läßt und dieser Unterschied jedenfalls darin besteht, daß im Falle der konkludenten Täuschung die betreffende Tatsachenbehauptung nicht Gegenstand einer ausdrücklich geäußerten, verbalen oder schriftlichen Erklärung des Täters ist, sondern sich erst aus den sonstigen Umständen des Einzelfalles erschließen läßt[149].

---

146 Vgl. die oben im ersten Teil unter FN 163 genannten.

147 Daß es neben der ausdrücklichen Täuschung noch eine weitere Form der aktiven Täuschung gibt, ist allgemein anerkannt, vgl. nur *Lackner*, LK, § 263, Rdn. 17 ff.; *Schönke/Schröder-Cramer*, § 263 , Rdn. 12 ff. (14); *Küper*, BT, S. 186; *Maurach/Schroeder-Maiwald*, § 41, Rdn. 36; jeweils m. w. N.

148 Vgl. dazu die oben unter FN 47 gemachten Ausführungen.

149 Umstritten ist dagegen, ob bestimmte Verhaltensweisen, die zwar keine verbale oder schriftliche Äußerung darstellen, nach den Umständen des Einzelfalles aber durchaus einen eindeutigen Schluß auf einen bestimmten Sinngehalt zulassen können - wie etwa das Kopfnicken auf eine Frage oder das Verwenden falscher Maßeinheiten oder Gewichte im

Dieser Abgrenzungsproblematik von ausdrücklicher und konkludenter Täuschung soll hier nicht weiter nachgegangen werden. Weitaus bedeutsamer als die Frage nach einer Abgrenzung von ausdrücklicher und konkludenter Täuschung innerhalb des Bereichs des positiven Tuns ist nämlich - im Hinblick auf das Gebot strafrechtlicher Bestimmtheit - das Erfordernis einer randscharfen Trennung von strafbarem und straflosem Verhalten überhaupt.

Vor diesem Hintergrund stellt sich für die Konzeption der herrschenden Meinung zunächst einmal die Aufgabe, allgemeingültige Kriterien dafür zu liefern, wann einem äußeren Verhalten, das eben gerade nicht in der Abgabe einer *expressis verbis* geäußerten Tatsachenbehauptung besteht, ein bestimmter Erklärungsgehalt entnommen werden kann. Es ist daher im folgenden der Frage nachzugehen, inwieweit sich - vom Boden der Lehre vom Täterverhalten mit Erklärungswert aus - entsprechende Kriterien ausmachen lassen, die geeignet sind, dem Begriff des »Erklärungswertes« hinreichend bestimmte Konturen zu verleihen.

I. Ansätze zur Erfassung des Kriteriums »Erklärungswert«

1. Standpunkt der Rechtsprechung

Auch wenn die Rechtsprechung zuweilen in Anlehnung an den Gesetzeswortlaut bestimmte als betrugsrelevant angesehene Verhaltensweisen schlicht unter die Tätigkeitsworte »vorspiegeln«, »entstellen« oder »unterdrücken« subsumiert, ohne dabei zugleich auch eine Definition der genannten Begriffe zu liefern[150], so geht doch aus einer Reihe von Entscheidungen eindeutig hervor, daß der Standpunkt der Rechtsprechung dem Lager der Lehre vom Täterverhalten mit Erklärungswert zuzuordnen ist, das Vorliegen einer Täuschungshandlung also daran geknüpft wird, ob ein Verhalten mit »Erklärungswert« gegeben ist, d.h. sich dem Täterverhalten eine ausdrückliche oder schlüssige Tatsachenbehauptung entnehmen läßt[151]. Dabei gehen der *Bundesgerichtshof* und ihm folgend die Instanzgerichte[152] seit der insoweit grundlegenden Entscheidung vom 25. Juni

Warenverkehr - als konkludente oder ausdrückliche Täuschung anzusehen sind, vgl. hierzu die oben unter FN 48 gemachten Ausführungen nebst Nachweisen.

150 Dies gilt insbesondere für ältere Entscheidungen, vgl. RGSt 1, S. 313 ff. (314 f.); RGSt 2, S. 430, 431; RGSt 19, S. 161 ff. (163); RGSt 20, S. 144 ff. (146); RGSt 26, S. 28 ff. (30); RGSt 46, S. 414 ff. (415 f.); RGSt 59, S. 38 ff. (41); RGSt 64, S. 342 ff. (345); RGSt 65, S. 52 ff. (54); BGHSt 8, S. 289 ff. (291); BGHSt 15, S. 24 ff. (26); BGHSt 18, S. 235 ff. (237).

151 Vgl. nur BGHSt 29, S. 165 ff. (167); BGHSt NJW 1995, S. 539 f. (540); BGHSt 39, S. 392 ff. (397); OLGSt Celle StV 1994, S. 189; sowie die oben im 1. Teil unter FN 163 genannten Entscheidungen.

152 Vgl. nur OLGSt Köln NJW 1981, S. 1851; OLGSt Köln wistra 1991, S. 115 f.

1952 (BGHSt. 3, S. 69 ff.) davon aus, daß es sich bei der Beurteilung, ob bzw. welche Tatsachenbehauptungen in einem bestimmten Täter-verhalten zu finden sind, grundsätzlich um eine Tatfrage handele, deren Beantwortung nicht dem sachlichen Recht entnommen werden könne und die ausschließlich dem Tatrichter vorbehalten sei.

In der angegebenen Entscheidung heißt es diesbezüglich:

"Welche Behauptungen in einem bestimmten Verhalten zu finden sind, ist grundsätzlich eine Tatfrage. Das gilt selbst für ausdrückliche mündliche oder schriftliche Erklärungen. Ihre Auslegung steht ausschließlich dem Tatrichter, nicht dem Revisionsgericht, zu. Das gilt erst recht von stillschweigenden Erklärungen, die in einem Verhalten wie der Übergabe eines Schecks gefunden werden können. Ob damit gesagt sein soll, der Scheck (Postscheck) sei zur Zeit der Übergabe gedeckt, oder aber er werde bei der Einlösung gedeckt sein, muß der Tatrichter im Einzellfall feststellen. Allgemein bindende Regeln darüber lassen sich dem sachlichen Recht nicht entnehmen. Nimmt der Tatrichter eine solche bindende Regel an und unterläßt er deshalb die tatsächliche Untersuchung des Einzelfalles, so ist das ein Rechtsfehler, der - wenn das Urteil darauf beruht - zur Aufhebung führen muß."

Dieser Grundsatz, wonach die Überprüfung eines bestimmten Verhaltens auf seinen möglichen Erklärungsgehalt hin eine reine Tatfrage sei, wird in der Praxis allerdings dadurch relativiert, daß nach ständiger Rechtsprechung dem Revisionsgericht die Beurteilung darüber zustehen soll, ob aufgrund zwingender Erfahrungssätze einem Verhalten ein bestimmter Erklärungswert entnommen werden kann[153]. Nimmt danach das Revisionsgericht das Vorliegen eines entsprechenden Erfahrungssatzes an, so wird eine Zurückverweisung an die Vorinstanz zwecks umfassender Aufklärung und Würdigung des konkreten Einzelfalles regelmäßig für entbehrlich gehalten, da dann auch für die Tatsacheninstanz kein abweichender Erklärungsinhalt festzustellen sein könne[154]. Vor diesem Hintergrund haben Revisionsgerichte in einer ganzen Reihe von Fällen selbst entschieden, welche stillschweigenden Erklärungen in einem bestimmten Verhalten zu sehen sein sollen.

So ist beispielsweise in dem Ausstellen eines ungedeckten Schecks unter gleichzeitiger Vorlage der Scheckkarte bei einem Geldinstitut zur Bareinlösung nach Ansicht des *Bundesgerichtshofes* regelmäßig die stillschweigende Erklärung enthalten, der zur Einlösung gegebene Scheck weise entsprechende Deckung

---

153 Vgl. nur OLGSt Köln NJW 1981, S. 1851; OLGSt Hamburg NJW 1983, S. 768 f.; OLGSt Köln wistra 1991, S. 115 f.

154 Wie vorstehend.

auf[155]. Die Bestellung von Waren auf Kredit durch einen Kaufmann unter Vereinbarung eines kurzfristigen Zahlungszieles soll als still-schweigende Erklärung dahingehend zu verstehen sein, daß der Besteller nach seinen gegenwärtigen wirtschaftlichen Verhältnissen willens und in der Lage sei, die Zahlungsfrist einzuhalten oder zumindest nicht länger als branchenüblich zu überschreiten[156].

Für eine Barabhebung von einem Postgirokonto hat das *Oberlandesgericht Köln* den zwingenden Erfahrungssatz angenommen, in der Einreichung eines Postbarschecks sei die stillschweigende Erklärung enthalten, der Barscheck werde nicht zur unrechtmäßigen Bereicherung mißbraucht[157]. Das Abheben eines Geldbetrages von einem Bankkonto wiederum soll stets die konkludente Erklärung enthalten, daß ein entsprechender Anspruch gegenüber der Bank bestehe[158].

Damit ist jedoch noch nicht die Frage beantwortet, nach welchen allgemeinen Kriterien der Tatrichter denn nun beurteilen soll, ob sich einem Täterverhalten eine Tatsachenbehauptung entnehmen läßt oder nicht bzw. unter welchen Voraussetzungen vom Vorliegen eines *zwingenden Erfahrungssatzes* im vorstehend geschilderten Sinne ausgegangen werden kann. Den einschlägigen Entscheidungen läßt sich hierzu lediglich entnehmen, daß es darauf ankommen soll, ob nach der Verkehrsauffassung[159] dem Täterverhalten ein bestimmter Erklärungswert entnommen werden könne, wobei auf die Sicht eines objektiven Dritten in der Lage eines Erklärungsempfängers abzustellen sei[160]. Welche Voraussetzungen aber gegebenenfalls erfüllt sein müssen, um vom Vorliegen einer entsprechenden Verkehrsauffassung ausgehen zu können, bleibt regelmäßig im Dunkeln[161].

---

155 BGHSt 24, S. 386 ff. (389); ebenso OLGSt Hamburg v. 04.11.1981. Anders soll es dagegen zu beurteilen sein, wenn die Scheckvorlage nicht durch den Aussteller selbst erfolgt (vgl. dazu OLGSt Köln, a.a.O.) oder der Scheck nicht zwecks Bareinlösung begeben wird (vgl. BGHSt 3, S. 69 ff.).

156 BGHSt wistra 1984, S. 223 f. (224), m.w.N.

157 OLGSt Köln wistra 1991, S. 115 f. (116).

158 OLGSt Celle StrV 1994, S. 189 f. (189), OLGSt Köln JZ 1988, S. 101 f. (102), m. w. N.

159 Vgl. hierzu nur BGHSt 29, S. 165 ff. (167); BGHSt 33, S. 245 ff. (248); BGHSt, NJW 1995, S. 539 f. (540); OLGSt Düsseldorf v. 27.02.1989, NJW 1989, S. 2003 f.

160 Vgl. BGHSt v. 10.11.1994, NJW 1995, S. 539 f. (539); OLGSt Köln v.19.10.1990, wistra 1991, S. 115 f. (116). BGHSt NSTZ 1993, S. 188 f. (189) spricht insoweit von einem "objektiven Erklärungswert".

161 Vgl. hierzu *Tiedemann*, FS für Klug, S. 405 ff. (407): "Bis in die neueste Rechtsprechung ist unklar und umstritten, wie die Konkludenz eines Erklärungsverhaltens im einzelnen zu bestimmen ist."

2. Standpunkte in der Literatur

Unter den Autoren, die das Vorliegen einer konkludenten Täuschung davon abhängig machen wollen, daß dem Täterverhalten ein bestimmter »Erklärungswert« entnommen werden kann, wird der Frage, nach welchen allgemeinen Maßstäben das Vorliegen eines solchen »Erklärungswerts« bestimmt werden soll, häufig keine besondere Bedeutung beigemessen, sondern statt dessen schlicht darauf verwiesen, das Täterverhalten müsse nach Maßgabe der Verkehrsauffassung als stillschweigende Erklärung zu verstehen sein[162], bzw. der Erklärungswert eines Täterverhaltens sei nach der Verkehrsauffassung zu beurteilen[163]. Vereinzelt wird auch anstelle der Verkehrsauffassung der Begriff der Verkehrssitte herangezogen[164]. Was aber genau unter »Verkehrsauffassung« bzw. »Verkehrssitte« zu verstehen sein soll bzw. ob diesen Begriffen der gleiche Sinngehalt zukommen soll wie im Zivilrecht, wird zumeist nicht näher erläutert[165]. Vielmehr findet sich regelmäßig im Anschluß an die Feststellung, es sei auf die Verkehrsauffassung bzw. die Verkehrssitte zur Bestimmung des »Erklärungswertes« eines Täterverhaltens abzustellen, eine umfangreiche Kasuistik anhand derer beispielhaft angeführt wird, in welchen Fallkonstellationen dem Täterverhalten ein bestimmter Erklärungsgehalt zuzuschreiben sei[166].
Nur vereinzelt lassen sich unter den Anhängern der Lehre vom Täterverhalten mit Erklärungswert Autoren ausfindig machen, die nicht lediglich auf die Begriffe der Verkehrsauffassung bzw. der Verkehrssitte verweisen, sondern zumindest bemüht sind, dem Kriterium »Erklärungswert« greifbarere Formen zu verleihen. Zu ihnen ist insbesondere *Cramer* zu zählen[167]. Nach seiner Ansicht soll der

---

162 So etwa *Tröndle/Fischer*, § 263, Rdn. 7; *Krey*, BT 2, Rdn. 340.

163 Vgl. *Eser*, Strafrecht IV, Fall 11, A 22; *Blei*, BT, § 61, Anm. 4 b.; *Bockelmann*, BT 1, § 11 A II, 1c; *Wessels/Hillenkamp*, BT 2, Rdn. 498; *Küper*,a.a.O.

164 Vgl. *Otto*, BT, § 51 III 1b.

165 Teilweise beschränkt man sich gar darauf, die konkludente Täuschung mit dem Vorliegen einer stillschweigenden bzw. schlüssigen Erklärung gleichzusetzen, ohne dabei jedoch ein allgemeingültiges Kriterium dafür zu nennen, wann dies der Fall sein soll, vgl. *Herzberg*, a.a.O., S. 72 f.; *Preisedanz*, StGB, § 263, Anm. II 2 b; *Maurach/Schroeder-Maiwald*, a.a.O., Rdn. 39 ff.

166 Vgl. *Tröndle/Fischer*, a.a.O., Rdn. 7 ff.; *Maurach/Schroeder-Maiwald*, a.a.O.; *Preisedanz*, a.a.O.; *Otto*, a.a.O.; *Blei*, a.a.O., *Wessels/Hillenkamp*, a.a.O.

167 *Cramer*, a.a.O., Rdn. 12. Ebenfalls um Konturierung des Begriffs »Erklärungswert« bestrebt ist *Maaß*, GA 1984, S. 265 ff. Anders als *Cramer* geht es ihm jedoch weniger um eine genaue Begriffsbestimmung als vielmehr darum, im Wege einer Rechtsprechungsanalyse Leitlinien als Entscheidungshilfe für künftig zu beurteilende Sachverhalte zu entwickeln. Dabei gesteht er vom Boden der herrschenden Meinung aus jedoch selbst ein, daß im Hinblick auf die Entstehung neuer Erscheinungsformen und Geschäftstypen in dem sich ständig wandelnden Wirtschaftsverkehr eine Subsumtion unter den Begriff des Erklärungswertes dann zu erheblichen Problemen führen kann, soweit sich der zu

Erklärungswert eines Täterverhaltens - ebenso wie der in ihm enthaltene Erklärungsinhalt - nach allgemeinen Interpretationsregeln zu ermitteln sein. Danach sei zunächst der objektive Inhalt einer Äußerung festzustellen, wobei jedoch auch berücksichtigt werden müsse, was der andere nach den Umständen des Falles und den Beziehungen zum Täter als Erklärungsinhalt habe verstehen dürfen. Maßgebend sei hierbei, wie der rechtsgeschäftliche Verkehr die Handlung oder Erklärung verstehe bzw. verstehen dürfe, so daß eine am Rechtsverkehr orientierte Auslegung des gesamten Täterverhaltens zu dem Schluß führen müsse, der Täter wolle eine bestimmte Tatsache erklären[168]. Welcher konkrete Erklärungswert dem Gesamtverhalten des Täters nach der Verkehrsauffassung zukomme, sei ferner nach den objektiven Maßstäben der Verkehrsweise in bezug auf den konkret in Frage stehenden Geschäftstyp zu bestimmen, wobei insbesondere auch auf die Risikoverteilung unter den Geschäftspartnern im Hinblick auf den betreffenden Geschäftstyp abzustellen sei[169]. Eine weitergehende Präzisierung erscheint *Cramer* im Hinblick auf die Vielzahl der verschiedenartigsten Sachverhalte unmöglich[170]. Auch nach dieser von *Cramer* beiläufig als "faktische Betrachtungsweise"[171] bezeichneten Interpretation des Begriffs »Erklärungswert« bleibt letztlich jedoch offen, worin die "allgemeinen Interpretationsregeln", anhand derer eine "am Rechtsverkehr orientierte Auslegung des gesamten Täterverhaltens" vorzunehmen sei, bestehen sollen. Insbesondere aber stellt sich die Frage, ob die Interpretation eines Verhaltens als Abgabe einer stillschweigenden Erklärung nach zivilrechtlichen Maßstäben zu erfolgen habe, wie es die Formulierungen "Verkehrssitte", "am Rechtsverkehr orientierte Auslegung" und "allgemeine Interpretationsregeln" nahelegen oder ob - gemäß dem von *Cramer* verwendeten Terminus "faktische Betrachtungsweise"[172] - hierfür eine vom Zivilrecht unabhängige strafrechtsspezifische Auslegung maßgebend sein soll.

Eindeutiger ist demgegenüber die von *Arzt* und *Tiedemann* für den Bereich der konkludenten Täuschung vertretene Auffassung, bei der Entscheidung, inwieweit in einem bestimmten Verhalten eine stillschweigende Erklärung gesehen werden

---

beurteilende Sachverhalt nicht einer der bekannten und als betrugsrelevant eingestuften Fallgruppe zuordnen läßt (a.a.O., S. 284).

168 *Cramer*, a.a.O.

169 *Cramer*, a.a.O., Rdn. 14.

170 *Cramer*, a.a.O., Rdn. 15.

171 *Cramer*, a.a.O., Rdn. 14.

172 Die Anhänger der sog. "faktische Betrachtungsweise" befürworten eine Ausweitung zivilrechtlicher Begriffe im Strafrecht. Berühmtes Beispiel hierfür ist etwa die Subsumtion des sog. "faktischen Geschäftsführers" - einer Person also, die faktisch die Funktion eines Geschäftsführers wahrnimmt, bei der es aber an einem Organbestellungsakt im gesellschaftsrechtlichen Sinn fehlt - unter das Tatbestandsmerkmal "Geschäftsführer" in § 84 I Nr. 2 GmbHG. Zur faktischen Betrachtungsweise allgemein, vgl. *Cadus*, Die faktische Betrachtungsweise, Diss. 1984.

könne, sei auf die im Zivilrecht für die Auslegung von Willenserklärungen geltenden Regeln, insbesondere die §§ 133, 157, 242 BGB, abzustellen[173]. Dieser Standpunkt ist zudem keineswegs neu. Auch im älteren Schrifttum findet sich - sofern die Problematik überhaupt einmal aufgeworfen wird - wie selbstverständlich der Hinweis, für die Bewertung eines Verhaltens als Abgabe einer konkludenten bzw. stillschweigenden Erklärung seien zivilrechtliche Maßstäbe anzuwenden[174].

Es zeigt sich also, daß es zum einen den Anhängern der Lehre vom Täterverhalten mit Erklärungswert erhebliche Schwierigkeiten bereitet, greifbare Kriterien dafür zu liefern, wann ein Täterverhalten »Erklärungswert« aufweist[175] und andererseits die dogmatische Konzeption dieser Lehre maßgebend auf der Vorstellung basiert, daß in den Fällen der konkludenten Täuschung tatsächlich eine stillschweigende Erklärung vorliegt.
Demgegenüber vertritt *Lackner*[176] die Auffassung, es laufe auf ebenso unnötige wie fragwürdige Fiktionen hinaus, wenn von der herrschenden Auffassung im Bereich der konkludenten Täuschung der »Erklärungswert« eines Verhaltens mit der Abgabe einer stillschweigenden Erklärung gleichgesetzt werde. Einerseits fehle es dem Täuschenden nämlich häufig an einem Erklärungswillen, andererseits schließe der Täuschungsadressat in aller Regel nicht auf einen möglichen Erklärungswillen des Täters in bezug auf Tatsachen, sondern vielmehr unmittelbar auf die betreffende Tatsache selbst[177]. Ausgehend von dieser Prämisse soll nach *Lackner* für den »Erklärungswert« eines Täterverhaltens allein entscheidend sein, was dem Täter bei normativer Deutung seines Verhaltens nach Maßgabe der Verkehrsanschauung über die für die jeweiligen Geschäftstypen charakteristischen Risikoverteilungen als "miterklärt" unterstellt werden dürfe[178]. Diese Frage wiederum sei zugleich inhaltlich identisch mit einer Pflicht zur Irrtumsverhinde-

---

173 *Arzt*, LH 3, Rdn. 405; *Tiedemann*, FS für Klug, S. 405 ff. (407).

174 Bei *Hellmuth Mayer*, Das Strafrecht des Deutschen Volkes, S. 222 heißt es hierzu: "Man kann nämlich ... auch durch ein konkludentes Verhalten erklären. Und in der Wertung eines Verhaltens muß man in dieser Richtung ebensoweit gehen wie das Zivilrecht." Ähnlich *Burchardt*, Täuschung und Rechtswidrigkeit beim Betrug, S. 176 f.: "Es bedarf keiner weiteren Begründung, daß auch eine Vorspiegelung oder Unterdrückung von Tatsachen durch schlüssiges Verhalten erfolgen kann, fraglich ist nur, wann aus einem Verhalten eine bestimmte Erklärung herauszulesen ist. Hier gelten die Grundsätze, die für die Auslegung von Willenserklärungen allgemein gelten."

175 *Ellmer*, a.a.O., S. 101 spricht in diesem Zusammenhang von einem "diffusen Regelsystem".

176 A.a.O., Rdn. 28 ff. Vgl. zur Auffassung *Lackners* auch die oben im 1. Teil unter III. gemachten Ausführungen.

177 *Lackner*, a.a.O.

178 *Lackner*, a.a.O., Rdn. 28, 30.

rung i.S.e. Offenbarungspflicht[179]. Damit entfernt sich *Lackner* vollständig von der dogmatischen Konzeption der herrschenden Meinung, da nach ihm die Bestimmung des »Erklärungswerts« eines Verhaltens als ein rein normatives Verfahren anzusehen ist und es nicht auf das Vorliegen einer tatsächlichen Erklärung ankommen soll. Trotz dieser, von der herrschenden Meinung grundlegend abweichenden dogmatischen Konzeption, gelangt *Lackner* jedoch - wie er selbst ausführt - zu weitgehend übereinstimmenden Ergebnissen mit der herrschenden Ansicht, was daran liegt, daß er zur Bestimmung dessen, was einem Täterverhalten als miterklärt substituiert werden dürfe, ebenfalls auf die allgemeine Verkehrsanschauung bzw. die Grundsätze von Treu und Glauben abstellt[180].

Im Hinblick auf das Kriterium »Erklärungswert« stehen sich somit zwei diametrale Thesen gegenüber: Auf der einen Seite die herrschende Auffassung, die wie selbstverständlich davon ausgeht, daß in den Fällen der konkludenten Täuschung dem Täterverhalten eine stillschweigende Erklärung über Tatsachen entnommen werden könne und auf der anderen Seite die von einem Teil der Literatur aufgestellte Behauptung, die Annahme einer stillschweigenden Erklärung in den Fällen der konkludenten Täuschung sei zumeist nichts weiter als eine bloße Fiktion, es müsse daher auf ein normatives Kriterium zur Erfassung der konkludenten Täuschung abgestellt werden.

Vor diesem Hintergrund stellt sich die Frage, ob es denn überhaupt möglich sein kann, einem Täterverhalten, das nicht in der Abgabe einer ausdrücklichen Erklärung besteht, einen bestimmten stillschweigend geäußerten Erklärungsgehalt zu entnehmen und welche Voraussetzungen hierfür gegebenenfalls erfüllt sein müßten.

Da die herrschende Meinung insoweit übereinstimmend auf die "Verkehrsauffassung" bzw. den "rechtsgeschäftlichen Verkehr" verweist und auf einen "objektiven Empfängerhorizont" abstellt - also auf zivilrechtliche Begriffe zurückgreift - ist es naheliegend, einmal diesem zivilrechtlichen Ansatz nachzugehen und zu hinterfragen, wie jene Fallgestaltungen nach zivilrechtlichen Maßstäben zu beurteilen wären, in denen die herrschende Meinung im Strafrecht von der Existenz einer tatsächlichen Erklärung ausgeht.

Für einen solchen interdiziplinären Vergleich bieten sich zwei mögliche Ansatzpunkte, denen in diesem Abschnitt nachgegangen werden soll: Zum einen das Recht der Willenserklärung, da die für das Vorliegen stillschweigender bzw. konkludenter Erklärungen im Rechtsverkehr geltenden Grundsätze in der Zivilrechtsdogmatik im Recht der Willenserklärung erörtert werden. Als weiterer

---

179 *Lackner*, a.a.O., Rdn. 28 ff., 53 f.

180 *Lackner*, a.a.O., Rdn. 29, 30 sowie 43, 49 und 65.

Ansatzpunkt bietet sich an, eine Parallele zur arglistigen Täuschung i.S.d. § 123 I BGB als dem "zivilrechtlichen Betrug" herzustellen und zu überprüfen, wie das Zivilrecht das Vorliegen einer Täuschung begründet, wenn die Irrtumserregung nicht auf einer *expressis verbis* geäußerten Tatsachenbehauptung beruht.

II. Exkurs in die Zivilrechtsdogmatik

1. Parallele zum Recht der Willenserklärung

Im Zivilrecht wird der Begriff »Erklärungswert« im Zusammenhang mit der Auslegung von Willenserklärungen verwendet und bezeichnet den objektiven Tatbestand einer Willenserklärung[181]. Dabei soll der »Erklärungswert« eines Verhaltens nicht nur für den möglichen Inhalt einer Willenserklärung maßgebend sein, sondern auch für die Frage, ob aus der Sicht des objektiven Empfängerhorizontes überhaupt eine Willenserklärung vorliegt[182].

Nun mag auf den ersten Blick der Einwand berechtigt erscheinen, bei der Täuschungshandlung des Betrugstatbestandes handele es sich in aller Regel um Tathandlungen, also Realakte, die vom Rechtsinstitut der Willenserklärung streng zu unterscheiden sind. Die für die Auslegung von Willenserklärungen geltenden Grundsätze sind im Zivilrecht jedoch keineswegs auf die Auslegung von Willenserklärungen beschränkt, sondern gelten als allgemeine Regeln im Zusammenhang mit der Auslegung und Interpretation von Erklärungs-tatbeständen. Demgemäß ist ihre Anwendung etwa bejaht worden auf geschäftsähnliche Handlungen, wie die Angaben zum baulichen Zustand eines Hauses[183] oder die inhaltliche Interpretation einer Informationsbroschüre im Rahmen der Prüfung eines Anfechtungsrechts[184]. Ferner findet sich im Recht der Willenserklärung die - im Vergleich zur konkludenten Täuschung beim Betrug - ähnlich gelagerte Problematik, inwieweit das Vorliegen einer Willenserklärung auch dann angenommen werden kann, wenn es an einer *expressis verbis* geäußerten Willenskundgabe fehlt. Es zeigen sich also durchaus parallele Ansätze zu der im Strafrecht diskutierten Thematik, unter welchen Voraussetzungen einem Verhalten eine stillschweigende Erklärung über Tatsachen entnommen werden kann, so daß es durchaus nachvollziehbar erscheint, wenn einige Autoren im strafrechtlichen Schrifttum für diesen Bereich

---

181 Vgl. nur Palandt/*Heinrichs*, § 133, Rdn. 10; BGHZ 36, S. 30 ff. (36), BGHZ v. 24. 06. 1988, BGHR, § 133 BGB Erklärungswert 1.

182 Vgl. nur *Soergel- Hefermehl*, Vor. § 116, Rdn. 17; BGHZ 91, S. 324 ff. (331).

183 BGHZ LM Nr. 24 zu § 133 (A) BGB; vgl. auch Müko/*Mayer-Maly*, § 133, Rdn. 37; *Soergel/Hefermehl*, § 133, Rdn. 5; Palandt/*Heinrichs*, § 104, Rdn. 7.

184 AG Kaiserslautern, NJW-RR 1997, S. 1073.

unmittelbar auf die für die Auslegung von Willenserklärungen geltenden Grundsätze zurückgreifen wollen[185].

Inwieweit die im Recht der Willenserklärung - insbesondere der konkludenten Willenserklärung - geltenden Grundsätze auf diese strafrechtliche Parallele übertragen werden können, soll daher im folgenden Gegenstand der Untersuchung sein. Dazu ist es jedoch unerläßlich, sich zunächsteinmal Klarheit über das Wesen der Willenserklärung zu verschaffen.

a) Die einzelnen Elemente der Willenserklärung

Der Begriff der Willenserklärung setzt sich aus einem inneren Tatbestand, dem "Willen", und einem äußeren als "Erklärung" bezeichneten Tatbestand zusammen.

Hinsichtlich des inneren Tatbestandes unterscheidet man nach allgemeinem Verständnis drei Elemente: Den das äußere Verhalten steuernden Handlungswillen, ferner das Bewußtsein, irgendeine rechtsgeschäftlich relevante Handlung vorzunehmen (sog. Erklärungsbewußtsein) sowie den Geschäftswillen, d.h. die auf einen bestimmten rechtsgeschäftlichen Erfolg gerichtete Absicht[186]. Der äußere Tatbestand der Willenserklärung wird zumeist als ein Verhalten definiert, das dazu bestimmt erscheint, einen bestimmten inneren Geschäftswillen nach außen kundzugeben[187]. Dieser "Vollbegriff" der Willenserklärung ist jedoch keineswegs gleichbedeutend mit den Mindestanforderungen, die an das Bestehen einer Willenserklärung gestellt werden. So bedarf es nach heute fast einhelliger Auffassung in Rechtsprechung[188] und Literatur[189] für die Existenz einer empfangsbedürftigen Willenserklärung lediglich eines von einem Handlungswillen getragenen Verhaltens, das sich nach Maßgabe des objektiven Empfängerhorizontes als Ausdruck eines bestimmten Geschäftswillens darstellt, sofern der Handelnde dies hätte erkennen und vermeiden können und der Empfänger auf das Vorhandensein eines entsprechenden Geschäftswillens auch tatsächlich vertraut hat.

Während in der Zivilrechtswissenschaft zumeist das Interesse den Elementen des inneren Tatbestands der Willenserklärung gilt, respektive der Frage, wie sich eventuelle Willensmängel auf Existenz und Bestand einer Willenserklärung

---

185 Vgl. oben unter I. 2. sowie die unter FN 174 genannten.

186 Vgl. statt vieler nur Palandt/*Heinrichs*, Einf. v. § 116, Rdn. 3.

187 Vgl. RGRK/*Krüger-Nieland*, Vor § 116, Rdn. 10; Palandt/*Heinrichs*, Einf. v. § 116, Rdn. 1; *Hübner*, AT, § 32, Rdn. 663.

188 Vgl. nur BGHZ 91, S. 324 ff. (328 f.); BGHZ 109, S. 177.

189 Vgl. *Larenz*, AT, § 19 III.

auswirken, ist demgegenüber für die vorliegende Aufgabenstellung von Bedeutung, welche Anforderungen an den äußeren Tatbestand im Recht der Willenserklärung gestellt werden[190]. Insbesondere aber stellt sich die Frage, ob sich feststellen läßt, daß das Vorliegen einer Willenserklärung - wie es der Terminus »Willens*erklärung*« vermuten läßt - stets zugleich auch die Abgabe einer tatsächlichen Erklärung beinhaltet.

Zur Klarstellung sei an dieser Stelle erwähnt, daß - soweit im nachfolgenden von einer tatsächlichen Erklärung die Rede ist - hierunter ein Verhalten verstanden wird, bei dem ein bestimmter gedanklicher Inhalt mittels eines Zeichens[191] für andere sinnlich wahrnehmbar dargestellt wird. Diese Definition entspricht gleichermaßen dem normalen Sprachsinn als auch der im Zivilrecht vorzufindenden allgemeinen Bestimmung des Begriffs der Erklärung und ist im Strafrecht unter dem Aspekt der *menschlichen Gedankenerklärung* i.S.d. § 267 ebenfalls anerkannt[192].

b) Erscheinungsformen des äußeren Erklärungstatbestands der Willenserklärung

Hinsichtlich des äußeren Tatbestands der Willenserklärung wird - trotz teilweise divergierender Terminologie - nach gängigem Verständnis zwischen drei möglichen Erscheinungsformen differenziert: Der ausdrücklichen Willenserklärung, der Willenserklärung durch schlüssiges bzw. konkludentes Verhalten i.S. eines positiven Tuns und dem bloßen Schweigen als Willenserklärung.

Dabei besteht heute weitgehende Einigkeit darüber, daß es - soweit nicht das Gesetz ausnahmsweise eine ausdrückliche Willenserklärung fordert - für die Rechtsfolge grundsätzlich unerheblich ist, um welche der möglichen Erschei-

---

[190] Die im Zivilrecht vor allem im Bereich der stillschweigenden bzw. konkludenten Willenserklärung kontrovers diskutierte Frage, welche Anforderungen an den inneren Tatbestand der Willenserklärung zu stellen sind, d.h. ob sich der Handelnde bzw. Schweigende der möglichen Bedeutung seines Verhaltens bewußt sein muß (vgl. hierzu *Singer*, Willenserklärungen, S. 134 ff. und passim), kann daher im folgenden außer Betracht bleiben.

[191] Ein Zeichen ist ein sinnlich wahrnehmbares Äußeres, dessen Bedeutung darin besteht, daß es einen begrifflichen Inhalt darstellt, der von anderen in eigener geistiger Tätigkeit wiederholt und dadurch verstanden werden kann, vgl. *Ernst Wolf*, AT, § 7 B II.

[192] Für das Zivilrecht vgl. etwa *Ernst Wolf*, AT, § 7, B II. Für den strafrechtlichen Begriff der *menschlichen Gedankenerklärung* vgl. nur *Samson*, SK, § 267, Rdn. 12 ff.; ders., Urkunde u. Beweiszeichen, S. 37 ff. und passim; *Puppe*, Jura 1980, S. 18 f.

nungsformen einer Willenserklärung es sich handelt[193]. Daß diese rechtliche Gleichstellung jedoch nicht dahingehend verstanden werden darf, daß eine Willenserklärung unabhängig von den jeweiligen äußerlichen Modalitäten stets zugleich auch die Abgabe einer tatsächlichen Erklärung beinhaltet, wird nachfolgend dargelegt und begründet werden.

aa. Die Unterscheidung zwischen ausdrücklichen und sonstigen Willenserklärungen

Das Gesetz selbst unterscheidet zwischen "ausdrücklichen" und sonstigen Willenserklärungen, indem es z.B. in § 164 I S. 2 BGB ausführt, daß es keinen Unterschied mache, ob die Erklärung im Namen des Vertretenen zu handeln "ausdrücklich" erfolge oder ob "die Umstände" dies ergeben. Diese begriffliche Differenzierung geht bereits auf die Materialien zum Bürgerlichen Gesetzbuch zurück. So lautete § 72 des ersten Entwurfs zum BGB: "Die Willenserklärung kann ausdrücklich oder stillschweigend erfolgen" und in § 90 des Vorentwurfs von Gebhardt heißt es: "Die Willenserklärung kann, vorbehaltlich besonderer Bestimmungen, ausdrücklich, durch Worte oder Zeichen, welche diese unmittelbar enthalten, oder stillschweigend durch ein Verhalten erfolgen, welches auf die Willenserklärung mit Sicherheit schließen läßt" [194].

Die Unterscheidung zwischen ausdrücklichen und sonstigen Willenserklärungen soll nach allgemeiner Auffassung danach vorzunehmen sein, ob eine "in besonderem Maße unzweideutige Offenbarung" des Geschäftswillens vorliegt - so die Definition des *Reichsgerichts*[195] - bzw. ob der Geschäftswille unmittelbar aus einer Erklärung des Handelnden entnommen werden könne oder aber aus anderen Umständen hergeleitet werden müsse[196]. Während in der Literatur hieraus vereinzelt der Schluß gezogen wird, eine ausdrückliche Willenserklärung setze voraus, daß der Geschäftswille mittels gesprochener oder geschriebener Worte zum Ausdruck gebracht werde[197], soll nach herrschender Meinung in Rechtsprechung und Literatur der Eindeutigkeit des Erklärungsinhalts der

---

[193] Vgl. nur Müko/*Kramer*, Vor. § 116, Rdn. 22; Soergel/*Hefermehl*, Vor. § 116, Rdn. 31, m.w.N. Dies wird zudem in § 164 I S. 2 BGB auch für den Normalfall auch ausdrücklich klargestellt.

[194] *Gebhard*, Entw. AT II, 2. S. 63 ff. (zitiert nach *Flume*, AT II, § 5 1.).

[195] Vgl. RGZ 107, S. 110 f. (111); RGZ 111, S. 316 ff. (317); RGZ 138, S. 52 ff. (54). Zustimmend *Flume*, a.a.O.; *Hübner*, AT, § 32, Rdn. 669.

[196] Vgl. Müko/*Kramer*, Vor. § 116, Rdn. 21; *Larenz/M. Wolf*, AT, § 24, Rdn. 14; *Köhler*, AT, § 13, Rdn. 4; Soergel/*Hefermehl*, Vor. § 116, Rdn. 31.

[197] Vgl. *Medicus*, AT, Rdn. 334; *Hanau*, AcP 165, S. 220 ff. (222).

Vorrang gegenüber dem gewählten Erklärungsmittel zukommen[198]. Grundsätzlich unerheblich sei dabei, ob das gewählte Erklärungsmittel in Worten bzw. wortvertretenden Zeichen, einer individuell vereinbarten Zeichensprache oder einer Geste - wie etwa dem Nicken mit dem Kopf - bestehe, solange damit nur ein eindeutiger Gedankeninhalt vermittelt werde[199]. Selbst ein Nichtstun in Form des bloßen Schweigens soll danach in engbegrenzten Ausnahmefällen als Abgabe einer ausdrücklichen Willenserklärung in Betracht kommen, sofern das Schweigen - wie etwa bei Abstimmungen - zuvor als Erklärungszeichen vereinbart wurde, da in diesen Fällen das Schweigen "beredt" sei und somit einer Erklärung durch Worte in nichts nachstehe[200].

Für den Standpunkt der herrschenden Meinung, das Erfordernis der Unzweideutigkeit der Willenskundgabe - und damit das Vorliegen einer ausdrücklichen Willenserklärung - nicht notwendig an dem formalen Kriterium der Verwendung von gesprochenen oder geschriebenen Worten festzumachen, spricht dabei, daß es sich auch bei der Verwendung von Worten letztlich nur um eine Verwendung von Zeichen handelt, die beim gesprochenen Wort aus einer Einheit artikulierter Laute und beim geschriebenen Wort aus einer Kombination von Buchstaben bestehen[201]. Sieht man nun aber das entscheidende Kriterium einer ausdrücklichen Willenserklärung in einer "im besonderen Maße unzweideutigen Offenbarung" des Geschäftswillens bzw. in der Unmittelbarkeit seiner Kundgabe, dann ließe sich eine Einschränkung des Begriffs der ausdrücklichen Willenserklärung auf Kundgaben mittels gesprochener oder geschriebener Worte nur rechtfertigen, sofern damit zugleich auch ein höheres Maß an Eindeutigkeit bzw. Unmittelbarkeit verbunden wäre. Eine solche "Überlegenheit" des Wortes besteht jedoch nicht. Der Signalton einer Feuerwehrsirene beispielsweise steht in seiner Eindeutigkeit der wörtlichen Aufforderung an die Feuerwehrleute, sich für einen Einsatz bereitzumachen, in nichts nach. Gleiches gilt für die Verwendung bestimmter Handzeichen als Abgabe bzw. Annahme eines Kaufangebotes im Handel mit Aktien und Devisen an der Börse, dem Handheben in einer Versteigerung oder

---

198 Vgl. neben den unter FN 193 genannten: RGRK/*Krüger-Nieland*, Vor. § 116, Rdn. 11; Müko/*Kramer*, Vor. § 116, Rdn. 21 (mit Verweis auf dortige FN 27); BGH NJW 1982, 431 f. (432).

199 Wie vorstehend.

200 Vgl. *Flume*, AT, § 5 2a; *Larenz*, AT, § 19 IVa; Müko/*Kramer*, a.a.O., Rdn. 23; ders., Jura 1984, S. 232 ff. (238); RGRK/*Krüger-Nieland*, a.a.O., Rdn. 33. Wenn auch umstritten ist, ob eine ausdrückliche Willenserklärung durch bloßes Schweigen verwirklicht werden kann, so ist doch die grundsätzliche Möglichkeit des Schweigens als Willenserklärung weitgehend anerkannt (vgl. neben den vorstehend genannten nur Soergel/*Hefermehl*, Vor § 116, Rdn. 32 f.; Palandt/*Heinrichs*, Einf. v. § 116, Rdn. 7). Zur abweichenden Ansicht *Bickels*, NJW 1972, S. 607 ff., vgl. die nachfolgend unter FN 235 gemachten Ausführungen.

201 Vgl. hierzu *Ernst Wolf*, a.a.O.

der Übermittlung einer Nachricht durch Morsezeichen. In all diesen Fällen handelt es sich jeweils um die Verwendung eines bestimmten Codes zur Übermittlung einer Nachricht, wobei für die betreffenden Personen die Eindeutigkeit der übermittelten Nachricht nicht von der Art des verwendeteten Codes abhängt. Auch die Verwendung bestimmter Gesten, wie etwa das Kopfschütteln oder Kopfnicken auf eine Frage, erweist sich vor diesem Hintergrund als geeignetes Mittel, einen Geschäftswillen eindeutig kundzutun. Der vereinzelt hiergegen erhobene Einwand, das Kopfnicken könne für sich allein betrachtet keinen Geschäftswillen zum Ausdruck bringen[202], verkennt, daß auch die Verwendung von Worten häufig erst aus ihrem Kontext heraus die Kundgabe eines bestimmten Geschäftswillens offenbart. Wenn man etwa nur die Worte "Ja" und "Nein" oder auch die Sätze: "Ich nehme Ihr Angebot an !", "Ich kaufe!" oder "Ich kündige!" betrachtet, läßt sich den Worten - isoliert betrachtet - kein bestimmter Geschäftswille entnehmen, sondern erst dann, wenn man die Worte in ihren Kontext einordnet, in dem sie gesprochen wurden[203]. Die Frage der Unzweideutigkeit bleibt hiervon jedoch vollkommen unberührt. So macht es im Hinblick auf die Eindeutigkeit der Kundgabe eines Geschäftswillens keinen Unterschied, ob derjenige, der ein Kaufangebot annimmt, sich dazu der Worte bedient: "Hiermit nehme ich Ihr Angebot zum Kauf zweier Gegenstände X zum Preis Y an" oder schlicht mit "Ja" antwortet. Beide Antworten geben den gleichen gedanklichen Inhalt wieder, der in dem Willen zur Annahme des Kaufangebots besteht, wobei die Antwort "Ja" diesen gedanklichen Inhalt lediglich verkürzt wiedergibt, indem auf das vorausgegangene Angebot Bezug genommen wird. Niemand würde deswegen jedoch auf die Idee kommen zu bestreiten, daß es sich bei der Antwort mit dem Wort "Ja" auf eine vorausgegangene Offerte um die Abgabe einer ausdrücklichen Willenserklärung handelt.

Es zeigt sich also, daß es für die Frage, ob ein Kundgabemittel geeignet ist, einen bestimmten Geschäftswillen unzweideutig zum Ausdruck zu bringen, nicht darauf ankommen kann, ob die konkret verwendeten Zeichen bzw. Gesten auf einen bestimmten Kontext - wie etwa ein vorangegangenes Angebot - Bezug nehmen, sondern vielmehr entscheidend sein muß, daß dem verwendeten Zeichen - sei es nun ein Wortzeichen oder ein sonstiges Zeichen - ein eindeutig bestimmbarer gedanklicher Inhalt zugeordnet werden kann. Dies ist bei Gesten wie dem Kopfnicken jedoch fraglos der Fall. Es besteht nämlich kein Zweifel daran, daß das auf eine Frage hin erfolgende Nicken mit dem Kopf "Ja" und ein Kopfschütteln "Nein" bedeutet[204]. Von diesem Standpunkt aus ist es nur konsequent, auch dem Schweigen ausnahmsweise die Qualität einer eindeutigen Willenskundgabe zuzubilligen, sofern das Schweigen in der konkreten Situation als

202 Vgl. *Larenz/M.Wolf*, AT, § 24 III, Rdn. 16.
203 Vgl. dazu auch Soergel/*Hefermehl*, Vor. § 116, Rdn. 18.
204 Vgl. Staudinger/*Dilcher*, Vorbem. zu § 116, Rdn. 12.

Zeichen der Willenskundgabe vereinbart wurde, wie es bei Beschlußfassungen bzw. Abstimmungen häufig der Fall ist[205].

Damit hat sich die Auffassung der herrschenden Meinung als zutreffend erwiesen, wonach eine ausdrückliche Willenserklärung nicht notwendig die wörtliche Kundgabe des Geschäftswillens erfordert. Als Kundgabemittel kommen vielmehr alle Zeichen in Betracht, denen - und sei es auch nur in Verbindung mit dem Kontext, in dem sie verwendet wurden - ein eindeutig bestimmbarer gedanklicher Inhalt zugeordnet werden kann und dieser mit dem Geschäftswillen identisch ist. Überträgt man nun diese Erkenntnis auf den Begriff der Erklärung als eines Verhaltens, bei dem ein bestimmter gedanklicher Inhalt mittels Zeichen für andere sinnlich wahrnehmbar dargestellt wird, so erweist sich für den Bereich der ausdrücklichen Willenserklärung das Vorliegen einer tatsächlichen Erklärung als geradezu konstitutiv.

Fraglich ist jedoch, wie es sich mit dem Vorliegen einer Erklärung außerhalb des Bereichs der ausdrücklichen Willenserklärung verhält.

bb. Die "stillschweigende" Willenserklärung als Oberbegriff für Willenserklärungen kraft sonstigen Verhaltens

Die Abgabe einer Willenserklärung kann nicht nur, wie vorstehend geschildert, »ausdrücklich« erfolgen, sondern auch durch ein sonstiges Verhalten, das als stillschweigende Willenserklärung oder konkludentes bzw. schlüssiges Verhalten bezeichnet wird. Die Bezeichnung "stillschweigende Willenserklärung" wird dabei zumeist als Oberbegriff verstanden, der sowohl ein positives Tun in Form des schlüssigen bzw. konkludenten Handelns erfaßt als auch ein Unterlassen in Form des bloßen Schweigens im Rechtsverkehr[206].

(1) Die Willenserklärung kraft konkludenten bzw. schlüssigen Verhaltens

Im Gegensatz zur ausdrücklichen Willenserklärung wird das Vorliegen einer konkludenten bzw. schlüssigen Willenserklärung nicht davon abhängig gemacht, daß ein bestimmter Geschäftswille mittels eines Erklärungszeichens unzweideutig

---

205 Palandt/*Heinrichs*, Einf. v. § 116, Rdn. 7 spricht in diesem Zusammenhang von einem Schweigen mit "objektivem Erklärungswert".

206 Vgl. nur RGKR/*Krüger-Nieland*, Vor. § 116, Rdn. 12; Palandt/*Heinrichs*, Einf. v. § 116, Rdn. 6; Müko/*Kramer*, Vor. § 116, Rdn. 20 ff.; ders., Jura 1984, S. 235 ff. (238); *Flume*, AT, § 5, 3. Kritisch zur Bezeichnung "stillschweigende" Willenserklärung: *Larenz/Wolf*, AT, § 24, Rdn. 20; *Hübner*, AT, § 32, Rdn. 669.

zum Ausdruck gebracht wird[207]. Statt dessen soll eine Äußerung oder eine sonstige Handlung ausreichend sein, "die einen bestimmten Rechtsfolgewillen zwar nicht unmittelbar zum Ausdruck bringt, wohl aber mittelbar dadurch, daß sie einen Schluß von dem unmittelbar Gesagten oder Bewirkten auf einen sich darin äußernden Rechtsfolgewillen zuläßt"[208]. *Hübner* beschreibt die konkludente Willenserklärung als ein Verhalten, welches "ohne unmittelbar dem Kundmachungszweck zu dienen, auf die Verwirklichung des Willens gerichtet" und "nicht Erklärungsmittel, sondern nur Anzeichen eines Willens" sei[209].

Bereits diese Begriffsbestimmung deutet an, daß eine Willenserklärung kraft konkludenten Verhaltens - im Gegensatz zur ausdrücklichen - offenbar nicht voraussetzt, daß ein bestimmter Geschäftswille Gegenstand einer Erklärung ist, sondern vielmehr aus einem äußeren Verhalten auf das *Vorhandensein* eines Geschäftswillens geschlossen wird. Der Grund hierfür ist in dem Wesen der Willenserklärung zu sehen. Nach heutigem Verständnis ist die Willenserklärung nämlich nicht notwendig eine Aussage über ein Wollen, sondern sie ist ein Akt finaler Rechtsgestaltung, dessen Geltungsgrund in der Verwirklichung bzw. dem In-Gang-Setzen einer Rechtsfolge besteht[210]. Manche sprechen daher auch von der Willenserklärung als dem "Vollzug" einer Rechtsfolge oder einem *actus iuridicus*[211].

Wenn nun der äußere Tatbestand einer Willenserklärung häufig allgemein als Kundgabe eines inneren Geschäftswillens bezeichnet wird, so ist dies nicht im Sinne einer Aussage oder Erklärung über ein Wollen zu verstehen, sondern im Sinne eines nach außen tretenden Vollzugsmoments bzw. einer Manifestation des Rechtsfolgewillens[212]. Was hierunter zu verstehen ist, wird besonders an-

---

207 Vgl. *Flume*, AT, § 5 Anm. 4: "Die Willenserklärung durch schlüssiges Handeln unterscheidet sich dadurch von der "normalen" Willenserklärung, daß das Handeln unmittelbar nicht die Bestimmung hat, Erklärungszeichen betreffs des Abschlusses des fraglichen Geschäfts zu sein." Ebenso Soergel/*Hefermehl*, Vor § 116, Rdn. 30.

208 *Larenz*, AT, § 19 IV b; Erman/*Brox*, Vor. § 116, Rdn. 7.

209 *Hübner*, AT, § 32, Rdn. 670.

210 Ausführlich hierzu *Larenz*, Methode, S. 37 ff. (45), *ders.* AT, § 19 I, S. 335 u. passim; *Singer*, Willenserklärungen, S. 164 f. u. passim; ferner Soergel/*Hefermehl*, Vor. § 116, Rdn. 31; *Flume*, AT II, § 4, 7 u. § 5, 8.

211 Vgl. *Flume*, AT II, § 5, 8.

212 Vgl. *Singer*, a.a.O., S. 164 f.: "Das angebliche Wesensmerkmal des Kundgabezwecks wurzelt allem Anschein nach in der - seit *Larenz* grundlegender Schrift über die Methode der Auslegung eigentlich überwundenen - Vorstellung, die Willenserklärung sei eine Aussage ("Kundgabe") über ein Wollen. In Wahrheit ist sie Geltungserklärung und damit vollziehender Akt. Dessen Wesen entspricht zwar ein nach außen tretendes Vollzugsmoment, also eine Verlautbarung oder Manifestation der in Gang gesetzten Regelung, die erkennen läßt, daß eine Rechtsfolge eintreten soll, aber eben nicht unbedingt eine Kundgabe in dem Sinn, daß sich der Erklärende an konkrete oder potentielle Empfänger wendet."Vgl. i.d.S.

schaulich, wenn man sich jene Fälle konkludenter Vertragsschlüsse vor Augen hält, bei denen der Zugang - im Gegensatz zur Abgabe - einer Annahmeerklärung nach § 151 BGB entbehrlich ist[213].

Wer beispielsweise ein Buch, das ihm verbunden mit einer Kaufofferte zugeschickt wurde, aus der Verpackung nimmt und es in sein Bücherregal stellt, seinen Namen darin einträgt oder Notizen hineinschreibt, dessen Verhalten erfüllt die Voraussetzungen einer Willenserklärung kraft schlüssigen Verhaltens[214]. Gleiches gilt für das Einwerfen von Münzen in Warenautomaten[215]. Hier kommt es ebenfalls - ohne daß es dazu eines potentiellen Erklärungs-empfängers bedürfte - zu Vertragsschlüssen kraft konkludenter Willenserklärungen.

Ebenso wie im Bereich der ausdrücklichen Willenserklärung kommt es für die Bewertung eines äußeren Verhaltens als Willenserklärung auch nicht darauf an, ob dem Verhalten, von dem aus auf einen Geschäftswillen geschlossen wird, tatsächlich ein entsprechender Wille zugrunde lag. Entscheidend ist vielmehr, ob "aus Sicht eines objektiven redlichen Dritten betrachtet" ein bestimmter Geschäftswille nach außen hervorgetreten ist[216].

In den wiederholt vom *Bundesgerichtshof* entschiedenen "Scheckeinreichungsfällen"[217] etwa, ist in der vorbehaltslosen Einreichung eines Schecks, den der Schuldner verbunden mit einem Antrag auf Abschluß eines Erlaßvertrages und unter gleichzeitigem Verzicht auf den Zugang der Annahmeerklärung, seinem Gläubiger zugesandt hatte, die konkludente Annahme eines Erlaßvertrages

---

auch Erman/*Hefermehl*, § 151, Rdn. 8, der darauf verweist, daß die Willenskundgabe kein Wesensmerkmal der Willenserklärung sei. Ebenso *Enneccerus-Nipperdey*, AT, § 145 II A 3.

213 Schon das Gesetz selbst differenziert hier zwischen der konkludenten Annahme als solcher und der *Erklärung* der Annahme gegenüber dem Antragenden, wenn es in § 151 S. 1 BGB heißt: "Der Vertrag kommt durch die Annahme des Antrags zustande, ohne daß die Annahme dem Antragenden gegenüber erklärt zu werden braucht, wenn eine solche Erklärung nach der Verkehrssitte nicht zu erwarten ist oder der Antragende auf sie verzichtet hat." Im Schrifttum werden diese Fälle der Annahme häufig nicht als Willenserklärung, sondern als"Willensbetätigung" bezeichnet. Dabei handelt es sich jedoch nur um eine Differenzierung terminologischer Natur, da § 151 BGB lediglich den Zugang nach § 130 I BGB für entbehrlich erklärt, aber keine Ausnahme vom Konsensprinzip darstellt, wonach es für einen Vertragsschluß des Vorliegens zweier übereinstimmender Willenserklärungen bedarf, vgl. hierzu Palandt/*Heinrichs*, § 151, Rdn. 2; Soergel/*M.Wolf*, § 151, Rdn. 7; Staudinger/*Dilcher*, § 151, Rdn. 9.

214 Vgl. statt vieler nur Erman/*Hefermehl*, a.a.O., Rdn. 5.

215 Vgl. nur Müko/*Kramer*, § 151, Rdn. 3.

216 Vgl. RGZ 117, S. 312 ff. (314 f.); BGHZ 74, S. 352 ff. (356); BGHZ 111, S. 97 ff. (101); Palandt/*Heinrichs*, § 151, Rdn. 2.

217 BGHZ WM 1986, S. 322 ff. (324); BGHZ NJW 1990, S. 1656 ff. (1658).

gesehen worden, obwohl den Gläubigern der Abschluß eines entsprechenden Erlaßvertrages in Wirklichkeit höchst unerwünscht war, da die angebotenen Summen um ein Vielfaches unter den bereits titulierten Forderungen lagen und der eigentliche Wille der Gläubiger bei der Scheckeinreichung dahin ging, die Schecksumme mit den Forderungen zu verrechnen, anstatt sie zum Erlöschen zu bringen[218].

Daß Verhaltensweisen wie diese dennoch als konkludente Willenserklärungen angesehen werden, liegt allein daran, daß aus ihnen auf das *Vorhandensein* eines bestimmten Geschäftswillens geschlossen werden *kann*. Sie stellen jedoch keine Kundgabe bzw. Erklärung in dem Sinne dar, daß sich der Handelnde zwecks Übermittlung eines bestimmten Gedankeninhalts an konkrete oder potentielle Empfänger wendet. Ein Geschäftswille wird hier nicht *»erklärt«*, sondern unmittelbar vollzogen. Dabei folgt das Nichtvorliegen einer Erklärung in diesen Fällen bereits daraus, daß die genannten Verhaltensweisen weder auf eine Kundgabe gerichtet sind, noch ein Empfänger vorhanden ist, der daraus auf einen möglichen Geschäftswillen schließen könnte[219].

Damit steht zunächst fest, daß eine konkludente Willenserklärung nicht notwendig eine Erklärung im tatsächlichen Sinne voraussetzt, der Rechtsbegriff »Willenserklärung« also nicht mit dem Begriff der »Erklärung« deckungsgleich ist[220] [221].

---

218 Wie vorstehend.

219 In den "Scheckeinreichungsfällen" wird der Vorgang der Scheckeinreichung, durch den es zum Abschluß des Erlaßvertrages kommt, zwar den Bankangestellten zur Kenntnis gebracht, aber eben nicht dem Schuldner, mit dem der Erlaßvertrag geschlossen wird. Dieser erfährt von der Abgabe der Annahmeerklärung erst zu einem späteren Zeitpunkt, zu dem der Vertrag bereits geschlossen ist.

220 Vgl. *Flume*, AT II, § 5, 7:"Der Terminus Willenserklärung ist hinsichtlich seiner beiden Bestandteile nicht glücklich. Nimmt man die Akte der Willensbetätigung ohne Kundgabesinn als Akte der Gestaltung von Rechtsverhältnissen mit in den Begriff der Willenserklärung hinein, wie es der wohl heute herrschenden Meinung entspricht und sachgerecht ist, so trifft der Ausdruck "Erklärung" in seinem Sprachsinn nur einen Teil - allerdings den wesentlichen Teil - der mit dem Begriff "Willenserklärung" erfaßten Akte."

221 Ganz allgemein läßt sich die Feststellung treffen, daß ein konkludentes Verhalten nicht gleichbedeutend ist mit dem Vorliegen einer Erklärung im sprachlichen Sinn. Wer beispielsweise mit einem geladenen Gewehr aus der Deckung heraus auf seinen Feind zielt, dessen Verhalten ist *konkludent* für seinen Tötungsvorsatz. Wer eine Geldbörse auf der Straße findet, die Geldscheine herausnimmt, sie einsteckt und die leere Börse sodann zurück auf die Straße wirft, dessen Verhalten gibt *konkludent* seinen Willen, sich das Geld zuzueignen, zum Ausdruck. Eine *Erklärung* liegt in den genannten Fällen deshalb jedoch nicht vor.

Nun stellen die Fälle, in denen der Zugang einer Annahmerklärung nach § 151 BGB entbehrlich ist, freilich nur einen Teilbereich der Willenserklärung kraft schlüssigen Verhaltens dar. Daher bleibt die Frage, wie es sich im Hinblick auf das Vorliegen einer tatsächlichen Erklärung in den sonstigen Fällen konkludenter Willenserklärungen verhält, bei denen das Handeln, von dem aus auf das Vorliegen eines Geschäftswillens geschlossen wird, nicht im Verborgenen bleibt, sondern in den Machtbereich bzw. Organisationskreis des Adressaten gelangt.

Zunächst ist dazu festzustellen, daß in vielen Fällen, in denen eine Willenserklärung kraft schlüssigen Verhaltens angenommen wird, der hinter diesem Verhalten stehende Wille zumeist gar nicht primär auf die Herbeiführung einer Rechtsfolge gerichtet ist. Wer beispielsweise einen Zug oder ein sonstiges Verkehrsmittel besteigt, mit seinem Auto auf einen gebührenpflichtigen Parkplatz fährt, die in einem Restaurant auf dem Tisch bereitgestellten Brötchen ißt oder in einer Bar ein Bier mit den Worten: "Ein Bier bitte !" bestellt, verfolgt damit in aller Regel einen tatsächlichen Erfolg, der darauf gerichtet ist, mit dem Verkehrsmittel befördert zu werden, sein Auto parken zu können oder schlicht eine Sache in Besitz zu nehmen[222].

Überprüft man nun die genannten Verhaltensweisen daraufhin, ob aus ihnen auf einen zugrundeliegenden Geschäftswillen geschlossen werden kann, so zeigt sich, daß es sich insoweit um ambivalente Verhaltensweisen handelt und der Schluß auf einen zugrunde liegenden Geschäftswillen keineswegs zwingend ist, sondern nur eine unter mehreren Interpretationsmöglichkeiten darstellt[223]. Aus einem Verhalten wie dem Einsteigen in einen Zug, bei dem die Fahrkarte auch während der Fahrt gelöst werden kann, kann unmittelbar nur geschlossen werden, daß es der Person offenbar darum geht, von A nach B befördert zu werden. Ob die Person darüber hinaus auch willens ist, einen Beförderungsvertrag zu schließen, einen solchen zuvor schon geschlossen hat oder aber überhaupt nicht zu schließen beabsichtigt, d.h. schwarzfahren will, kann dem Verhalten nicht ohne zusätzliche Information entnommen werden.

Larenz hat in diesem Zusammenhang zutreffend darauf hingewiesen, daß der Schluß, der hier aus einer Äußerung oder sonstigen Handlung auf den Vollzug einer Rechtsfolge gezogen wird, maßgeblich darauf beruht, daß demjenigen, aus dessen Verhaltensweise auf einen bestimmten Rechtsfolgewillen geschlossen wird, gemäß dem Grundsatz von Treu und Glauben eine redliche Denk - und Handlungsweise unterstellt wird[224]. Erst wenn nämlich die genannten Verhaltensweisen dahingehend ergänzt werden, daß man der betreffenden Person

---

222 Vgl. *Singer*, a.a.O., S. 163.

223 Vgl. *Canaris*, FS für Wilburg, S. 77 ff. (78).

224 *Larenz*, AT, § 19 IV b. Vgl. auch *Singer*, a.a.O., S. 163.

redliches Denken und Handeln unterstellt, gelangt man zu dem Schluß, daß derjenige, der noch keinen Fahrschein gelöst hat, mit dem Einsteigen in den Zug eine Rechtsfolge in Gang setzen will, die im Abschluß eines Beförderungsvertrags besteht und daß derjenige, der im Restaurant ein Brötchen verzehrt oder ein Bier bestellt hat, dies auch zu bezahlen gedenkt. Ebenso kann aus dem Parken eines Fahrzeugs auf einem gebührenpflichtigen Parkplatz erst dann mit Sicherheit auf einen entsprechenden Rechtsfolgewillen geschlossen werden, wenn man davon ausgeht, der Benutzer verhalte sich redlich und sei demgemäß mit dem Abschluß eines entsprechenden Mietvertrages einverstanden[225]. Entsprechendes gilt für den in Lehrbüchern häufig als Paradigma eines konkludenten Vertragsschlusses angeführten Fall, daß ein Darlehensgeber für einen nach dem vereinbarten Rückzahlungstermin liegenden Zeitraum weiterhin Zinsen vom Darlehensnehmer in Empfang nimmt. Auch hier schließt man aus der Entgegennahme des Geldes nur deshalb auf einen Willen zur "stillschweigenden" Verlängerung des Darlehensvertrages, weil es mit einer redlichen Handlungsweise bzw. dem Grundsatz von Treu und Glauben unvereinbar wäre, würde der Darlehensgeber weitere Zahlungenen entgegennehmen, ohne damit zugleich auch einer Verlängerung des Darlehensvertrages zuzustimmen[226].

Der Schluß auf das Vorliegen eines Geschäftswillens erfolgt hier also nicht dergestalt, daß eine Handlung einen bestimmten gedanklichen Inhalt vermittelt, der mit dem Geschäftswillen identisch ist - wie es bei der ausdrücklichen Willenserklärung der Fall ist - sondern er wird unter Zuhilfenahme einer Unterstellung und damit normativ ermittelt. Dogmatischer Anknüpfungspunkt ist dabei die Bestimmung des § 157 BGB, wonach *Verträge*[227] so auszulegen sind, "wie Treu und Glauben mit Rücksicht auf die Verkehrssitte es erfordern" und der nicht nur für die inhaltliche Auslegung von Willenserklärungen gilt, sondern auch für die damit einhergehende Frage, ob tatbestandlich überhaupt eine Willens-

225 Welche Schwierigkeiten sich ergeben, wenn eine solche Unterstellung nicht möglich ist, zeigt der berühmt gewordene "Hamburger Parkplatzfall" (BGHZ 21, S. 319 ff., 333 ff.). Hier hatte der Benutzer beim Auffahren auf den Parkplatz zugleich erklärt, er wolle zwar sein Auto abstellen, sei aber nicht zur Zahlung der Parkgebühr bereit. Der *Bundesgerichtshof* hatte seinerzeit einen Vertragsschluß kraft *sozialtypischen Verhaltens* angenommen. Dieser Standpunkt kann mittlerweile als rechtshistorisch betrachtet werden. Die heute herrschende Meinung geht davon aus, daß in den Fällen einer *protestatio facto contraria* eine angemessene Lösung nur über das Bereicherungsrecht gefunden werden kann (vgl. nur Müko/*Kramer*, Vor. § 116, Rdn. 38).

226 Vgl. nur *Larenz*, AT, § 19 IV b.

227 § 157 BGB gilt als allgemeiner Grundsatz einer objektiven Auslegung, der über seinen Wortlaut hinaus auch auf einseitige Rechtsgeschäfte und einzelne Willenserklärungen Anwendung findet, vgl. nur Palandt/*Heinrichs*, § 157, Rdn. 1.

erklärung vorliegt[228]. Eine konkludente bzw. schlüssige Willenserklärung setzt daher keine Erklärung im Sinne einer Handlung voraus, die darin besteht, daß ein bestimmter gedanklicher Inhalt mittels eines Zeichens für andere sinnlich wahrnehmbar dargestellt wird, wie es bei der ausdrücklichen Willenserklärung der Fall ist. Ausreichend ist vielmehr irgendeine beliebige Handlung, die sich nach Treu und Glauben als Ausdruck eines bestimmten Geschäftswillens deuten läßt und - soweit es sich um eine empfangsbedürftige Willenserklärung handelt - dem Adressaten zur Kenntnis gebracht werden bzw. in dessen Organisationskreis gelangen muß. Dabei kommt der Handlung als faktisches Element für den normativ ermittelten Rückschluß auf einen Geschäftswillen nur eine untergeordnete Rolle im Sinne einer Indizfunktion zu[229].

Wie weit man in der Zivilrechtsdogmatik zu gehen bereit ist, wenn es gilt, auf den Grundsatz von Treu und Glauben zu rekurrieren, um das Vorliegen einer stillschweigenden Willenserklärung zu begründen - und daß man dabei teilweise sogar bereit ist auf das Erfordernis einer Handlung gänzlich zu verzichten - soll im folgenden anhand eines Phänomens aufgezeigt werden, das im Zivilrecht im Zusammenhang mit der Thematik des "Schweigens im Rechtsverkehr" diskutiert wird.

(2) Schweigen im Rechtsverkehr als Willenserklärung

Unter der Bezeichnung "Schweigen im Rechtsverkehr" werden jene Fälle zusammengefaßt, in denen überhaupt keine Handlung auszumachen ist, die als Hinweis auf einen Geschäftswillen gedeutet werden könnte, sondern allenfalls aus einem bloßen Nichtstun auf die Ver-wirklichung eines Geschäftswillens geschlossen werden kann[230].
Eine rechtlich relevante Bedeutung des Schweigens kann sich dabei aus zwei dogmatisch grundlegend verschiedenen Ansatzpunkten ergeben: Dem Schweigen als möglicher Erschein-ungsform einer echten Willenserklärung und dem sogenannten "normiertem Schweigen" bzw. "Schweigen an Erklärung Statt"[231]. Letzteres umfaßt jene Fälle, in denen dem Schweigen kraft gesetzlicher Fiktion die Wirkung einer Willenserklärung zukommt, also allein an die Tatsache des Schweigens rechtliche Wirkungen geknüpft werden, die zwar in ihren Rechtsfolgen einer Willenserklärung gleichstehen, gleichwohl aber nicht rechtsgeschäft-

---

228 Vgl. nur BGHZ 91, S. 324 ff. (331); Soergel/*Hefermehl*, Vor. § 116, Rdn. 17 m. w. N.
229 Vgl. BGHZ NJW-RR 1991, S. 1251 ff. (1251); *Hübner*, AT, § 32, Rdn. 670.
230 Vgl. *Canaris*, FS für Wilburg, S. 77 ff.; Soergel/*Hefermehl*, Vor § 116, Rdn. 32 ff.; Müko/*Kramer*, Vor § 116, Rdn. 23.
231 Vgl.statt vieler nur *Larenz*, AT, § 19 IV c.

licher Natur sind[232]. Dieser Bereich des "Schweigens im Rechtsverkehr", der insbesondere im Handelsrecht von großer praktischer Bedeutung ist[233], gehört nicht ins Recht der Willenserklärung und kann daher im weiteren außer Betracht bleiben.

Für die vorliegende Aufgabenstellung von Interesse dagegen sind jene Fälle, bei denen das bloße Schweigen als Erscheinungsform einer echten Willenserklärung diskutiert wird.

Was die rechtsgeschäftliche Bedeutung des Schweigens, respektive die Möglichkeit einer Willenserklärung durch "reines Stillschweigen"[234] anbelangt, so besteht zunächsteinmal Einigkeit darüber, daß durch ein bloßes Schweigen der objektive Tatbestand einer Willenserklärung grundsätzlich nicht verwirklicht werden könne, da ein Schweigen für sich gesehen in der Regel weder einen zustimmenden noch einen ablehnenden Willen zum Ausdruck zu bringen in der Lage sei und damit das Gegenteil einer Erklärung darstelle[235].

Allerdings soll dieser Grundsatz, wonach Schweigen keinen Erklärungswert aufweise, nicht ausnahmslos gelten.

Wie bereits oben im Zusammenhang mit der ausdrücklichen Willenserklärung ausgeführt wurde, ist weithin anerkannt, daß ein Schweigen dann den Tatbestand

---

232 Hierbei handelt es sich in aller Regel um Fälle, in denen das Schweigen kraft gesetzlicher Anordnung entweder als Zustimmung oder als Ablehnung gilt. Die Fiktion einer Ablehnung findet sich etwa in den §§ 108 II, S. 2; 177 II, S. 2 oder 415 II, S. 2 BGB. Als Zustimmung wird das Schweigen fingiert z. B. in den Fällen der §§ 416 I, S. 2; 496 S. 2; 516 II, S. 2; 568; 625 BGB sowie den §§ 362 I; 377 II; 386 I HGB.

233 Dies gilt vor allem für das Schweigen eines Kaufmanns auf einen Antrag zur Geschäftsbesorgung i.S.d. § 362 I HGB. Streitig ist dagegen die rechtliche Einordnung des von der Rechtsprechung im Anschluß auf die Regelung des § 362 I HGB entwickelten Instituts des *Schweigens auf ein kaufmännisches Bestätigungsschreibens*. Nach herrschender Meinung handelt es sich auch hier um einen Fall des normierten Schweigens (vgl. nur Palandt/*Heinrichs*, § 148, Rdn. 8 m.w.N.), wobei die normative Wirkung des Schweigens teilweise auf Gewohnheitsrecht oder den Handelsbrauch (§ 346 HGB) bzw. die Verkehrssitte zurückgeführt oder mit einer "Rechtsscheinhaftung kraft verkehrsmäßig typisierten Verhaltens" begründet wird (vgl. hierzu *K.Schmidt*, Handelsrecht, § 19 III 1.). Die Gegenansicht stuft diese Fälle des Schweigens in den rechtsgeschäftlichen Bereich ein (vgl. Müko/*Kramer*, § 151, Rdn. 12).

234 So die Bezeichnung bei *Kramer* (Jura 1984, S. 235 ff.) in Abgrenzung zum Oberbegriff "stillschweigende Willenserklärung", der auch die Fälle des schlüssigen Verhaltens durch ein positives Tun umfaßt.

235 So ausdrücklich Palandt/*Heinrichs*, Einf. v. § 116, Rdn. 7. Vgl. ferner neben den vorstehend genannten *Medicus*, AT, § 25, Rdn. 345; *K. Schmidt*, Handelsrecht, § 19 II 1a.

einer Willenserklärung zu erfüllen vermag, wenn es zuvor einvernehmlich als Erklärungszeichen für einen bestimmten Geschäftswillen vereinbart wurde[236], also beispielsweise zwei Geschäftspartner die Vereinbarung getroffen haben, daß das Schweigen auf ein Angebot als Annahme desselben gelten soll oder aber bei Abstimmungen vereinbart wird, daß ein passives Verhalten „ja“ bzw. „nein“ bedeuten soll. Umstritten ist hierbei lediglich, ob diese Fälle des "beredten" Schweigens als ausdrückliche oder konkludente Willenserklärung einzustufen sind[237].

Hiervon zu unterscheiden ist jedoch die kontrovers diskutierte Frage, ob auch außerhalb dieser naturgemäß eng begrenzten Fälle einer bestehenden Vereinbarung über die Bedeutung des Schweigens als Erklärungszeichen, einem bloßen Schweigen unter bestimmten Voraussetzungen die Qualität einer Willenserklärung zukommen kann bzw. das Schweigen den äußeren Tatbestand einer Willenserklärung zu erfüllen vermag.
Anknüpfungspunkt sind dabei Sachverhalte, bei denen dem Schweigenden der Abschluß eines Vertrages angetragen wird und man aufgrund der besonderen Umstände des Einzelfalls den Schweigenden als nach Treu und Glauben verpflichtet ansieht, einen gegebenenfalls entgegenstehenden Willen zu offenbaren, anderenfalls dem Schweigen die Bedeutung einer Zustimmung bzw. Annahmerklärung beigelegt wird[238]. Entsprechende "besondere Umstände", aus denen sich gemäß § 242 BGB eine Pflicht zum Reden ergeben soll, sind beispielsweise gesehen worden in den Fällen des Schweigens auf eine verspätete Annahme i.S.d. § 150 I BGB[239], dem Schweigen eines "freibleibend" Anbietenden[240] oder beim Bestehen einer dauernden Geschäftsverbindung[241]. Umstritten

---

236 Die von *Bickel*, NJW 1972, S. 607 f., vertretene Gegenauffassung, eine Willenserklärung könne nicht durch durch bloßes Schweigen verwirklicht werden, da eine Willenserklärung stets die Bezeichnung einer Rechtsfolge erfordere, es aber unmöglich sei, mit einer Unterlassung irgend etwas zu bezeichnen, ist auf allgemeine Ablehnung gestoßen (vgl. nur *Canaris*, a.a.O., S. 79; Müko/*Kramer*, Vor § 116, FN 34; ders. Jura 1984, S. 235 ff. (242); *Larenz*, AT, § 19 VIa. FN 68). Gerade die Fälle einer Vereinbarung über die Bedeutung des Schweigens beweisen das Gegenteil.

237 Wie bereits oben unter a) dargelegt wurde, ist es nur konsequent - entsprechend der herrschenden Meinung - diesen Fällen des "beredten" Schweigens die Qualität einer ausdrücklichen Willenserklärung zuzusprechen, da das Schweigen hier Träger eines eindeutigen Sinngehaltes ist und der Schluß auf einen Geschäftswillen nicht im Wege einer normativen Interpretation erfolgt.

238 Vgl. nur BGHZ 1, S. 353 ff.; BGHZ NJW-RR 1995, S. 1281 f., m.w. N.; Müko/*Kramer*, Vor § 116, Rdn. 24; Erman/*Brox*, Vor § 116, Rdn. 8.

239 Vgl. RGZ 103, S. 11 ff. (13); BGHZ NJW 1951, S. 313 f. (313).

240 Vgl. RGZ 102, S. 227 ff. (229 f.).

241 Vgl. BGHZ 1, S. 353 ff. (355); BGHZ NJW-RR 1991, S. 1251 f. (1251) m.w.N. Weitere Anwendungsbeispiele bei Müko/*Kramer*, § 151, Rdn. 4a. Zum Schweigen auf ein

ist nun, ob hier dem Schweigen lediglich hinsichtlich seiner Rechtsfolgen die Wirkung einer Willenserklärung zukommen soll, es sich also um ein "normiertes" Schweigen mit Fiktionswirkung handelt oder ob dem Schweigen aufgrund der besonderen Umstände nach Treu und Glauben unter Berücksichtigung der Verkehrssitte »Erklärungswert« zukommt, d.h. tatbestandlich eine echte Willenserklärung vorliegt.

Nach Auffassung der Rechtsprechung[242] und einem Teil der Literatur[243] liegt in den Fällen einer gemäß Treu und Glauben bestehenden Pflicht zum Reden keine echte Willenserklärung vor, da das bloße Schweigen nicht die Bedeutung eines Erklärungszeichens besitze und daher der objektive Tatbestand einer Willenserklärung nicht erfüllt sein könne. Nach diesem Ansatz gehört das Schweigen - ähnlich den Fällen einer gesetzlich fingierten Annahme - nicht in den rechtsgeschäftlichen Bereich, was insbesondere zur Folge hat, daß seine rechtlichen Wirkungen nicht nachträglich durch Anfechtung beseitigt werden können[244]. Die Problematik dieser Lehre besteht allerdings darin, daß es im Unterschied zu den oben genannten Fällen des normierten Schweigens an einer gesetzlichen Anordnung der Fiktionswirkung fehlt und es daher fraglich erscheint, ob sich für diese Sonderdogmatik eine entsprechende Rechtsgrundlage ausmachen läßt[245].

Demgegenüber sieht eine starke Gegenauffassung im Schrifttum[246] in diesen Fällen des reinen Stillschweigens lediglich einen speziellen Unterfall der konkludenten Willenserklärung. Danach könne auch das reine Stillschweigen bei Vorliegen besonderer Umstände als rechtsgeschäftliche Gestaltung gedeutet werden[247]. Zwar weise die Willens- und Sinnermittlung beim reinen Stillschweigen besondere Schwierigkeiten auf, doch liege hierin "allenfalls ein quantitativer und kein qualitativer Unterschied gegenüber anderen Formen der Willenserklärung und mithin kein Grund für eine generelle Sonderbehandlung des Schweigens"[248]. Die Konkludenz des Schweigens ergebe sich dabei aus der "berechtigten Erwartung eines Widerspruchs" bzw. dem Grundsatz von Treu und Glauben, wobei die Schlußfolgerung, die aus dem Schweigen auf einen

---

kaufmännisches Bestätigungsschreiben, vgl. die oben unter FN 234 gemachten Ausführungen.

242 Vgl. nur BGHZ 11, S. 1 ff. (5); BGHZ 20, S. 149 ff. (154); BGHZ 40, S. 42 ff. (48).

243 Vgl. *Flume*, AT II, § 5 2d; RGRK/*Krüger-Nieland*, Vor. § 116, Rdn. 18; *Hanau*, AcP 165, S. 220 ff. (221 f.); Palandt/*Heinrichs*, Einf. v. § 116, Rdn. 8.

244 Vgl. hierzu insbesondere BGHZ 11, S. 1 ff. (5).

245 Vgl. hierzu Staudinger/*Dilcher*, Vorb. zu § 116, Rdn. 51.

246 Müko/*Kramer*, Vor. § 116, Rdn. 23 ff.; § 151, Rdn. 4 f; ders. Jura 1984, S. 235 ff. (237 f.); *Canaris*, FS für Wilburg, S. 78 ff.; Erman/*Brox*, Vor. § 116, Rdn. 8; *Hübner*, AT, § 32, Rdn. 671; AK-BGB/*Hart*, § 151, Rdn. 10 ff.

247 Müko/*Kramer*, Vor. § 116, Rdn. 23; *Canaris*, a.a.O., S. 78.

248 Vgl. *Kramer* und *Canaris*, jeweils a.a.O.

Geschäftswillen gezogen werde - ebenso wie bei den sonstigen Fällen der konkludenten Willenserklärung - keine zwingende sei, sondern normativ zu erfolgen habe[249].

Die Bestimmung eines Verhaltens als Willenserklärung erfolgt hier also nicht dergestalt, daß eine äußere Handlung auf ihren möglichen Informationsgehalt hin überprüft wird, sondern es findet ein Vorgang in Form einer reinen Interessenabwägung statt. Sofern es danach gerechtfertigt erscheint, den Schweigenden mit den Rechtsfolgen einer Willenserklärung zu belasten, d.h. ihn auf Erfüllung haften zu lassen, wird sein Stillschweigen als konkludent für einen entsprechenden Geschäftswillen angesehen.
Begründet wird diese Auffassung damit, daß der Begriff der Willenserklärung ein Rechtsbegriff sei und es der Rechtsordnung freistehe, diesen so zu bestimmen, daß auch jene Fälle des bloßen Schweigens davon erfaßt würden[250].

Auf diese komplexe und äußerst kontrovers diskutierte Problematik des Schweigens im Rechtsverkehr soll hier nicht weiter eingegangen werden. Fest steht jedenfalls soviel, daß es im Zivilrecht Tendenzen gibt, den Begriff der Willenserklärung vollkommen losgelöst vom Erfordernis eines Erklärungszeichens oder einer äußeren Handlung rein normativ zu bestimmen und zu einer ausschließlich an den Erfordernissen des Rechtverkehrs orientierten Wertungsfrage auszugestalten.

c) Fazit

Die vorstehenden Ausführungen haben deutlich gemacht, daß eine Willenserklärung nicht notwendig das Vorliegen einer Erklärung im Sinne einer Handlung voraussetzt, die darin besteht, daß ein bestimmter gedanklicher Inhalt mittels Zeichens für andere sinnlich wahr-nehmbar dargestellt wird, der Rechtsbegriff der Willenserklärung somit weiter reicht als es die Bezeichnung »Willens-*Erklärung*« vermuten läßt. Dies folgt zum einen daraus, daß maßgebendes Kriterium für den äußeren Tatbestand einer Willenserklärung nicht die Kundgabe bzw. Äußerung über ein Wollen ist, sondern vielmehr das In-Gang-Setzen einer Rechtsfolge, d.h. die Vornahme einer Handlung, die auf den Vollzug bzw. die Manifestation eines Rechtsfolgewillens schließen läßt. Der Schluß, der bei einer Willenserklärung kraft schlüssigen Verhaltens aus einer äußeren Handlung auf einen inneren Geschäftswillen gezogen wird, ist dabei kein zwingender, sondern er erfolgt normativ unter Zuhilfenahme des Grundsatzes von Treu und Glauben, indem dem Handelnden eine redliche Denk- und Handlungsweise unterstellt wird.

---

249 *Kramer* und *Canaris*, jeweils a. a.O.
250 Vgl. *Canaris*, a.a.O., S. 79; *Kramer*, a.a.O., S. 242.

Darüber hinaus werden im Rahmen des § 151 BGB Verhaltensweisen vom Geltungsbereich des Rechtsbegriffs der Willenserklärung erfaßt, aus denen zwar auf die Manifestation eines Rechtsfolgewillens geschlossen werden kann, jedoch ohne daß diese Verhaltensweisen auf Kundgabe gerichtet wären oder von möglichen Erklärungsempfängern zur Kenntnis genommen werden könnten. Im eigentlichen Sinne *»erklärt«* wird ein Geschäftswille lediglich im Bereich der ausdrücklichen Willenserklärung, da hier das Erfordernis einer "in besonderem Maße unzweideutigen Offenbarung des Geschäftswillens" dazu zwingt, einen Geschäftswillen entweder *expressis verbis* oder aber durch die Verwendung wortvertretender Zeichen zum Ausdruck zu bringen, die für einen eindeutig bestimmbaren gedanklichen Inhalt stehen, der mit dem Geschäftswillen identisch ist.

Für die strafrechtliche Problematik, ob in den Fällen der konkludenten Täuschung des Betrugstatbestandes dem Täterverhalten stets auch eine stillschweigende Erklärung über die irrtumsrelevante Tatsache entnommen werden kann, steht damit zugleich fest, daß es nicht möglich ist, zur Erfassung des Kriteriums »Erklärungswert« auf die im Recht der Willenserklärung geltenden Grundsätze abzustellen. Der objektive Tatbestand einer Willenserklärung ist - ebenso wie der Begriff der Willenserklärung überhaupt - keine vorrechtliche Kategorie, auf die das Strafrecht zurückgreifen könnte, um das Vorliegen einer stillschweigenden Erklärung begründen zu können. Vielmehr erfolgt die Ermittlung des objektiven Tatbestandes einer Willenserklärung im Wege eines normativen Verfahrens, bei dem - entsprechend der Aufgabenstellung des Zivilrechts - eine gerechte Abwägung der widerstreitenden Interessen im Vordergrund steht.

Die aus dem Recht der Willenserklärung gewonnenen Erkenntnisse stützen daher eher die *Lacknersche* These, wonach in den Fällen einer konkludenten Täuschung nicht auf das Vorliegen einer stillschweigenden Erklärung abzustellen sei, sondern darauf, was dem Täter bei normativer Deutung seines Verhaltens als nach der Verkehrsanschauung "miterklärt" unterstellt werden dürfe, da auch im Bereich der Willenserklärung kraft schlüssigen Verhaltens die Konkludenz einer Handlung mit Hilfe einer Unterstellung ermittelt wird, die darin besteht, daß man dem Handelnden gemäß § 242 BGB eine redliche Denk- und Handlungsweise unterstellt.

2. Die Parallele zum "zivilrechtlichen Betrug" i.S.d. § 123 I BGB

Nach § 123 I BGB kann eine Willenserklärung anfechten, wer zu ihrer Abgabe "durch *arglistige Täuschung* oder widerrechtlich durch Drohung bestimmt worden ist."

Statt des Begriffs der »arglistigen Täuschung«, den das Gesetz selbst nicht näher definiert, enthielt § 103 I des 1. Entwurfs des BGB in seiner bei den Beratungen der 1. Kommission beschlossenen Fassung noch die Formulierung: "Ist jemand zur Abgabe einer Willens-erklärung widerrechtlich durch Drohung oder durch *Betrug* bestimmt worden, so kann er die Willenserklärung anfechten." Das Wort *Betrug* wurde dann jedoch im Zuge der zweiten Lesung des 1. Entwurfs durch *arglistige Täuschung* ersetzt, um klarzustellen, daß eine Anfechtung der Willenserklärung nicht vom Vorliegen sämtlicher Tatbestandsmerkmale eines strafbaren Betrugs, d.h. insbesondere nicht vom Eintritt eines Vermögensschadens, abhängig sein sollte[251].

Während der Betrugstatbestand des § 263 I in seiner Ausgestaltung als Vermögensdelikt dem Schutze des Rechtsguts Vermögen dient und in objektiver Hinsicht den Eintritt eines Vermögensschadens sowie subjektiv Schädigungsvorsatz und Bereicherungsabsicht voraussetzt, ist die arglistige Täuschung i.S.d. § 123 I BGB nicht vermögensbezogen, sondern schützt ausschließlich "die freie Selbstbestimmung auf rechtsgeschäftlichem Gebiete", d.h. die Willensentschließungsfreiheit[252]. Aus diesem Grunde ist im Zivilrecht auch der Einwand erhoben worden, es sei terminologisch ungenau, die arglistige Täuschung i.S.d. § 123 I BGB als "zivilrechtlichen Betrug" zu bezeichnen[253]. Dennoch hat die zivilrechtliche Täuschung i.S.d. § 123 I BGB mit dem strafrechtlichen Betrugstatbestand das Merkmal der Täuschung über Tatsachen zum Zwecke der Irrtumserregung bzw. Irrtumsunterhaltung gemeinsam[254].

Vor diesem Hintergrund erscheint es gerechtfertigt, einmal zu hinterfragen, wie das Zivilrecht jene Fallkonstellationen beurteilt, in denen die herrschende Meinung im Strafrecht den Unwertgehalt der Täuschungshandlung in der Abgabe einer stillschweigenden bzw. konkludenten Erklärung des Täters sieht. Zuvor

---

251 In den Protokollen, Band I, S. 119 heißt es diesbezüglich: " ... Von den gestellten Anträgen beziele eine, der Beschlußfassung zu unterstellende Aenderung der Antrag zu 1 nur
insofern, als er statt des Ausdrucks "Betrug" den Ausdruck "arglistige Täuschung" vorschlage. Diese Aenderung stelle in zweckentsprechender Weise, in Übereinstimmung mit der dem Entwurf zu Grunde liegenden Auffassung, klar, daß im Abs. 1 nicht nothwendig ein Betrug im Sinne des StGB vorausgesetzt werde, daß vielmehr eine die Anfechtung begründende Beeinflussung des Willens auch dann als vorliegend zu erachten sei, wenn in Folge des Verhaltens des anderen Theils der Anfechtende einen vermögensrechtlichen Schaden nicht erlitten habe. ..." Zur Entstehungsgeschichte des § 123 BGB allgemein vgl. *von Lübtow*, in: Festschrift für Bartholomeyczik, S. 249 ff.

252 Vgl. Motive I, S. 204 ff; Soergel/*Hefermehl*, § 123, Rdn. 1; AK-BGB/*Hart*, § 123, Rdn. 1; Staudinger/*Dilcher*, § 123, Rdn. 1, m.w.N.

253 So etwa Staudinger/*Dilcher*, § 123, Rdn. 3.

254 Vgl. nur Staudinger/*Dilcher*, a.a.O.

bedarf es jedoch einiger grundsätzlicher Ausführungen zum zivilrechtlichen Täuschungsbegriff.

a) Der zivilrechtliche Täuschungsbegriff

Unter arglistiger Täuschung i.S.d. § 123 I BGB wird im Zivilrecht die vorsätzliche Erregung oder Aufrechterhaltung eines Irrtums verstanden, um den Getäuschten vorsätzlich zur Abgabe einer Willenserklärung zu veranlassen[255].

Die Aufnahme des Wortes »arglistig« in den Wortlaut des § 123 I BGB geht auf den römischrechtlichen Begriff des *dolus malus* zurück, der lange Zeit mit "arglistiger Täuschung" übersetzt wurde, was jedoch auf einem falschen Verständnis der Unterscheidung zwischen den Begriffen *dolus malus* und *dolus bonus* der römischen Rechtssprache beruht[256]. Dem Wort »arglistig« in § 123 I BGB kommt danach - wie heute weitgehend anerkannt ist - keine eigenständige Bedeutung zu[257]. Die arglistige Täuschung setzt somit subjektiv keine besonders verwerfliche Gesinnung, sondern lediglich vorsätzliches Handeln i.S.d. *dolus eventualis* voraus[258].

Damit stellt sich die Frage, welche Anforderungen an den äußeren Tatbestand des § 123 I BGB - also das Täuschungsverhalten - gestellt werden.

In der zivilrechtlichen Literatur findet sich hierzu der Hinweis, als Täuschung i.S.d. § 123 I BGB komme jegliches Verhalten in Betracht, durch das auf seiten des Getäuschten ein Irrtum erregt oder aufrechterhalten wird[259]. Es liegt jedoch auf der Hand, daß nicht jede kausale Verursachung eines Irrtums zugleich auch eine Verletzung der Willensentschließungsfreiheit des Irrenden beinhaltet.

---

255 Soergel/*Hefermehl*, § 123, Rdn. 2; RGRK/*Krüger-Nieland*, § 123, Rdn. 6; *Jauernig*, BGB, § 123, Rdn. 3; AK-BGB/*Hart*, § 123, Rdn. 2.

256 Nach klassischem römischen Recht bezeichnet der *dolus malus* keinen "bösen" Willen oder eine ethisch verwerfliche Absicht. Der Unterschied zwischen *dolus malus* und *dolus bonus* betrifft vielmehr die Rechtswidrigkeit der Täuschungshandlung, an der es beim *dolus bonus* fehlt, vgl. hierzu ausführlich *von Lübtow*, a.a.O., S. 260 ff.

257 Vgl. nur Müko/*Kramer*, § 123, Rdn. 6; *Hofmann*, ZfA 1975, S. 1 ff. (60 ff.). Zu den im älteren Schrifttum vertretenen Ansichten vgl. den Überblick bei *von Lübtow*, a.a.O., S. 260 ff.

258 Vgl. Müko/*Kramer*, § 123, Rdn. 6; *Larenz/Wolf*, AT, § 37, Rdn. 6; BGHZ 7, S. 299 ff. (302); BGHZ 49, S. 155 ff. (156); BGHZ JZ 1990, S. 548 ff. (550); BGHZ NJW-RR 1992, S. 201 f. (202); BGHZ NJW 1995, S. 955 f. (956).

259 Vgl. *Flume*, AT II, § 29 1.; Soergel/*Herfermehl*, § 123, Rdn. 2; AK-BGB/*Hart*, § 123, Rdn. 2; *Richardi*, in: Münch Handb ArbR, § 44, Rdn. 38.

Wer beispielsweise nichts weiter tut als eine bestimmte Ware zu einem vergleichsweise überhöhten Preis zu offerieren, mag dadurch ganz bewußt bei einem entsprechend unkundigen Käufer die irrige Vorstellung hervorrufen, der Preis sei angemessen bzw. marktüblich. Die in diesem Verhalten liegende vorsätzlich kausale Irrtumserregung stellt jedoch keine Beeinflussung der Willensentschließungsfreiheit des Käufers dar und eröffnet demgemäß auch nicht die Möglichkeit einer Anfechtung des Kaufvertrages nach § 123 I BGB[260]. Auch im Zivilrecht besteht daher das Problem, daß es durchaus systemkonforme Irrtumserregungen gibt, die aus dem Täuschungsbegriff auszu-schließen sind[261]. Auf diese Erkenntnis scheint es denn auch zurückzuführen sein, daß in der zivilrechtlichen Rechtsprechung[262] und Literatur[263] ganz überwiegend das Täuschungsverhalten i.S.d. § 123 I BGB in Anlehnung an den Gesetzeswortlaut des strafrechtlichen Betrugstatbestandes als Vorspiegelung, Entstellung oder Unterdrükkung von Tatsachen umschrieben wird.

b) Pflichtwidrigkeit als maßgebendes Kriterium des zivilrechtlichen Täuschungsbegriffs

Hinsichtlich der Erscheinungsformen einer arglistigen Täuschung i.S.d. § 123 I BGB ist zunächst anerkannt, daß ein Täuschungsverhalten sowohl in einem positiven Tun als auch in einem Verschweigen von Tatsachen bestehen kann, sofern der Schweigende dadurch gegen eine ihm nach § 242 BGB obliegende Offenbarungspflicht verstößt[264]. Die Frage, wann eine entsprechende Offenbarungspflicht im Einzelfall anzunehmen ist, soll danach zu beurteilen sein, "ob der andere Teil nach Treu und Glauben unter Berücksichtigung der Verkehrsanschauung redlicherweise Aufklärung erwarten durfte"[265], wobei entscheidend auf die jeweilige Art des Geschäftstyps abzustellen sei[266]. Was die aktive Täuschung

---

260 Vgl. nur Staudinger/*Dilcher*, § 123, Rdn. 10, m.w.N.; RGZ 111, S. 233 ff. (234).

261 Zur strafrechtlichen Parallele vgl. unten im ersten Teil auf Seite 51 f.

262 Vgl. BGHZ NJW 1960, S. 237 ff. (237); BAG NJW 1991, S. 2723; BAG NJW 1994, S. 1363 ff. (1364); AG Kaiserslautern, NJW-RR 1997, S. 1073.

263 Vgl. RGRK/*Krüger-Nieland*, § 123, Rdn. 8; Staudinger/*Dilcher*, § 123, Rdn. 4; Palandt/*Heinrichs*, § 123, Rdn. 3; Larenz/*Wolf*, § 37, Rdn. 5. Ausdrücklich auf § 263 StGB abstellend: Erman/*Brox*, § 123, Rdn. 11.

264 Vgl. statt vieler nur Müko/*Kramer*, § 123, Rdn. 11 ff..

265 Ständige Rechtsprechung, vgl. BGHZ 47, S. 207 ff. (211); BGHZ 49, S. 155 ff. (156); BGHZ NJW 1989, S. 763 f. (764); BGHZ NJW-RR 1991, S. 440; BGHZ NJW 1995, S. 45 ff. (47). Für die Literatur vgl. nur Erman/*Brox*, § 123, Rdn. 3; *Larenz*, AT, § 20 IV a.; *Flume*, AT II, § 29 1.

266 Vgl. Müko/*Kramer*, § 123, Rdn. 14; *Hofmann*, a.a.O., S. 26; jeweils mit umfangreichen Nachweisen.

anbelangt, so werden an das äußere Täuschungsverhalten keine spezifischen Anforderungen gestellt. Zwar geht man auch im Zivilrecht davon aus, daß eine Täuschung über Tatsachen typischerweise mit der Abgabe wahrheitswidriger Erklärungen verbunden ist[267], im Gegensatz zur herrschenden Meinung im Strafrecht wird das Täuschungsverhalten jedoch nicht mit der Abgabe einer wahrheitswidrigen Erklärung über Tatsachen gleichgesetzt[268]. Die Abgabe einer wahrheitswidrigen Tatsachenbehauptung ist danach zwar ein typisches Täuschungsmittel, jedoch weder hinreichende noch notwendige Bedingung einer arglistigen Täuschung. Maßgebendes Kriterium des zivilrechtlichen Täuschungsbegriffs ist vielmehr - wie im folgenden näher ausgeführt und begründet werden soll - der Aspekt der *Pflichtwidrigkeit* der Irrtumsverursachung.

aa. Teleologische Reduktion des Täuschungsbegriffs im Bereich der Irrtumserregung mittels ausdrücklicher Lüge

Daß das entscheidende Element des zivilrechtlichen Täuschungsbegriffs nicht in der Abgabe wahrheitswidriger Erklärungen, sondern in der Pflichtwidrigkeit der Irrtumserregung gesehen wird, zeigt sich zunächst daran, daß nicht jede durch wahrheitswidrige Tatsachenbehauptung verursachte Irrtumserregung eine arglistige Täuschung i.S.d. § 123 I BGB darstellt. Nach heute allgemeiner Auffassung in der Zivilrechtswissenschaft erfüllt eine durch ausdrückliche Lüge bewirkte vorsätzliche Irrtumserregung nämlich dann nicht das Merkmal der arglistigen Täuschung, wenn sie als Antwort auf eine Frage erfolgt, an deren wahrheitsgemäßer Beantwortung der Fragende kein berechtigtes Interesse hat[269].

Ausgangspunkt dieser Erkenntnis sind Sachverhalte aus dem Arbeitsvertragsrecht. Stellt ein Arbeitgeber einem Stellenbewerber im Vorfelde des Vertragsschlusses Fragen zur Person, so gilt der vom *Bundesarbeitsgericht*[270] in ständiger Rechtsprechung aufgestellte Grundsatz: "Nicht jede unwahre Beantwortung einer Frage ist eine arglistige Täuschung im Sinne des § 123 I BGB, sondern nur eine falsche Antwort auf eine zulässigerweise gestellte Frage."

Zur Begründung wird darauf verwiesen, der Begriff der arglistigen Täuschung in § 123 I BGB erfordere die Widerrechtlichkeit der Irrtumserregung. Zwar beziehe sich das Merkmal »widerrechtlich« nach dem Wortlaut des § 123 I BGB sowie

---

267 Vgl. hierzu nur Palandt/*Heinrichs*, § 123, Rdn. 3 f.; Müko/*Kramer*, § 123, Rdn. 12.

268 Vgl. neben den unter FN 260 genannten RGRK/*Krüger-Nieland*, § 123, Rdn. 8, 17; BAG NJW 1991, S. 2723; BAG NJW 1994, S. 1363 ff. (1364).

269 Vgl. *Hofmann*, a.a.O., S. 61 f. u. passim; *von Lübtow*, a.a.O., S. 273; Erman/*Brox*, § 123, Rdn. 20 f.; Müko/*Kramer*, § 123, Rdn. 7; jeweils m.w.N. Aus der Rechtsprechung vgl. nur BAG NJW 1991, S. 2723 ff. (2724); BAG NJW 1994, S. 1363 ff. (1364); BAG NJW 1996, S. 2323 ff. (2324).

270 BAG AP Nr. 2 zu § 123 BGB = NJW 1958, S. 516 f. (517); vgl. ferner die vorstehend genannten Entscheidungen m.w.N.

dem historischen Willen des Gesetzgebers[271] lediglich auf die Tatbestandsalternative »widerrechtliche Drohung«, der BGB-Gesetzgeber habe seinerzeit jedoch übersehen, daß es durchaus Konstellationen gebe, bei denen die durch vorsätzlich wahrheitswidrige Tatsachenbehauptung bewirkte Irrtumserregung als rechtmäßig zu bewerten sei und somit für den "Täuschenden" keine nachteiligen Folgen mit sich bringen dürfe. Diese "Lücke" müsse daher im Wege einer teleologischen Reduktion dahingehend geschlossen werden, daß auch bei der Alternative der »arglistigen Täuschung« das Merkmal der Widerrechtlichkeit tatbestandseinschränkend zu berücksichtigen sei[272]. Dabei geht es nicht darum, mit Hilfe des Erfordernisses der Widerrechtlichkeit die arglistige Täuschung i.S.d. § 123 I BGB zu einem "offenen" Tatbestand umzufunktionieren. Das Merkmal der Widerrechtlichkeit wird vielmehr als ein dem Täuschungsbegriff immanentes Element angesehen, das der arglistigen Täuschung als "ein allgemeiner, übergeordneter rechtlicher Gesichtspunkt ... von vornherein innewohnt" und erst "in einem zweifelhaften Fall seine Eigenständigkeit erkennen läßt"[273].

Als nicht »widerrechtlich« im vorstehend genannten Sinne gelten etwa die Erklärung eines Vorbestraften, nicht vorbestraft zu sein, sofern eine bestehende Vorstrafe bezogen auf das künftige Arbeitsverhältnis nicht von Belang ist, oder die wahrheitswidrige Beantwortung der Frage nach dem Bestehen einer Schwangerschaft. Demgegenüber soll Widerrechtlichkeit gegeben sein, sofern ein Arbeitnehmer, der "einschlägig" vorbestraft ist, die Frage nach eventuellen Vorstrafen wahrheitswidrig verneint oder die Schwangere aufgrund der bestehenden Schwangerschaft die vorgesehene Tätigkeit - etwa im Falle eines speziellen Beschäftigungsverbotes - überhaupt nicht ausüben könnte[274].

Wie *Hofmann* im Anschluß an *Neumann-Duesberg* überzeugend dargelegt hat, ist das Kriterium der Widerrechtlichkeit inhaltlich identisch mit der Frage nach der Pflichtwidrigkeit der Irrtumserregung[275]. Da ohne besonderen Grund niemand von Rechts wegen zur Wahrhaftigkeit gezwungen sei, "stehe es prinzipiell jedem frei, eine Frage überhaupt nicht, unvollständig oder auch unwahr zu beantworten". Rechtlich nachteilige Konsequenzen könnten sich aus einer Lüge erst dann ergeben, wenn und soweit eine damit korrespondierende Pflicht zum

---

[271] Vgl. hierzu die Ausführungen im Bericht der Reichstagskommission v. 12.06.1896 auf Seite 39 unter § 119 (abgedruckt bei *Mugdan*, Motive I, S. 965).

[272] Vgl. *Neumann-Duesberg*, JR 1967, S. 1 ff. (3); *Hofmann*, a.a.O.; *von Lübtow*, a.a.O.; *Richardi*, a.a.O.; Erman/*Brox*, § 123, Rdn. 20 f.; Müko/*Kramer*, § 123, Rdn. 7; jeweils m.w.N. Aus der Rechtsprechung vgl. nur die unter FN 268 genannten Entscheidungen.

[273] *Neumann-Duesberg*, a.a.O., S. 3.

[274] Vgl. statt vieler nur *Richardi*, a.a.O., Rdn. 43 f., m.w.N.

[275] *Hofmann*, a.a.O., S. 63 u. passim; *Neummann-Duesberg*, a.a.O., S. 2. Ebenso Erman/*Brox*, § 123, Rdn. 21.

wahrheitsgemäßen Antworten verletzt werde[276]. Allerdings entstünde eine solche auf § 242 BGB beruhende Wahrheitspflicht - ebenso wie gewisse Aufklärungs-, Mitteilungs- und Obhutspflichten der Parteien - dem Grunde nach bereits mit dem Eintritt in das Stadium der Vertragsanbahnung[277]. Nur reiche diese Pflicht eben nicht bis zu einer "totalen Information der Gegenseite", weshalb der Erklärende dort ein "Recht zur Lüge" haben müsse, wo mit der Frage eine Information erstrebt werde, die seinem rechtlich geschützten Persönlichkeitsbereich zuzuordnen sei und an deren Erlangung der Arbeitgeber unter Berücksichtigung der gegensätzlichen Interessenlage kein berechtigtes Interesse habe[278].

Der Grund, warum eine durch wahrheitswidrige Tatsachenbehauptung bewirkte Irrtumserregung in der Regel den zivilrechtlichen Täuschungsbegriff erfüllt, liegt also nicht in der Lüge als solcher, sondern daran, daß aufgrund des vorvertraglichen Näheverhältnisses der Parteien bereits gegenseitige Obhuts- und Fürsorgepflichten bestehen, welche die Parteien grundsätzlich zur Wahrheit verpflichten. Der schuldhafte Verstoß gegen diese Pflichtenstellung begründet nicht nur eine Schadenersatzleistungspflicht aus *culpa in contrahendo*, sondern er macht darüber hinaus - im Falle vorsätzlichen Handelns - die kausale Irrtumserregung zu einer arglistigen Täuschung i.S.d. § 123 I BGB[279]. Diese vorvertragliche Wahrheitspflicht ist jedoch nicht grenzenlos, so daß sich in Ausnahmefällen auch eine durch Lüge bewirkte Irrtumserregung als nicht pflichtwidrig erweisen kann. Dies ist namentlich dann der Fall, wenn die Gegenpartei mit einer Frage in den rechtlich geschützten Individualbereich des Befragten eindringt, ohne daß ihr hierzu ein rechtfertigender Grund zur Seite steht.

bb. Das Abstellen auf die Verletzung einer Offenbarungspflicht außerhalb der Irrtumserregung mittels ausdrücklicher Erklärungen

Die Bedeutung der Pflichtwidrigkeit für den zivilrechtlichen Täuschungsbegriff tritt besonders deutlich hervor in Fallkonstellationen, bei denen zwar eine kausale Irrtumserregung - und damit ein positives Tun - vorliegt, die irrtumsrelevante Tatsache jedoch von der Gegenpartei nicht ausdrücklich erklärt wurde, wie es namentlich bei partiellem Verschweigen im Rahmen von Vertragsverhandlungen der Fall ist. Anders als nach der im Strafrecht herrschenden Betrugsdogmatik wird hier nämlich nicht auf das Vorliegen einer konkludenten bzw. stillschwei-

---

276 *Hofmann*, a.a.O.

277 *Hofmann*, a.a.O., S. 63; *Neumann-Duesberg*, a.a.O., S. 3.

278 *Hofmann*, a.a.O., S. 63 u. passim; *Neumann-Duesberg*, a.a.O.; vgl. i.d.S. auch BAG NJW 1994, S. 1363 ff. (1364).

279 Vgl. *Neumann-Duesberg*, a.a.O., S. 2.

genden Erklärung abgestellt, sondern auf die Verletzung einer Offenbarungspflicht wie ein Vergleich der einschlägigen Fallgruppen zeigt[280].

Dies soll im folgenden anhand einiger Beispiele aus der Rechtsprechung verdeutlicht werden.

(1) Die Fallgruppe des Eingehens einer vertraglichen Verpflichtung

Nach der im Strafrecht vorherrschenden Auffassung in Rechtsprechung[281] und Literatur[282] soll das Eingehen einer vertraglichen Verpflichtung stets zugleich die stillschweigende Erklärung beinhalten, zur Vertragserfüllung willens und nach dem gegenwärtigen Erkenntnisstand des Vertragsschließenden auch in der Lage zu sein. Beim Abschluß von Kreditgeschäften gelte dieser Grundsatz zumindest dann, wenn der Schuldner bereits bei Vertragsschluß gewußt habe, daß er zur Erfüllung seiner Zahlungspflichten bei Fälligkeit nicht in der Lage sein würde[283].

Auch im Zivilrecht ist als Grundsatz anerkannt, daß derjenige, der bereits bei Vertragsschluß beabsichtigt, den Vertrag seinerseits nicht zu erfüllen oder aber sicher weiß, daß er zur Erfüllung nicht in der Lage ist, den Tatbestand einer arglistigen Täuschung i.S.d. § 123 I BGB verwirklicht[284]. Nur wird das Täuschungsverhalten hier in der Verletzung einer Offenbarungspflicht und nicht in der Abgabe einer stillschweigenden Erklärung über den Erfüllungswillen bzw. die Erfüllungsbereitschaft gesehen, wie eine Analyse der einschlägigen Rechtsprechung belegt.

---

280 Soweit sich in einigen Kommentierungen (vgl. Palandt/*Heinrichs*, a.a.O., Rdn. 4; Staudinger/*Dilcher*, a.a.O., Rdn. 5) der Hinweis findet, eine Täuschungshandlung i.S.d. § 123 BGB könne auch durch konkludente Tatsachenbehauptung erfolgen, dürfte es sich dabei um eine allzu kritiklose Anlehnung an strafrechtliche Kommentierungen handeln. Bei der als Beleg angeführten Judikatur handelt es sich nämlich entweder um strafrechtliche Entscheidungen (vgl. OLGSt Köln NJW 1967, S. 760 ff. u. OLGSt Köln NJW 1968, S. 1294 f.) oder um Entscheidungen aus dem Zivilrecht, bei denen überhaupt nicht auf eine konkludente Erklärung, sondern auf die Verletzung einer Offenbarungspflicht abgestellt wird (Vgl. BGHZ LM Nr. 12 zu § 123 BGB; OLGZ 87, S. 228 ff.; VRS 77 Nr. 158).

281 Ständige Rechtsprechung, vgl. nur BGHSt NJW 1954, S. 1414 f. (1415); OLG Stuttgart NJW 1958, S. 1833; OLG Düsseldorf NStZ 1982, S. 249. Weitere Rechtsprechungsnachweise bei *Maaß*, GA 1984, S. 266 ff. (269).

282 *Tröndle/Fischer*, § 123, Rdn. 7; *Otto*, Die einzelnen Delikte, § 51 III. 1b; *Schönke/Schröder-Cramer*, § 263, Rdn. 27; *Maurach-Schroeder/Maiwald*, BT 1, § 41 III., Rdn. 41, 44; *Wessels*, BT 2, Rdn. 477 f.; *Maaß*, a.a.O.

283 Vgl. nur *Cramer*, a.a.O.; *Küper*, a.a.O. S. 187; *Tröndle/Fischer*, a.a.O., m.w.N.

284 Vgl. nur RGZ 104, S. 1 ff. (3); BGHZ LM Nr. 12 zu § 123 BGB; BGHZ WM 1981, S. 792 ff. (793); RGRK/*Krüger-Nieland*, § 123, Rdn. 22.

In *BGHZ LM Nr. 48 zu § 123 BGB* beispielsweise hatte der Pächter eines Gaststättenbetriebes einen Unterpachtvertrag geschlossen, ohne zuvor die nach seinem Pachtvertrag hierfür ausdrücklich geforderte Zustimmungserklärung seitens der verpachtenden Brauerei einzuholen. Als die Brauerei von der Untervermietung Kenntnis erlangte, verweigerte sie die Zustimmung und forderte den Unterpächter zur Räumung auf. Der *Bundesgerichtshof* hat das Vorliegen einer arglistigen Täuschung nicht etwa damit begründet, der Pächter habe mit Abschluß des Untermietvertrages stillschweigend seine Befugnis zur Untervermietung erklärt, sondern auf das Verschweigen der Zustimmungsbedürftigkeit und damit die Verletzung einer Offenbarungspflicht abgestellt.

Der Verkäufer eines landwirtschaftlichen Betriebes in *BGHZ WM 1981, S. 792 ff. (793 f.)* hatte sich verpflichtet, das Landgut nebst Zubehör zu übereignen, wozu nach der im notariellen Kaufvertrag getroffenen Vereinbarung auch "der gesamte Viehbestand, wie er am Tag der Auflassung vorliegt" gehören sollte. Ein Teil des Viehbestandes stand jedoch nicht im Eigentum des Veräußerers, sondern gehörte - was der Veräußerer wußte - dem damaligen Pächter des Landgutes. Auch in diesem Fall ist der *Bundesgerichtshof* nicht davon ausgegangen, der Veräußerer habe durch sein Verhalten stillschweigend erklärt, Eigentümer des verkauften Viehs zu sein, sondern die arglistige Täuschung in dem pflichtwidrigen Verschweigen der Eigentümerstellung gesehen.

Der Entscheidung *BGHZ LM Nr. 68 zu § 123 BGB* lag der Sachverhalt zugrunde, daß ein als "Wohn- u. Geschäftshaus" offeriertes Gebäude, dessen baurechtswidrige Nutzung zu Wohnzwecken jahrelang geduldet worden war, in einem Zeitpunkt veräußert wurde, in dem der Verkäufer genau wußte, daß eine weitere Nutzung des Gebäudes von der zuständigen Behörde nicht mehr geduldet werden würde.Der *Bundesgerichtshof* hat dieses Verhalten ebenfalls nicht als stillschweigende Erklärung des Inhalts bewertet, das Gebäude könne auch weiterhin zu Wohnzwecken vermietet werden, sondern die Verletzung einer Offenbarungspflicht für einschlägig gehalten.

Entsprechendes gilt für den Abschluß von Kreditgeschäften in der Erwartung, die übernommene Verpflichtung bei Fälligkeit nicht erfüllen zu können. Schon das *Reichsgericht* hat für die Bestellung von Waren auf Kredit durch einen gänzlich zahlungsunfähigen Kaufmann, der die Bestellung nur deshalb vorgenommen hatte, um aus dem Verkaufserlös fällige Wechsel begleichen zu können, hierzu in *RGZ 69, S. 13 ff.(15)* ausgeführt: „... L. hat nicht nur seine große Überschuldung und seine völlige Zahlungsunfähigkeit *verschwiegen*, sondern auch seine wahre, auf unlautere Schiebungen abzielende Absicht verheimlicht. ... Ohne Verstoß gegen § 123 BGB konnte deshalb der Berufungsrichter im Verhalten des L. ein *die Pflicht zur Wahrheit verletzendes Verschweigen*, eine arglistige Täuschung, erblicken. ..." [285].

Ebenfalls auf die Verletzung einer Offenbarungspflicht - und nicht auf das Vorliegen einer stillschweigenden Erklärung - wird in *BGHZ WM 1974, S. 866 f.* abgestellt. Hier hatte die Beklagte ein Hotelanwesen für DM 300.000.- gegen Übernahme von Grundpfandbelastungen sowie die Bewilligung einer gestundeten Restkaufgeldhypothek erworben, obwohl bereits vor Abschluß des Kaufvertrages gegen sie wegen Zahlungsunfähigkeit in einem Offenbarungseidverfahren Haftbefehl ergangen war.

BGHZ WM 1976, S. 111 f.[286], lag der Fall zugrunde, daß eine weit überschuldete "auf Konkurs zusteuernde" GmbH u. Co KG ein mit 4,8 Millionen DM belastetes Baugrundstück mit der Maßgabe veräußerte, daß der Erwerber als Gesamtschuldner in Höhe der vollen 4,8 Millionen DM den hypothekarisch gesicherten Bankforderungen beitrat, wobei jedoch seine Haftung im Innenverhältnis zur GmbH u. Co KG auf die Höhe des Kaufpreises von 3,6 Millionen DM begrenzt sein sollte. Nachdem die GmbH u. Co KG bereits zwei Monate nach Vertragsschluß in Konkurs gefallen war, wurde der Erwerber von den Banken in voller Höhe in Anspruch genommen. Der *Bundesgerichtshof* hat auch hier nicht etwa eine Erklärung des Geschäftsführeres der GmbH u. Co KG dahingehend angenommen, es würden für den Erwerber keine weiteren, über den vereinbarten Kaufpreis hinausgehenden Kosten anfallen, sondern ebenfalls die arglistige Täuschung in dem pflichtwidrigen Verschweigen der für die Gesellschaft bestehenden finanziellen Bedrängnis gesehen.

(2) Warenterminoptionsgeschäfte

Ein Bereich, der Straf- und Zivilrecht unter dem Aspekt der Täuschungshandlung gleichermaßen beschäftigt hat, stellt der Handel mit Warenterminoptionen dar[287].

Das Warenterminoptionsgeschäft ist ein Spekulationsgeschäft, bei dem der Käufer an einer ausländischen Rohstoffbörse gegen eine Prämie das Recht

---

285 Hervorhebungen vom Verfasser.

286 Sachverhaltsdarstellung vereinfacht.

287 Vgl. nur BGHSt 30, S. 177 ff.; BGHSt 31, S. 115 ff.; OLGSt München NJW 1980, S. 794 f.; OLGSt Hamburg, NJW 1980, S. 2545 ff.; S. 2593 ff.; *Seelmann*, NJW 1980, S. 2545 ff.; ders. NJW 1981, S. 2131 f.; *Sonnen*, NStZ 1981, S. 24 f. Aus dem Zivilrecht: BGHZ NJW 1981, S. 1440 ff.; KG Berlin NJW 1980, S.1471 ff.; vgl. ferner auch BGHZ 80, S. 80 ff.

erwirbt, einen entsprechenden Rohstoffterminkontrakt innerhalb eines bestimmten Zeitraums zu einem bereits bei Optionskauf festgesetzten Preis zu tätigen. Um einen Gewinn erzielen zu können, muß innerhalb der Optionslaufzeit der Börsenpreis des betreffenden Rohstoffs die für die Option gezahlte Prämie übersteigen. Fällt der Kurs oder übersteigt er den Wert der gezahlten Prämie nicht, erleidet der Käufer einen Verlust[288].

Vor allem in den 70er und 80er Jahren wandten sich eigens zu diesem Zwecke gegründete Vermittlungsfirmen in großem Umfange unaufgefordert telefonisch und mit Prospekten an mutmaßliche Interessenten und warben mit enormen Gewinnmöglichkeiten, die durch diese Art von Börsenspekulationen zu erzielen seien. Als Gegenleistung für ihre Dienste erhoben die Vermittler einen Zuschlag auf die beim Optionskauf an der Londoner oder New Yorker Rohstoffbörse anfallende Prämie, der aber nicht - wie sonst im deutschen Optionshandel üblich - 10 % oder weniger betrug, sondern teilweise bis zu 200% über der eigentlichen Optionsprämie lag. Dieser Zuschlag wurde in den Abrechnungen nicht gesondert ausgewiesen, lediglich in den Allgemeinen Geschäftsbedingungen fand sich der Hinweis, daß Kosten und Provisionen bereits in der "Prämie" enthalten seien. Aufgrund der Höhe des Aufschlags auf die Optionsprämie verschob sich die Gewinnzone derart, daß die erworbenen Optionen praktisch wertlos wurden und nur noch in seltenen Ausnahmefällen die Gewinn-zone erreicht werden konnte. Insgesamt beliefen sich die Verluste der zumeist wohlhabenden aber börsenunerfahrenen Anleger allein in der Zeit zwischen 1970 und 1980 auf weit über eine Milliarde DM[289].

Während das *OLGSt München NJW 1980, S. 794 ff. (795)* von einer Täuschung über den am Börsenplatz geltenden Optionswert "durch schlüssiges Werbeverhalten" ausgeht, werde nach *Maaß*[290] in diesen Fällen "jedenfalls schlüssig erklärt, daß überhaupt eine Gewinnchance vorhanden sei". Demgegenüber wird in den hierzu einschlägigen zivilgerichtlichen Entscheidungen wiederum das Vorliegen einer arglistigen Täuschung i.S.d. § 123 I BGB ausschließlich unter dem Aspekt der Verletzung einer den Vermittlern obliegenden Offenbarungspflicht betreffend die Höhe der am Börsenplatz geltenden Optionsprämie erörtert[291].

---

288 Zum technischen Ablauf beim Warenterminoptionshandel im einzelnen, vgl. *Worms*, wistra 1984, S. 123 ff.

289 *Worms*, a.a.O., m. w. N.

290 A.a.O., S. 281. Ebenfalls das Vorliegen einer stillschweigenden Erklärung bejahend: *Maurach/Schroeder-Maiwald*, BT 1, § 41 II, Rdn. 46; *Arzt*, LH 3, Rdn. 407; *Rochus*, NJW 1981, S. 736. Ablehnend dagegen *Schönke/Schröder-Cramer*, § 263, Rdn. 31 b.; unklar in BGHSt 30, S. 177 ff.

291 BGHZ NJW 1981, S. 1440 f.; KG Berlin NJW 1980, S. 1471 f.; vgl. auch BGHZ 80, S. 80 ff.; OLGZ München NJW 1980, S. 786 ff.; OLGZ Düsseldorf NJW 1980, S. 403 ff.

(3) Sonstige Fälle nicht ausdrücklicher Irrtumserregungen

Für die strafrechtliche Bewertung sog. Submissionsabsprachen als Betrug wird angenommen, die Einreichung eines Angebots im Rahmen einer öffentlichen Ausschreibung enthalte stets die konkludente bzw. schlüssige Erklärung, "das Angebot sei selbstverantwortlich und zum Zwecke des Wettbewerbs kalkuliert" und somit frei von Preisabsprachen[292]. Im Zivilrecht knüpft man dagegen auch in dieser Fallkonstellation allein an das Verschweigen der Preisabsprache an und hält damit den Verstoß gegen eine Offenbarungspflicht für maßgebend[293].

Der Abschluß eines Lebensversicherungsvertrages durch einen HIV-Virusträger, der in Kenntnis seines positiven Befundes - aber noch vor Ausbruch der Erkrankung - die Frage nach bestehenden Krankheiten[294] verneint hatte, ist in *LG Hamburg, ZfS 1989, S. 127 f.* ebenfalls als arglistige Täuschung durch pflichtwidriges Verschweigen angesehen worden und nicht als stillschweigende Erklärung des Inhalts, der Antragende sei gesund bzw. weise keine ihm bekannten körperlichen Defekte auf.

Ebenfalls eine Täuschung i.S.d. § 123 I BGB in Form des Verstoßes gegen eine Offenbarungspflicht stellt es nach zivilrechtlichen Grundsätzen dar, wenn ein Gebrauchtwagenhändler ein Unfallfahrzeug zum Kauf anbietet, ohne auf den Vorschaden hinzuweisen[295]. Gleiches gilt, wenn ein Gebrauchtwagenhändler auf entsprechende Nachfrage nur einen Teil der ihm bekannten Vorschäden offenbart[296]. Demgegenüber nehmen *Otto* und *Küper* für das Strafrecht auch in diesen Fallkonstellationen das Vorliegen einer stillschweigenden Erklärung an[297].

---

292 BGHSt 16, S. 367 ff. (371); *Satzger*, Der Submissionsbetrug, S. 59 f.; *Maaß*, a.a.O., S. 283; *Ranft*, wistra 1994, S. 41 ff. (FN 12), m.w.N.

293 Vgl. *Schmid*, ZIP 1983, S. 652 ff. (654); *Benisch*, GK zum GWB, § 35, Rdn. 43; *Roth*, Frankfurter Kommentar, § 35 GWB, Rdn. 225; *Emmerich*, Immenga/Mestmäcker, § 35, Rdn. 122; RGZ 147, S. 396 ff. (398); OLG Celle, NJW 1963, S. 2126 f. (2127); vgl. auch BGHZ BB 1991, S. 933 ff. (934).

294 Zur Zeit des Vertragsschlusses im Jahre 1985 war die Immunschwächekrankheit Aids zwar schon allgemein bekannt, in den einschlägigen Fragebögen der Lebensversicherer wurde jedoch nur nach bestehenden Krankheiten und nicht - wie heute üblich - auch nach dem Befund eines HIV- Antikörpertestes gefragt.

295 Vgl. statt vieler nur Müko/*Kramer*, a.a.O., Rdn. 17, m.w.N.

296 Vgl. nur BGHZ NJW 1977, S. 1914 f. (1915); BGHZ 74, S. 383 ff. (391 f.).Entgegen Palandt/*Heinrich*,a.a.O., Rdn. 4, wird auch in den Entscheidungen OLGZ 87, S. 228 und VRS 77, NR. 158 auf die Verletzung einer Offenbarungspflicht abgestellt.

297 *Otto*, a.a.O. (mit Verweis auf Bay ObLGSt NJW 1994, S. 1078 f.); *Küper*, a.a.O.

c) Fazit

Auch der zweite zivilrechtliche Ansatzpunkt, die Parallele zur arglistigen Täuschung i.S.d. § 123 I BGB, hat die These der herrschenden Meinung, wonach in den Fällen der konkludenten Täuschung auf eine stillschweigende bzw. schlüssige Falscherklärung des Täters abzustellen sei, nicht zu stützen vermocht. Vielmehr konnte aufgezeigt werden, daß in der Zivilrechtsdogmatik zur Erfassung des Täuschungsbegriffs nicht auf ein Erklärungsverhalten des Täuschenden, sondern auf die Pflichtwidrigkeit der Irrtumserregung abgestellt wird.

III. Vorliegen einer stillschweigenden Erklärung in den Fällen der konkludenten Täuschung?

Die bisherigen Ausführungen haben ergeben, daß die Anhänger der Lehre vom Täterverhalten mit Erklärungswert nicht in der Lage sind, dem Kriterium »Erklärungswert« greifbare Konturen zu verleihen. Auch der von einem Teil der Anhängerschaft propagierte zivilrechtliche Ansatz hat sich insoweit als fruchtlos erwiesen.

Damit bleibt die Frage, ob sich in den Fällen der konkludenten Täuschung tatsächlich ein Erklärungstatbestand ausmachen läßt oder ob die Annahme einer stillschweigenden Erklärung möglicherweise - wie von *Lackner* behauptet - nichts weiter ist als eine bloße Fiktion.

1. Das Zeichen als konstitutives Element der Erklärung

Eine Erklärung, das wurde bereits im Zusammenhang mit den Ausführungen zur ausdrücklichen Willenserklärung angesprochen, setzt anerkanntermaßen ein Verhalten voraus, bei dem ein bestimmter menschlicher Gedanke mittels Zeichen kundgegeben wird[298]. Das Wesen der Erklärung erfordert danach neben einem "sinnlich Wahrnehmbaren" auch ein Element des "geistig Verstehbaren", d.h. einen menschlichen Gedanken, der in einem Zeichen verkörpert in die Außenwelt dringt[299]. Ob das Zeichen aus geschriebenen bzw. gesprochenen Worten oder wortvertretenden Zeichen besteht, ist dabei unerheblich. Entscheidend ist allein, daß ein anderer den äußerlich dargestellten begrifflichen Inhalt in eigener geistiger Tätigkeit wiederholen und damit verstehen kann, d.h. im Gehirn des

---

298 Diese Definition der Erklärung ist allgemein anerkannt, vgl. nur die Nachweise oben unter FN 191.

299 Vgl. dazu nur *Kienapfel*, Urkunden im Strafrecht, S. 71 f. u. passim.

anderen ein der Bedeutung des Zeichens entsprechender geistiger Vorgang stattfindet[300].

a) Die Unterscheidung zwischen »Erklärtem« und hypothetischer Schlußfolgerung

Wie aus dem Urkundenstrafrecht bekannt ist, unterscheidet sich das Vorliegen einer Erklärung von der Wahrnehmung eines bloßen Anzeichens oder Augenscheinsobjekts, welches eben gerade keinen menschlichen Gedanken zum Ausdruck bringt, sondern allein in bezug auf sein Dasein und seine Beschaffenheit den Gegenstand sinnlicher Wahrnehmung bildet[301].

Zwar findet auch bei der Wahrnehmung eines Augenscheinsobjektes häufig ein geistiger Vorgang statt, der beim Wahrnehmenden einen gedanklichen Inhalt entstehen läßt, dieser ist jedoch nicht wie beim Zeichenempfänger unmittelbar vermittelt, sondern er erfolgt über einen Zwischenschritt in Form einer hypothetischen Schlußfolgerung. So wird z.B. der Anblick von Fußspuren im Schnee oder eines Blutflecks bei den meisten Beobachtern die gedankliche Vorstellung hervorrufen, jemand habe zuvor den Schnee in eine bestimmte Richtung durchschritten, bzw. der Blutfleck stamme von einer Verletzung. Erklärungen liegen deshalb jedoch nicht vor. Die durch die entsprechenden Wahrnehmungen entstandenen Gedanken sind vielmehr das Produkt einer eigenständigen, hypothetischen Schlußfolgerung des Wahrnehmenden, die auf der Grundlage von Erfahrungssätzen erfolgt. Ein solcher Erfahrungssatz kann gleichermaßen auf der Kenntnis von Kausalgesetzen beruhen wie auf konventionaler Verknüpfung[302]. So weist die Lippenstiftspur an einem Zigarettenrest auf eine Person weiblichen Geschlechts hin, und das lautstarke Hupen einer Autokolonne, die einem blumengeschmückten Fahrzeug folgt, läßt darauf schließen, daß sich im vordersten Wagen ein Brautpaar befindet. Ein Anzeichen bzw. Augenscheinsobjekt kann dabei auch ganz bewußt zu dem Zwecke eingesetzt werden, bei seinem Betrachter im Wege einer Schlußfolgerung eine bestimmte Vorstellung hervorzurufen. Bekanntes Beispiel hierfür ist der Fall des Mörders, der das Messer seines Kontrahenten am Tatort zurückläßt, um damit den Verdacht auf diesen zu lenken[303].

Es muß mithin differenziert werden zwischen dem geistigen Vorgang beim Aufnehmen einer Erklärung und dem Entstehen einer gedanklichen Vorstellung,

---

300 Vgl. *Ernst Wolf*, AT, § 7 II., 5.
301 Vgl. statt vieler nur *Schönke/Schröder-Cramer*, § 267, Rdn. 4.
302 Vgl. *Samson*, SK, § 267, Rdn. 13; *ders.*, Urkunde u. Beweiszeichen, S. 34 f.
303 Vgl. *Samson*, Urkunde u. Beweiszeichen, S. 36.

die aufgrund einer eigenen, hypothetischen Schlußfolgerung erfolgt. Diese Unterscheidung ist nun aber keineswegs auf die Wahrnehmung von Erklärungszeichen einerseits und bloßen Anzeichen bzw. Augenscheinsobjekten andererseits beschränkt, da eine eigene Schlußfolgerung selbstverständlich auch auf einer Erklärung beruhen kann. Wenn beispielsweise A dem B schreibt, er habe im Schnee vor seinem Haus Fußspuren entdeckt oder es in einem Polizeibericht heißt, man habe am Tatort neben der Leiche ein blutverschmiertes Messer gefunden, so lassen diese Erklärungen die gleichen Schlußfolgerungen zu wie der Anblick der Augenscheinsobjekte selbst.

Wann aber entspricht eine gedankliche Vorstellung dem Erklärten (Erklärungsinhalt) und wann ist sie das Ergebnis einer eigenen Schlußfolgerung, die lediglich durch die Erklärung verursacht wurde ?

b) Die Erklärung als semiotischer Vorgang

Es liegt auf der Hand, daß eine gedankliche Vorstellung nicht schon deshalb als *erklärt* angesehen werden kann, weil sie durch den Empfang einer Erklärung verursacht worden ist. Wenn etwa in obigem Beispielsfall der B aufgrund des Schreibens des A die Vorstellung ent-wickelt, die Fußspuren im Schnee stammten von C, so beruht diese Vorstellung auf seiner eigenen Schlußfolgerung und ist nicht Inhalt der Erklärung des A, unabhängig davon, ob die Herbeiführung einer entsprechenden Schlußfolgerung von A möglicherweise beabsichtigt gewesen sein sollte oder nicht. Begreift man hingegen die Erklärung als einen semiotischen Vorgang, dann zeigt sich, daß es zur Bestimmung des Erklärungsinhalts nicht auf die Vorstellungsbildung des Empfängers, sondern allein auf den Bedeutungsgehalt des verwendeten Zeichens ankommen kann.

Die Erklärung als Informationsprozeß besteht zunächst aus einzelnen Signalen. Beim gesprochenen Wort sind dies die artikulierten Laute, beim geschriebenen Wort die Linien auf dem Papier, bei einer bestimmten Geste oder der Gebärdensprache die einzelnen Körper-bewegungen. Bei Zugrundelegung einer bestimmten Ordnung (Code) ergeben die einzelnen Signale ein Zeichen, das wiederum einen bestimmten gedanklichen Inhalt (Nachricht) verkörpert[304]. Der Empfänger muß die Signale richtig entschlüsseln - d.h. als Zeichen erkennen - und die darin verkörperte Nachricht in seine eigene Gedankenwelt übertragen. Besteht zwischen der Bedeutung des Erklärungszeichens und dem Inhalt seiner Vorstellung Gleichheit, hat der Empfänger die Nachricht verstanden[305].

---

304 Vgl. zum Vorgang der Erklärungstechnik *Puppe*, a.a.O., S.18.
305 Vgl. *Ernst Wolf*, a.a.O.

Dieser Vorgang der Informationsübertragung mittels Zeichen setzt Bestimmtheit in zweierlei Hinsicht voraus: Zunächst bedarf es der Bestimmtheit des Zeichens als solchem. Das Zeichen kann seine Funktion, für etwas anderes zu stehen[306], nämlich nur erfüllen, soweit es - sei es aufgrund einer getroffenen Vereinbarung oder Konvention - objektivierbar ist, also zumindest vom Empfänger als Zeichen erkannt werden kann. Darüber hinaus bedarf es aber auch der Bestimmtheit des Bezeichneten, da nur das, was hinreichend bestimmt ist, vom Empfänger in einem Prozeß des geistigen Verstehens in die eigene Gedankenwelt übertragen werden kann[307] [308].

2. Schlußfolgerungen für die Fälle der konkludenten Täuschung

a) Keine stillschweigende Erklärung bei bloßer Manipulation an Augenscheinsobjekten

Aus dem vorstehend Gesagten folgt zunächst, daß von einer stillschweigenden Erklärung dann nicht die Rede sein kann, wenn die gedankliche Fehlvorstellung des Irrenden nicht auf die Wahrnehmung eines Erklärungszeichens zurückzuführen ist, sondern auf einer Schlußfolgerung beruht, die durch die Wahrnehmung eines Augenscheinsobjekts vermittelt ist.

Dies ist beispielsweise der Fall, bei zum Zwecke der Irrtumserregung vorgenommenen Verhaltensweisen, wie dem Übertünchen einer mit Schwamm befallenen Hauswand oder dem Überdecken schlechter Ware durch gute[309]. Wer etwa aufgrund des Anblicks einer frisch gestrichenen Hauswand die falsche Vorstellung entwickelt, das Haus sei nicht von Schwamm befallen, oder glaubt, die in einem Supermarkt zum Kauf angebotenen Erdbeeren in einer Schale seien allesamt von gleicher Qualität (während in Wirklichkeit nur die obenauf liegenden von guter Qualität sind), erliegt einer Fehlvorstellung, die ausschließlich dadurch

306 Vgl. dazu *Puppe*, Die Fälschung technischer Aufzeichnungen, S. 19.

307 Besonders deutlich kommt dies bei *Ernst Wolf* (a.a.O., S. 303) zum Ausdruck, wenn es heißt: "Eine unbestimmte Erklärung gibt es nicht. Wer nichts bestimmtes erklärt hat, hat nichts erklärt. Unvollständige Bestimmtheit oder Mehrdeutigkeit sind nicht Bestimmtheit."

308 Dabei ist es für die Frage der Bestimmtheit unerheblich, ob das, wofür das Zeichen stellvertretend steht, sich erst aus dem Kontext, in dem das Zeichen verwendet wurde, ergibt. So kann beispielsweise das Wort »Bank« gleichermaßen ein Kreditinstitut wie eine Sitzgelegenheit bezeichnen. Ähnlich verhält es sich mit dem Wort »Ja«. Ordnet man dagegen die Worte in ihren Kontext ein, in dem sie gesprochen wurden, so besteht kein Zweifel daran, daß etwa der Satz: "Ich gehe zur Bank, um Geld abzuholen" oder die Antwort mit »Ja« auf eine vorausgegangene Offerte, einen eindeutig bestimmbaren menschlichen Gedanken verkörpern.

309 Zur Annahme stillschweigender Erklärungen in diesen Fällen, vgl.:*Schönke/Schröder-Cramer*, § 263, Rdn. 16 d; *Maurach/Schroeder-Maiwald*, BT1, Rdn. 41; *Wessels / Hillenkamp*, BT2, Rdn. 485; jeweils m.w.N.

zustande kommt, daß er ein Augenscheinsobjekt wahrnimmt und daraus eine eigene auf Erfahrungssätzen basierende, hypothetische Schlußfolgerung zieht[310]. Gleiches gilt für Manipulationen an Geldspielautomaten oder an einem Roulettetisch, um die Gewinnchance der Spieler zu minimieren[311]. Die irrtumsrelevante Fehlvorstellung des Spielers, die Gewinnchance richtig einschätzen zu können, beruht allein darauf, daß er mit Geldspielgeräten dieser Art oder dem Gewinnspiel als solchem bereits seine Erfahrungen gemacht hat und daher glaubt, in der konkreten Situation verhalte es sich genauso. Eine stillschweigende Erklärung ist in diesen Fällen jedoch ebensowenig gegeben wie im Falle des Mörders, der ein fremdes Messer am Tatort hinterläßt, um den Verdacht auf einen anderen zu lenken.

Fraglich erscheint allerdings, wie es sich im Hinblick auf das Vorliegen einer stillschweigenden Erklärung verhält, wenn sich die täuschende Manipulation auf eine Meßeinrichtung - wie etwa den Kilometerzähler an einem PKW - bezieht. Vordergründig betrachtet könnte man hier zu der Auffassung gelangen, die Zahl auf dem Kilometerzähler verkörpere die Anzahl der gefahrenen Kilometer, wer daher beim Verkauf eines Gebrauchtwagens oder der Rückgabe eines Mietfahrzeugs den PKW mit manipuliertem Tachostand vorführe, bediene sich eines anerkannten Zeichens und erkläre damit zugleich stillschweigend, die auf dem Tachometer angezeigte Zahl entspreche der tatsächlichen Laufleistung des Fahrzeugs[312]. Eine solche Betrachtungsweise erweist sich jedoch aus zweierlei Gründen als unhaltbar: Zum einen kann es nämlich - wie insbesondere auch die Existenz des § 268 belegt - als gesicherte Erkenntnis gelten, daß die mechanische bzw. technische Aufzeichnung eines Meßgerätes keinen menschlichen Gedanken verkörpert und insoweit den Augenscheinsobjekten zuzurechnen ist[313]. Darüber hinaus beruht die Fehlvorstellung des Irrenden über die tatsächliche Laufleistung des PKW aber auch nicht allein auf dem Ablesen des Tachostandes, sondern auf einer weitergehenden Schlußfolgerung des Betrachters dahingehend, das Fahrzeug sei *nur* die angezeigte Anzahl von Kilometern gelaufen.

Die täuschende Manipulation an Meßeinrichtungen unterscheidet sich daher im Hinblick auf das Vorliegen einer stillschweigenden Erklärung nicht von den sonstigen Fällen der Manipulation an Augenscheinsobjekten.

---

310 Zwar ist es nicht schlechthin ausgeschlossen, daß Farbe auf einer Hauswand oder Früchte in einem Korb einen bestimmten gedanklichen Inhalt verkörpern. Erforderlich ist dazu jedoch, daß zuvor eine entsprechende Vereinbarung über die Bedeutung als Erklärungszeichen getroffen wurde, woran es in den Beispielsfällen aber gerade fehlt.

311 Vgl. hierzu *Maurach/Schroeder-Maiwald*, a.a.O.; *Cramer*, a.a.O., Rdn. 16 e.

312 Vgl. i.d.S. aber *Cramer*, a.a.O., Rdn. 12; *Tröndle/Fischer*, a.a.O., Rdn. 7.

313 Vgl. statt vieler nur *Tröndle*, LK, § 267, Rdn. 6 u. 11.

b) Keine stillschweigende Erklärung über den Bedeutungsgehalt des verwendeten Erklärungszeichens hinaus

Aus der Bedeutung des Erklärungszeichens für das Vorliegen eines Erklärungstatbestandes ergibt sich ferner, daß nur dasjenige als Erklärungsinhalt und somit als *erklärt* angesehen werden kann, was dem Bedeutungsgehalt des verwendeten Zeichens entspricht.

In der Kasuistik zur konkludenten Täuschung lassen sich nun aber eine ganze Reihe von Fällen finden, in denen das angeblich stillschweigend Erklärte auch bei weitestem Verständnis nicht mehr als in einem Erklärungszeichen verkörperter Gedankeninhalt angesehen werden kann.

So soll in der Entgegennahme einer Bestellung durch einen Provisionsvertreter die stillschweigende Erklärung zu sehen sein, daß dieser beabsichtige, den Auftrag unverändert weiterzuleiten sowie insbesondere die Bestellmenge nicht nachträglich zu erhöhen[314]. Das Anfordern von Deputatkohle durch einen Bergmann wird als stillschweigende Erklärung des Inhalts verstanden, daß die Kohle nur zum Eigenverbrauch verwendet und nicht weiterverkauft werde[315]. Der Abschluß eines Wettvertrags über ein Pferderennen soll die still-schweigende Erklärung enthalten, man habe keinen der Jockeys bestochen, um das Rennen zu manipulieren[316]. Im Fall der sog. "Spätwette" über ein im Ausland stattfindendes Rennen nimmt die herrschende Meinung an, mit Abschluß des Wettvertrags werde zugleich stillschweigend erklärt, daß dem Wetteinsetzer der Ausgang des Rennens noch nicht bekannt sei[317]. Ferner erkläre ein Fahrkartenverkäufer der Bahn mit der wortlosen Rückgabe des Wechselgeldes stillschweigend, das Wechselgeld sei richtig berechnet und abgezählt[318]. Durch das Einreichen eines Schecks bei einer Bank werde regelmäßig erklärt, der Scheck diene wie üblich dem bargeldlosen Zahlungsverkehr und nicht etwa dem Mißbrauch des Gutschriftverfahrens zwecks Erlangung einer vorläufigen Kontogutschrift[319]. In der Vorlage von Waren an der Kasse eines Selbstbedienungsladens soll nicht nur die stillschweigende Erklärung zu sehen sein, hinsichtlich der vorgezeigten Ware einen Kaufvertrag abschließen zu wollen, sondern darüber hinaus auch die

---

314 Vgl. OLGSt Celle NJW 1959, S. 399 f. (400); *Cramer*, a.a.O., Rdn. 16 g, m.w.N.

315 Vgl. BGHSt 2, S. 325 ff. (326); OLGSt Celle GA 55, S. 155; *Cramer*, a.a.O., Rdn. 16 f.

316 Vgl. BGHSt 29, S. 165 ff. (167); *Maurach/Schroeder-Maiwald*, a.a.O., Rdn. 39; Maaß, a.a.O., S. 281; *Tröndle/Fischer*, a.a.O., Rdn. 7.

317 Vgl. RGSt 62, S. 415 ff. (416); *Cramer*, a.a.O., Rdn. 16 e; *Tröndle/Fischer*, a.a.O.; *Maurach/Schroeder-Maiwald*, a.a.O.; *Maaß*, a.a.O.; jeweils m.w.N. Anders dagegen BGHSt 16, S. 120 ff. (121 f.).

318 Vgl. RGSt 52, S. 163 ff. (164); *Maaß*, a.a.O., S. 278.

319 Vgl. OLGSt Köln NJW 1981, S. 1981; *Cramer*, a.a.O., Rdn. 29; *Wessels/Hillenkamp*, BT 2, Rdn. 499; *Tröndle/Fischer*, a.a.O.

weitergehenden Erklärungen, das Preisschild auf der Ware sei nicht vertauscht worden und entspreche der Auszeichnung durch eine hierzu befugte Person[320] sowie ferner, in den Verpackungen befänden sich ausschließlich die dafür vorgesehenen Gegenstände[321], und man habe keine andere als die auf das Kassenband gelegte Ware aus den Regalen genommen[322].

Wenn die herrschende Meinung im Zusammenhang mit den vorstehend exemplarisch aufgeführten Fällen betont, die jeweiligen Erklärungsinhalte müßten den "Gesamtumständen des Falles" entnommen werden[323], so ist dies gleichbedeutend mit einem offenen Eingeständnis dafür, daß sich ein bestimmtes Erklärungzeichen, dem die als stillschweigend erklärt angenommenen Gedankeninhalte zugeordnet werden könnten, eben gerade nicht ausmachen läßt.

Wer beispielsweise an den Schalter eines Wettbüros herantritt und sagt: "Ich setze DM 1.000,- auf Sieg von *Morningstar* in Rennen drei !", dessen Worte verkörpern nicht mehr als den gedanklichen Inhalt, einen Wettvertrag mit dem Einsatz von DM 1.000,- auf ein bestimmtes Pferd in einem bestimmten Rennen abschließen zu wollen. Dieser Gedankeninhalt wird von dem Buchmacher auch in einem Akt des geistigen Verstehens in die eigene Gedankenwelt übertragen, was sich darin äußert, daß er eine Eintragung in die Wettlisten tätigt und dem Spieler eine entsprechende Quittung aushändigt. Auf seiten des Buchmachers mag dabei das periphere Begleitwissen vorliegen, dem Spieler könne der Ausgang des Rennens weder bekannt sein, noch könne er darauf Einfluß nehmen. Hierbei handelt es sich jedoch um eine bereits latent vorhandene Vorstellung, die gegebenenfalls durch das Auftreten des Spielers aktualisiert wird, aber eben nicht über ein Erklärungszeichen vermittelt ist, dessen Bedeutungsgehalt erst in einem Akt des geistigen Verstehens in die eigene Gedankenwelt übertragen werden müßte[324]. Nicht anders verhält es sich, wenn einem Provisionsvertreter gegenüber eine Bestellung aufgegeben wird oder der Bergmann die ihm zustehende Deputatkohle anfordert.

---

320 Vgl. *Cramer*, a.a.O., Rdn. 12, 16 g, m.w.N.

321 Vgl. *Maurach/Schroeder-Maiwald*, a.a.O., Rdn. 43.

322 Vgl. Cramer, a.a.O., Rdn. 63 a; vgl. i.d.S. auch *Vitt*, NStZ 1994, S. 133 f. (134).

323 Vgl. dazu oben auf Seite 102.

324 Demgemäß hat der *Bundesgerichtshof* in seiner Entscheidung zum "Spätwettenfall" (BGHSt 16, S. 121) auch ausgeführt, die Annahme einer entsprechenden stillschweigenden Erklärung sei eine willkürliche Konstruktion, da die Unkenntnis des Rennausgangs für beide Parteien als selbstverständlich vorausgesetzt werde und somit überhaupt kein Grund bestehe, sich hierüber zu erklären. Da bei Abschluß des Wettvertrages jedoch ebenso als selbstverständlich vorausgesetzt wird, daß keine der Parteien versucht, den Rennausgang durch Manipulation zu ihren Gunsten zu beeinflussen, hätte in *BGHSt 29, S. 165 ff. (167)* konsequenterweise das Vorliegen einer stillschweigenden Erklärung gleichfalls abgelehnt werden müssen.

Ebenso wird man das Legen von Waren auf das Kassenband in einem Supermarkt noch als das auf allgemeiner Konvention beruhende Erklärungszeichen dafür ansehen können, daß hinsichtlich der vorgelegten Ware der Abschluß eines entsprechenden Kaufvertrages gewünscht sei. Dies wird von der Kassiererin auch regelmäßig so verstanden, wie das Eintippen des Preises sowie die Entgegennahme des Geldes und die anschließende Freigabe der Ware belegt. Der Verhaltensweise des Kunden aber die weitergehenden Erklärungsinhalte zuzuschreiben, er habe keine Preisschilder an der Ware vertauscht, keine andere als die vorgelegte Ware aus der Auslage genommen, bzw. er habe keine Ware in falsche Verpackungen getan oder Ware unter anderer Ware versteckt, liefe im Ergebnis darauf hinaus, dem Täterverhalten über das eigentlich Erklärte hinaus eine "Alles-in-Ordnung-Erklärung" zu substituieren. Auf eine entsprechende "Alles-in-Ordnung-Erklärung" läuft es ferner hinaus, wenn man in Verhaltensweisen wie dem Einreichen eines Schecks oder der schlichten Übergabe von Wechselgeld, die Erklärungsinhalte hineininterpretiert, der Scheck diene nicht der mißbräuchlichen Geldschöpfung durch Ausnutzung des Gutschriftverfahrens bzw. das Wechselgeld sei richtig berechnet und abgezählt. Die Annahme einer solchen "Alles-in-Ordnung-Erklärung" verbietet sich dabei jedoch nicht nur wegen ihres eindeutigen Fiktionscharakters, sondern vor allem auch deshalb, weil sich auf diesem Wege praktisch jede Unredlichkeit und jeder Vertragsverstoß als in Widerspruch zu einer "stillschweigenden Erklärung" stehend - und damit als betrugsrelevant - erfassen ließe.

3. Fazit

Auch wenn es sich bei den vorstehend aufgeführten Fällen nur um einen Auszug aus einer umfangreichen Kasuistik zur konkludenten Täuschung handelt, so besteht dennoch kein Zweifel daran, daß in einer Vielzahl von Fällen, die von der herrschenden Meinung als Abgabe stillschweigender Erklärungen angesehen werden, entweder überhaupt kein Erklärungstatbestand auszumachen ist oder zwar Erklärungen vorliegen, bei denen jedoch der als stillschweigend miterklärt angenommene Gedankeninhalt nicht vom tatsächlichen Inhalt der Erklärung umfaßt wird.

Damit hat sich insoweit die These *Lackners* als zutreffend erwiesen, wonach in den Fällen der konkludenten Täuschung die Annahme einer stillschweigenden Erklärung zumeist nichts weiter ist als eine bloße Fiktion. Für die Lehre vom Täterverhalten mit Erklärungswert folgt daraus zugleich, daß das Kriterium »Erklärungswert« nicht geeignet ist, sämtliche Fälle betrugsrelevanter Irrtumserregungen im Bereich des positiven Tuns zu erfassen.

E. Zusammenfassung und Zwischenergebnis

Der Versuch einer Analyse des Kriteriums »Erklärungswert« hat deutlich werden lassen, daß die herrschende Meinung nicht in der Lage ist, hinreichend konturierte Maßstäbe dafür zu liefern, wann einem Täterverhalten »Erklärungswert« zukommen soll. Als unhaltbar hat sich vor allem der Standpunkt erwiesen, in den Fällen der konkludenten Täuschung sei stets das Vorliegen einer stillschweigenden Erklärung gegeben.

Für die Lehre vom Täterverhalten mit Erklärungswert folgt daraus zugleich, daß es nicht möglich ist, den Verhaltensunwert der Täuschungshandlung des Betrugstatbestandes mit der Abgabe einer ausdrücklichen oder stillschweigenden Erklärung gleichzusetzen. Vielmehr haben die Ausführungen im 2. Teil dieser Arbeit ergeben, daß die Abgabe einer wahrheitswidrigen Erklärung weder hinreichende noch notwendige Bedingung einer Betrugsstrafbarkeit sein kann.

Als Zwischenergebnis lassen sich somit folgende Ansatzpunkte der Kritik an der herrschenden Betrugsdogmatik thesenartig zusammenfassen:

- Der Standpunkt der herrschenden Betrugsdogmatik, den Verhaltensunwert der Täuschungshandlung im Bereich des positiven Tuns mit der Abgabe einer wahrheitswidrigen Erklärung gleichzusetzen, im Bereich des Unterlassens jedoch allein auf den Verstoß gegen eine Offenbarungspflicht i.S.e. Garantenpflicht abzustellen, verstößt gegen das Erfordernis einer axiologischen Vergleichbarkeit dieser beiden Verwirklichungsformen und steht daher mit der Gleichstellungsnorm des § 13 I in einem unvereinbaren Wertungswiderspruch.

- Das Abstellen auf ein Erklärungsverhalten des Täters führt darüber hinaus zu einem Wertungswiderspruch zwischen den Tatbestandsalternativen der »Irrtumserregung« und der »Irrtumsunterhaltung«, da der Betrug in Form der »Irrtumsunterhaltung« zu einem reinen (Mehr-)Erfolgsdelikt ausgestaltet würde.

- Die Lehre vom Täterverhalten mit Erklärungswert ist ferner nicht in der Lage, ihrem selbsterhobenen Anspruch gerecht zu werden, den gesamten rechtstatsächlichen Bereich betrugsrelevanter Irrtumserregungen zu erfassen, da es in der Kasuistik zur konkludenten Täuschung eine ganze Reihe von Fällen gibt, bei denen die Annahme einer stillschweigenden Erklärung auf eine reine Fiktion hinausläuft.

Für den weiteren Verlauf der Untersuchung stellt sich damit die Aufgabe, nach einem Kriterium zur dogmatischen Erfassung des Verhaltensunwerts der

Täuschungshandlung zu suchen, das eine widerspruchsfreie Gesamtkonzeption sowohl der aktiven Täuschung als auch der Täuschung durch Unterlassen ermöglicht. Hierbei wird insbesondere auch auf den von *Lackner* vertretenen Standpunkt einzugehen sein, wonach die Täuschung durch konkludentes Tun - ebenso wie die Täuschung durch Unterlassen - die Verletzung einer Offenbarungspflicht i.S.e. Garantenstellung voraussetzt.

3. Teil: Ansätze für einen eigenen Lösungsvorschlag

A. Ausblick auf den weiteren Verlauf der Untersuchung

Im bisherigen Verlauf der Untersuchung stand vor allem die Kritik an der vorherrschenden Betrugsdogmatik im Vordergrund. Dabei hat sich insbesondere der Versuch der herrschenden Meinung, den Verhaltensunwert der Täuschungshandlung mit Hilfe des formalen Kriteriums »Erklärungswert« erfassen zu wollen, als unhaltbar erwiesen.

Für den weiteren Verlauf der Untersuchung stellt sich nunmehr die Aufgabe, eigene Lösungsansätze zu entwickeln und nach einem Kriterium zu suchen, das einerseits eine widerspruchsfreie Gesamtkonzeption sowohl der aktiven Täuschung als auch der Täuschung durch Unterlassen ermöglicht und darüber hinaus zugleich dem Erfordernis einer randscharfen Abgrenzbarkeit dieser beiden Verwirklichungsformen hinreichend Rechnung trägt. In diesem Zusammenhang wird insbesondere auf den von *Lackner* und einem Teil der Literatur vertretenen Standpunkt einzugehen sein, wonach die Täuschung durch konkludentes Tun - ebenso wie die durch Unterlassen - die Verletzung einer Offenbarungspflicht i.S.e. Garantenpflicht voraussetzt.

Ferner bietet es sich an dieser Stelle an, auf der Suche nach einem Kriterium zur Erfassung des Verhaltensunwerts der Täuschungshandlung, aus rechtsvergleichender Sicht zu hinterfragen, welche Voraussetzungen an die Täuschungshandlung des Betrugstatbestands in anderen Strafrechtssystemen gestellt werden. Diese Vorgehensweise mag zugleich als Überprüfung der im zweiten Teil dieser Arbeit gewonnenen Erkenntnis dienen, wonach eine bloße Lüge für sich allein nicht geeignet ist, den Verhaltensunwert der Täuschungshandlung zu erfassen - es hierfür vielmehr eines normativen Kriteriums bedarf.

B. Exkurs: Der Täuschungsbegriff im internationalen Vergleich

Für eine rechtsvergleichende Betrachtungsweise kommt naturgemäß den deutschsprachigen Nachbarländern besonderes Gewicht zu. Im folgenden sollen daher zunächst die Anforderungen an das Täterverhalten nach österreichischer sowie nach schweizerischer Betrugskonzeption dargestellt werden. Daran anschließend erfolgt eine entsprechende Darstellung anderer kommensurabler Strafrechtsordnungen.

I. In den deutschsprachigen Nachbarländern

1. Österreich (§ 146 österreichisches StGB)

a) *List* als Tatbestandsmerkmal vor dem in Krafttreten des § 146 österreichisches (öst.) StGB

Vor dem in Kraft treten des § 146 öst. StGB im Jahre 1975 galt in Österreich der Betrugstatbestand des § 197 StGB von 1852, der im wesentlichen der Fassung des § 176 StGB von 1803 entsprach[1]. Die Täuschungshandlung war in § 197 StGB von 1852 umschrieben als ein Verhalten, bei dem der Täter "durch listige Vorstellungen oder Handlungen einen anderen in Irrtum führt" bzw. "durch listige Vorstellungen oder Handlungen den Irrtum oder die Unwissenheit eines anderen benützt"[2]. Zwar verstand man das Listmerkmal allgemein als den dogmatischen Anknüpfungspunkt für eine Unterscheidung zwischen der betrugsrelevanten und einer bloß zivilrechtsrelevanten Täuschung[3], hinsichtlich der Frage, welche Voraussetzungen an die "listigen Vorstellungen oder Handlungen" im einzelnen gestellt werden sollten, konnte indes keine Einigung erzielt werden. Vor allem in der älteren Literatur findet sich die Auffassung, als »listig« sei nur eine "mit erhöhter Verschlagenheit ins Werk gesetzte und daher auch bei geistiger Aufmerksamkeit schwer zu durchblickende Täuschung" anzuerkennen[4]. Demgegenüber betonte die herrschende Meinung im Schrifttum, daß im Hinblick auf die Schutzfunktion, die das Strafrecht gerade auch gegenüber den geistig Schwachen zu erfüllen habe, "eine besondere Geriebenheit, ein besonderes Raffinement" für das Merkmal »List« nicht verlangt werden werden könne[5]. Andererseits sollte - um das Tatbestandsmerkmal der List nicht gänzlich der Inhaltslosigkeit preiszugeben - nicht bereits jede "einfache Unwahrheit" als listige Vorstellung oder Handlung gewertet werden dürfen[6]. Danach wurde z.T. gefordert, eine Lüge nur

---

1 Im Unterschied zu § 176 StGB von 1803 enthielt § 197 StGB von 1852 die Erweiterung des Tatbestandes um die Variante des Benutzens eines bestehenden Irrtums, womit jedoch nicht etwa ein bloßes Ausnutzen, sondern vielmehr das »Unterhalten« eines Irrtums gemeint war (vgl. hierzu *Liebscher*, in: Wiener Kommentar, (10. Lieferung), § 146, Rdn. 11.

2 Allerdings handelte es sich bei den § 176 StGB von 1803 und § 197 StGB von 1852 nicht um spezifische Vermögensdelikte im Sinne eines modernen Betrugstatbestands, da nicht nur Angriffe gegen fremdes Vermögen erfaßt wurden, sondern auch solche gegen irgendein konkretes anderes Recht des einzelnen oder der Gesamtheit (vgl. Dokumentation zum Strafgesetzbuch, S. 168).

3 Vgl. *Hegler*, a.a.O., S. 493, Anm. 2.

4 Vgl. *Janka/v. Kallina*, Das österreichische Strafrecht, S. 259.

5 Vgl. *Rittler*, Lehrbuch des österreichischen Strafrechts, BT, S. 204; *Kimmel*, Lehrbuch des österreichischen Strafrechtes, S. 182; *Malaniuk*, Lehrbuch des Strafrechts, Bd. II, 1. Teil, S. 328 f.

6 Vgl. *Malaniuk*, a.a.O., S. 338; *Rittler*, a.a.O., S. 204 f.; jeweils m.w.N.

dann als »List« anzuerkennen, sofern der Täter für seine Behauptungen dem Getäuschten entweder zugleich Beweise angeboten oder aber versucht hatte, durch zusätzliche persönliche Beteuerungen wie das Ehrenwort, den Handschlag oder das Einbinden in ein "Lügengewebe" seine Ausführungen glaubhaft zu machen[7]. Eine Einschränkung dieses Grundsatzes, wonach eine bloße Lüge in der Regel nicht als »listig« anzusehen sei, sollte wiederum dann gelten, wenn dem Täter gerade von seiten des Getäuschten besonderes Vertrauen entgegengebracht worden war[8].

Auch in der Rechtsprechung des *Obersten Gerichtshofs* bot sich hinsichtlich der an die "listigen Handlungen oder Vorstellungen" zu stellenden Anforderungen kein einheitliches Bild [9]. In älteren Entscheidungen findet sich zumeist nur der allgemeine Hinweis, das Merkmal der List setze lediglich ein Verhalten voraus, das dazu "geeignet" sei, bei einem anderen eine irrige Vorstellung über die wahren Gegebenheiten hervorzurufen[10]. Als der *Oberste Gerichtshof* damit begann, das Kriterium der Geeignetheit näher zu konkretisieren, erfolgte dies zunächst anhand eines objektiven Maßstabs, indem darauf abgestellt wurde, ob das Opfer nach Maßgabe des üblichen Geschäftsverkehrs auf die Ausführungen des Täters habe vertrauen dürfen oder ob eine Erforschung des wahren Sachverhalts nach den gewöhnlichen Regeln des Verkehrs bzw. des gesellschaftlichen Lebens erforderlich gewesen wäre[11]. Gefordert war danach zwar kein besonders raffiniertes Vorgehen des Täters, andererseits sollten bloße unwahre Angaben und Wahrheitsentstellungen nicht ohne weiteres als »List« i.S.d. § 197 öst. StGB anzusehen sein[12]. Verneint wurde das Vorliegen einer listigen Täuschung beispielsweise für den Fall der Abgabe eines Leistungsversprechens in der heimlichen Absicht, dieses nicht zu erfüllen sowie der wahrheitswidrigen Behauptung eines Kaufmannns, er verkaufe zum Selbstkostenpreis, oder dem schlichten Ableugnen einer bestehenden Schuld[13]. Diese tendenziell eher restriktive Haltung wurde jedoch in späteren Entscheidungen dadurch relativiert, daß der *Oberste Gerichtshof* dazu überging, die Geeignetheit eines Täuschungsmanövers nicht mehr allein anhand der allgemeinen Verkehrsanschauung festmachen zu wollen, sondern vermehrt auch auf die geistige Beschaffenheit der von der Täuschung konkret betroffenen Person abstellte und dabei insbesondere auch den

---

7 Vgl. *Rittler*, a.a.O.; ähnlich *Malaniuk*, a.a.O.:"Es muß also zum Irreführen und Irrtumbenützen ein Plus, ein Mehr hinzutreten, es muß sich um ein Irreführen und ein Irrtumbenützen besonderer Art handeln"; vgl. ferner Dokumentation zum Strafgesetzbuch, S. 169.

8 Vgl. *Malaniuk*, a.a.O., S. 338.

9 Dokumentation zum Strafgesetzbuch, a.a.O.

10 Vgl. nur OGH SSt 8, Nr. 78.

11 Vgl. OGH SSt 22, Nr. 32; OGH SSt 24, Nr. 33.

12 Vgl. OGH SSt 24, Nr. 33.

13 Vgl. hierzu die Entscheidungen des OGH bei *Rittler*, a.a.O.

Gesichtspunkt des "schutzwürdigen Vertrauens" heranzog[14]. Bejaht wurde danach das Vorliegen "listiger Handlungen" etwa im Falle eines Firmenvertreters, der sich unter lügnerischer Verschleierung des wahren Inhalts Bestellscheine von einem Landwirt hatte unterschreiben lassen[15] sowie im Falle einer an sich zwar leicht zu durchschauenden Irreführung, bei dessen Vornahme sich der Täter jedoch gegenüber den in geschäftlichen Dingen unerfahrenen Landbewohnern als Amtsperson ausgegeben hatte[16]. Einen wesentlich strikteren Standpunkt nahm die Rechtsprechung dagegen ein bei Täuschungsmanövern im Rahmen eines Zivilprozesses oder gegenüber Behörden. Hier sollte eine bloße unwahre Tatsachenbehauptung jedenfalls dann als geeignetes Täuschungsmittel ausscheiden, sofern die betreffende Amtsperson aufgrund einer bestehenden Vorschrift zur Überprüfung der gemachten Angaben verpflichtet war[17].

b) Der Täuschungsbegriff nach geltendem Recht

Das geltende Recht verwendet zur Bezeichnung der Täuschungshandlung nur noch die dem deutschen E 1962 entsprechende Formulierung "Täuschung über Tatsachen". Das Listmerkmal wurde in den Beratungen zum Entwurf des § 146 öst. StGB unter Hinweis auf die zu diesem Begriff bestehenden Unklarheiten ausdrücklich verworfen[18]. Gleichwohl ist in Rechtsprechung und Literatur auch weiterhin umstritten, welche Anforderungen an das Vorliegen einer betrugsrelevanten Täuschungshandlung zu stellen sind. Einige Vertreter des Schrifttums betonen das Erfordernis einer restriktiven Handhabung des Täuschungsbegriffs und befürworten ein Fortwirken der zum Merkmal der List in § 197 öst. StGB von 1852 entwickelten einschränkenden Mechanismen[19]. *Kienapfel*, der sich dabei - soweit ersichtlich - als einziger um eine dogmatische Konzeption zur Restriktion des Täuschungsbegriffs bemüht, will hierzu auf die Lehre von der Sozialadäquanz zurückgreifen, die als Auslegungshilfe für das in hohem Maße normative Tatbestandsmerkmal der Täuschung strafeinschränkend zu berücksichtigen sei. Danach könne allein das Ausnutzen eines Wissensvorsprungs ebensowenig eine verkehrsinadäquate Täuschung begründen wie etwa die wahrheitswidrige Erklärung im Rahmen einer Verkaufsverhandlung, man habe von anderer

---

14 *Malaniuk* (a.a.O., S. 338) spricht in diesem Zusammenhang von "relativer Täuschungseignung".

15 Vgl. OGH EvBl. 1954, Nr. 348.

16 Vgl. OGH SSt 43, Nr. 25.

17 Vgl. OGH EvBl. 1959, Nr. 348; weitere Nachweise bei *Rittler*, a.a.O., S. 206.

18 Vgl. Dokumentation zum Strafgesetzbuch, S. 169.

19 Vgl. *Foregger/Kodek*, § 146, Anm. 3; *Kienapfel*, Bd. II, § 23, Rdn. 5a, 50 f.; verhaltene Zustimmung auch bei *Tschulik*, in: Wiener Kommentar (10a. Lieferung), § 146 Ergänzung, Rdn. 15c.

Seite ein günstigeres Angebot erhalten. Eine abweichende Beurteilung könne dagegen in Betracht kommen bei besonderer Unerfahrenheit des anderen oder dem Vorliegen einer besonderen Vertrauensbeziehung zwischen den Beteiligten[20].

Die überwiegende Meinung im Schrifttum und der *Oberste Gerichtshof* verstehen unter einer Täuschung i.S.d. § 146 öst. StGB dagegen jedes Verhalten, das nach den Umständen des konkreten Falles geeignet ist, bei einem anderen einen Irrtum hervorzurufen oder zu bestärken[21]. Auf den Aspekt der Geeignetheit soll es danach nur insoweit ankommen, als daß dem Täterverhalten die Eignung zur Herbeiführung eines Irrtums nicht *a limine* gänzlich abzusprechen sein darf, womit im Regelfall praktisch jedes Täuschungsmanöver als betrugsrelevant eingestuft wird. Eine Einschränkung des Täuschungsbegriffs wird hingegen von der herrschenden Meinung auch weiterhin für den Sonderfall der Abgabe wahrheitswidriger Erklärungen gegenüber behördlichen Einrichtungen erwogen. Nach verbreiteter Auffassung kommt eine betrugsrelevante Täuschungshandlung in diesen Fällen nur in Betracht, sofern der Täter entweder zusätzliche qualifizierte Täuschungsmittel - wie beispielsweise gefälschte Unterlagen - einsetzt oder aber ein amtswegiges Verfahren zur Überprüfung seiner Angaben nicht zu erwarten ist[22].

Abgesehen von der Sonderbehandlung des Prozeß- und Behördenbetrugs weist die österreichische Betrugskonzeption somit weitreichende Parallelen zum deutschen Recht auf. Auch soweit von Teilen der Literatur eine restriktive Handhabung des Täuschungsbegriffs befürwortet wird, dürfte es sich dabei der Sache nach um das Bestreben handeln, lediglich bestimmte Randfälle aus dem Bereich strafbaren Täuschungsverhaltens auszuscheiden. Bemerkenswert ist allerdings, daß man in der österreichischen Strafrechtswissenschaft der Forderung nach einer gewissen Filterfunktion des Täuschungsbegriffs wesentlich aufgeschlossener entgegentritt als dies in Deutschland der Fall ist.

---

20 Vgl. *Kienapfel*, a.a.O., Rdn. 50 f.

21 Vgl. *Leukauf/Steininger*, § 146, Rdn. 12, m.w.N.; *Ellmer*, a.a.O., S. 209 f.

22 Vgl. *Liebscher*, a.a.O., Rdn. 15; *Leukauf/Steininger*, a.a.O., Rdn. 26 f.; umfangreiche Rechtsprechungsnachweise bei *Liebscher*,a.a.O. und *Foregger/Kodek*, a.a.O., Anm. 3. Eine Ausnahme von diesem Grundsatz soll nach OGH EvBl. 1989, Nr. 44 allerdings für den Bereich der mißbräuchlichen Inanspruchnahme öffentlicher Gelder zu machen sein.

2. Schweiz (Art. 146 schweizerisches StGB).

a) Das Erfordernis einer »arglistigen« Täuschung im schweizerischen Betrugstatbestand

Das schweizerische Strafgesetzbuch (schw. StGB) beschreibt das Täuschungsverhalten in Art. 146 I schw. StGB mit den Worten: "Wer... jemanden durch Vorspiegelung oder Unterdrückung von Tatsachen arglistig irreführt oder ihn in einem Irrtum arglistig bestärkt..."[23].

Historisch betrachtet beruht die Aufnahme des Arglistmerkmals in den schweizerischen Betrugstatbestand auf einem Kompromiß zwischen den Betrugskodifikationen der welschen Kantone, die sich durchweg der kasuistischen Betrugsfassung des französischen Art. 405 Code Pénal von 1810[24] angeschlossen hatten, sowie den Betrugesregelungen der deutschsprachigen Schweiz, die im wesentlichen der Konzeption des § 263 I entsprachen [25]. Im Mittelpunkt der Diskussion stand dabei die Frage nach einer Abgrenzung zwischen der einfachen Lüge (simple mensonge), die - anders als nach deutschem Recht - straflos bleiben sollte, und einer betrugsrelevanten Täuschung (tromperie punissable)[26]. In den Materialien zu Art. 148 a.F. - dem Vorgänger des seit dem 01.01.1995 in Kraft befindlichen Art. 146 n.F. - findet sich hierzu der Hinweis, eine bloße Lüge könne für sich genommen keine taugliche Betrugshandlung darstellen. Erforderlich sei vielmehr, daß der Täter entweder zusätzliche Handlungen vornehme, um eine Überprüfung seiner Angaben zu erschweren, oder aber dem Täter eine Rechtspflicht obliege, die Wahrheit zu sagen[27]. Die schweizerische Betrugskonzeption - so wird allgemein betont - nehme danach eine Mittelstellung ein zwischen dem deutschen Betrugstatbestand, für den bereits eine einfache Täuschung ausreichend sei, und dem französischen Recht, das bestimmte, gesetzlich näher umschriebene Täuschungsmanöver für die Verwirklichung einer betrugsrelevanten Täuschungshandlung fordere[28].

---

[23] Fassung gemäß Ziffer I des Bundesgesetzes vom 17.06.1994, in Kraft seit dem 01.01.1995.

[24] Vgl. hierzu die nachfolgend unter II. 1. gemachten Ausführungen.

[25] Dazu ausführlich *Wismer*, Das Tatbestandselement der Arglist beim Betrug, S. 26 ff.

[26] Vgl. hierzu *Wismer*, a.a.O. und *Ellmer*, a.a.O., S. 214; jeweils m.w.N.

[27] Vgl. *Zürcher*, Erläuterungen, S. 155, der allerdings glaubte, diese restriktive Handhabung des Täuschungsbegriffs werde bereits mit den Worten "Vorspiegelung und Unterdrückung" zum Ausdruck gebracht.

[28] Vgl. BGE 72 IV, S. 12 ff. (13), 99 IV, S. 75 ff. (76 f.); *Ardinay*, SchwZStrR 86 (1970), S. 226 ff., (227, 230); *Trechsel*, Schweizerisches Strafgesetzbuch, § 148, Rdn. 7; *Stratenwerth*, Schweizerisches Strafrecht, BT I, § 15, Rdn. 16.

Die heute ganz herrschende Auffassung im schweizerischen Strafrecht versteht das Erfordernis der Arglist als ein eigenständiges Qualifikationsmerkmal der Täuschungshandlung[29]. Vereinzelte Bestrebungen im älteren Schrifttum, das tatbestandseinschränkende Element der Arglist aus dem Betrugstatbestand zu verbannen[30], haben sich ebensowenig durchzusetzen vermocht wie der Versuch, das Arglistmerkmal rein subjektiv im Sinne eines qualifizierten Täuschungsvorsatzes zu interpretieren[31]. Die Tathandlung des Betrugs besteht demgemäß aus zwei Elementen, die jeweils in eigenständigen Prüfungsschritten zu ermitteln sind: Der »Täuschung über Tatsachen«[32] einerseits sowie dem Erfordernis der »Arglist« andererseits. Eine Konkretisierung und inhaltliche Ausgestaltung hat das Arglistmerkmal dabei vor allem durch die Rechtsprechung des schweizerischen Bundesgerichts erfahren, der das Schrifttum - zumindest im Grundsatz - allgemein gefolgt ist[33].

b) Die Konkretisierung des Arglistmerkmals in der bundesgerichtlichen Rechtsprechung

Ausgangspunkt der bundesgerichtlichen Rechtsprechung zur Konkretisierung des Arglistmerkmals waren zwei Entscheidungen aus dem Jahre 1946:

In *BGE 72 IV, S. 12 ff.* hatte sich das oberste Bundesgericht erstmals grundlegend mit den an die Täuschungshandlung des neu geschaffenen Betrugstatbestands zu stellenden Anforderungen anläßlich eines Falls zu befassen, in dem der Täter bei der Übergabe einer Holzlieferung bewußt wahrheitswidrig erklärt hatte, das Holz weise - wie vereinbart - den Umfang von 5 *Ster* auf und sei darüber hinaus gut bemessen, während es sich in Wirklichkeit nur um 3,5 *Ster* Holz handelte. Unter Bezugnahme auf die in den Gesetzesmaterialien zum Ausdruck gebrachte Intention, dem schweizerischen Betrugstatbestand eine Mittelstellung zwischen französischer und deutscher Betrugskonzeption zuzuweisen, hob der *Kassationshof* in seinen Entscheidungsgründen hervor, daß an das Täuschungsverhalten zwar keine gleich hohen Anforderungen gestellt werden könnten wie an

---

29 Vgl. nur *Ardinay*, a.a.O., S. 230; Stratenwerth, a.a.O.;*Wismer*, a.a.O., S. 26, m.w.N.

30 Vgl. hierzu *Wismer*, a.a.O., S. 28.

31 So etwa die Ansicht von *Germann*, SchwZStrR 67 (1952), S. ff. (21).

32 Wie auch in der deutschen Betrugsdogmatik wird bei der Täuschung über Tatsachen begrifflich zwischen ausdrücklicher und konkludenter Täuschung sowie der Täuschung durch Unterlassen unterschieden (vgl. hierzu nur *Sratenwerth*, a.a.O., Rdn. 13).

33 Vgl. nur *Ardinay*, a.a.O., S. 230 ff.; *Noll*, Schweizerisches Strafrecht, BT I, S. 196; *Trechsel*, a.a.O., Rdn. 7; *Stratenwerth*, a.a.O., Rdn. 16 ff. ; Verhaltene Kritik dagegen bei *Schubarth/Albrecht*, BT 2, § 148, Rdn. 51, wonach die bundesgerichtliche Rechtsprechung Gefahr laufe, das Arglistmerkmal durch ein "begriffsjuristisches Schema" zu ersetzen.

die »manœuvres frauduleuses« im französischen Recht[34], gleichwohl dürfe andererseits jedoch nicht bereits jede einfache Lüge als ausreichend erachtet werden, auf welche die Gegenseite tatsächlich hereingefallen sei. Eine betrugsrelevante Täuschungshandlung liege daher nicht vor, sofern sich der Täter - wie bei dem zur Entscheidung stehenden Sachverhalt - darauf beschränke, falsche Angaben zu machen, die der Gegner ohne besondere Mühe auf ihre Richtigkeit hin überprüfen könne. Eine Ausnahme von diesem Grundsatz sei lediglich dann vorzunehmen, sofern einer Überprüfung zwar objektiv nichts im Wege stehe, der Getäuschte durch den anderen jedoch arglistig davon abgehalten werde, die Überprüfung vorzunehmen. Den dogmatischen Anknüpfungspunkt seiner restriktiven und für alle nachfolgenden Entscheidungen richtungsweisenden Interpretation der Täuschungshandlung sah das Bundesgericht zu diesem Zeitpunkt allerdings noch nicht im Tatbestandsmerkmal der Arglist, sondern in der gesetzlichen Umschreibung des Täuschungsverhaltens durch die Worte "Vorspiegelung oder Unterdrückung"[35]. Erst mit der nachfolgenden Entscheidung *BGE 72 IV, S. 121 ff.* ging das oberste Bundesgericht dazu über, die zur Einschränkung der Täuschungshandlung in *BGE 72 IV, S. 12 ff.* entwickelten Grundsätze nicht mehr an den Worten "Vorspiegelung oder Unterdrückung" festzumachen, sondern dem Arglistmerkmal zu unterstellen[36].

In den sich anschließenden Entscheidungen zum Arglistmerkmal stand das Erfordernis einer möglichst konturierten Grenzziehung zwischen einfacher und »arglistiger« Täuschung auch weiterhin im Mittelpunkt. Dabei hielt das oberste Bundesgericht in ständiger Rechtsprechung an dem Grundsatz fest, daß leicht überprüfbare schlichte Unwahrheiten nur ausnahmsweise geeignet seien, die Voraussetzungen einer arglistigen Täuschung i.S.d. Betrugstatbestandes zu erfüllen, da im geschäftlichen Verkehr jedermann die Augen offenhalten müsse und sich selbst durch ein Minimum an Aufmerksamkeit vor Irrtumserregungen zu schützen habe[37].

Nach heute gefestigter höchstrichterlicher Rechtsprechung kann eine arglistige Täuschungshandlung grundsätzlich auf zweierlei Weise verwirklicht werden: Zum einen kann die »Arglist« eines Täterverhaltens auf einer erhöhten Gefährlichkeit des verwendeten Täuschungsmanövers beruhen. Bedient sich der Täter "besonderer Machenschaften oder Kniffe" bzw. eines "ganzen Lügengebäudes",

---

[34] Zu den Voraussetzungen der »manœuvres frauduleuses« und der *mise-en-scène*-Theorie, vgl. die Ausführungen unter II. 1.

[35] BGE 72 IV, S. 13 mit Hinweis auf die Erläuterungen zum Vorentwurf von *Zürcher*, S. 155.

[36] Vgl. *Ellmer*, a.a.O., S. 218; *Wismer*, a.a.O., S. 41.

[37] BGE 72 IV S. 126 ff. (128); 73 IV S. 225 ff. (226); 99 IV S. 75 ff.(76 f.); 100 IV S. 273 ff. (274); 106 IV S. 358 ff. (360).

so wird *ipso iure* »Arglist« stets als gegeben erachtet, ohne daß es auf die Frage einer möglichen Überprüfbarkeit der gemachten Angaben ankäme[38].
Unter "besonderen Machenschaften oder Kniffen" werden - in Anlehnung an die »manœuvres frauduleuses« des französischen Rechts - begleitende Inzenierungen verstanden, die einer unwahren Tatsachenbehauptung besondere Glaubwürdigkeit zu verleihen geeignet sind. Dieser Standpunkt basiert auf der Überlegung, daß an die Täuschungshandlung nach schweizerischer Betrugskonzeption anerkanntermaßen geringere Anforderungen zu stellen sind, als im französischen Recht an die Figur der »manœuvres frauduleuses« und demgemäß - entsprechend dem *argumentum a majore ad minus* - bei Vorliegen entsprechender Machenschaften die Voraussetzungen der »Arglist« erfüllt sein müssen[39].

Typische Fälle, in denen die Rechtsprechung "besondere Machenschaften oder Kniffe" angenommen hat, sind etwa die Vorlage gefälschter Urkunden[40]; das heimliche Umfüllen von Wein aus Originalflaschen in Literkaraffen, um dadurch den Eindruck einer höheren Qualität zu erzeugen[41]; das Vorschicken eines Kindes zur Polizei, um in den Besitz eines dort abgegebenen und von einem anderen verlorengegangenen Geldscheins zu gelangen[42] sowie das Vorführen eines PKW mit manipulierter Kilometeranzeige[43] [44].

Im Gegensatz zur einfachen Lüge setzt das sog. Lügengebäude voraus, daß sich der Täter nicht damit begnügt, schlicht die Unwahrheit zu sagen, sondern von seiner Person, insbesondere seiner beruflichen oder wirtschaftlichen Stellung, seiner Leistungsfähigkeit, dem Leistungsgegenstand oder in bezug auf den Verwendungszweck der Leistung "ein völlig falsches und verzerrtes Bild" abgibt[45]. Unklar ist dabei allerdings, ob bereits die bloße Summierung mehrerer, für sich gesehen ohne besondere Mühe überprüfbarer, Unwahrheiten ausreichend sein soll, oder ob es sich um Lügen von besonderer Raffinesse handeln muß. Die Rechtsprechung ist insoweit nicht ganz einheitlich. Während in einigen Entscheidungen verlangt wird, die falschen Angaben müßten von "besonderer Hinterhältigkeit zeugen"[46], hat das oberste Bundesgericht die Voraussetzungen eines Lügengebäudes ebenfalls als erfüllt angesehen im Falle eines Antragstellers, der

---

38 Vgl. *Wismer*, a.a.O., S.43, 53 ff. m.w.N.; ständige Rechtsprechung seit BGE 74 IV, S. 146 ff. (151 f.).
39 Vgl. hierzu *Wismer*, a.a.O., S. 53.
40 BGE 76 IV S. 81 ff. (95); 100 IV S. 176 ff. (179).
41 BGE 99 IV S. 80 ff. (84 f.).
42 BGE 73 IV S. 24 ff. (25).
43 Vgl. bei *Trechsel*, a.a.O., Rdn. 9.
44 Weitere Beispielsfälle bei *Stratenwerth*, a.a.O., Rdn. 18 ff.
45 Vgl. *Ardinay*, a.a.O., S. 231; *Wismer*, a.a.O., S. 55 f.
46 BGE 74 IV S. 146 ff. (151).

auf einem Kreditantrag falsche Angaben über seine Personalien, Arbeitgeber und Verdienst gemacht hatte, die als solche jedoch ohne besonderen Aufwand hätten überprüft werden können[47]. Im Schrifttum wird das Errichten eines sog. Lügengebäudes zumeist als Unterfall der "besonderen Kniffe oder Machenschaften" behandelt[48]. Danach stellt die Aneinanderreihung meherer Lügen nur dann ein sog. Lügengebäude dar, sofern die Lügen in ihrer Gesamtheit eine den "besonderen Machenschaften" entsprechende erhöhte Täuschungsintensität aufweisen[49].

Beschränkt sich das Täuschungsverhalten hingegen auf eine einfache Unwahrheit, so sind die Voraussetzungen der »Arglist« nur erfüllt, sofern "der Täter den Getäuschten von der Prüfung abhält oder nach den Umständen voraussieht, daß der Getäuschte die Überprüfung unterläßt; ebenso dann, wenn dem Getäuschten die Nachprüfung nicht zumutbar war oder besondere Mühe gemacht hätte"[50]. Ein wesentliches Kriterium für die Ermittlung der Arglist bei einfachen Täuschungen ist damit die Frage der Überprüfbarkeit der gemachten Angaben. Ist dem Getäuschten eine Überprüfung der Angaben nicht oder nur unter erschwerten Umständen möglich - wie etwa beim Zahlungswillen als innerer Tatsache[51], dem Verkauf von ungewöhnlich stark gestrektem Heroin[52] oder der Abgabe von Hirsch- anstelle von Rehfleisch[53] - so ist die Irrtumserregung »arglistig«. Der Maßstab, anhand dessen beurteilt wird, ob eine Überprüfung "nur unter erschwerten Umständen" möglich ist, orientiert sich dabei stark an den jeweiligen Gegebenheiten des Einzelfalls: Von einem erfahrenen Geschäftsmann wird ein höheres Maß an Eigeninitiative verlangt als von einem in geschäftlichen Dingen Unerfahrenen; je höher der auf dem Spiel stehende Vermögenswert ist, desto weniger darf sich der Getäuschte blind auf die Ausführungen des Täters verlassen[54]. Ähnlich verhält es sich mit dem Aspekt der "Zumutbarkeit der Überprüfung", der ebenfalls durch normative Erwägungen geprägt ist. Danach ist eine an sich mögliche Kontrollmaßnahme unzumutbar, sofern der hierfür erforderliche Aufwand - gemessen an dem Wert des Leistungsgegenstandes und den Gepflogenheiten des jeweiligen Geschäftskreises - unverhältnismäßig bzw. unangebracht wäre oder zwischen den Beteiligten - etwa aufgrund einer dauernden Geschäftsbeziehung - ein besonderes Vertrauensverhältnis besteht, das eine Kontrolle überflüssig erscheinen läßt[55].

---

47 Bundesgerichtsentscheid vom 26.04.1988, bei *Schubarth/Albrecht*, a.a.O., Rdn. 42.

48 Vgl. *Schubarth/Albrecht*, a.a.O., Rdn. 42; *Stratenwerth*, a.a.O., Rdn. 18; *Wismer*, a.a.O., S. 56.

49 Vgl. *Wismer*, a.a.O., S. 56.

50 BGE 99 IV S. 75 ff. (77).

51 BGE 73 IV S. 225 ff. (225 f.); 93 IV S. 14 ff. (15).

52 BGE 111 IV S. 55 ff. (58).

53 BGE 99 IV S. 80 ff.

54 Vgl. BGE 89 IV S. 74 ff. (76 f.); *Ellmer*, a.a.O., S. 218 f.; *Wismer*, a.a.O., S. 62 f.

55 Vgl. *Ardinay*, a.a.O., S. 232 f.; *Wismer*, a.a.O., S. 63 f.

Die »Arglist« schlichter unwahrer Angaben kann ferner dadurch begründet sein, daß der Täter "nach den Umständen voraussieht", daß der Getäuschte eine Überprüfung unterlassen wird. Diese Voraussetzung ist nicht schon dann erfüllt, wenn der Täter - wie es beim Betrug regelmäßig der Fall ist - darauf hofft, es werde nicht zu einer Kontrolle seiner Angaben kommen. Erforderlich ist vielmehr, daß der Täter "zum voraus erkennt, daß er es mit einem Opfer zu tun hat, das ihm infolge Unbeholfenheit, Unerfahrenheit oder dergleichen besonderes Vertrauen entgegenbringt und deshalb aller Voraussicht nach von einer Überprüfung absieht"[56]. Entscheidend für die Annahme der »Arglist« ist hier, daß der Täter sich gezielt an ein Opfer wendet, das gerade aufgrund einer Inferiorität oder eines besonderen Vertrauensverhältnisses auf eine simple Lüge hereinfällt[57].

Insgesamt erweist sich das Arglistmerkmal damit als ein von normativen Erwägungen geprägtes Element innerhalb des schweizerischen Betrugstatbestands, das eine Restriktion betrugsrelevanter Täuschungen auf Tatbestandsebene ermöglicht, ohne dabei die Aspekte des Vertrauens- und Opferschutzes zu vernachlässigen.

II. In anderen kommensurablen Strafrechtssystemen

1. Frankreich (Art. 313-1 ff. Nouveau Code Pénal)

Bis zu seiner Neufassung in Art. 313-1 des Nouveau Code Pénal vom 22.07.1992 (in Kraft getreten am 01.03.1994) galt in Frankreich der Betrugstatbestand des Art. 405 Code Pénal von 1810, der als einer der ersten *modernen* Betrugstatbestände auch auf eine Reihe ausländischer Strafgesetzbücher Einfluß genommen hat[58]. Eines der wesentlichsten Merkmale des Art. 405 Code Pénal von 1810 bestand in dem Streben nach einer restriktiven Handhabung der Betrugsstrafbarkeit und dem damit einhergehenden Versuch, die Fälle einer als Betrug strafbaren Täuschungshandlung (fraude pénal) von denen einer lediglich zivilrechtlich relevanten Täuschung (fraude civil) durch genaue Aufzählung der Täuschungsmittel sowie der tauglichen Objekte einer betrugsrelevanten Vermögensverfügung zu unterscheiden. Für einen strafbaren Betrug (escroquerie) war danach erforderlich, daß sich der Täter "unter Verwendung falscher Namen oder Eigenschaften oder durch betrügerische Machenschaften unter Vorspiegelung der Existenz nicht bestehender Unternehmen, einer nicht erteilten Vollmacht oder eines nicht vorhandenen Kredits oder dadurch, daß er die Hoffnung oder Befürchtung eines Erfolges, eines Unfalls oder eines anderen erwarteten Ereignisses erweckt, Gelder, bewegliche Sachen oder Schuldverschreibungen, Verfügungen,

---

[56] BGE 100 IV S. 273 ff. (274).

[57] Vgl. BGE 100 IV S. 273 ff. (274 f.); 107 IV S. 169 ff. (171 f.); *Wismer*, a.a.O., S. 66 ff.

[58] Vgl. oben unter I.1. zum schweizerischen Recht sowie die nachfolgenden Ausführungen.

Anweisungen, Versprechen, Quittungen oder Entlatungen übergeben oder ausliefern läßt ..."[59].

Diese extrem enge und zugleich kasuistische Tatbestandsfassung des Art. 405 Code Pénal wurde zudem noch dadurch verstärkt, daß von seiten der Rechtsprechung hohe Anforderungen an den Begriff der »betrügerischen Machenschaften« (manœuvres frauduleuses) gestellt wurden. So wurde einerseits darauf abgestellt, das Vorliegen von »manœuvres frauduleuses« setze in objektiver Hinsicht bestimmte, das Täuschungsverhalten begleitende und dieses verstärkende äußere Machenschaften - eine sogenannte »mise-en-scène« - voraus, wodurch insbesondere die Fälle der einfachen Lüge aus dem Kreis tauglicher Täuschungshandlungen ausgeschlossen wurden[60]. Subjektiv mußte der Täter darüber hinaus seine »betrügerischen Machenschaften« zu dem Zwecke eingesetzt haben, beim Getäuschten gerade eine der in Art. 405 Code Pénal genannten Fehlvorstellungen zu erzeugen[61].

Diese äußerst restriktive Handhabung der Betrugsstrafbarkeit brachte naturgemäß eine Reihe von Strafbarkeitslücken mit sich und führte dazu, daß der Betrugstatbestand des Art. 405 Code Pénal fortlaufend durch die Kodifikation neuer Qualifikations- bzw. Nebentatbestände des Betrugs ergänzt werden mußte[62].

Auch in der Neufassung des Betrugstatbestands in Art. 313-1 Nouveau Code Pénal sind die Täuschungsmittel limitativ festgelegt. Ähnlich wie in Art. 405 Code Pénal fallen hierunter das Verwenden eines falschen Namens oder einer Stellung bzw. Eigenschaft sowie die Anwendung von »manœuvres frauduleuses«[63]. Damit knüpft auch die neue Regelung an den bereits von der Rechtsprechung in zahlreichen Entscheidungen konkretisierten Begriff der »betrügerischen Machenschaften« und die damit verbundene *mise-en-scène*-Theorie an[64].

---

59 Vgl. *Götz/Göhler*, Der Code pénal, Art. 405 (S. 219).

60 Vgl. *Hegler*, a.a.O., S. 449, Anm. 3; *Faure*, a.a.O., S. 529; *Götz/Göhler*, a.a.O., Vorwort, Anm. III. 4.

61 Vgl. *Faure*, a.a.O., S. 528.

62 So beispielsweise Betrügereien im Zusammenhang mit dem Verkauf bzw. der Lieferung von Waren; der Betrug gegenüber einer Versicherung; die Zechprellerei oder das Benutzen von Verkehrsmitteln ohne gültigen Fahrausweis, um nur einige wenige Sonderformen des Betrugs zu nennen (vgl. *Hegler*, a.a.O., S. 452 ff.).

63 Der Tatbestand lautet wörtlich:"L'escroquerie est le fait, soit par l'usage d'un faux nom ou d'une fausse qualité, soit par l'abus d'une qualité vraie, soit par l'emploi de manœuvres frauduleuses, de tromper une personne physique ou morale et de la déterminer ainsi, à son préjudice d'un tiers, á remettre des fonds, des valeurs ou un bien quelconque, à fournier un service ou à consentir un acte opérant obligation ou décharge. ..."

64 Vgl. *Faure*, a.a.O., S. 528 f.

Anders als nach Art. 405 Code Pénal ist in subjektiver Hinsicht jedoch nicht mehr erforderlich, daß die das Täuschungsverhalten begleitende Inzenierung auf die Herbeiführung einer ganz bestimmten Fehlvorstellung gerichtet sein muß, sondern es ist bereits der allgemeine Täuschungsvorsatz ("de tromper une personne") ausreichend [65]. Auch nach neuem Recht ist somit die bloße wahrheitswidrige Tatsachenbehauptung oder sonstige schlichte Vorspiegelung allein nicht ausreichend, um die Voraussetzung einer betrugsrelevanten Täuschungshandlung erfüllen zu können. Einige besonders strafwürdig erscheinende Verhaltensweisen, die sich nicht unter den Begriff der »manœuvres frauduleuses« subsumieren lassen, sind auch weiterhin als eigenständige Tatbestände ausgestaltet[66], wie etwa der Spendenbetrug in Art. 313-2 oder die Zechprellerei in Art. 313-5 Nouveau Code Pénal.

2. Niederlande (Art. 326 ff. niederländisches StGB)

Die Regelung des Betrugs (oplichting) und seiner ergänzenden Nebentatbestände in den Art. 326 ff. des niederländischen StGB (nl. StGB) von 1881 stimmt weitgehend mit den Art. 405 ff. des französischen Code Pénal von 1810 überein. Demgemäß werden auch im niederländischen Strafrecht nur spezielle Täuschungsmanöver als tatbestandsmäßig erfaßt[67]. Art. 326 nl. StGB[68] nennt hier das Benutzen eines "falschen Namens" oder einer "falschen Eigenschaft"[69], die Verwendung "listiger Kunstgriffe" sowie das "Lügengewebe".

Wie die Begriffe »listige Kunstgriffe« (listige kunstgrepen) und »Lügengewebe« (en samenweefsel van verdichtsel) bereits andeuten, setzt eine Täuschungshandlung i.S.d. Art. 326 nl. StGB in aller Regel mehr voraus, als das Vorliegen einer wahrheitswidrigen Tatsachenbehauptung[70]. In einer Entscheidung des *Reichsgerichts* (RGSt. 39, S. 212 ff., 213), in der es um die Frage ging, ob durch das

---

65 Vgl. *Faure*, a.a.O., S. 528 m.w.N.

66 Vgl. hierzu Art. 313-2 bis Art. 313-9 Nouveau Code Pénal.

67 Darüber hinaus ist auch nicht die Herbeiführung irgendeiner vermögensschädigenden Verfügung ausreichend, sondern es wird eine spezifische Vermögensverfügung gefordert (vgl. dazu *Faure*, a.a.O., S. 529).

68 Vgl. *Schaffmeister*, Das niederländische Strafgesetzbuch, Art. 326 (S. 157).

69 Hierunter fällt z.B. das Auftreten als Beauftragter (vgl. *Hegler*, a.a.O., S. 461, Anm. 4).

70 Allerdings neigt die Rechtsprechung teilweise dazu, diese gesetzgeberische Wertung zu umgehen, indem in bestimmten Fällen - wie z.B. der unberechtigten Entgegennahme von Arbeitslosengeld - unterstellt wird, die betreffende Person täusche zugleich über ihre Berechtigung zur Entgegennahme und bediene sich damit einer "falschen Eigenschaft" (vgl. *Pompe*, in: *Mezger/Schönke/Jescheck*, Das ausländische Recht der Gegenwart, Bd. V, S. 7 ff., 207 f.).

Verhalten des Angeklagten die Voraussetzungen des Art. 326 nl. StGB erfüllt waren, heißt es hierzu: *"Nach dem niederländischen Strafgesetzbuch wird dieses Tatbestandserfordernis* (scil. der »listigen kunstgrepen«) *noch nicht durch lügnerische Angaben an sich erfüllt, vielmehr verlangt es betrügliche Handlungen, welche bestimmt und geeignet sind, jemand zu täuschen, Veranstaltungen, wodurch man einer Lüge eine derartige Form oder den äußerlichen Schein von Wahrheit oder Wirklichkeit gibt, daß jemand, der das gewöhnliche Maß an Umsicht besitzt und anwendet, getäuscht werden kann. Es ergibt sich hiernach, daß das Tatbestandsmerkmal "listige Kunstgriffe" dann als gegeben angesehen wird, wenn die lügnerischen Angaben von Umständen begleitet sind, die Ihnen Glaubwürdigkeit zu verleihen geeignet sind. Diese Annahme findet dadurch Unterstützung, daß die französische und belgische Strafgesetzgebung mit dem zum Tatbestande der escroquerie gehörenden Begriffe manœuvres frauduleuses, der den "listigen kunstgrepen" des niederländischen Rechts entspricht, den nämlichen Sinn verbindet."*
Für das Merkmal des »Lügengewebes« in Art. 326 nl. StGB wird schon in den Motiven klargestellt, daß hierfür allein die Häufung von Lügen nicht ausreichen soll. Vielmehr müsse ein gewisser Zusammenhang vorliegen, der als solcher geeignet sei, den Schein der Wahrheit hervorzurufen, da gegen bloße Lügen kein strafrechtlicher Schutz gewährt werde[71].

3. Belgien (Art. 496 ff. belgisches StGB)

Ebenfalls auf dem französischen Code Pénal von 1810 beruht die Regelung des Betrugs (escroquerie) und seiner Nebentatbestände in den Art. 496 ff. des belgischen StGB (bl. StGB). Wie in Frankreich und den Niederlanden werden die betrugsrelevanten Täuschungsmittel in Art. 496 bl. StGB limitativ aufgeführt. Allerdings ist der Zweck, zu dem die jeweiligen Täuschungsmittel eingesetzt werden müssen, nicht - wie im alten französischen Recht - auf das Hervorrufen einer ganz bestimmten Fehlvorstellung beschränkt, sondern es genügt die allgemeine Absicht, eine Fehlvorstellung über ein Ereignis zu wecken oder auf sonstige Weise das Vertrauen oder die Gutgläubigkeit des anderen zu mißbrauchen[72]. In objektiver Hinsicht setzt das Täuschungsverhalten voraus, daß sich der Täter eines falschen Namens oder einer falschen Eigenschaft bedient oder listige Manöver bzw. »manœuvres frauduleuses« verwendet [73].

---

[71] Vgl. dazu *Hegler*, a.a.O., S. 461, Anm. 5 und 6.
[72] Vgl. *Hegler*, a.a.O., S. 456, Anm. 4; *Faure*, a.a.O., 530, m.w.N.
[73] Vgl. *Faure*, a.a.O., S. 530 f.

4. Italien (Art. 640 Codice penale italiano)

Eine gesetzliche Definition des Betrugs (Truffa) im Sinne eines modernen, allgemeinen Betrugstatbestands findet sich erstmals in Art. 413 des italienischen Codice penale von 1889 (sog. Codice *Zanardelli*). Die Täuschungshandlung wird in Art. 413 des Codice penale von 1889 beschrieben als "listige Kunstgriffe oder Vorspiegelungen, die geeignet sind, den fremden guten Glauben zu täuschen oder zu hintergehen..." [74]. Demgemäß wurde nicht jede Form täuschender Irrtumserregung als tatbestandsmäßig erachtet, sondern nur eine solche, die geeignet war, auch einen hinreichend umsichtigen bzw. vorsichtigen Menschen zu überlisten[75].

Der heutige Betrugstatbestand des Art. 640 Codice penale (sog. Codice *Rocco*) beschreibt die Täuschungshandlung mit den Worten: "Wer durch Kunstgriffe oder Vorspiegelungen bei einem anderen einen Irrtum erregt..." [76]. Auch wenn damit die »Geeignetheit« (idoneità) der Täuschung nicht mehr ausdrücklich im Gesetzeswortlaut genannt ist, so sieht man in ihr dennoch weiterhin ein (ungeschriebenes) Tatbestandsmerkmal zur Erfassung des Verhaltensunwerts der Täuschungshandlung[77]. Allerdings wird hinsichtlich der »Geeignetheit« der Täuschung heute nicht mehr auf den objektiven Maßstab eines vorsichtigen Menschen abgestellt, sondern einer individuellen Sichtweise der Vorzug gegeben, bei der u.a. die seelische Verfassung, der Bildungsstand sowie das Erkenntnisvermögen der getäuschten Person berücksichtigt wird[78]. Ganz allgemein besteht im italienischen Strafrecht die Tendenz, bei Delikten, deren Verhaltensunwert in einer Täuschung besteht, eine leicht durchschaubare Täuschung aus dem Kreis tatbestandsmäßiger Handlungen abzuschichten, wie etwa im Falle einer für jedermann leicht zu erkennenden Urkundenfälschung [79].

Die Worte: "Kunstgriffe" (artifizi) und "Vorspiegelungen" (raggiri), mit denen das Gesetz das Täuschungsverhalten als solches bezeichnet, werden als materielle Qualifikationsmerkmale der Betrugshandlung - ähnlich dem Erfordernis der »Arglist« in Art. 146 des schweizerischen StGB - verstanden[80].

---

74 Vgl. *Hegler*, Betrug, S. 473; *Perrez*, Der Betrug im italienischen und schweizerischen Strafrecht, S. 38.

75 Vgl. *Ellmer*, a.a.O., S. 227, m.w.N.

76 Vgl. *Riz/Bosch*, Italienisches Strafgesetzbuch, Art. 640 (S. 443).

77 Vgl. *Perrez*, a.a.O., S. 38 f..

78 Vgl. *Perrez*, a.a.O., S. 39.

79 Vgl. *Paliero*, ZStW 94, S. 404, 423 ff., m.w.N.

80 Wenngleich auch die Anforderungen an das Täuschungsverhalten nicht gleich hoch sind wie die, welche im schweizerischen Recht an das Merkmal der »Arglist« gestellt werden, vgl. *Perrez*, a.a.O., S. 36 ff.

Während mit dem Begriff des »artifizio« ursprünglich eine gewisse Angleichung an die »manœuvres frauduleuses« des französischen Rechts verbunden war und in Anlehnung an die *mise-en-scène*-Theorie eine die Täuschung begleitende Inzenierung (messa in scena) gefordert wurde, wird in jüngerer Zeit überwiegend das Vorliegen einer ausdrücklichen Lüge als in der Regel ausreichend erachtet und das Erfordernis zusätzlicher, die Lüge begleitender, betrügerischer Machenschaften für entbehrlich gehalten[81]. Gleichwohl gibt es jedoch auch einschränkende Tendenzen, wonach eine bloße Lüge nur dann als Betrugshandlung ausreichen soll, sofern mit ihr zugleich eine dem Opfer gegenüber bestehende Vertrauenslage bzw. eine Rechtspflicht zur Wahrheit verletzt werde [82].

Unter dem Begriff des »raggiro« wird eine ohne äußeren Schein auftretende psychische Beeinflussung verstanden, durch die das Urteilsvermögen des Getäuschten herabgesetzt wird. Typische Beispiele hierfür sind etwa die mit zahlreichen Ausschmückungen versehene Lüge oder der Heiratsschwindel [83].

5. Spanien (Art. 528 ff. Código Penal)

Bis zu seiner Reform im Jahre 1983[84] enthielt der spanische Código Penal in den Art. 528 ff. keinen allgemeinen Betrugsbegriff. In Art. 528 Código Penal a.F. hieß es lediglich: "Wer einen anderen hinsichtlich der Substanz, Menge oder Beschaffenheit von Sachen, die er auf Grund einer Verpflichtung zu übergeben hat, *betrügt*, wird bestraft ..." [85].
Die Höhe der Strafandrohung richtete sich gemäß Art. 528 Nr. 1-4 Código Penal a.F. primär nach der Höhe des eingetretenen Schadens. In den Art. 529 ff. Código Penal a.F. waren sodann zahlreiche qualifizierte Sonderfomen des Betrugs aufgeführt, die sich vor allem im Hinblick auf die Art und Weise des Täuschungsverhaltens unterschieden. So erfaßte beispielsweise Art. 529 Código Penal a.F. u.a. den Betrug mittels Verwendung eincs falschen Namens bzw. der Anmaßung eines Amtscharakters (Nr. 1), ferner die Täuschung durch Verwendung falscher Maßeinheiten oder Gewichte im Warenverkehr (Nr. 3) sowie den Betrug mittels Verwendung gefälschter Urkunden (Nr. 4 u. 5) [86]. Art. 534 Código Penal a.F. schließlich enthielt einen allgemeinen Auffangtatbestand,

---

81 Vgl. *Perrez*, a.a.O.

82 Vgl. *Perrez*, a.a.O., S. 43 f.

83 Vgl. *Perrez*, a.a.O., S. 37 f.

84 Vgl. hierzu *Diez-Ripollés*, JZ 1984, S. 561 ff.; *Barbero Santos*, in: Deutsch-Spanisches Strafrechtskolloquium 1986, S. 195 ff.

85 *Quintano-Ripollés*, Das spanische Strafgesetzbuch, Art. 528 (S. 91).

86 *Quintano-Ripollés*, a.a.O., Art. 529 (S. 91 f.).

wonach derjenige, der "einen anderen durch irgendeine Schwindelei, ... betrügt oder benachteiligt ...", mit Strafe bedroht war [87].

Angesichts dieser völligen Konturenlosigkeit der kodifizierten Betrugstatbestände sowie des Fehlens einer gesetzlichen Bestimmung des Betrugsbegriffs überhaupt, waren Strafrechtswissenschaft und Rechtsprechung bereits lange vor dem Inkrafttreten der (Teil)Reform des Código Penal vom 25. Juni 1983 um eine restriktive Interpretation des auf Tatbestandsebene uferlosen Betrugsbegriffs bemüht [88]. Einen erster Ansatzpunkt hierzu bildete die Frage, ob - und gegebenenfalls wie - der Kreis betrugsrelevanter Täuschungshandlungen einzuschränken sei. Einigkeit bestand dabei insofern, als daß man für den Begriff des Betrugs (estafa) grundsätzlich das Vorliegen eine Täuschung (el engano) forderte, wobei jedoch keineswegs jedes auf Täuschung gerichtete Verhalten als ausreichend erachtet wurde und man allseits bestrebt war, betrugsrelevante und betrugsirrelevante Täuschungshandlungen voneinander abzugrenzen[89]. Von seiten des Schrifttums wurde in diesem Zusammenhang ganz überwiegend darauf abgestellt, daß der Betrug eine "besondere Intensität und Art der Täuschung" erfordere bzw. die Täuschungshandlung geeignet sein müsse, "in einer gesunden und normalen Person einen Irrtum hervorzurufen"[90]. Ferner wurde eine Einschränkung des Täuschungsbegriffs über das Merkmal der Kausalität zwischen Täterverhalten und Irrtum gesucht, für das nicht die Grundsätze der Äquivalenz- sondern die der Adäquanztheorie maßgebend sein sollten[91].

Auch in der älteren Rechtsprechung des *Tribunal Supremo* ist bereits eine deutliche Tendenz zur restriktiven Interpretation des Täuschungsbegriffs zu erkennen[92]. Ähnlich wie im Schrifttum findet sich in den einschlägigen Entscheidungen die Forderung, die Täuschung müsse geeignet sein "in einem geistig gesunden, erwachsenen Individuum einen Irrtum auslösen zu können" bzw. "das Opfer zu sachgerechten ... Überlegungen" zu veranlassen [93]. In einer späteren Entscheidung aus dem Jahre 1955 wird zur Bestimmung des Täuschungsbegriffs darauf abgestellt, ob "der Täter ein Täuschungsmittel verwendet, das darauf

---

87 *Quintano-Ripollés*, a.a.O., Art. 534 (S. 92). Zu den Strafbarkeitslücken, die durch den Wegfall dieses Auffangtatbestandes nach 1983 im Bereich der Untreuehandlungen entstanden sind, vgl. *Bacigalupo*, Die Problematik der Untreue im spanischen Recht, in: Bausteine des europäischen Wirtschaftsstrafrechts, S. 201 ff.

88 Vgl. *Bacigalupo*, a.a.O., S. 201 ff.

89 Vgl. *Berning*, Die Behandlung des Betrugs im spanischen Recht, S. 16 ff.

90 Vgl. *Berning*, a.a.O., m.N.

91 Vgl. *Berning*, a.a.O., S. 16, m.N. Zur entsprechenden Auffassung *Naukes* für das deutsche Recht, vgl. oben im zweiten Teil unter C. I. 1.a).

92 Vgl. hierzu auch *Bacigalupo*, a.a.O., S. 203.

93 Vgl. *Berning*, a.a.O., S. 22 ff.

abzielt, das Vertrauen des Opfers zu gewinnen, ... ohne daß dabei die Strafbarkeit der Täuschungshandlung deshalb entfällt, weil die Vorspiegelung unglaubwürdig ist ..." [94].

Seit der (Teil)Reform des Código Penal vom 25. Juni 1983 ist der Betrug in Art. 528 Código Penal n.F. zwar in allgemeiner Form als eine durch Täuschung herbeigeführte, auf einer Vermögensverfügung beruhende, Vermögensschädigung umschrieben[95], an einer Bestimmung dessen, was genau unter einer Täuschungshandlung zu verstehen ist, fehlt es jedoch nach wie vor [96].

Die herrschende Meinung in der spanischen Strafrechtswissenschaft definiert den Begriff der Täuschung allgemein als "Wahrheitsmangel bei dem was man sagt oder tut" [97]. Trotz dieser zunächst sehr weit gefaßten Begriffsbestimmung erfüllt jedoch nicht jede Form wahrheitswidrigen Verhaltens die Voraussetzungen einer Täuschungshandlung i.S.d. Betrugstatbestands, da die Tatbestandsrelevanz einer Täuschung erst in einem zweiten Prüfungsschritt positiv zu ermitteln[98]ist. Für eine wahrheitswidrige Tatsachenbehauptung hat dies zunächst zur Folge, daß die bloße Lüge für sich genommen in aller Regel nicht ausreichend ist, um eine Betrugsstrafbarkeit zu begründen, sondern es hierfür zusätzlicher, begleitender Handlungen in Form einer "betrügerischen Planung" oder "Inszenierung" bedarf. So soll etwa die in der Absicht der Krediterlangung abgegebene wahrheitswidrige Behauptung, Eigentümer von Immobilien zu sein, keine geeignete Täuschung darstellen. Dagegen sei eine tatbestandsrelevante Täuschung zu bejahen, sofern mit der Behauptung zugleich das Angebot auf Besichtigung der Immobilien verbunden bzw. ein (gefälschter) Kaufvertrag über die betreffenden Immobilien vorgelegt werde [99].

Ein weiterer, insbesondere auch von der Rechtsprechung vertretener Ansatzpunkt zur restriktiven Interpretation des Betrugstatbestands erfolgt über das Erfordernis einer »objektiven Zurechnung« von Täterverhalten und Irrtum. Danach ist - wie bereits vor Inkrafttreten der Gesetzesnovellierung von 1983 anerkannt war - die bloße Irrtumsverursachung allein nicht ausreichend für eine Täuschungshandlung i.S.d. Betrugstatbestands. Vielmehr wird die Tatbestandsmäßigkeit einer

---

94 Vgl. *Berning*, a.a.O.

95 Vgl. *Pérez Manzano*, Die objektive Zurechnung beim Betrug, in: Bausteine des europäischen Wirtschaftsrechts, S. 215; vgl. hierzu auch *Diez-Ripollés*, a.a.O., S. 562; *Barbero Santos*, a.a.O., S. 196.

96 Vgl. *Pérez Manzano*, a.a.O., FN 11. Der Gesetzeswortlaut besagt lediglich, daß die Täuschung zur Herbeiführung eines Irrtums *geeignet* sein müsse (*ders.*, a.a.O., S. 223).

97 Vgl. *Pérez Manzano*, a.a.O., S. 217.

98 Vgl. *Pérez Manzano*, a.a.O., S. 217 ff.

99 Vgl. *Pérez Manzano*, a.a.O., S. 219 u. passim.

Irrtumserregung zunächst anhand eines "objektiv-subjektiven Maßstabs der Adäquanz" aus der ex-ante-Sicht des Täters ermittelt[100]. Ein Zurechnungsausschluß kann sich darüber hinaus auch aus viktimodogmatischen Erwägungen sowie dem Gesichtspunkt des »Schutzbereichs der Norm« ergeben[101].

So wird eine Tatbestandsmäßigkeit etwa verneint bei Verhaltensweisen wie dem Verkauf vermeintlich echter Uhren der Marke "Rolex" oder "Omega" zu einem Preis von umgerechnet DM 18,- , da eine durchschnittlich aufmerksame Person eine entsprechende Erklärung als Lüge erkennen und ihr mithin keinen Glauben schenken würde. Dagegen soll in dem genannten Fall ein Zurechnungsausschluß dann nicht in Betracht kommen, wenn sich der Täter ganz gezielt an ein intellektuell schwaches Opfer wendet, von dem er glaubt, es werde seine Täuschung nicht durchschauen[102].

In einer jüngeren Entscheidung des *Tribunal Supremo* ist zudem das Vorliegen einer Täuschungshandlung mit dem Hinweis verneint worden, die wahrheitswidrige Behauptung des Täters, Eigentümer zweier Stockwerke eines bestimmten Gebäudes zu sein, hätte durch das Opfer unter Beachtung der verkehrsüblichen Sorgfalt ohne weiteres als Lüge erkannt werden können[103].

Als nicht in den »Schutzbereich der Norm« fallend werden Täuschungsmanöver aus dem Kreis betrugsrelevanter Irrtumserregungen ausgeschieden, sofern sich das Opfer bewußt in eine vermögensgefährdende Situation begeben hat, ohne zugleich zumutbare Selbstschutzmaßnahmen zu ergreifen, wie zum Beispiel im Falle einer Darlehensgewährung oder dem Zurverfügungstellen einer Kreditkarte, ohne zuvor die Vermögensverhältnisse des Antragstellers zu überprüfen [104].

6. Lateinamerika

Die Strafrechtssysteme der lateinamerikanischen Staaten weisen - bei teilweise unterschiedlichen Nuancierungen - derart weitreichende Übereinstimmungen auf, daß sich insoweit von einem "iberoamerikanischen Betrugsrecht" spechen läßt[105]. Der Grund für diese weitreichende Übereinstimmung ist neben der

---

100 Beurteilungsgrundlage ist dabei, ob ein umsichtiger Mensch in der sozialen Rolle des Täters erkannt hätte, daß sein Verhalten auf seiten des Getäuschten zu einer irrtumsbedingten Vermögensverfügung führen würde, wobei sich ein vorhandenes Sonderwissen zum Nachteil des Täters auswirkt (vgl. *Pérez Manzano*, a.a.O., S. 217 ff.).

101 Vgl. *Pérez Manzano*, a.a.O., S. 218 ff.

102 Vgl. *Pérez Manzano*, a.a.O., S. 218.

103 Vgl. *Pérez Monzano*, a.a.O., S. 219.

104 Vgl. *Pérez Monzano*, a.a.O., S. 221 ff.

105 Vgl. *Riegger*, Die Regelung des Betrugs im iberoamerikanischen Strafrecht, S. 158.

historischen Entwicklung sowie der sprachlichen Verbundenheit der einzelnen Staaten vor allem darauf zurückzuführen, daß sich in der Rechtswissenschaft Lateinamerikas die Rechtsvergleichung zur primären Methode der Rechtsfindung herausgebildet hat[106]. Entsprechend ihres Einflusses während der Kolonialzeit ist die iberoamerikanische Betrugsdogmatik auch heute noch überwiegend durch die Rechtssysteme Spaniens und Italiens geprägt[107]. Ferner finden sich Einflüsse des schweizerischen und belgischen Rechts sowie des französischen Code Pénal von 1810 [108].

Vor diesem Hintergrund kann es nicht verwundern, daß man auch in den iberoamerikanischen Strafrechtssystemen ganz überwiegend für eine restriktive Handhabung der Betrugsstrafbarkeit eintritt und diese Einschränkung über das Merkmal der Täuschungshandlung zu erreichen versucht [109]. Soweit sich in den Betrugstatbeständen der einzelnen Kodifikationen eine gesetzliche Umschreibung der Täuschungshandlung findet, wird diese zumeist mit den Worten: "List", "Hinterlist" oder "arglistige Täuschung" bzw. "arglistige Kunstgriffe" umschrieben [110]. Auch in jenen Ländern, in denen es - entsprechend der Regelung in Art. 528 des spanischen Código Penal von 1870 - an einer gesetzlichen Umschreibung der Täuschungshandlung fehlt, wird allgemein die Bedeutung der »List« als besonderes Täuschungsmittel betont[111]. Demgemäß wird nicht jede Täuschung bzw. Irrtumserregung als betrugsrelevant erachtet, sondern - jeweils bezogen auf den konkreten Einzelfall - unter Berücksichtigung aller Umstände nach der Geeignetheit des Täuschungsverhaltens gefragt, wobei insbesondere auch auf die intellektuellen Fähigkeiten des konkreten Opfers abgestellt wird[112]. Die ganz überwiegende Meinung steht dabei auf dem Standpunkt, daß die bloße Lüge als solche in der Regel die Voraussetzungen für eine betrugsrelevante

---

106 Vgl. *Rieger*, a.a.O.

107 Vgl. *Riegger*, a.a.O., S. 159 f.

108 Auf den spanischen Código Penal von 1850 bzw. 1870 zurück gehen die Regelungen der Länder Chile, Paraguay, Cuba, Honduras und Nicaragua. Uruguay, Kolumbien und Panama haben weitestgehend die Vorschriften des italienischen Codice Penal von 1889 bzw. 1930 übernommem. Die Strafgesetzbücher Argentiniens und Venezuelas stellen eine Mischung aus spanischem und italienischem Recht dar. Schweizerische Einflüsse finden sich in den Betrugsregelungen Perus und Brasiliens; belgische Einflüsse in der Betrugsregelung Ecuadors. Die Dominikanische Republik hat die Regelung des französischen Code Pénal von 1810 übernommen (vgl. *Riegger*, a.a.O., S. 27 ff.).

109 Vgl. *Riegger*, a.a.O., S. 164. Eine Ausnahme bildet insoweit lediglich Brasilien, wo man jegliches Täuschungsverhalten als tatbestandsrelevant ansieht und keine spezifischen Anforderungen an den Täuschungsbegriff stellt (vgl. *Riegger*, a.a.O., S. 123 f.).

110 Vgl. die umfassende Darstellung der einzelnen Wortlauttatbestände bei *Riegger*, a.a.O., S. 30 ff.

111 Vgl. *Riegger*, a.a.O., S. 164.

112 Vgl. *Riegger*, a.a.O., S. 38, 165.

Täuschungshandlung nicht zu erfüllen vermag, sondern ein Hinzutreten weiterer Umstände zu fordern sei[113]. Welches Kriterium hierfür maßgebend sein soll ist allerdings umstritten. Teilweise wird - in Anlehnung an die *mise-en-scène*-Theorie des französischen sowie des älteren italienischen Rechts - auf die äußeren Begleitumstände der Lüge abgestellt, teilweise auf materielle Kriterien - wie etwa eine dem Opfer gegenüber bestehende Wahrheitspflicht - rekurriert[114]. Darüber hinaus wird allgemein eine Einschränkung des Täuschungsbegriffs über den Zurechnungszusammenhang von Täuschungsverhalten und Irrtum gefordert, für den - ähnlich wie im spanischen Recht - die Grundsätze einer Art Adäquanz- bzw. Relevanztheorie maßgebend sein sollen[115].

III. Fazit

Die vorstehenden Ausführungen haben gezeigt, daß man in anderen Strafrechtsordnungen der Forderung nach einer restriktiven Handhabung der Betrugsstrafbarkeit wesentlich aufgeschlossener gegen-übersteht als dies in Deutschland der Fall ist. Bemerkenswert ist dabei vor allem, daß die Bestrebungen um eine Restriktion betrugsrelevanter Täuschungshandlungen keineswegs davon abhängig sind, daß der jeweilige Wortlauttatbestand eine entsprechende Einschränkung vorsieht. Vielmehr wird es in vielen Strafrechtsordnungen als Selbstverständlichkeit betrachtet, daß eine bloße Lüge nicht ohne weiteres die Voraussetzungen einer strafbewährten Täuschungshandlung erfüllt. Demgegenüber nimmt der hierzu in der deutschen Betrugsdogmatik vorherrschende Standpunkt gleichsam eine Extremposition ein.

Auch wenn die vorgestellten Betrugskonzeptionen der einzelnen Länder teilweise erheblich voneinander abweichen, bestehen dennoch deutliche Parallelen hinsichtlich der an die Täuschungshandlung zu stellenden Anforderungen. So wird die Einschränkung des betrugsrelevanten Täuschungsbegriffs ganz überwiegend im Bereich des Handlungsunrechts erörtert. Lediglich in der spanischen Strafrechtswissenschaft sowie in einigen lateinamerikanischen Staaten wird darüber hinaus auch eine Einschränkung des Kausalzusammenhangs von Täterverhalten und Irrtum im Falle leicht zu durchschauender Täuschungen befürwortet. Die unterschiedlichen Konzeptionen zur Erfassung des Verhaltensunwerts der betrugsrelevanten Täuschungshandlung haben dabei eines gemeinsam: Es geht um die anhand normativer Erwägungen zu ermittelnde Frage nach der *Verantwortungszuständigkeit* für die auf seiten des Irrenden entstehende Fehlvorstellung und die sich daran anschließende vermögensschädigende Verfügung. Diese

---

113 Vgl. *Riegger*, a.a.O., S. 42 ff., 164 ff. u. passim.

114 Vgl. *Riegger*, a.a.O., S. 37 f., 43, 134.

115 Vgl. *Riegger*, a.a.O., S. 49, 165.

Fragestellung wird - anders als nach deutschem Recht - keineswegs mit dem Vorliegen einer Lüge gleichgesetzt. Vielmehr lassen sich die hierzu entwickelten Kriterien auf zwei grundlegende Wertungen zurückführen, die darin bestehen, daß entweder das Täterverhalten eine erhöhte Gefährlichkeit bzw. Täuschungsintensität aufweist oder aber die Besonderheiten der konkreten Täter-Opfer-Beziehung es rechtfertigen, den Täter nicht nur als Verursacher, sondern auch als den Verantwortlichen für die beim Opfer bestehende Fehlvorstellung anzusehen.

C. Das Erfassen des Verhaltensunwerts der Täuschungshandlung über das Kriterium der Pflichtwidrigkeit

Nachdem die im 2. Teil dieser Arbeit gewonnene Erkenntnis, wonach der Verhaltensunwert der Täuschungshandlung nicht mit der Abgabe einer wahrheitswidrigen Erklärung gleichgesetzt werden kann, sondern normativ zu bestimmen ist, auch aus rechtsvergleichender Sicht eine Bestätigung gefunden hat, gilt es nunmehr, ein entsprechendes Kriterium zur Erfassung des betrugsrelevanten Täuschungsverhaltens herauszuarbeiten. Dabei bietet es sich an – wie im folgenden näher auszuführen sein wird – auf den Aspekt der *Pflichtwidrigkeit* der Irrtumserregung bzw. Irrtumsunterhaltung abzustellen, also danach zu fragen, ob der Täter mit dem zum tatbestandsmäßigen Zwischenerfolg (Irrtum) führenden Verhalten zugleich gegen eine ihm obliegende Pflichtenstellung verstoßen hat.

I. Standpunkte in der Betrugsdogmatik zum Aspekt der Pflichtwidrigkeit des Täuschungsverhaltens

1. Das Abstellen auf den Verstoß gegen eine Aufklärungspflicht i.S.e. Garantenpflicht im Bereich der konkludenten Täuschung

Ein Ansatzpunkt in der Strafrechtswissenschaft, der sich auf den Aspekt der Pflichtwidrigkeit zur Erfassung des Verhaltensunwerts der Täuschungshandlung zurückführen läßt, betrifft den Bereich der konkludenten Täuschung.

a) De lege ferenda (Reese)

In seiner Untersuchung zu den Tatbestandsmerkmalen des Irrtums und der Täuschung beim Betrug gelangt *Reese* zu der Erkenntnis, daß herrschende Lehre und Rechtsprechung den Betrug mit Hilfe der Figur der konkludenten Täuschung in sowohl kriminalpolitisch als auch verfassungsrechtlich nicht mehr legitimierbarer Weise expandierten[116]. Vor diesem Hintergrund schlägt *Reese* vor, *de lege ferenda* "nicht primär auf die Begehungsart der Täuschungshandlung abzustellen, sondern auf das Bestehen einer rechtlichen Verpflichtung zur Abgabe wahrer Informationen". Auf diese Weise könne dem Umstand Rechnung getragen werden, daß nicht jede unwahre Tatsachenbehauptung, durch die ein Irrtum verursacht worden sei, auch Anknüpfungspunkt einer Betrugsstrafbarkeit sein müsse, unabhängig davon, "ob der Irrtum durch eine ausdrückliche oder konkludente Täuschung oder durch Unterlassen herbeigeführt" worden sei[117]. Ebenso wie das Unterlassen einer Aufklärung nur bestraft werden dürfe, wenn der Unterlassende rechtlich zur Aufklärung verpflichtet gewesen sei, so könne dann auch der positiv Handelnde nur bestraft werden, sofern von ihm wahre Angaben hätten erwartet werden können[118]. Hiergegen lasse sich nicht der Einwand erheben, daß derjenige, der eine Äußerung tätige, entweder bei der Wahrheit zu bleiben oder aber zu schweigen habe. Es seien nämlich durchaus Konstellationen denkbar - wie etwa im Rahmen eines Einstellungsgesprächs die Frage nach einer bestehenden Schwangerschaft oder bereits getilgten Vorstrafen - bei denen es für den Betroffenen erhebliche faktische Nachteile mit sich bringen würde, auf eine Frage wahrheitsgemäß zu antworten oder auch nur zu schweigen. In Fällen dieser Art erscheine es deshalb geboten, das Vorliegen einer Rechtspflicht zur wahrheitsgemäßen Äußerung zu verlangen[119].

Gleichwohl kommt nach *Reese* diese Möglichkeit einer Restriktion des Täuschungsbegriffs nur *de lege ferenda* in Betracht[120], da das Abstellen auf eine Rechtspflichtverletzung als Tatbestandsmerkmal in § 263 *de lege lata* nicht vorgesehen sei und allgemein nur für unechte Unterlassungen gefordert werden könne. Zudem ließen sich nach geltendem Recht keine verläßlichen Regeln darüber ausfindig machen, wann der Täuschende zur Abgabe wahrheitsgemäßer Informationen verpflichtet sei. Insbesondere aber könne nicht die Frage beantwortet werden, ob es sich dabei um eine Rechtspflicht i.S.e. Garantenpflicht handeln müsse - wie sie für den Bereich des unechten Unterlassens gefordert werde - oder ob möglicherweise eine Rechtspflicht geringerer Intensität ausreichend sei[121].

---

116 Vgl. *Reese*, Täuschung und Irrtum beim Betrug, Diss. 1975, S. 72 ff. u. passim.

117 *Reese*, a.a.O., S. 89.

118 Vgl. *Reese*, a.a.O.

119 Vgl. *Reese*, a.a.O., S. 89 f.

120 *De lege lata* schlägt *Reese* sodann vor, auf die Figur der konkludenten Täuschung gänzlich zu verzichten und einen Teil ihres rechtstatsächlichen Anwendungsbereichs mit Hilfe einer extensiven Interpretation des Begriffs der ausdrücklichen Täuschung zu erfassen (vgl. a.a.O., S. 93 ff.).

121 Vgl. *Reese*, a.a.O., S. 91.

b) De lege lata (Lackner u.a.)

Unter den Autoren, die *de lege lata* eine Erfassung des Verhaltensunwerts der konkludenten Täuschung über den Aspekt der Pflichtwidrigkeit erreichen wollen, ist zunächst *Lackner* anzuführen. Wie schon in anderem Zusammenhang dargelegt wurde[122], ist nach *Lackners* dogmatischer Konzeption für das Vorliegen einer konkludenten Täuschung erforderlich, daß der Täter neben einer Irrtumsverursachung zugleich auch gegen eine ihm obliegende Rechtspflicht zur Aufklärung bzw. Irrtumsverhinderung verstößt. Diese Rechtspflicht ist nach *Lackner* inhaltlich identisch mit einer Aufklärungspflicht i.S.e. Garantenpflicht, wie sie für den Betrug durch Unterlassen gefordert wird. Täuschung durch konkludentes Handeln und Täuschung durch Unterlassen haben danach "dieselbe Pflichtenstellung" des Täters zur Voraussetzung[123].

Maßgebend für eine solche Pflichtenstellung sei dabei die nach der allgemeinen Verkehrsanschauung sowie dem Grundsatz von Treu und Glauben zu bestimmende Verteilung des für die jeweiligen Geschäftstypen charakteristischen Irrtum- bzw. Orientierungsrisikos. So sei beispielsweise der Umstand, daß der Verkäufer einer Ware grundsätzlich nicht verpflichtet sei, über die Frage der Marktüblichkeit seiner Preise aufzuklären, darauf zurückzuführen, daß in normalen, namentlich spekulativen Geschäftsbeziehungen das Irrtumsrisiko allein beim Käufer liege und dieser sich somit selbst vor dem Abschluß wirtschaftlich nachteiliger Geschäfte zu schützen habe[124]. Dort, wo es um die Wertschätzung von Gegenständen und um künftige Entwicklungen gehe, könne ein Teilnehmer am allgemeinen Geschäftsverkehr nicht gehalten sein, seine besseren Informationen oder überlegene Sachkenntnis dem Vertragspartner zugute kommen zu lassen bzw. sie nicht zum eigenen Vorteil auszunutzen. Vielmehr müsse stets ein besonderer Grund - wie etwa ein Beratungselement in den vorvertraglichen Beziehungen der Parteien - vorhanden sein, damit nach der Verkehrsanschauung das Orientierungsrisiko ganz oder teilweise auf den Verkäufer übergehe. Allerdings dürfe aus der in der Verkehrsanschauung wurzelnden Risikoverteilung nicht geschlossen werden, daß der Täter einem Geschäftspartner, der das Orientierungsrisiko zu tragen habe, auf eventuelle Fragen unwahre Angaben machen oder auch nur wahrheitswidrig Nichtwissen vorspiegeln dürfe. Sofern nämlich der Täter selbst bewußt als falsche Informationsquelle fungiere, gehe damit - unabhängig vom jeweiligen Geschäftstyp - das Orientierungsrisiko automatisch auf den Täter über[125].

---

122 Vgl. oben im 2. Teil unter D. I. 2.
123 *Lackner*, LK, § 263, Rdn. 21 ff. u. 56.
124 *Lackner*, a.a.O., Rdn. 29.
125 *Lackner*, a.a.O., Rdn. 30.

Zuspruch hat *Lackners* dogmatische Konzeption u.a. bei *Volk*[126] und *Seelmann*[127] gefunden.

Auch nach *Volk* setzt das Vorliegen einer konkludenten Täuschung die Verletzung einer Aufklärungspflicht i.S.e. Garantenpflicht voraus, die als "gemeinsamer normativer Nenner" beide Erscheinungsformen des Täuschungsverhaltens miteinander verklammere[128]. Der Betrug sei danach im Bereich der konkludenten Täuschung "ein Pflichtdelikt, das durch Tun und Unterlassen gleichermaßen verwirklicht werden" könne und insoweit keine strukturellen Unterschiede aufweise. Die dem Strafrecht vorgelagerte außerstrafrechtliche Sonderpflicht sieht *Volk* im Anschluß an *Lackner* ebenfalls in einer dem Täter obliegenden Aufklärungspflicht zivilrechtlichen Ursprungs[129].

Ein ähnlicher Begründungsansatz, warum es für eine konkludente Täuschung entscheidend auf die Verletzung einer spezifischen Pflichtenstellung ankommen soll, findet sich bei *Seelmann*. Er hebt hervor, der Betrug weise im Bereich der konkludenten Täuschung strukturelle Gemeinsamkeiten zu anderen verhaltensgebundenen Delikten auf, in deren Verhaltensumschreibungen ein Unterlassen gleichermaßen mitumfaßt werde wie ein positives Tun bzw. schon ein tatbestandsmäßiges Handeln eine spezielle Pflichtverletzung des Täters erfordere. So sei im Falle der Beleidigung ein »Nicht grüßen« oder ein »Nicht ergreifen« der angebotenen Hand Kundgabe der Mißachtung nicht für jedermann, sondern nur unter der Voraussetzung einer bestimmten »Systemzugehörigkeit«. Ebenso begründe die Pflichtenstellung wie sie § 266 für die Untreue fordere, die Strafwürdigkeit des Verhaltens ganz generell und nicht erst für den Bereich des Unterlassens. Die Problematik dieser Delikte sei darauf zurückzuführen, daß sie - ebenso wie die konkludente Täuschung beim Betrug - in einer Grauzone zwischen positivem Tun und eigentlichem Unterlassen angesiedelt seien. Entgegen der herrschenden Meinung müsse bei ihnen daher auch für das positive Tun eine Garantenstellung i.S.d. § 13 I gefordert werden[130].

Auf Zustimmung aber auch auf Kritik ist *Lackners* Konzeption bei *Samson* gestoßen. Grundsätzliche Zustimmung findet bei ihm zunächst der dogmatische Ansatz, im Bereich der konkludenten Täuschung - entgegen der herrschenden Meinung - nicht auf das Vorliegen einer tatsächlichen Erklärung, sondern auf die

---

126 JUS 1981, S. 880 ff. (882); Tröndle-FS, S. 219 ff. (227).
127 NJW 1980, S. 2545 ff. (2546 f.); NJW 1981, S. 2131 f.; NK, Bd. 1, AT, § 13, Rdn. 18 f.
128 JUS 1981, S. 880 ff. (882); Tröndle-FS, S. 219 ff. (227).
129 JUS 1981, a.a.O., FN 13.
130 Vgl. *Seelmann*, NK, a.a.O.

Verletzung einer Aufklärungspflicht i.S.e. Garantenpflicht abzustellen[131]. Als problematisch empfindet *Samson* hingegen die enge Anbindung *Lackners* an das Zivilrecht, da auf diese Weise der Eindruck erweckt werde, als ginge es bei der Bestimmung des betrugsrelevanten Täuschungsverhaltens nicht um eine strafrechtliche Frage, sondern ausschließlich um eine Wertung aus dem Zivilrecht, die das Strafrecht nur zu übernehmen bräuchte. Dadurch bliebe die letztlich entscheidende Fragestellung, anhand welcher Kriterien die erforderliche Sonderung von strafrechtlich geschützten und strafrechtlich ungeschützten Vorstellungen über die Verteilung des Irrtumsrisikos zu erfolgen habe, im Ergebnis unbeantwortet[132].

Eine gewisse Inkonsequenz sieht *Samson* zudem in der Haltung *Lackners* zur ausdrücklichen Täuschung, die dieser im Falle der Abgabe wahrheitswidriger Tatsachenbehauptungen stets als erfüllt ansieht. Das Gemeinsame sämtlicher Erscheinungsformen positiven Täuschungsverhaltens bestehe nämlich darin, daß der Irrende aus dem Täterverhalten sowie einem weiteren Umstand einen Fehlschluß ziehe. Im Falle der ausdrücklichen Täuschung sei dies das Vertrauen in die Glaubwürdigkeit des Täters und im Falle der konkludenten Täuschung das Vertrauen des Irrenden auf ein norm- bzw. erfahrungssatzgemäßes Verhalten des anderen. Vor diesem Hintergrund sei nicht erklärbar, warum das Vertrauen in die Glaubwürdigkeit eines anderen stets, das Vertrauen in ein norm- bzw. erfahrungssatzgemäßes Verhalten dagegen nur unter bestimmten Voraussetzungen über § 263 geschützt sein solle[133].

2. Standpunkt der herrschenden Meinung und modalitätenspezifische Einschränkung der Garantenpflichten im Unterlassensbereich

Gegen die von einem Teil des Schrifttums vertretene Konzeption, den Verhaltensunwert der konkludenten Täuschung über das Kriterium der Pflichtwidrigkeit zu erfassen, wird von seiten der herrschenden Meinung der Einwand erhoben, ein als Täuschung durch positives Tun zur Erörterung stehendes Täterverhalten dürfe nicht vom Vorliegen einer Garantenpflicht abhängig gemacht werden, da § 13 I nur auf (unechte) Unterlassungen anwendbar sei und folglich eine Garantenstellung i.S.d. § 13 I nicht Voraussetzung für die Strafbarkeit einer aktiven Begehung sein könne[134].

---

131 *Samson*, JA 1978, S. 469 ff. (472); *ders.* Strafrecht II, Fall 15, S. 146; *Samson/Günther*, SK, § 263, Rdn. 36 ff.

132 *Samson/Günther*, a.a.O., Rdn. 37.

133 Vgl. *Samson/Günther*, a.a.O., Rdn. 38.

134 Vgl. *Maaß*, GA 1984, S. 264 ff. (267); *Schönke/Schröder-Cramer*, § 263, Rdn. 15.

Gleichwohl läßt sich auch vom Boden der vorherrschenden Betrugsdogmatik aus ein Ansatz ausfindig machen, der im Ergebnis darauf hinausläuft, den Verhaltensunwert einer betrugsrelevanten Täuschung mit einer spezifischen Pflichtverletzung gleichzusetzen. Anknüpfungspunkt ist dabei freilich nicht der Bereich des positiven Tuns, sondern der des Unterlassens. Wie schon in anderem Zusammenhang aufgezeigt werden konnte[135], stellt die ganz herrschende Meinung bei der Täuschung durch Unterlassen nämlich ausschließlich auf das Bestehen einer Aufklärungspflicht i.S.e. Garantenpflicht ab und betont dabei zugleich ausdrücklich, daß ein »Erklärungswert« des Täterverhaltens - wie es für die aktive Täuschung gefordert wird - insoweit nicht erforderlich sei[136]. Die Garantenpflichtverletzung soll danach nicht nur den fehlenden Kausalnexus zum tatbestandsmäßigen Erfolg ersetzen, sondern insbesondere auch die "gesetzlich normierte Verhaltensmodalität des Betrugstatbestands" zum Ausdruck bringen können und damit zugleich der Entsprechensklausel des § 13 I 2. Halbsatz genügen[137]. Dieser Ansatz der Theorie der modalitätenspezifischen Einschränkung der Garantenpflichten geht davon aus, daß der Verhaltensunwert der Täuschungshandlung dem eigentlichen Grunde nach in der Verletzung einer zwischen Täter und Opfer bestehenden Vertrauens-beziehung zu sehen ist und demgemäß nur solche Garantenstellungen in Betracht zu ziehen seien, die - gemessen an der allgemeinen Garantenlehre - auf einem gesteigerten Vertrauensverhältnis zwischen Täter und Opfer beruhten[138]. Die Gleichstellungsfrage von Tun und Unterlassen erübrige sich sodann mit der Feststellung des Vorliegens einer entsprechend "modalitätenspezifisch enger gefaßten" Garantenpflichtverletzung[139].

Der Gedanke, den Verhaltensunwert der Täuschungshandlung über den Aspekt der Pflichtwidrigkeit des Täterverhaltens zum Ausdruck zu bringen, ist der herrschenden Meinung also keineswegs so fremd wie es zunächst den Anschein haben mag. Allerdings versucht die herrschende Meinung diesen Gedanken -

---

135 Vgl. dazu oben im 1. Teil unter D. I.

136 Vgl. hierzu die Nachweise im ersten Teil unter FN 177.

137 Vgl. *Maaß*, Betrug, S. 32 ff., 44; *Schönke/Schröder-Cramer*, a.a.O., Rdn. 19; *Lackner*, a.a.O., Rdn. 57. 68 f.; *Samson*, StrR II, Fall 15, S. 146; *Reese*, S. 123 ff. u.passim; im Ergebnis auch *Kühne*, Geschäftstüchtigkeit, S.91.

138 Vgl. *Maaß*, a.a.O., S. 35 ff.; *Cramer*, a.a.O.: "Eine betrugsspezifische Garantenstellung setzt demnach eine besondere Pflichtenstellung des Täters zum Schutze des Opfers vor vermögensschädigenden Fehlvorstellungen voraus. Dabei ist wegen des Entsprechenserfordernisses dem verhaltensgebundenen Merkmal der Täuschung dadurch Rechnung zu tragen, daß an das pflichtbegründende Vertrauensverhältnis erhöhte Anforderungen gestellt werden."

139 *Maaß*, a.a.O.

zumindest verbaliter - ausschließlich auf den Bereich des Unterlassens zu beschränken.

Die möglichen Gründe hierfür, werden in einem nachfolgenden Prüfungsschritt noch Gegenstand der Untersuchung sein.

3. Kritik und Stellungnahme

Die vorstehenden Ausführungen haben deutlich gemacht, daß es in der Strafrechtsdogmatik Ansätze gibt, den Täuschungsbegriff mit Hilfe des Kriteriums der Pflichtwidrigkeit des Täterverhaltens zu erfassen. Dabei hängt die Akzeptanz dieses Kriteriums allerdings entscheidend davon ab, um welche Erscheinungsform der Täuschung es sich handelt. Während es bei der Täuschung durch Unterlassen der ganz überwiegenden Auffassung entspricht, den Verhaltensunwert der Täuschung mit einer spezifischen Pflichtwidrigkeit gleichzusetzen, wird dieser Ansatz im Bereich der konkludenten Täuschung nur von einem Teil des Schrifttums vertreten. Handelt es sich gar um eine Irrtumserregung mittels ausdrücklicher Lüge, so wird der Aspekt der Pflichtwidrigkeit nur selten mit dem Verhaltensunwert der Täuschungshandlung in Verbindung gebracht[140].

Diese in der heutigen Betrugsdogmatik vorzufindende Haltung ist - wie schon *Reese* zutreffend beobachtet hat – offenbar darauf zurückzuführen, daß die vorherrschende Ansicht in der Strafrechtswissenschaft scheinbar von der Prämisse ausgeht, das Herbeiführen einer Fehlvorstellung mittels Abgabe einer wahrheitswidrigen Tatsachenbehauptung verstoße *per se* gegen eine dem Täter obliegende Rechtspflicht, da derjenige, der etwas äußern wolle, entweder die Wahrheit zu sagen oder aber zu schweigen habe. Auf diese Prämisse dürfte es schließlich auch zurückzuführen sein, warum die herrschende Meinung im Bereich der konkludenten Täuschung nach dem Vorliegen einer stillschweigenden bzw. schlüssigen Erklärung sucht. Insoweit trägt der Aspekt der Pflichtwidrigkeit des Täterverhaltens daher - zumindest im Ergebnis - auch vom Standpunkt der herrschenden Meinung aus über den Bereich des Unterlassens hinaus[141].

Im folgenden wird daher auf die Fragestellung einzugehen sein, ob die Pflichtwidrigkeit der Irrtumserregung im Bereich des positiven Tuns den inhaltlichen Anforderungen einer Garantenpflichtverletzung entsprechen muß, d.h., ob sich

---

140 Hier ist insbesondere *Kindhäuser* zu nennen, der verlangt, daß mit der ausdrücklichen Lüge zugleich auch ein dem Getäuschten gegenüber bestehender Wahrheitsanspruch verletzt wird.

141 Dabei handelt es sich freilich mehr um eine Beobachtung als um ein tragendes Argument.

feststellen läßt, daß aktive Täuschung und Täuschung durch Unterlassen „dieselbe Pflichtenstellung" des Täters zur Voraussetzung haben.

Damit ist zugleich eine Problematik grundsätzlicher Art angesprochen, die gerade in jüngerer Zeit in der Strafrechtswissenschaft kontrovers diskutiert wird und auf die nun näher eingegangen werden soll: Der Frage nämlich, inwieweit die Voraussetzungen einer strafrechtlichen Haftung von der jeweiligen Verwirklichungsform abhängig sein können bzw. ob auch der Begehungstäter stets »Garant« sein müsse [142].

a) Die allgemeine Diskussion um das Erfordernis einer Garantenstellung auch des Begehungstäters

aa. Die Lehre vom normativen Übergewicht des Begehungstäters

Während gewöhnlich bei den Erfolgsdelikten im Bereich der aktiven Begehung bereits die individuell vermeidbare Kausalität eines Täterverhaltens als haftungsrelevant eingestuft wird und eine strafrechtliche Haftung nur bei Hinzutreten besonderer Umstände ausgeschlossen sein soll, sind die Voraussetzungen, die an eine Haftung für unechtes Unterlassen gestellt werden, ungleich höher. So wird es im Unterlassensbereich als selbstverständlich erachtet, daß die der vermeidbaren Erfolgsverursachung entsprechende individuelle Abwendbarkeit eines bestimmten Erfolgseintritts für sich genommen eine strafrechtliche Haftung nicht zu begründen vermag, es vielmehr weiterer Voraussetzungen - wie insbesondere einer besonderen Beziehung des zur Erfolgsabwendung Fähigen zum tatbestandsmäßigen Geschehen in Form einer Garantenstellung - bedarf[143].

Als ein wesentliches Argument für die Stärke der Zurechnung zum Begehungstäter wird die realkausale Verknüpfung des Handelnden zum tatbestandsmäßigen Erfolg angeführt. Indem das Strafgesetzbuch die Pflichtwidrigkeit des Täterverhaltens im Kern als für den Erfolgseintritt kausale Handlung beschreibe, über die eine aktuelle Beherrschung des zur Rechtsgutsverletzung führenden Geschehens vermittelt werde, sei bei den Begehungsdelikten der das rechtliche Unwerturteil

---

142 Nur zur Klarstellung sei erwähnt, daß es bei dieser Diskussion nicht darum geht, einen phänomenologischen bzw. kategorialen Unterschied zwischen der Vornahme einer Handlung und und dem Unterlassen einer solchen zu leugnen. Vielmehr geht es allein um die Frage, worin der eigentliche Grund für eine strafrechtliche Haftung besteht und ob sich dieser materiale Strafgrund möglicherweise als von der jeweiligen Begehungsform unabhängig erweist.

143 Vgl. statt vieler nur *Gallas*, Studien zum Unterlassungsdelikt, S. 67 ff. (S. 76); *Maiwald*, Kausalität u. Strafrecht, S. 80 ff. (S. 83); Kahrs, Vermeidbarkeitsprinzip, S. 36 ff. u. passim; vgl. ferner auch *Jakobs*, ZStW 89, S. 1 ff.

auslösende Sachverhalt - vorbehaltlich verbleibender normativer Restprobleme - bereits deskriptiv festgelegt[144]. Die gesetzliche Tatbestandsumschreibung enge den Täterkreis mithin durch das Merkmal der Kausalität bereits ein, während der Unterlassungstäter erst aus dem Jedermannskreis heraus ermittelt werden müsse. Das Kriterium der Kausalität bilde damit zugleich "das formalisierte Verfahren zur Erfassung der wesentlichen materialen Wertdifferenzen" von positiver Begehung und Unterlassung[145]. Soweit der dem Strafrecht immanente Zweck darin zu sehen sei, Rechtsgüterschutz durch Aufstellung von Normen zu erreichen und damit den Normadressaten zu einem bestimmten Verhalten zu motivieren, könne dieses Verhalten entweder dahin gehen, rechtsgutsverletzende Maßnahmen zu unterlassen oder rechtsgutserhaltende Maßnahmen zu erbringen. So könne die Rechtsordnung beispielsweise das Rechtsgut Leben in der Weise schützen, daß es lebensverkürzende Handlungen verbiete und lebensverlängernde Handlungen gebiete. Normwidrig sei dann sowohl die Vornahme einer lebensverkürzenden als auch die Unterlassung einer lebensverlängernden Handlung. Gleichwohl bestehe jedoch eine Wertdifferenz im Unrechtserfolg, da sich die Tötung durch Handeln als Verursachung einer *Lebensverkürzung*, die Tötung durch Unterlassen hingegen als bloße Nichtverursachung einer *Lebensverlängerung* darstelle[146]. Während der Normbefehl an den Begehungstäter also lediglich dahin gehe, den *Status quo* anderer Rechtsgüter nicht zu verletzen, werde vom Unterlassungstäter verlangt, für ein fremdes Rechtsgut eine Leistung zu erbringen[147]. Der Begehungstäter *verschlechtere* die Rechtsgutssituation, während sie vom Unterlassungstäter lediglich *nicht verbessert* werde[148].

Ein weiterer Begründungsansatz für die Stärke der Haftungszurechnung zum Begehungstäter beruht auf der Annahme, daß das Befolgen eines Gebots dem Täter mehr abverlange als das Befolgen eines Verbots, und daß "die ursprüngliche Verbindlichkeit des Bürgers nur auf Unterlassungen" gehe[149]. Dort, wo von einer Norm ein Tun - und damit der Einsatz von Energie bzw. das Erbringen einer Leistung - geboten werde, sei eine besondere Anstrengung, eventuell sogar ein besonderes Geschick gefordert, während das Verbot eines rechtlich mißbilligten Handelns im eigentlichen Sinne keinerlei "Geschick" und keine andere "Leistung"

---

144 Vgl. *Schünemann*, Dogmatik der Unterlassungsdelikte, S. 53.

145 Vgl. *Samson*, Schaffstein-FS, S. 578 ff. (590 u. passim); vgl. ferner auch *Brammsen*, JZ 1989, S. 71 ff. (73).

146 Vgl. *Samson*, a.a.O.

147 Vgl. *Schmidhäuser*, AT, 12/51; *Brammsen*, a.a.O.

148 Vgl. *Samson*, a.a.O., S. 593.

149 So die berühmte Formulierung *Feuerbachs* (Lehrbuch, 7. Aufl., § 24), die zugleich als Begründung dafür angeführt wird, warum (nur) für die Haftung des Unterlassungstäters ein "besonderer Rechtsgrund" erforderlich sei.

als die der Abstandnahme vom verbrecherischen Gedanken fordere[150]. Die Wirkung eines Verbots sei mithin in stärkerem Maße verpflichtend als die Wirkung eines Gebots, da es grundsätzlich nicht Aufgabe von Strafsanktionen sein könne, die Rechtsgenossen zur Rettung gefährdeter Rechtsgüter anzuhalten[151]. Während das Verbot dem Normadressaten eine Vielzahl anderer Handlungsmöglichkeiten offen lasse, werde der Handlungsspielraum durch das Befolgen eines Gebots auf ein bestimmtes Verhalten eingeengt, wodurch zugleich das Ergreifen anderer Handlungsmöglichkeiten ausgeschlossen werde. Das Gebot schränke somit die Handlungsfreiheit des Einzelnen in weit höherem Maße ein als es das Verbot tue[152]. Ferner, so wird behauptet, entstammten die Verbote liberal-individualistischem Denken, das auf die Garantie gegenseitiger Nichtbeeinträchtigung zurückzuführen sei. Die Gebote hingegen stellten eine nur ausnahmsweise zu legitimierende Pflicht des Individuums zu positiv solidarischer Fürsorge gegenüber der Gesellschaft dar[153].

bb. Die Forderung nach einer Garantenstellung auch des Begehungstäters

Die Lehre vom normativen Übergewicht des Begehungstäters und die damit einhergehende Differenzierung in den Haftungsvoraussetzungen für positives Tun einerseits und unechte Unterlassungen andererseits wird in jüngerer Zeit zunehmend kritisch hinterfragt. Nach diesem, insbesondere von *Jakobs*[154] verfochtenen Ansatz, besagt die *de lege lata* vorzunehmende Unterscheidung von positivem Tun und Unterlassen nichts über das »Warum« einer strafrechtlichen Haftung. Die Stärke der Zurechnung zum Begehungstäter könne danach schon deshalb nicht auf den Umstand der kausalen Verknüpfung des Täterverhaltens mit

---

[150] Vgl. *Engisch*, Festschrift für Gallas, S. 163 ff. (S. 173 f.); *ders*. Monatsschrift der Kriminologie, Bd. 30, S. 414 ff. (S. 422 f.). Kritisch hierzu *Samson*, a.a.O., S. 586.

[151] Vgl. *Jescheck*, AT,§ 58, II. 1.; ähnlich *Baumann/Weber*, AT, S. 234: "Der Bürger soll nicht durch eine Unzahl von Geboten gegängelt werden."

[152] Vgl. *Armin Kaufmann*, Die Dogmatik der Unterlassungsdelikte, S. 86; *Schmidhäuser*, JZ 1955, S. 433 ff. (435); *Bärwinkel*, Zur Struktur der Garantieverhältnisse bei den unechten Unterlassungsdelikten, S.17, m.w.N.

[153] Vgl. *Samson*, a.a.O., S. 595; *Baumann/Weber*, AT, S. 234. Im Ergebnis ebenso *Stratenwerth* (AT, Rdn. 156) mit dem Hinweis, aus dem Prinzip der Eigenverantwortlichkeit des Individuums folge zugleich, daß die Pflicht, für fremde Rechtsgüter oder Interessen zu sorgen, auf Ausnahmefälle zu beschränken sei.

[154] Vgl. *Jakobs*, AT, 7/56 ff. u. 70 f., 28/13, 29/28; *ders*. ZStW 89, S. 1 ff. (1 f.); *ders*. Der strafrechtliche Handlungsbegriff, S. 30 ff. u. passim; *ders*. Die strafrechtliche Zurechnung von Tun und Unterlassen, S. 36 ff. u. passim; *Volk*, Tröndle-Festschrift, S. 219 ff. (237); *Timpe*, Strafmilderungen, S. 171 ff. u. passim; *Vogel*, Norm und Pflicht, S. 354 ff. u. 358 ff.; ähnlich - vom Boden seines negativen Handlungsbegriffs aus - auch *Herzberg*, Unterlassung, S. 172 ff.; *ders*. JZ 1988, S.575 ff. (579).

dem Erfolgseintritt zurückgeführt werden, da es sich bei der Kausalität nicht um eine Frage des Pflichtengrundes handele, sondern allein um eine solche des zufälligen Stands der Dinge. Der eigentliche Haftungsgrund im Falle der Begehungsdelikte beruhe indessen darauf, daß der Täter entweder durch sein Kausalwerden den eigenen Organisationskreis ohne Rücksicht auf andere Personen sowie auf deren Kosten ausdehne oder ihn - wie im Falle der Pflichtdelikte - eine institutionelle Garantie für den Bestand eines fremden Rechtsguts treffe[155]. Das Verhältnis des Täters zum betroffenen Rechtsgut sei bei den Begehungsdelikten also nicht nur negativ durch ein Nicht-Verletzen bestimmt, sondern auch positiv durch einen Status des Täters im Verhältnis zu diesem Gut[156]. Begehungs- wie Unterlassungsdelikte ließen sich somit gleichermaßen auf eine Haftungsbegründung wegen Organisationszugehörigkeit oder institutioneller Verbundenheit zurückführen. Die Trennung zwischen positivem Tun und Unterlassen betreffe mithin nur eine von mehreren möglichen Schnitten durch den Komplex des überhaupt objektiv Tatbestandsmäßigen. Die eigentlich material bedeutsamere Trennungslinie hingegen verlaufe - bei positivem Tun wie Unterlassen gleichermaßen - zwischen den organisationsbezogenen Haftungen einerseits und den institutionell begründeten Haftungen andererseits; jenen Prinzipien also, auf die sich auch die Garantenpflichten zurückführen ließen[157]. So gesehen bestehe "eine völlige Kongruenz der Haftung für Tun mit derjenigen für Unterlassen überhaupt"[158].

Im Ergebnis müsse daher nicht nur der Unterlassungs- sondern auch der Begehungstäter ein Garant sein. Dabei habe der Begehungstäter allerdings in den meisten Fällen, die praktisch erörtert würden, aufgrund der mit seiner Begehung einhergehenden Ausdehnung seines Herrschafts- bzw. Organisationskreises eine Garantenstellung inne, dies gelte aber eben nicht prinzipiell[159].

cc. Gründe für eine allgemeine Kongruenz der Haftung für positives Tun und Unterlassen

Für die vorstehend skizzierte Forderung nach kongruenten Haftungsvoraussetzungen für aktive Begehung und Unterlassung lassen sich eine Reihe gewichtiger Gründe anführen.

---

155 Vgl. *Jakobs*, AT, 7/56 u. 70, 71; *Volk*, a.a.O.

156 Vgl. *Jakobs*, AT, 7/70.

157 Vgl. *Jakobs* u. *Volk*, jeweils a.a.O.

158 *Jakobs*, Die strafrechtliche Zurechnung von Tun und Unterlassen, S. 36 f., m.w.N.

159 Vgl. *Jakobs*, AT, 7/58. Ähnlich *Herzberg*, a.a.O., S. 579: "Es hat einfach niemand zur rechten Zeit entdeckt, daß der für die Gefahrenquelle allerverantwortlichste Aktivtäter hinsichtlich der Erfolgsvermeidung ein *Garant per exellence* ist ..." (Hervorhebung vom Verfasser).

So ist zu Recht der Einwand erhoben worden, daß ein normatives Übergewicht des Begehungstäters nicht mit dem Kriterium der Kausalität begründet werden kann. Zwar mag für die Verwirklichung eines Begehungsdelikts regelmäßig ein »Bewirken« des tatbestands-mäßigen Erfolgs in der Außenwelt erforderlich sein[160], damit läßt sich jedoch - wie insbesondere die Fälle des Regreßverbots belegen - nicht die Frage beantworten, *warum* der Verursacher eines tatbestandsmäßigen Erfolgs haftungsrechtlich für diesen einzustehen hat. Daß sich die Kausalität im Hinblick auf den Haftungsgrund als zu naturalistisch erweist, zeigt sich vor allem dann, wenn man bedenkt, daß das Kausalwerden eines Täterverhaltens häufig allein davon abhängt, wie sich ein System zu seiner Umgebung verhält[161]. So wird beispiels-weise der Fließbandarbeiter, dem bei der Zusammensetzung eines PKW-Motors ein Fehler unterläuft, seinerseits kausal für einen später aufgrund dieses Fehlers eintretenden Verkehrsunfall. Dagegen fehlt es an einem Kausalnexus, sofern die Zusammensetzung des Motors nicht im Wege manueller Fließbandarbeit erfolgt, sondern durch einen Industrieroboter vorgenommen wird, und derselbe Arbeiter - der nunmehr die Aufgabe hat, die Fertigung zu überwachen - bei Vorliegen eines entsprechenden Fehlers nicht einschreitet. Hier ein normatives Übergewicht des Handelnden gegenüber dem Unterlassenden annehmen zu wollen, erschiene vor allem deshalb bedenklich, weil es zweifellos größerer Anstrengungen bedarf, tagtäglich einen Arbeitsablauf fehlerfrei zu erbringen als einen einmalig auftretenden Fehler nicht zu korrigieren.

Ein normatives Übergewicht des Begehungstäters läßt sich auch nicht mit der vermeintlichen "Nachrangigkeit" von Gebotsnormen gegenüber Verbotsnormen begründen. Dies gilt zunächst für das Argument, die Rechtsordnung könne dem Normadressaten ein Nichtstun *eher* abverlangen als das Erbringen einer Leistung, da das Gebot einen stärkeren Eingriff in die Handlungsfreiheit bedeute. Ist nämlich für das Ingangsetzen eines rettenden Kausalverlaufs zur Erhaltung essentieller Rechtsgüter nur ein sehr geringfügiger Energieaufwand erforderlich - wie etwa im Falle des Herbeirufens eines Arztes zur Rettung eines Menschenlebens - so tritt nach dem in § 34 normierten und für alle Verhaltensnormen geltenden Prinzip der Interessen- und Güterabwägung das Interesse, keine Leistung erbringen zu müssen, hinter dem Interesse am Erhalt des bedrohten Rechtsguts eindeutig zurück[162]. Zudem stellen Gebotsnormen nicht notwendig eine gegenüber den Verbotsnormen intensivere Freiheitsbeschränkung dar. Auch wenn das Befolgen eines Gebots in der Regel die Möglichkeit anderer Verhaltensalternativen

---

160 So setzt beispielsweise § 222 voraus, daß der Tod eines anderen Menschen "verursacht" wird.

161 Vgl. *Volk*, a.a.O., S. 225, m.w.N.

162 Vgl. *Jakobs*, AT, 28/13; *Vogel*, a.a.O., S. 306. Vgl. vom Standpunkt der herrschenden Meinung aus auch *Samson*, a.a.O., S. 586.

ausschließt, so ist damit nicht zwingend ein im Vergleich zur Verbotsbefolgung erhöhtes Maß an Freiheitsverlust verbunden. Wer beispielsweise mit seinem PKW einen Tunnel durchfährt, in dem ein Halte*verbot* besteht, dessen Handlungsspielraum ist ebenfalls auf nur eine Verhaltensmöglichkeit eingeengt, die darin besteht, weiterzufahren[163]. Ebenso kann mit einer Verhaltensnorm mitunter ein höchst intensiver Freiheitsverlust verbunden sein, sofern die verbotene Handlung der eigentlichen Freiheitsentfaltung vorgelagert ist, wie z.B. im Falle des in § 121 I Nr. 2 enthaltenen Verbots, mit mehreren Gefangenen gewaltsam aus der Haft zu entfliehen, oder dem Verbot der Fahnenflucht[164].

Der dem Normadressaten verbleibende Freiraum ist mithin nicht von der Frage abhängig, ob es sich bei einer Regelung um ein Ge- oder Verbot handelt. Vielmehr wird die Handlungsfreiheit des Einzelnen entscheidend durch die in dem jeweiligen Bereich anzutreffende Regelungs*dichte* determiniert[165].

Zu widersprechen ist ferner der Auffassung, Gebote seien stets auf eine nur ausnahmsweise zu legitimierende Pflicht zu positiv solidarischer Zuwendung für ein fremdes Rechtsgut zurückzuführen, Verbote hingegen auf das stets von Jedermann zu beachtende *neminem leadere*[166]. Die diesem Verständnis zugrunde liegende *Feuerbachsche* These, wonach die ursprüngliche Verbindlichkeit des Bürgers nur darin bestehe, keine Rechtsgutsverletzungen vorzunehmen, eine rechtsgutserhaltende Aktivität hingegen nur bei Vorliegen eines "besonderen Rechtsgrundes"[167] verlangt werden könne, geht auf die Vorstellung zurück, die Unterscheidung von Verboten und Geboten basiere auf der Trennung von Recht und Moral. Nach diesem Verständnis kommt dem Unterlassen einer Rettungshandlung zunächst nur als Moralwidrigkeit Bedeutung zu und es bedarf, um rechtliche Konsequenzen daran knüpfen zu können, einer besonderen - d.h. gegenüber dem Begehungsdelikt gesteigerten - Legitimation.

Rechtsphilosphischer Hintergrund dieser Lehre *Feuerbachs* ist die Abgrenzung der Rechtspflichten von den nicht zwangsweise durchsetzbaren moralischen bzw. Tugendpflichten nach *Kant*. Nach dem *Kantschen* Rechtsbegriff kommt dem Recht die Aufgabe zu, die Freiheitssphären der Individuen gegeneinander abzugrenzen und zu gewährleisten. Rechtspflichten haben danach den negativen - und als solchen zwangsweise durchsetzbaren - Inhalt, den anderen nach dem allgemeinen Gesetz der Freiheit in der Ausübung seiner Willkür nicht zu

---

163 Beispiel nach *Vogel*, a.a.O.

164 Vgl. *Jakobs*, a.a.O.; *Vogel*, a.a.O.; *Samson*, a.a.O.

165 *Samson*, a.a.O., nennt hier als Beispiel den Straßenverkehr, wo der Autofahrer in seinem Handlungsspielraum vornehmlich durch die Menge der Verbote und nicht durch die in diesem Bereich auch anzutreffenden Gebote eingeschränkt wird.

166 So aber *Samson*, a.a.O., S. 595.

167 Nach *Feuerbach*, a.a.O., sollte hierfür entweder eine gesetzliche oder eine vertragliche Verpflichtung in Betracht kommen.

stören[168]. Hilfsgebote dagegen sind nach *Kant* bloße "Maximen", die zu gebieten nicht Sache des Rechts, sondern der Moral sei. Moralisches Handeln müsse jedoch stets freies Handeln bleiben und könne demnach als solches nicht erzwungen werden[169].

Gegen eine Parallelisierung der Unterscheidung von Ge- und Verboten mit der Trennung von Recht und Moral spricht jedoch, daß es ebenso Gebote gibt, die sich auf das *neminem laedere* zurückführen lassen, wie es andererseits Verbote gibt, die eine Pflicht zu positiv solidarischer Zuwendung beinhalten[170]. So beruht die Handlungspflicht aus Ingerenz bzw. Verkehrssicherung nicht auf dem Gedanken der Solidarität, sondern auf der Pflicht, rechtsgutsverletzende Auswirkungen des eigenen Herrschafts- bzw. Lebenskreises zu vermeiden[171] Wer beispielsweise als Hauseigentümer ein schadhaftes Treppengeländer ausbessert und im Winter durch Abstreuen des Glatteises vor seinem Hauseingang verhindert, daß andere zu Schaden kommen, oder wer seinen bissigen Hund an die Leine nimmt, der leistet keine "Samariterdienste", sondern er verhindert lediglich, daß es aus seinem Herrschafts- bzw. Lebenskreis heraus zu schädlichen Auswirkungen für fremde Rechtsgüter kommt[172]. Andererseits gibt es Verbote - man denke nur an das Verbot der Fahnenflucht oder das der Wehrpflichtentziehung durch Selbstverstümmelung - die nicht den Inhalt haben, einen Zustand der gegenseitigen Nichtbeeinflussung zu garantieren, sondern auf den Gedanken der Aufopferung zurückzuführen sind und damit auf eine Pflicht zu solidarischer Zuwendung hinauslaufen.

b) Schlußfolgerungen für die Täuschungshandlung des Betrugstatbestands

Betrachtet man die Normstruktur des Betrugstatbestands, dann zeigt sich, daß den Gründen, die sich für eine allgemeine Kongruenz der Haftung für positives Tun und Unterlassen anführen lassen, bei der Frage nach einer kongruenten Haftungsbegründung von aktiver Täuschung und Täuschung durch unterlassene Aufklärung, besonderes Gewicht zukommt.

So ist zunächst zu berücksichtigen, daß es sich beim Betrugstatbestand um ein Beziehung- bzw. Selbstschädigungsdelikt handelt, der Täter also das tatbestandsmäßige Geschehen nicht vollenden kann, ohne den Rechtsgutsinhaber

---

168 Vgl. *Kant*, Metaphysik der Sitten, Einleitung in die Rechtslehre, § B, S. 337: "Recht ist der Inbegriff der Bedingungen, unter denen die Willkür des einen mit der Willkür des anderen nach einem allgemeinen Gesetze der Freiheit zusammen vereinigt werden kann".

169 Vgl. *Kant*, Grundlegung zur Metaphysik der Sitten, A 57.

170 Vgl. *Jakobs*, AT, 28/14.

171 Vgl. *Seelmann*, NK, § 13, Rdn. 49; ders. GA 1989, S. 241 ff., 251 ff.

172 Vgl. hierzu auch *Timpe*, a.a.O., S. 170.

selbst (bzw. eine ihm nahestehende Person) in einer dem deliktischen Vorhaben förderlichen Weise in das soziale Handlungsgeschehen mit einzubeziehen. Nicht die klassische Rollenverteilung i.S.e. von außen aktiv rechtsgutsverletzend eingreifenden Täters auf der einen Seite, dem ein nur passiv beteiligter Rechtsgutsträger auf der anderen Seite gegenübersteht, liegt dem Betrugstatbestand zugrunde, sondern eine Interaktionsbeziehung, bei der Täter und Opfer sowohl aktiv wie passiv am tatbestandsmäßigen Geschehen beteiligt sind[173].

Der Charakter des Betruges als Selbstschädigungsdelikt bringt es dabei mit sich, daß das bloße Bewirken des tatbestandsmäßigen Erfolgs für sich genommen eine Verantwortungszuständigkeit schon deshalb nicht indizieren kann, da ansonsten die vorsätzliche Veranlassung einer Selbstschädigung als haftungsrelevant erfaßt würde[174]. Die Frage, wann eine Selbstschädigung als das Werk des Tatveranlassers bzw. Hintermannes anzusehen ist und wann sie als Ausdruck der Autonomie des Geschädigten erscheint, wird allgemein danach beurteilt, ob der Sich-selbst-Schädigende frei und vollverantwortlich handelt oder ob der Hintermann "kraft überlegenen Wissens das Risiko besser erfaßt als der sich selbst Gefährdende"[175]. Ein Defektzustand des Sich-selbst-Schädigenden sowie eine kognitive Überlegenheit des Hintermanns liegt in betrugsrelevanten Konstellationen jedoch regelmäßig schon aufgrund des stets erforderlichen Irrtums vor, in dem sich das Opfer befindet[176]. Die kausale bzw. vorsätzlich kausale Herbeiführung einer irrtumsbedingten Fehlvorstellung auf seiten des Opfers reicht aber gerade nicht hin, um die Voraussetzungen einer Täuschungshandlung zu erfüllen[177]. Beim Betrug vermag das vorsätzliche Herbeiführen der Irrtumsherrschaft eine Verschiebung der Verantwortungszuständigkeit vom Irrenden auf den Irrtumsveranlasser daher ebensowenig zu begründen wie die bloße Verursachung von Irrtum und Vermögensschaden. Hinzu kommt, daß das Verursachen einer Fehlvorstellung und eines Vermögensschadens - anders als etwa die Tötung eines Menschen - *per se* keinen Unrechtserfolg darstellt. Ebenso wie die menschliche Gedankenwelt nicht durch das *neminem leadere* vor Fehlvorstellungen geschützt wird, kann in einer an den Gesetzen der Marktwirtschaft orientierten Gesellschaft das Individuum nicht darauf hoffen, keine Vermögensverluste zu erleiden. Zu einem Unrechtserfolg werden Irrtum und Vermögensschaden vielmehr erst dadurch, daß sie auf bestimmte Art und Weise herbeigeführt worden sind.

---

[173] Der Täter, indem er täuscht und sich herausgeben läßt, das Opfer, indem es sich täuschen läßt und herausgibt.

[174] Daß die bloße Veranlassung einer Selbstschädigung anderen Zurechnungsregeln folgt als es für die Fremdschädigung angenommen wird, ist auch vom Standpunkt der herrschenden Meinung aus anerkannt, vgl. statt vieler nur *Wessels/Beulke*, AT, Rdn. 187.

[175] Vgl. nur BGHSt 32, S. 262 ff. ("Heroinspritzenfall") sowie BGHSt, NStZ 1985, S. 25 ff. ("Stechapfelfall").

[176] Vgl. oben im 2. Teil unter C. I. 1. c).

[177] Vgl. hierzu sowie zur abweichenden Auffassung *Bockelmanns* oben, im 1. Teil unter C. II.

Daß es möglich ist, den spezifischen Handlungsunwert eines verhaltensgebundenen Delikts durch eine inhaltliche Ausgestaltung der Garantenpflichten zu erfassen, wodurch die Strafwürdigkeit des Verhaltens ganz generell und nicht erst für den Bereich des Unterlassens begründet wird, läßt sich im Bereich der Vermögensdelikte i.e.S. durch den Untreuetatbestand belegen, bei welchem der Gesetzgeber die täterschaftstauglichen Garantenstellungen auf bestimmte Fälle einer Obhutspflicht für fremdes Vermögen begrenzt hat, deren Voraussetzungen unabhängig davon vorliegen müssen, ob der Täter durch sein Verhalten einen Vermögensschaden realkausal verursacht hat.

Es zeigt sich also, daß die Frage, in wessen Verantwortungszuständigkeit Irrtum und Vermögensschaden fallen, nicht entscheidend davon abhängen kann, ob ein positives Tun oder Unterlassen vorliegt, so daß für beide Verwirklichungsformen ein einheitlicher Haftungsgrund in Form einer Garantenpflichtverletzung zu fordern ist[178].

II. Voraussetzungen einer betrugsspezifischen Garantenstellung

Steht somit fest, daß nicht nur für die Täuschung durch Unterlassen eine "besondere Pflichtenstellung" erforderlich ist, kraft derer die Verantwortungszuständigkeit für Irrtum und Vermögensschaden auf den Unterlassenden übergeht, sondern auch die Täuschung durch positives Tun eine entsprechende Pflichtenstellung des Handelnden erfordert, kann im folgenden der Frage nachgegangen werden, welche inhaltlichen Anforderungen an eine betrugsspezifische Garantenpflicht zu stellen sind. In diesem Zusammenhang soll zunächst ein kurzer Blick auf die allgemeinen Grundsätze der Garantendogmatik geworfen werden.

1. Grundzüge der allgemeinen Garantendogmatik

a) Rechtsquellen- und Funktionenlehre

Kernproblem der Garantendogmatik war und ist die Frage nach dem rechtlichen Einstehenmüssen für einen tatbestandlichen Erfolg. Die Bestimmung einer Pflicht

---

178 Die von *Reese*,a.a.O., S. 91 aufgeworfene Fragestellung, ob es sich hinsichtlich der Pflichtwidrigkeit einer Irrtumserregung im Bereich des positivens Tuns um eine Pflichtverletzung handeln müsse, die zur Annahme einer Garantenpflicht berechtigen würde, wird hier also bejaht.

als *Rechts*pflicht wird dabei allgemein in Abgrenzung zu bloß moralischen bzw. sittlichen Pflichten verstanden[179].

Die ältere sog. formelle Rechtsquellenlehre war ursprünglich bestrebt, den Kreis der rechtlichen Einstandspflichten außerstrafrechtlich - vornehmlich mit Hilfe des Zivilrechts - zu bestimmen. So wollte *Feuerbach* als "besonderen Rechtsgrund" für eine Garantenstellung nur Pflichten aus Vertrag und Gesetz anerkennen[180], wobei unter "Gesetz" neben öffentlich-rechtlichen Pflichten vor allem zivilrechtlich begründete familiäre Beistandspflichten - wie etwa die Verpflichtung zur ehelichen Lebensgemeinschaft, die Sorgepflicht der Eltern für ihre Kinder sowie sonstige Vormundschaftspflichten - verstanden wurden[181]. Neben die Einstandspflicht kraft eines besonderen Rechtsverhältnisses trat alsbald die Einstandspflicht aufgrund "vorhergehender Handlung"[182] hinzu. Das damit gebildete klassische *Rechtsquellentrifolium* wurde in den 30er Jahren dieses Jahrhunderts im Zuge einer allgemein propagierten "Befreiung des Strafrechts vom zivilistischen Denken"[183] noch um eine weitere Variante, die Garantenpflicht aus "enger Lebensgemeinschaft", erweitert[184].

Die reine Rechtsquellenlehre mit ihrer Vierergruppe der Garantenpflichten wird heute allgemein als überholt angesehen, da die Einteilung von Garantenpflichten nach formellen Entstehungsgründen weder die Frage nach Umfang und inhaltlicher Ausgestaltung einer rechtlichen Einstandspflicht zu begründen vermag noch eine Aussage über materielle Legitimation und Grenzen der Garantenpflichten liefern kann[185].

Eine neuere insbesondere auf *Armin Kaufmann* zurückgehende Lehre versucht, der inhaltlichen Defizienz der formellen Rechtsquellenlehre durch eine materielle, an der Zielrichtung der jeweiligen Rechtspflicht orientierten Einteilung der Garantenpflichten zu begegnen. Ansatzpunkt dieser sog. Funktionenlehre ist die

---

179 Vgl. statt vieler nur *Jescheck*, LK, Rdn. 19; RGSt. 66, S. 71 ff. (73); BGHSt. 7, S. 268 ff. (271).

180 Vgl. *Feuerbach*, a.a.O.

181 Vgl. hierzu *Spangenberg*, Neues Archiv des Criminalrechts, Bd. 4 (1821), S. 527 ff. (539).

182 Als "Entdecker" der Ingerenzverpflichtung gilt *Strübel*, der eher beiläufig darauf hingewiesen hat, daß ein Entführer, der sein eingesperrtes Opfer verhungern lasse, ebenso einer Tötung durch Unterlassen schuldig sein müsse wie die Eltern, die ihr Kind verhungern ließen (vgl. *Strübel*, Über die Teilnahme mehrerer Personen an einem Verbrechen (1828), S. 58 ff.).

183 Vgl. hierzu nur *Bruns*, Die Befreiung des Strafrechts vom zivilistischen Denken.

184 Vgl. RGSt. 69, S. 323.

185 Vgl. *Armin Kaufmann*, Unterlassungsdelikte, S. 283 ff.; *Jescheck*, AT, § 59, IV., 2.; *Rudolphi*, SK, § 13, Rdn. 25.

Überlegung, daß sich alle Garantenpflichten auf zwei Grundpositionen zurückführen lassen, in denen zugleich die Legitimationsprinzipien für rechtliche Einstandspflichten gesehen werden: Der Verantwortlichkeit für Gefahrenquellen einerseits sowie der Schutzposition gegenüber bestimmten Rechtsgütern andererseits[186]. Danach kann sich eine Garantenstellung zum einen ergeben aus der Pflicht zur Überwachung bestimmter, dem eigenen Herrschaftsbereich unterstehender Gefahrenquellen, die dazu verpflichtet, Schädigungen anderer - unabhängig vom betroffenen Rechtsgut - zu verhindern. Die zweite Grundposition wird darin gesehen, daß der Garant zum Schutz eines ganz bestimmten Rechtsguts vor jeglichen Gefahren "auf Posten gestellt" ist.

Auch wenn sich die systematische Einteilung der Garantenpflichten in Sicherungs- und Obhutspflichten heute auf eine breite Anhängerschaft berufen kann, so wird doch ihre Bedeutung im Hinblick auf die materielle Legitimation von Garantenpflichten zunehmend kritisch beurteilt. Zwar sei für den Umfang einer rechtlichen Einstandspflicht die jeweilige Stellung des Garanten zum gefährdeten Rechtsgut oder zum gefährdenden Ereignis ein wesentliches Kriterium, jedoch dürfe der Blick nicht einseitig auf den möglichen Inhalt einer Handlungspflicht gerichtet sein, sondern es müsse stets auch nach der rechtlichen Grundlage einer solchen Pflicht gefragt werden. Die heute vorherrschende Auffassung hält daher eine Kombination von formeller und materieller Betrachtungsweise für erforderlich[187].

Ausgehend von einer entsprechenden Verbindung von Rechtsquelle und materieller Zielrichtung haben sich - trotz gewisser Differenzen im einzelnen - folgende Garantenpflichten in Rechtsprechung und Literatur weitgehend etabliert: Garantenpflichten als Obhutspflichten sollen danach entstehen können aus freiwilliger Übernahme von Schutz und Beistandspflichten für andere[188], dem Bestehen einer engen Lebens- oder Gefahrengemeinschaft[189] und aus bestimmten

---

186 *Armin Kaufmann*, a.a.O.

187 Herrschende Meinung, vgl. *Stree*, H. Mayer-FS, S. 146 ff.; *Jescheck*, LK, § 13, Rdn. 19; *Rudolphi*, Gleichstellungsproblematik, S. 54; *Arzt*, JA 1980, S. 648; *Schönke/Schröder-Stree*, § 13, Rdn. 8; *Jescheck*, a.a.O.; *Maaß*, a.a.O., S. 16.

188 Berühmte Beispiele hierfür sind der behandelnde Arzt als Obhutsgarant für Leben und Gesundheit des Patienten sowie ferner der Bergführer, Bademeister oder Babysitter; wobei man sich darüber einig ist, daß es nicht etwa auf die zivilrechtliche Gültigkeit eines entsprechenden Vertragsschlusses ankommen soll, sondern allein auf die tatsächliche Übernahme einer entsprechenden Schutzfunktion (vgl. *Jescheck*, a.a.O., Rdn. 27; *Seelmann*, a.a.O., Rdn. 100 ff.).

189 Maßgebend soll es bei diesen Gemeinschaftsverhältnissen darauf ankommen, ob sie nach ihrer zweckgerichteten Art eine Gewähr für gegenseitige Hilfe und Fürsorge in sozialtypischen Gefahrenlagen beinhalten. Typische Beispiele hierfür sind die Teilnahme an einer Bergtour oder Expedition. Dabei soll der Kreis der zu schützenden Rechtsgüter auf die

Rechtssätzen[190]. Als mögliche Grundlage einer Sicherungsgarantenpflicht sollen das eigene gefahrverursachende Verhalten (»Ingerenz«)[191], die Beherrschung sachlicher Gefahrenquellen[192] sowie ferner die Pflicht zur Beaufsichtigung Dritter[193] in Betracht kommen.

b) Neuere Tendenzen

Trotz eines gewissen Konsenses, der sich vor dem Hintergrund der soeben geschilderten Kombination von Rechtsquellen- und Funktionenlehre in bezug auf Inhalt und Tragweite einzelner Garantenpflichten herausgebildet hat, besteht in der Literatur nach wie vor eine lebhaft geführte Diskussion um Legitimationsgrund und Entstehungsvoraussetzungen von Garantenpflichten. Dabei werden im wesentlichen vier Ansätze diskutiert, die sich - je nachdem, ob ihnen ein einheitliches oder zwei verschiedene Legitimationsprinzipien zugrunde liegen - als monistische oder dualistische Konzeptionen bezeichenen lassen[194].

Innerhalb der monistischen Ansätze ist zunächst das Kriterium der »Verantwortlichkeit kraft *Gefährdung*« zu nennen. Nach *Arzt* soll in jeder Garantenstellung das Begehungselement einer "rudimentären Gefahrschaffung" enthalten sein, welches darin bestehe, daß "der Täter Gefahrabwendungsaufgaben an sich ziehe,

---

durch die spezifischen Gefahren der jeweiligen Unternehmung betroffenen Bereiche beschränkt sein (vgl. *Jescheck*, a.a.O., Rdn. 25).

190 So wird etwa § 1353 BGB als Grundlage für eine unter Ehegatten bestehende gegenseitige Beistandspflicht angeführt und aus § 1618a BGB eine entsprechende Beistandspflicht zwischen Eltern und ihren Kindern hergeleitet (vgl. nur *Jescheck*, a.a.O., Rdn. 22, m.w.N.).

191 Die Voraussetzungen einer Ingerenzhaftung sind im einzelnen freilich sehr umstritten, vgl. *Seelmann*, a.a.O., Rdn. 112 ff.; *Lackner*, StGB, § 12, Rdn. 13, m.w.N.

192 Hierbei handelt es sich um die Verantwortlichkeit für sachliche Gefahrenquellen wie beispielsweise die des Hauseigentümers für ein schadhaftes Treppengeländer, die des Tierhalters für seinen bissigen Hund oder des KFZ-Halters für Gefahren im Zusammenhang mit der Benutzung des Fahrzeugs im Straßenverkehr. Diese Figur der Sicherungsgarantenpflichten entspricht im wesentlichen dem deliktsrechtlichen Institut der zivilrechtlichen Verkehrssicherungspflichten wie sie von Wissenschaft und Rechtsprechung im Zivilrecht entwickelt worden sind (vgl. *Seelmann*, GA 1989, S. 244; *Jescheck*, a.a.O., Rdn. 35, m.w.N.).

193 Verantwortung für das Handeln von Personen als Entstehungsgrund einer Sicherungsgarantenpflicht setzt nach hM voraus, daß der Garant eine Autoritätsstellung oder zumindest eine überlegene Wissens- bzw. Organisationsherrschaft innehat, die mit einer Aufsichtspflicht für das Handeln anderer verbunden ist (vgl. hierzu *Seelmann*, NK, § 13, Rdn. 127; *Rudolphi*, SK, § 13, Rdn. 35 ff.; *Schönke/Schröder-Stree*, § 13, Rdn. 51 ff.; *Jescheck*, a.a.O., Rdn. 41).

194 Vgl. *Seelmann*, GA 1989, S. 241 ff. (243 f.); *ders.*, NK, § 13, Rdn. 37 ff.; *Vogel*, a.a.O., S. 337 ff.

die er dann nicht erfülle"[195]. Dementsprechend sieht *Stree* nicht nur bei den Sicherungsgarantenpflichten, sondern auch bei den Obhutsgarantenpflichten das Hervorrufen einer Gefahrenlage insoweit als Verpflichtungsgrund an, als daß andere Personen im Vertrauen auf die Übernahme eigene Schutz- bzw. Überwachungsmaßnahmen unterlassen haben[196]. Nach *Schultz* soll nur denjenigen eine Verantwortlichkeit als Garanten treffen können, der - ebenso wie der Begehungstäter - zurechenbar eine sich verwirklichende Gefahr geschaffen habe[197].

Ein weiterer, im Schrifttum verbreiteter monistischer Legitimationsansatz basiert auf dem *Vertrauensprinzip* [198]. Dabei wird das Kriterium »Vertrauen« ganz überwiegend nicht als ein auf seiten des Opfers vorliegender subjektiv-psychologischer Befund verstanden, sondern als ein *Vertrauendürfen* im Sinne legitimer Erwartungen[199]. Berechtigtes Vertrauen als *gemeinsame* Grundlage sämtlicher Garantenpflichten sei danach denkbar in Form eines Vertrauens in konkrete Personen oder Stellungen[200], oder - wie *Kühne* es ausdrückt - schlicht als ein Vertrauen "in die Ordnung der Dinge"[201].

Schünemann sieht als gemeinsame Quelle aller Garantenpflichten die »Herrschaft über den Grund des Erfolges« an, wobei er dann jedoch wieder - entspechend der Unterscheidung von Sicherungs- und Obhutspflichten - zwischen einer »Herrschaft über den Gefahrenherd« sowie einer »Herrschaft über die Anfälligkeit des Opfers« unterscheidet[202].

Die Versuche, sämtliche Garantenpflichten auf ein gemeinsames Prinzip zurückzuführen, sind jedoch zu Recht auf Kritik gestoßen[203]. So wird mit Hilfe des Kriteriums der »Herrschaft über den Grund des Erfolges« zwar zutreffend derjenige beschrieben, der eine Rechtsgutsverletzung abwenden *kann*, aber nicht

---

195 *Arzt*, JA 1980, S. 712 ff. (714, 717).

196 Vgl. *Stree*, in: H. Mayer-FS, S. 158.

197 Vgl. *Schultz*, Amtswalterunterlassen, S. 145, 147 und passim; ders. JUS 1985, S. 272.

198 Vgl. *E.A. Wolff*, Kausalität, S. 41 ff.; *Welp*, vorangegangenes Tun, S. 215 ff.; *Blei*, H. Mayer-FS, S. 137 ff.; *Kühne*, a.a.O., S. 80 ff.; *Vogler*, R. Lange-FS, S. 280 ff.

199 Vgl. *Vogel*, Norm und Pflicht, S. 343.

200 Wie z.B. die eines Arztes, vgl. *Blei*, a.a.O., S. 142.

201 *Kühne*, a.a.O., S. 81; ähnlich *Vogler*, a.a.O., S. 82, der die Garantenpflichtverletzung bei vorangegangenem Tun beschreibt als "Eingriff in einen Zustand relativer Sicherheit, auf dessen Fortbestand zu vertrauen begründeter Anlaß besteht".

202 Vgl. *Schünemann*, Grund und Grenzen, S. 299 ff.; ähnlich *Rudolphi*, Gleichstellungsproblematik, S. 98 ff., der den Garanten als die "Zentralgestalt des zur Rechtsgutsverletzung hinstrebenden Geschehens" bezeichnet.

203 Vgl. nur *Seelmann*, GA 1989, S. 243 f.; *ders.* NK, § 13, Rdn. 38 ff.; *Vogel*, a.a.O., S. 353 und passim.

notwendig auch derjenige bestimmt, der sie rechtlich abzuwenden *hat* [204]. Darüber hinaus ist der Herrschaftsgedanke - wie insbesondere anhand der Pflichtdelikte deutlich wird - auch bei den Begehungsdelikten keineswegs stets tragend[205]. Gegen das Vertrauensprinzip als gemeinsame Quelle aller Garantenpflichten wird argumentiert, der Begriff »Vertrauen« laufe Gefahr, sich in Konturenlosigkeit aufzulösen, wollte man - beispielsweise bei der Ingerenz - ein Vertrauen bzw. Vertrauendürfen von jedermann dahingehend unterstellen, vor den schädigenden Auswirkungen anderweitiger Gefahren verschont zu bleiben[206]. Auch »Gefährdung« vermag als übergeordnetes Legitimationskonzept nicht zu überzeugen. Deutlich wird dies vor allem bei den Obhutspflichten kraft Übernahme. Wollte man hier bereits in der Übernahme einer Schutzfunktion eine mittelbare Gefährdung des zu schützenden Rechtsgutes erkennen, so würde damit das Kriterium der Gefährdung zugleich "ins unverbindlich Floskelhafte verschwimmen"[207].

Die Schwäche der monistischen Legitimationskonzepte besteht somit vor allem darin, daß es ihnen nicht gelungen ist, ein alle Garantenpflichten umfassendes, einheitliches Legitimationskriterium zu entwickeln. Vor diesem Hintergrund versucht nun eine im Vordringen befindliche dualistische Konzeption der geschilderten Defizienz monistischer Legitimationsansätze dadurch zu begegnen, daß »Vertrauen« und »Gefährdung« als Legitimationsgründe miteinander verbunden und jeweils einer Zielrichtung von Garantenpflichten unterstellt werden. Das Vertrauensprinzip ist danach den Obhutspflichten und das Gefährdungsprinzip den Sicherungspflichten vorbehalten[208]. Bemerkenswert dabei ist, daß dieses dualistische Erklärungskonzept deutliche Parallelen zu zivilrechtlichen Haftungprinzipien aufweist[209]. Dies gilt zunächst im Bereich der Sicherungsgarantenpflichten für das deliktsrechtliche Institut der »Verkehrssicherungspflichten«[210], das der Sache nach eine zivilrechtliche Konkretisierung des allgemeinen Verhaltensgebots des *neminem leadere* darstellt[211]. Danach muß

---

204 *Seelmann*, a.a.O.; kritisch auch *Schönke/Schröder-Stree*, § 13, Rdn. 15.

205 Vgl. *Jakobs*, AT, 29/28 FN. 53.

206 Vgl. *Seelmann*, GA 1989, S. 244; *ders.*, NK, a.a.O.; *Vogel*, a.a.O., S. 354.

207 *Blei*, a.a.O., S. 137; *Seelmann*, a.a.O.; *Vogel*, a.a.O..

208 Vgl. nur *Seelmann*, a.a.O.; *Vogel*, a.a.O., S. 340; *Jescheck/Weigand*, AT, § 59, IV., 3. u.4.

209 Vgl. hierzu und zum folgenden *Seelmann*, GA 1989, S. 244; *ders.*, NK, § 13, Rdn. 42 ff.; *ders.*, Privatrechtlich begründete Garantenpflichten ? S. 88 ff. und passim.

210 Die »Verkehrssicherungspflichten« bezeichnen Verhaltenspflichten zur Gefahrenkontrolle eines Herrschafts-, Organisations- oder Sachbereichs. Sie sind dem als Oberbegriff verstandenen »Verkehrspflichten« untergeordnet, womit allgemeine Verhaltensanforderungen im Umgang mit den Schutzgütern des § 823 I BGB bezeichnet werden,vgl. nur RGRK/*Steffen*, § 823, Rdn. 137. Zur Entstehungsgeschichte der »Verkehrspflichten«, vgl. *v. Bar*, Verkehrspflichten, S. 3 ff.

211 Vgl. Staudinger/*Schäfer*, § 823, Rdn. 311.

derjenige, der eine besondere Gefahrenlage schafft oder andauern läßt, die über das normale Lebensrisiko hinausgeht, die ihm möglichen und zumutbaren Vorkehrungen zum Schutze Dritter vor Verletzungen treffen[212]. Besonders deutlich tritt die Übernahme dieses Konzepts bei der Begründung strafrechtlicher Garantenpflichten kraft Beherrschung einer sachlichen Gefahrenquelle hervor, was für diesen Bereich auch offen eingestanden wird[213]. Das Prinzip der deliktsrechtlichen »Verkehrssicherungspflichten« läßt sich ferner bei der Sicherungsgarantenpflicht aufgrund vorangegangenen gefahrschaffenden Tuns erkennen, wobei hier vor allem eine Anbindung an die aus dem Zivilrecht übernommenen Gründe für eine Haftungsbegrenzung zu Tage tritt. So wird im Zivilrecht die Ingerenzhaftung durch eigenes Mitverschulden oder das Schaffen von Sonderrisiken seitens des Geschädigten begrenzt. Jene Aspekte lassen sich auch in der strafrechtlichen Diskussion um eine Begrenzung der Ingerenzhaftung wiederfinden[214]. Vor allem aber die Rechtsprechung des *Bundesgerichtshofs* läßt die Tendenz erkennen, eine Garantenstellung aus Ingerenz im Ergebnis dann zu verneinen, sofern das Opfer selbst die Gefahr zurechenbar mitverursacht hatte[215].

Im Bereich der Obhutsgarantenpflichten hingegen weist das Vertrauensprinzip strukturelle Gemeinsamkeiten mit dem im Zivilrecht aus dem Grundsatz vom Verbot des *venire contra factum proprium*[216] entwickelten Instituts der »quasivertraglichen Verpflichtung« bzw. der »Selbstbindung ohne Vertrag«[217] auf. Ein zur quasivertraglichen Haftung führendes *Vertrauendürfen* kennt das Zivilrecht bei Vorliegen sog. legitimer Erwartungen oder bei »Vertrauensinvestitionen«[218]. Eben dieses Vertrauen in eine bestimmte Rollenkonstanz sowie das Unterlassen eigener Schutz- und Überwachungsmaßnahmen des Vertrauenden wird auch im

---

212 Vgl. Müko/*Mertens*, § 823, Rdn. 208 ff.; Staudinger/*Schäfer*, a.a.O., Rdn. 312, m.w.N.

213 Vgl. *Jescheck*, LK, § 13, Rdn. 35; *Jescheck*, a.a.O., 4. b); *Köhler*, AT, S. 220.

214 Auf das Schaffen opferseitiger Sonderrisiken als Kriterium zur Haftungsbegrenzung abstellend etwa *Jakobs*, AT, 29/42; *Köhler*, a.a.O., S. 221; ähnlich auch *Stratenwerth*, AT, Rdn. 1012; *Gropp*, AT, § 11, Rdn. 34.

215 So etwa in BGHSt. 25, S. 218 ff., wo das Opfer betrunken auf die Fahrbahn getorkelt und dort angefahren worden war oder in BGHSt. 23, S. 327 f.,wo das Opfer nach einem rechtswidrigen Angriff gerechtfertigt niedergestochen und dann hilflos liegengelassen worden war.

216 Hauptgrund und zugleich rechtstheoretische Legitimation für das Verbot des *venire contra factum proprium* ist nach ganz hM im Zivilrecht der Gedanke des Vertrauensschutzes. Dabei spielt insbesondere auch das Vertrauen auf ein künftiges, konsequentes Verhalten, eine bedeutende Rolle, vgl. *Singer*, Das Verbot des widersprüchlichen Verhaltens, Diss. 1993, S. 6 u. 43 ff.

217 Vgl. hierzu *Köndgen*, Selbstbindung ohne Vertrag, S. 97 ff. u. passim.

218 Vgl. *Canaris*, Vertrauenshaftung, S. 338 f.; *Köndgen*, S. 116; AK-BGB/*Teubner*, § 242, Rdn. 31.

Strafrecht als maßgebendes Kriterium zur Begründung von Obhutspflichten herangezogen[219].

2. Besonderheiten einer betrugsspezifischen Garantenlehre

Nachdem damit die Grundzüge der allgemeinen Garantendogmatik aufgezeigt worden sind, soll im folgenden auf Besonderheiten der betrugsspezifischen Garantenlehre eingegangen werden.

a) (Sonder-) Garantenstellung aus § 242 BGB ?

Eine Besonderheit in der betrugsspezifischen Garantenlehre stellt zunächst die Diskussion um eine Garantenstellung aus dem Grundsatz von Treu und Glauben (§ 242 BGB) dar. Soweit ersichtlich spielt die Frage einer möglichen Aufklärungspflicht aus dem zivilrechtlichen Grundsatz von Treu und Glauben praktisch nur im Bereich des Betruges (durch Unterlassen) eine Rolle[220]. *Rengier*[221] spricht daher zu recht von einer "Sondergarantenlehre, die sich in die allgemeine Unterlassungsdogmatik nicht ohne weiteres einordnet und deren Legitimation man deshalb in Frage stellen kann".

Der Versuch, eine strafrechtlich relevante Aufklärungspflicht aus dem Grundsatz von Treu und Glauben herzuleiten, ist vor allem durch die höchstrichterliche Rechtsprechung des *Reichsgerichts* sowie nachfolgend des *Bundesgerichtshofes* geprägt worden.

aa. Standpunkt der Rechtsprechung

Nach einem ursprünglich vom *Reichsgericht*[222] - in Übereinstimmung mit der herrschenden Meinung im Schrifttum[223] - vertretenen Standpunkt sollte der

219 Vgl. *Jakobs*, Die strafrechtliche Zurechnung von Tun und Unterlassen, S. 35: "Damit ist es nicht ausgeschlossen, unabhängig von Ehe oder Lebensgemeinschaft, in bestimmten Fällen das Vertrauen in Rollenkonstanz strafrechtlich zu schützen, also ein *venire contra factum proprium*, jedenfalls eins zur Unzeit, bei Strafe zu verbieten, was zugleich heißt, rollenkonformes Verhalten zu gebieten." *Otto/Brammsen*, Jura 1985, S. 530 ff. (537), sprechen in diesem Zusammenhang von »Muß-Erwartungen«.

220 Darüber hinaus wird teilweise auch für den Untreuetatbestand eine Garantenstellung aus § 242 BGB in Erwägung gezogen (vgl. hierzu Herzberg, a.a.O., S. 511).

221 JUS 1998, S. 85.

222 Vgl. nur RGSt. 2, S. 430 ff., RGSt. 14, S. 310 ff. (311); RGSt. 37, S. 61 ff. (63); RGSt. 41, S. 373 ff. (376).

Verstoß gegen den zivilrechtlichen Grundsatz von Treu und Glauben nicht ausreichend sein, um eine strafrechtliche Aufklärungspflicht annehmen zu können, wobei zur Begründung insbesondere der subsidiäre Charakter des Strafrechts gegenüber dem Zivilrecht angeführt wurde[224]. Eine erste Trendwende zeichnete sich allerdings bereits gegen Ende der 20er Jahre ab als das *Reichsgericht* vereinzelt dazu überging, in Sachverhaltskonstellationen, die dadurch gekennzeichnet waren, daß dem Täter seitens des Geschädigten eine besondere Vertrauensstellung eingeräumt worden war, eine strafrechtliche Aufklärungspflicht auf § 242 BGB zu stützen[225].

Diese zunächst noch deutlich um eine restriktive Handhabung von Treu und Glauben als Grundlage einer betrugsrelevanten Aufklärungspflicht bemühte Rechtsprechung änderte sich jedoch mit der erkennbar vom damaligen Zeitgeist geprägten Grundsatzentscheidung des *Reichsgerichts* vom 13.02.1936 (RGSt. 70, S. 151 ff.), in der es heißt:
"In der früheren Rechtsprechung ist eine Rechtspflicht zwar dann anerkannt worden, wenn sie durch Gesetz, Gewohnheitsrecht oder Vertrag begründet worden war, oder wenn jemand selbst gewisse tatsächliche Verhältnisse geschaffen hatte, die ein weiteres Handeln erforderlich machten. Sie ist aber regelmäßig auch in den Fällen abgelehnt worden, in denen sich jemand ohne ein tätiges, auf Verdeckung der Wahrheit gerichtetes Handeln eines schweren Verstoßes gegen die im bürgerlichen Recht herrschenden Grundsätze von Treu und Glauben schuldig gemacht hatte. ... In teilweiser Abweichung von den früheren Entscheidungen hat das Reichsgericht aber in der letzten Zeit für die Anwendung des § 263 StGB auch den Grundsätzen über Treu und Glauben Bedeutung eingeräumt und wiederholt ausgesprochen, daß sich aus ihnen eine Rechtspflicht zur Offenbarung ergeben kann. So ist eine solche Rechtspflicht dann anerkannt worden, wenn sie sich nach den Grundsätzen von Treu und Glauben aus einem vorherigen oder gleichzeitigen Tun oder aus einem besonderen Vertrauensverhältnis ergab. ... Das Gebot, Treu und Glauben zu beachten, ist aber nicht auf Vertrauensverhältnisse beschränkt, sondern es enthält einen unser ganzes Recht beherrschenden Grundsatz, der insbesondere auch im Strafrecht Berücksichtigung zu beanspruchen hat. Darüber, wann ein Verschweigen gegen Treu und Glauben verstößt, lassen sich keine allgemein gültigen Regeln aufstellen. ... Fordern Treu und Glauben mit Rücksicht auf die Verkehrssitte nach der Auffassung des redlichen Verkehrs, der Anschauung aller billig und gerecht Denkenden über das, was sittlich erlaubt und erträglich ist, eine bestimmte Tatsache zu offenbaren, so besteht eine Rechtspflicht zur

---

223 Vgl. hierzu nur *Goldschmidt*, ZStW 48, S. 149 ff. (150).

224 Vgl. hierzu vor allem RGSt. 14, S. 310 ff. (311); RGSt. 41, S. 373 ff. (376).

225 Vgl. RGSt. 65, S. 106, 107; RGSt. 66, S. 56.

Offenbarung, und zwar nicht nur für das bürgerliche Recht, sondern auch für das Strafrecht ..."

Mit dieser Entscheidung - die für die gesamte weitere Betrugsrechtsprechung bis 1945 richtungsweisend sein sollte - war eine klare Abkehr von den Prinzipien des liberal-rechtstaatlichen Strafrechtsdenkens vollzogen wie sie bis zu Beginn der nationalsozialistischen Machtergreifung im Jahre 1933 allgemein anerkannt war.

Im Grundsatz hält die Rechtsprechung an § 242 BGB als Grundlage einer betrugsspezifischen Garantenstellung auch heute noch fest[226]. Während in der Nachkriegsjudikatur anfänglich noch eine gewisse Anbindung an die extensive Reichsgerichtsrechtsprechung vor 1945 zu verzeichnen war[227] ist die Rechtsprechung mit der Begründung strafrechtlich relevanter Aufklärungspflichten aus Treu und Glauben in jüngerer Zeit jedoch zunehmend zurückhaltender geworden und verlangt zusätzlich das Vorliegen eines "besonderen Vertrauensverhältnisses" bzw. "besonderer Umstände, die das Opfer besonders schutzwürdig erscheinen lassen"[228].

Bejaht wurde danach das Vorliegen einer aus § 242 BGB hergeleiteten Aufklärungspflicht unter Berücksichtigung der besonderen Schutzwürdigkeit des Opfers etwa in dem vom *BayObLGSt., NJW 1987, S. 1645 ff.* entschiedenen *Eigenbedarfskündigungsfall*, in dem der Vermieter es unterlassen hatte, den Mieter über den Wegfall des Eigenbedarfs aufzuklären und die Wohnung nach Auszug des Mieters anderweitig vermietete. Eine Aufklärungspflicht aus § 242 BGB in Verbindung mit einem nach den Gesamtumständen des Falles gegebenen "besonderen Vertrauensverhältnis" lag nach Ansicht des *OLGSt. Hamm, NJW 1987, S. 2245* in dem Fall einer unberechtigten Entgegennahme von Sozialleistungen durch einen Erben vor, der zu Lebzeiten des Berechtigten für diesen den Empfang des monatlichen Blindengeldes quittiert hatte.

In Ermangelung eines besonderen Vertrauensverhältnisses abgelehnt wurde das Vorliegen einer Garantenpflicht aus § 242 BGB hingegen in dem berühmt gewordenen, vom *OLGSt. Hamburg, NJW 1969, S. 335 ff.* entschiedenen *Hotelgastfall*, in dem ein Gast noch weitere Hotelleistungen in Anspruch nahm, nachdem er zuvor bereits sein gesamtes Geld in einem Kasino verspielt hatte. Eine auf Treu

---

226 Vgl. hierzu die umfassende Rechtsprechungsübersicht bei *Kamberger*, a.a.O., S. 133 ff.

227 So heißt es etwa in BGHSt. 6, S. 198 ff., es sei "allgemein anerkannt, daß Treu und Glauben die Pflicht begründen können, den Vertragspartner über Umstände aufzuklären, die für seine weiteren Entschließungen erkennbar von Bedeutung sind. Ebenso steht in der neueren Rechtsprechung fest, daß auf solcher Grundlage echte Rechtspflichten entstehen". Ähnlich weitgehend auch OLGSt. Nürnberg, MDR 1964, S. 693.

228 Vgl. nur OLGSt. Hamburg, NJW 1969, S. 333 ff. (336); OLGSt. Hamm, NJW 1987, S. 2245; Bay ObLGSt., NJW 1994, S. 1078 ff.; BGHSt. wistra 1988, S. 262 ff. (266 f.); BGHSt. 39, S. 392 ff. (400 ff.); BGHSt., NJW 1994, S. 980.

und Glauben beruhende Garantenstellung wird in der aktuellen Judikatur ferner verneint in den Fällen der schlichten Entgegennahme nicht geschuldeter Sozialleistungen[229] oder irrtümlich zu hoch ausgezahlter Geldbeträge an Bankschaltern[230].

bb. Standpunkte in der Literatur

Während noch bis Ende der 20er Jahre in der Literatur die Auffassung vorherrschte, § 242 BGB komme als Grundlage einer Garantenstellung beim Betrug nicht in Betracht[231], änderte sich diese Haltung in den 30er Jahren unter dem Einfluß des damaligen Zeitgeistes grundlegend. Die Grundsätze von Treu und Glauben wurden als ein die gesamte Rechts- und Gesellschaftsordnung beherrschendes Prinzip verstanden, das dem einzelnen nicht nur für das Zivilrecht die Pflicht zu wahrheitsgemäßem Handeln auferlege, sondern insbesondere auch im Bereich der Vermögensdelikte Geltung beanspruche[232]. Einige Autoren sahen gar Treu und Glauben als ein neben dem fremden Vermögen zusätzlich geschütztes Rechtsgut des Betrugstatbestands an[233]. Nur vereinzelt fanden sich Stimmen, die Treu und Glauben als Grundlage einer strafrechtlichen Handlungspflicht als zu unbestimmt und damit für das Strafrecht unbrauchbar ablehnten oder doch zumindest in Zweifel zogen[234].

Die Vorstellung, betrugsrelevante Aufklärungspflichten aus § 242 BGB herleiten zu können, blieb auch nach 1945 in der Literatur vorherrschend[235], wenngleich zunehmend - meist aus verfassungsrechtlichen Bedenken - Kritik geäußert wurde, wonach nur unter einschränkenden Voraussetzungen an dieser Auffassung festzuhalten sei[236].

Im aktuellen Schrifttum wird die Frage nach einer betrugsspezifischen Garantenstellung aus § 242 BGB kontrovers beurteilt. Die verschiedenen Auffassungen lassen sich dabei auf drei Grundpositionen zurückführen.

---

229 Vgl. OLGSt. Köln, NJW 1979, S. 278 f.; OLGSt. Hamm, MDR 1979, S. 692.

230 Vgl. OLGSt. Düsseldorf, NJW 1969, S. 623 f.; OLGSt. Köln, NJW 1980, S. 236 ff.; BGHSt. 39, S. 392 ff. (402 f.).

231 Vgl. *Frank*, § 263, Anm. II.3a.; *Goldschmidt*, ZStW 48, S. 149 f.

232 Vgl. *Freienstein*, Unterlassungsdelikte, S. 30; *Schaffstein*, ZStW 53, S. 603 ff.(627); *Kohlrausch*, FS für Schlegelberger, S. 206 ff. (222).

233 Vgl. *Kohlrausch*, a.a.O.

234 Vgl. *Metzger*, JW 1934, S. 1418 ff. (1419).

235 Vgl. *Maurach*, BT, S. 241; *Blei*, BT, S. 186; *Preisedanz*, § 263, Anm. II. 4.b.; *Jagusch*, LK (8. Aufl.), § 263, Anm. I.2.d.

236 Vgl. *Welzel*, § 54 I. 1.b.; *Baumann*, JZ 1957, S. 357 ff. (369).

Die wohl überwiegende Meinung hält - zumindest verbaliter - an § 242 BGB als möglicher Grundlage einer strafrechtlichen Aufklärungspflicht fest, betont jedoch zugleich, daß nicht jeder Verstoß gegen die zivilrechtlichen Grundsätze von Treu und Glauben auch für das Strafrecht relevant sein könne. Erforderlich sei daher stets das Vorliegen besonderer Umstände, wie etwa ein besonderes Vertrauensverhältnis zwischen den Beteiligten oder eine erhöhte Schutzbedürftigkeit des Opfers[237]. Die danach geforderten Voraussetzungen werden häufig auch dahingehend formuliert, der Täter müsse für die vermögensrechtliche Entscheidungsfreiheit des anderen "auf Posten gestellt" sein[238].

Demgegenüber soll es nach einer im Vordringen befindlichen Minderheitsmeinung schlechthin ausgeschlossen sein, aus dem zivilrechtlichen Grundsatz von Treu und Glauben strafrechtliche Garantenpflichten herzuleiten. Zur Begründung wird auf die im Hinblick auf Art. 103 II GG höchst bedenkliche Konturenlosigkeit des § 242 BGB verwiesen und der notwendig subsidiäre und fragmentarische Charakter des Strafrechts gegenüber dem Zvilrecht angemahnt[239].

Im Gegensatz hierzu steht der jüngst von *Hauf* unternommene Vorstoß, unter dem Aspekt der "Einheit der Rechtsordnung" eine völlige Kongruenz zivilrechtlicher und strafrechtlicher Wertungen herstellen zu wollen. Eine Rechtspflicht zur Aufklärung soll danach unmittelbar aus der Zivilrechtsdogmatik in das Strafrecht übertragen werden können. Die Herstellung einer solchen "Einheit der Wertungen" sei dabei nicht zuletzt auch deshalb geboten, weil eine Unterscheidung zwischen zivilrechtlichen und strafrechtlichen Aufklärungspflichten für den von der Rechtsanwendung betroffenen "einfachen" Bürger häufig nicht nachvollziehbar sei[240].

cc. Stellungnahme

Besinnt man sich auf die heute allgemein anerkannten Grundprinzipien eines liberal-rechtsstaatlichen Strafrechtsdenkens, so kann die Diskussion um die Begründung strafrechtlicher Aufklärungspflichten aus dem zivilrechtlichen Grundsatz von Treu und Glauben nur verwundern.

---

237 Vgl. *Lackner*, LK, § 263, Rdn. 65; *Schönke/Schröder-Cramer*, § 263, Rdn. 22 ff.; jeweils m.w.N.

238 Vgl. *Ranft*, Jura 1992, S. 66 ff. (67); *Schönke/Schröder-Cramer*, § 263, Rdn. 13; ebenso BGHSt. 39, S. 398.

239 Vgl. *Reese*, a.a.O., S. 104; *Maaß*, Betrug verübt durch Schweigen, S. 150; *Herzberg*, Unterlassung, S. 79; *Kühne*, a.a.O., S. 84 f.; *Hillenkamp*, JR 1988, S. 301 ff. (302); *Rengier*, JUS 1989, S. 802 ff. (805); *Samson/Günther*, SK, § 263, Rdn. 43; sowie insbesondere *Kamberger*, Treu und Glauben als Garantenstellung im Strafrecht ? S. 182 ff., 204 ff., 240 ff. u. passim.

240 *Hauf*, MDR 1995, S. 21 f.; ähnlich weitgehend anscheinend auch *Arzt*, LH 3, M 3. e).

Eine "Einheit der Wertungen", wie sie neuerdings von *Hauf* propagiert wird, verbietet sich bereits aufgrund des notwendig fragmentarischen Charakters des strafrechtlichen Vermögensschutzes. Zudem handelt es sich bei den zivilrechtlichen Grundsätzen von Treu und Glauben nicht um eine vor(straf)rechtliche Kategorie, die das Strafrecht nur zu übernehmen bräuchte, sondern um eine Art Sammelsurium generalklauselartiger Wertungskriterien, deren Anwendung für das Zivilrecht zwar unerläßlich ist, die damit einhergehende Gefahr unvorhersehbarer Entscheidungen jedoch selbst im Zivilrecht als problematisch empfunden wird[241]. Wie insbesondere *Kamberger* überzeugend dargelegt hat, ist ein Heranziehen von § 242 BGB zur Begründung strafrechtlicher Aufklärungspflichten zudem schon deshalb nicht möglich, weil es sich bei § 242 BGB um einen in hohem Maße offenen und zugleich gänzlich konturenlosen Tatbestand handelt, der mit dem verfassungsrechtlichen Gebot strafrechtlicher Bestimmtheit nicht in Einklang zu bringen ist[242]. Es ist daher kein Zufall, daß sich die Lehre von Treu und Glauben als Grundlage strafrechtlicher Aufklärungspflichten gerade zu jener Zeit etablieren konnte, da man sich anschickte, das Gebot strafrechtlicher Bestimmtheit gänzlich fallen zu lassen und gegen ein *Gebot* zur Analogie im Strafrecht einzutauschen.

Nun soll an dieser Stelle nicht der Eindruck erweckt werden, als ließe die herrschende Meinung in Rechtsprechung und Literatur im Zusammenhang mit der Begründung strafrechtlicher Aufklärungspflichten aus § 242 BGB nationalsozialistisches Rechtsdenken fröhliche Urständ feiern. Vielmehr ist man ganz überwiegend bestrebt, mit Hilfe des Erfordernisses einer "besonderen Vertrauenssituation" eine spezifisch strafrechtliche Sichtweise zu entwickeln und die zivilrechtlichen Grundsätze von Treu und Glauben nicht ungefiltert ins Strafrecht zu übertragen[243]. Gerade hierin aber liegt die dogmatische Schwäche der Lehre von Treu und Glauben als mögliche Grundlage einer Garantenstellung im Strafrecht, da man sich eines zivilrechtlichen Begriffs bedient, ohne zugleich auch die hierfür im Zivilrecht entwickelten Kriterien zu übernehmen. Wenn aber nicht auf die im Zivilrecht zu § 242 BGB entwickelten Grundsätze abgestellt werden soll, sondern statt dessen eine strafrechtsspezifische Interpretation für maßgebend erachtet wird, dann hat das Rekurrieren auf § 242 BGB keinerlei eigenständigen Erkenntniswert. § 242 BGB ist damit als Anknüpfungspunkt einer betrugsspezifischen Garantenlehre überflüssig. Die entscheidende Fragestellung lautet daher nicht, inwieweit es möglich ist, die Grundsätze von Treu und Glauben als Grundlage einer Garantenstellung im Strafrecht heranzuziehen, sondern, ob und unter

---

241 Vgl. Müko/*Roth*, § 242, Rdn. 20; Soergel/*Teichmann*, § 242, Rdn. 5; AK BGB/*Teubner*, § 242, Rdn. 1 ff.; Staudinger/*Schmidt*, § 242, Rdn. 179 ff., 198 ff.

242 Vgl. *Kamberger*, a.a.O.

243 Vgl. hierzu die Nachweise der hM unter FN 232 und 241.

welchen Voraussetzungen aus einer besonderen Vertrauenssituation betrugsrelevante Aufklärungspflichten erwachsen können[244].

Damit ist zugleich eine weitere Besonderheit in der betrugsspezifischen Garantenlehre angesprochen. Da es sich bei Aufklärungspflichten aufgrund einer "besonderen Vertrauensstellung" des Täters, der für die vermögensrechtliche Entscheidungsfreiheit des anderen "auf Posten" gestellt ist, der Sache nach nur um Obhutspflichten für fremdes Vermögen handeln kann, stellt sich fast zwangsläufig die Frage nach einer möglichen *Sperrwirkung* des Untreuetatbestandes.

b) Sperrwirkung des § 266 im Bereich der Obhutspflichten für fremdes Vermögen ?

Ein Teil des Schrifttums vertritt hierzu die Auffassung, daß im Bereich der Obhutspflichten für fremdes Vermögen dem Untreuetatbestand eine Art Sperrfunktion gegenüber der Annahme strafrechtlich relevanter Aufklärungspflichten beim Betrug zukomme[245]. In einer auf wirtschaftlicher Eigenverantwortung basierenden Gesellschaftsordnung sei die strafrechtliche Sanktion fehlsamer Vermögensbetreuung den hohen Anforderungen des § 266 vorbehalten. Die zu § 266 allgemein anerkannte restriktive Interpretation, insbesondere des Treubruchstatbestands, dürfe nicht durch eine Extensivierung betrugsrelevanter Aufklärungspflichten unterlaufen werden[246].

Demgegenüber betont die überwiegende Auffassung im Schrifttum das Bestehen einer tatbestandlichen Exklusivität zwischen Untreue und Betrug. Dem Betrug sei eine der Untreue entgegengesetzte Typik eigen. Während der Betrug den Zugriff auf das fremde Vermögen von außen, im Wege der Veranlassung einer irrtumsbedingten Selbstschädigung pönalisiere, wolle § 266 das Vermögen vor Schädigungen von innen heraus schützen. § 266 setze daher notwendig eine fremdnützig ausgestaltete Interessenlage voraus, während § 263 typischerweise der Fall einer eigennützigen Interessenlage zwischen Täter und Opfer zugrunde liege[247]. Aufgrund ihrer eigenständigen Normbereiche und Tatbestandstypiken, stünden Untreue und Betrug unabhängig nebeneinander, so daß grundsätzlich von § 266 keinerlei Sperrwirkung gegenüber betrugsrelevanten Obhutspflichten ausgehen

---

[244] Vgl. *Maaß*, a.a.O., S. 150.

[245] Vgl. *Kühne*, a.a.O., S. 84 ff.; *Samson*, JA 1978, S. 473 ff. (478); *Samson/Günther*, SK, § 263, Rdn. 43; *Seelmann*, NJW 1980, S. 2545 ff. (2547); *ders.* NJW 1981, S. 2131 ff. (2132); *Sonnen*, wistra 1982, S. 123 ff. (125); *Kamberger*, a.a.O., S. 236 ff.

[246] Vgl. *Kühne* und *Seelmann*, jeweils a.a.O.

[247] Vgl. *Schönke/Schröder -Cramer*, a.a.O., Rdn. 19; *Maaß*, a.a.O., S. 28 f.; *Worms*, Anlegerschutz durch Strafrecht, S. 182.

könne[248]. Eine Ausnahme sei lediglich dort anzuerkennen, wo eine fremdnützig ausgestaltete Beziehung zwischen Täter und Opfer vorliege, die der tatbestandsmäßigen Situation des Untreuetatbestands zumindest ähnlich sei. So begehe etwa der nicht nach § 266 strafbare Kassierer, der ohne eigenverantwortlichen Handlungsspielraum Zahlungen entgegen zu nehmen habe, keinen Betrug durch unterlassene Aufklärung, wenn er seinem Geschäftsherrn gegenüber Einnahmen verschweige und für sich behalte[249]. Außerhalb dieser untreueähnlichen Konstellationen, sei eine Sperrwirkung des § 266 hingegen nicht anzuerkennen[250].

Der Auffassung der herrschenden Meinung im Schrifttum, die eine Sperrwirkung des § 266 gegenüber betrugsrelevanten Aufklärungspflichten nur für fremdnützig ausgestaltete Täter-Opfer-Beziehungen anerkennen will, kann nicht gefolgt werden. Durch die Anerkennung von Aufklärungspflichten i.S.d. § 263 aufgrund der Inanspruchnahme besonderen Vertrauens, werden faktisch Vermögensfürsorgepflichten geschaffen, welche in unzulässiger Weise die Grenzen von Untreue und Betrug verwischen[251]. Dies gilt unabhängig davon, ob es sich um fremdnützig typisierte Beziehungen handelt oder nicht. Die der Mißbrauchs- und Treubruchsuntreue zugrundeliegende Vermögensbetreuungspflicht basiert auf einer gesteigerten Vertrauensbeziehung, welche die Beteiligten von vornherein aus dem wirtschaftlichen Wettstreit, das eigene Vermögen auf Kosten des anderen zu vermehren, ausklammert, da der Täter mit Wissen und Wollen des Opfers eine Fürsorgeverpflichtung für das fremde Vermögen übernimmt[252]. Der Gesetzgeber hat damit den Bereich der strafrechtsrelevanten Obhutspflichten für fremdes Vermögen eingeengt und an das Vorliegen der strengen Voraussetzungen des § 266 geknüpft[253]. Unterhalb dieser Schwelle vermag die Inanspruchnahme kommunikativen Vertrauens daher keine strafbewehrten Vermögensfürsorgepflichten zu erzeugen[254]. Für den betrugsrelevanten Bereich gilt dies schon deshalb, weil selbst in jenen Fällen, in denen die Annahme einer Aufklärungspflicht aus § 242 BGB bzw. aufgrund der Inanspruchnahme besonderen Vertrauens diskutiert wird[255], der Täter trotz des ihm entgegengebrachten Vertrauens als wirtschaftlicher Gegenspieler erscheint, welcher zumindest auch seine eigenen wirtschaftlichen Interessen verfolgt. Eine Garantenpflicht i.S.d. § 263 kann somit

---

248 Wie vorstehend.

249 Vgl. zu diesem Beispiel *Maaß*, a.a.O., S. 28.

250 Vgl. *Maaß*, a.a.O., S. 28.

251 Vgl. *Kühne*, a.a.O., S. 88; *Samson*, JA 1978, S. 478; *Kamberger*, a.a.O., S. 239.

252 Vgl. *Kühne*, a.a.O., S. 86 f.

253 Vgl. *Herzberg*, a.a.O., S. 51 ff.

254 Ebenso *Kamberger*, a.a.O., S. 239.

255 Vgl. etwa den sog. *Hotelgastfall*; den Erwerb eines gebrauchten PKW von einem Gebrauchtwagenhändler oder auch den sog. *Eigenbedarfskündigungsfall*.

nicht bestehen, wenn und soweit dem Betroffenen zugleich eine Fürsorgepflicht für das fremde Vermögen auferlegt würde. Es ist deshalb jenen Autoren zu folgen, die im Bereich der Obhutspflichten für fremdes Vermögen von einer prinzipiellen Sperrwirkung des § 266 ausgehen.

c) Fazit

Die vorstehenden Ausführungen haben ergeben, daß betrugsrelevante Aufklärungspflichten nicht aus dem zivilrechtlichen Grundsatz von Treu und Glauben hergeleitet werden können. Das Rekurrieren auf § 242 BGB ist zudem überflüssig, da heute ganz überwiegend - entsprechend der aus der allgemeinen Garantenpflichtdogmatik bekannten Vorgehensweise, Obhutsgarantenpflichten dem Vertrauensprinzip zu unterstellen - zusätzlich auf das Vorliegen eines besonderen Vertrauensverhältnisses abgestellt wird. Im Bereich der Obhutspflichten für fremdes Vermögen ist jedoch von einer Sperrwirkung des § 266 auszugehen. Für die Frage, inwieweit aus einer besonderen Vertrauensstellung des Täters betrugsrelevante Aufklärungspflichten erwachsen können, folgt daraus zugleich, daß unterhalb der Schwelle einer Vermögensfürsorgepflicht i.S.d. § 266 strafbewehrte Aufklärungspflichten nicht mit dem Vorliegen einer besonderen Vertrauenssituation begründet werden können.

3. Konsequenzen für die Anforderungen an eine betrugsspezifische Garantenstellung

Nachdem damit feststeht, daß aufgrund der Sperrwirkung des § 266 eine Garantenpflicht i.S.e. Obhutspflicht für fremdes Vermögen nur unter den engen Voraussetzungen einer untreuespezifischen Vermögensbetreuungspflicht möglich ist, kann im folgenden der Frage nachgegangen werden, welche Anforderungen an ein sonstiges Täterverhalten zu stellen sind, um den Voraussetzungen einer betrugsspezifischen Garantenpflichtverletzung zu genügen. Angesichts der bestehenden Sperrwirkung des § 266 im Bereich der Obhutsgarantenpflichten, kann dabei nur ein solches Verhalten in Betracht kommen, das die Voraussetzungen einer Sicherungsgarantenpflicht aufgrund erhöhter Rechtsgutsgefährdung erfüllt.

a) Anforderungen an das Täuschungsverhalten aus dem Gesichtspunkt der»Gefährdung«

In einem ersten Schritt sind die an das Täuschungsverhalten aus dem Gedanken der Rechtsgutsgefährdung zu stellenden Anforderungen zu bestimmen. Dazu ist erfoderlich, zunächst einmal aufzuzeigen, welches die maßgeblichen Kriterien einer Sicherungsgarantenpflicht aus »Gefährdung« sind.

aa. Kriterien einer Sicherungsgarantenpflicht aus »Gefährdung«

Aus dem Gefährdungsprinzip erwachsende Sicherungsgarantenpflichten werden üblicherweise danach unterschieden, ob ihnen ein eigenes gefahrverursachendes Tun, die Verantwortlichkeit für eine Gefahrenquelle oder die Verantwortlichkeit für das Handeln von Personen zugrundeliegt[256]. Für die vorliegende Aufgabenstellung von Bedeutung sind dabei vor allem die Grundsätze einer Garantenpflicht aus gefahrverursachendem Verhalten (»Ingerenz«).

Welche Voraussetzungen an eine Garantenpflicht aus Ingerenz zu stellen sind, wird nicht einheitlich beurteilt. Nach verbreiteter Auffassung setzt eine Haftung aus dem Gedanken der Ingerenz zum einen voraus, daß der Täter durch sein Verhalten die nahe bzw. adäquate Gefahr des Eintritts eines tatbestandsmäßigen Erfolges herbeigeführt hat. Darüber hinaus, so wird gefordert, müsse das Vorverhalten in der Verletzung einer Norm bestehen, die gerade dem Schutz des betroffenen Rechtsguts zu dienen bestimmt sei[257].

Ob damit allerdings der Grund für eine Haftung aus Ingerenz zutreffend erfaßt ist, erscheint zweifelhaft. Dies gilt zum einen für die Forderung, das Täterverhalten müsse die nahe bzw. adäquate Gefahr einer Rechtsgutsverletzung geschaffen haben. Ebenso wie in der allgemeinen Zurechnungslehre, dient der Adäquanzbegriff auch hier dem Versuch einer Einschränkung haftungsrelevanter Ursachen. Gegen eine Begrenzung des Kreises tauglicher Ingerenzhandlungen mit Hilfe des Adäquanzmaßstabes spricht zunächst schon die aus der allgemeinen Zurechnungslehre bekannte Unzulänglichkeit dieses Kriteriums im Rahmen strafrechtlicher Haftungszurechnung[258]. Tiefergehend ist einzuwenden, daß es bei der Begründung von Garantenpflichten aus dem Aspekt der Gefährdung bzw. Gefahrbeherrschung nicht darum gehen kann, ob der Eintritt einer Rechtsgutsverletzung nach "allgemeiner Lebenserfahrung" mehr oder weniger wahrscheinlich ist. Entscheidend muß vielmehr sein, ob es sich um eine Gefahrenlage handelt, die

---

256 Vgl. statt vieler nur *Rudolphi*, SK, § 13, Rdn. 27 ff., 32 ff., 38 ff.

257 Vgl. *Jescheck*, LK, § 13, Rdn. 32 f.; *Rudolphi*, a.a.O., Rdn. 38 ff.; *Schöke/Schröder-Stree*, § 13, Rdn. 34 ff.; jeweils m.w.N.

258 Vgl. *Jakobs*, AT, 29/39, ff. *Seelmann*, NK, § 13, Rdn. 112 ff.

sich als Folge des von jedermann zu tragenden allgemeinen Bestands- bzw. Lebensrisikos darstellt oder ob eine über dieses Maß hinausgehende Gefahrenlage geschaffen wurde, für die gewöhnlich nicht jeder selbst Vorsorge trifft[259]. Wer beispielsweise ein Haus in einer erdbebengefährdeten Region errichtet, der muß nach Maßgabe der allgemeinen Lebenserfahrung damit rechnen, daß dieses Haus bei einem Erdbeben einstürzen und Menschen unter sich begraben kann[260]. Gleichwohl ist eine Haftung des Erbauers aus Ingerenz aber nicht etwa erst deshalb zu verneinen, weil es sich bei dem Bau des Hauses um keine normwidrig herbeigeführte Gefahr handelt, sondern allein deswegen, weil es sich für die Betroffenen lediglich um die Verwirklichung des allgemeinen Lebensrisikos handelt.

bb. Rechtswidrigkeit des (Vor-)Verhaltens ?

In der Literatur wird häufig für das Vorliegen einer Sicherungsgarantenstellung gefordert, das die Verantwortungszuständigkeit des Täters für einen tatbestandlichen Erfolg auslösende (Vor-)Verhalten müsse rechtswidrig sein, da ein rechtmäßiges Verhalten nicht zu einer strafrechtlichen Haftung führen dürfe[261]. Zur Begründung dieser Forderung wird zumeist darauf verwiesen, daß der rechtmäßig Handelnde die Grenzen der Handlungsfreiheit nicht in unzulässiger Weise überschreite und folglich die Rechtsgemeinschaft mit einem entsprechenden Verhalten zu rechnen und sich darauf einzustellen habe[262]. Demgemäß könne beispielsweise den sich verkehrsgerecht verhaltenden Kraftfahrer gegenüber dem am Unfall allein schuldigen Opfer ebensowenig eine Garantenpflicht aus Ingerenz treffen, wie denjenigen, der einen Angreifer in Notwehr lebensgefährlich verletze und anschließend verbluten lasse[263].

Die Forderung nach einem rechtswidrigen Vorverhalten vermag den eigentlichen Haftungsgrund einer Garantenpflicht aus Ingerenz jedoch nicht zu erfassen. Das Kriterium der Rechtswidrigkeit führt in diesen Fallkonstellationen eher *zufällig* zum richtigen Ergebnis[264]. Der eigentliche Grund, warum den Notwehr Übenden oder den sich ordnungsgemäß verhaltenden Kraftfahrer keine gesteigerte Verpflichtung gegenüber dem Verletzten zukommt, besteht nämlich nicht darin,

---

259 Dies heben *Jakobs* und *Seelmann* (jeweils a.a.O.) besonders hervor.

260 Beispiel nach *Jakobs*, a.a.O.

261 So etwa *Jescheck*, a.a.O.; *Rudophi*, a.a.O.; *Schönke/Schröder-Stree*, a.a.O. Ablehnend dagegen *Arzt*, JA 1980, S. 715 f.; *Baumann/Weber*, AT, S. 248 ff.; *Maurach/Gössel/Zipf*, AT, § 46, Rdn. 99 ff.; *Otto*, NJW 1974, S. 528 ff. (530), ders. AT, S. 192; *Herzberg*, Unterlassung, S. 294; *Freund*, S. 182 ff.

262 Vgl. statt vieler *Rudolphi*, a.a.O., m.w.N.

263 Vgl. *Rudolphi*, a.a.O., Rdn. 33.

264 Vgl. *Freund*, a.a.O., S.185.

daß die Verletzungshandlung als solche *erlaubt* war. Maßgebend ist vielmehr, daß sich in diesen Fällen ein vom Opfer selbst geschaffenes Sonderrisiko verwirklicht hat und der Verletzungserfolg daher - normativ betrachtet - "auf das Konto des Angreifers geht"[265].

Bezeichnenderweise halten auch die Anhänger der herrschenden Lehre an ihrer Forderung nach der Rechtswidrigkeit des Vorverhaltens nicht konsequent fest[266]. So ist anerkannt, daß auch ein nach § 34 gerechtfertigtes Verhalten, durch das der Handelnde einen Dauerzustand herbeiführt oder in die Rechte unbeteiligter Dritter eingreift, eine Garantenpflicht aus Ingerenz begründen kann[267]. Die Erkenntnis, daß auch aus rechtmäßigen Risikohandlungen Sicherungsgarantenpflichten entstehen können, ist ferner für die Garantenpflicht aufgrund der Verantwortung für eine sachliche Gefahrenquelle allgemein anerkannt[268]. Zwischen der Eröffnung einer sachlichen Gefahrenquelle und der Vornahme einer gefährlichen Handlung ist aber - wie insbesondere die Fälle der sog. strafrechtlichen Produkthaftung zeigen - eine klare Trennung nicht immer möglich, so daß es naheliegt, für beide Bereiche einheitliche Haftungsvoraussetzungen zu verlangen. Diese lassen sich nach dem hier vertretenen Standpunkt dahingehend formulieren, daß erstens eine - bezogen auf das jeweilige Rechtsgut - über das normale Lebensrisiko hinausgehende Gefahrenlage herbeigeführt worden sein muß, für die nicht jeder selbst Vorsorge trifft, und zweitens der Gefährdete nicht seinerseits Sonderrisiken geschaffen oder ihm obliegende Sicherungen unterlassen haben darf.

cc. Ergebnis

Damit stehen zugleich die an das Täuschungsverhalten aus dem Gesichtspunkt der Gefährdung zu stellenden Anforderungen fest: Der Täter muß - neben dem »Erregen« oder »Unterhalten« eines Irrtums - eine Gefahrenlage für das fremde Vermögen geschaffen haben, die über das von jedermann zu tragende allgemeine Lebens- bzw. Bestandsrisiko hinausgeht und sich nicht als Verwirklichung eines vom Opfer selbst geschaffenen Sonderrisikos darstellt.

---

265 Vgl. *Freund*, a.a.O.; *Seelmann*, a.a.O.; *Jakobs*, a.a.O.

266 Vgl. *Rudolphi*, SK, § 13, Rdn. 40a; *Schönke/Schröder-Stree*, § 13, Rdn. 36; *Wessels/Beulke*, AT, Rdn. 725 ff.

267 Wie vorstehend.

268 Vgl. *Otto*, a.a.O.; *Seelmann*, a.a.O.

b) Konkretisierung der an das Täuschungsverhalten aus dem Aspekt der »Gefährdung« zu stellenden Anforderungen

Welche praktischen Konsequenzen sich ergeben, wenn man die soeben ermittelten Kriterien auf die Täuschungshandlung des Betrugstatbestands überträgt, soll im folgenden anhand einiger Beispielsfälle verdeutlicht werden.

aa. Abgabe wahrheitswidriger Tatsachenbehauptungen

Für die Irrtumserregung mittels Abgabe wahrheitswidriger Tatsachenbehauptungen folgt aus den vorstehend ermittelten Kriterien zunächst, daß i.S.d. § 263 nicht die Lüge als solche täuschungsrelevant sein kann, sondern nur die mit einer Lüge gegebenenfalls einhergehende Gefahr zur Vornahme einer irrtumsbedingten Vermögensschädigung auf seiten des Erklärungsempfängers. Eine über das von jedermann selbst zu tragende normale Lebensrisiko hinausgehende Gefahrschaffung ist zunächst zweifellos dort gegeben, wo eine unwahre Tatsachenbehauptung des Täters von Machenschaften im Sinne von *manœuvres frauduleuses*[269] begleitet ist, der Täter also beispielsweise seine wahrheitswidrige Tatsachenbehauptung durch Vorlage einer gefälschten Urkunde oder das Unterschieben falscher Beweismittel untermauert. Beschränkt sich hingegen das Täterverhalten auf die bloße Abgabe einer lügenhaften Tatsachenbehauptung, so wird im Einzelfall - gleichsam negativ inzident - zu hinterfragen sein, ob mit der Abgabe der wahrheitswidrigen Tatsachenbehauptung zugleich der Verstoß gegen eine Sicherungsgarantenpflicht des Erklärenden verbunden ist. Ein solcher Verstoß wäre beispielsweise zu verneinen in dem von *Kindhäuser* gebildeten *Ladenhüterfall*[270], in dem der Verkäufer dem Kaufinteressenten – um diesen von einem weiteren Herunterhandeln des Kaufpreises abzuhalten - erklärt, er habe noch einen anderen Käufer, der bereit sei, für die Kaufsache einen bestimmten Preis zu zahlen. Täuschungsqualität könnte der Lüge in diesem Fall nur unter der Voraussetzung zukommen, daß dem Erklärenden für das fremde Vermögen ausnahmsweise eine Vermögensbetreuungspflicht i.S.d. § 266 obliegen würde, was im Falle zweier wirtschaftlicher Gegenspieler jedoch gerade nicht in Betracht kommt.

Hält man – entsprechend dem hier vertretenen Standpunkt – nicht die Frage nach dem Wahrheitsgehalt einer Tatsachenbehauptung für ausschlaggebend, sondern den Aspekt der Gefährlichkeit des Täterverhaltens, so folgt daraus ferner, daß es auf die Unterscheidung einer Tatsachenbehauptung als wahrheitsgemäß oder wahrheitswidrig nicht entscheidend ankommen kann. Wer etwa beim Bezahlen

---

[269] Zum Begriff der *manœuvres frauduleuses* vgl. oben unter B. II. 1.

[270] Vgl. oben im 2. Teil unter C. I. 2. b).

einen gefälschten Geldschein vorlegt, der täuscht i.S.d. § 263 selbst dann, wenn er dies mit dem – für sich genommen wahrheitsgemäßen -Hinweis verbindet, daß es sich bei dem Geldschein um eine Fälschung handele[271].

bb. Fälle der Irrtumsunterhaltung

Im Hinblick auf die Tatbestandsalternative der Irrtumsunterhaltung wurde bereits festgestellt, daß sich die Tatbestandsalternativen der Irrtumserregung und der Irrtumsunterhaltung darin unterscheiden, daß im Fall der Irrtumserregung der Täter eine zuvor nicht existierende Fehlvorstellung auf seiten des Verfügenden hervorruft, während er im Fall der Irrtumsunterhaltung den Untergang einer bereits existierenden Fehlvorstellung verhindert. Das Unterhalten eines Irrtums setzt danach voraus, daß der Täter in einen Kausalverlauf inhibierend eingreift, der mit an Sicherheit grenzender Wahrscheinlichkeit zur Aufklärung des Irrtums geführt hätte[272]. Weitergehend ist nach dem hier vertretenen Standpunkt zu fordern, daß ein solcher Eingriff in einen rettenden Kausalverlauf zugleich auch eine über das von jedermann selbst zu tragende allgemeine Lebensrisiko hinausgehende Gefahrschaffung beeinhaltet, sofern nicht dem Täter ausnahmsweise eine Vermögensbetreuungspflicht i.S.d. § 266 für das fremde Vermögen obliegt. Eine solche erhöhte, über das allgemeine Lebensrisiko hinausgehende Gefahrschaffung ist beispielsweise dann gegeben, wenn der Täter eine bereits bestehende Fehlvorstellung »unterhält«, indem er einen aufklärenden Brief heimlich aus dem Briefkasten des Irrenden entfernt, oder einen Boten, der gerade im Begriff ist, den Irrenden aufzuklären, in einem Raum einsperrt. Daß die genannten Fallkonstellationen auch von der herrschenden Meinung als täuschungsrelevant anerkannt sind[273], wenngleich sich bei ihnen ein Erklärungsverhalten des Täters nicht feststellen läßt[274], mag darauf zurückzuführen sein, daß das Täterverhalten, wodurch die Fehlvorstellung des Irrenden aufrechterhalten bleibt, in diesen Fällen als besonders mißbilligenswert und verwerflich erscheint.

Daß gleichwohl im Bereich der Irrtumsunterhaltung auch Fallkonstellationen denkbar sind, in denen es trotz des Eingriffs in einen zur Aufklärung führenden Kausalverlaufs, an einer »Sicherungsgarantenpflicht« des Handelnden fehlt, soll an folgendem Beispielsfall verdeutlicht werden: Der aus Hamburg stammende A

---

271 Auch die h.M. sieht hier – trotz der an sich wahrheitsgemäßen Erklärung des Täters – eine Täuschungshandlung als gegeben an. Zur Begründung wird zumeist angeführt, daß nach dem objektiven Erklärungswert genau das Gegenteil als tatsächlich erklärt unterstellt werden müsse (vgl. *Lackner*, LK, § 263, Rdn. 23 m.w.N.).

272 Vgl. hierzu die oben im 1.Teil unter III. gemachten Ausführungen.

273 Vgl. *Schönke/Schröder-Cramer*, § 263, Rdn. 45; *Tröndle/Fischer*, § 263, Rdn. 11; *Klawitter*, a.a.O., S. 89.

274 Vgl. im 1. Teil unter C. II. 1.

möchte dem aus Berlin stammenden B eine alte Geige abkaufen, von der er irrtümlich annimmt, es handele sich dabei um eine wertvolle „Stradivari-Geige". A bietet dem B daher einen weit überhöhten Kaufpreis, behält sich gleichzeitig jedoch noch eine Bedenkzeit von zwei Wochen bis zu seinem nächsten Besuch in Berlin vor. B, der den Irrtum des A zwar erkennt, die Entstehung des Irrtums aber in keiner Weise verursacht oder gefördert hat, erzählt dem C von dem sich anbahnenden „guten Geschäft". C entgegnet dem B empört, er werde dem A in den nächsten Tagen einen Brief Schreiben und ihn darüber aufklären, daß es sich bei der Geige nicht um eine „Stradivari", sondern um eine ganz normale Geige handele. B befürchtet nun, aufgrund des Briefes des C werde es nicht mehr zum Verkauf der Geige kommen und bietet dem A an, er möge doch schon einige Tage früher als geplant nach Berlin kommen, um sich dort eingehend mit dem Musikinstrument vertraut zu machen. A fährt daraufhin schon einige Tage früher nach Berlin, so daß der aufklärende Brief des C den A nicht mehr vor Abschluß des Kaufvertrages erreicht.

Das Verhalten des B mag hier ursächlich dafür sein, daß die Fehlvorstellung des A aufrechterhalten geblieben ist und nicht durch den aufklärenden Brief des C unterging. Der B hat dadurch, daß er den A überredet hat, früher als ursprünglich geplant nach Berlin zu fahren, jedoch keine über das von jedermann selbst zu tragende allgemeine Lebensrisiko hinausgehende Gefahr dafür geschaffen, daß es aufgrund der bestehenden Fehlvorstellung des A zum Abschluß eines für diesen wirtschaftlich nachteiligen Geschäfts gekommen ist. Eine Pflicht zur Irrtumsaufklärung könnte den B daher in dem genannten Beispielsfall allenfalls aus dem Aspekt einer Fürsorgepflicht für fremdes Vermögen treffen. Angesichts der Sperrwirkung des § 266 ist hierfür in dem genannten Beispielsfall freilich kein Raum[275].

cc. Fallgruppen aus der Kasuistik der konkludenten Täuschung

(1) *Hütchenspiel*

Beim sog. *Hütchenspiel* wird eine kleine Kugel aus Stanniolpapier unter eines von drei gleichartigen Behältnissen[276]gesteckt, die anschließend vom Spielmacher bzw. Veranstalter durch schnelle Hin- und Herbewegungen untereinander verschoben werden. Die Mitspieler müssen am Ende des Spiels jenes „Hütchen" bezeichnen, unter dem sich die Kugel befindet. Wird das richtige „Hütchen"

---

[275] Es ist anzunehmen, daß die hM in dem genannten Beispielsfall zu einer Aufklärungspflicht aus „Treu und Glauben" tendieren würde.

[276] Beispielsweise den Einschubfächern von Streichholzschachteln.

bezeichnet, kommt es zu einer Verdoppelung des Einsatzes. Anderenfalls ist der Einsatz verloren und geht an den Veranstalter.

Das *Hütchenspiel* hat in jüngerer Zeit u. a. wegen seiner rechtlichen Einordnung als Glücks- oder Geschicklichkeitsspiel besonderes Aufsehen erregt[277]. Nach *BGHSt 36, S. 74 ff.* hängt die rechtliche Einordnung vor allem von den Verhältnissen ab, unter denen es gespielt wird: Laufen die einzelnen Spielvorgänge „relativ langsam" ab, so daß an die Konzentrations- und Merkfähigkeit der Mitspieler erfüllbare Anforderungen gestellt werden, soll es sich lediglich um ein (gewerbescheinpflichtiges) Geschicklichkeitsspiel handeln. Ist der Veranstalter hingegen aufgrund besonderer Fingerfertigkeit in der Lage, die Schiebe- und Wechselakte derart schnell vorzunehmen, daß jedenfalls ein durchschnittlich befähigter Spieleinsetzer keine konkreten Gewinnaussichten mehr hat, so liege ein unerlaubtes Glücksspiel i.S.d. § 284 vor.

Strafrechtliche Relevanz soll dem *Hütchenspiel* nicht nur im Hinblick auf § 284 zukommen. Nach Ansicht des *LGSt Frankfurt, NJW 1993, S. 945 ff.*[278] liegt im Zusammenhang mit dem Anbieten bzw. Eingehen eines Hütchenspiels eine betrugsrelevante Täushungshandlung vor, wenn der Spielmacher zunächst – um potentielle Spielinteressenten anzulocken – mit sog. „Anreißern" in langsamer Spielweise die „Hütchen" verschiebt, um sodann, nachdem die angelockten Spielinteressenten ihren Einsatz gesetzt haben, zur schnellen Spielweise überzugehen. Zur Begründung wird angeführt, der Veranstalter täusche den Spielinteressenten durch sein Verhalten konkludent das Eingehen eines Geschicklichkeitsspiels vor, während es sich in Wirklichkeit bei dem anschließend durchgeführten Hütchenspiel allenfalls noch um ein reines Glücksspiel handele. Der Spielinteressent werde mithin konkludent über das Bestehen einer reellen Gewinnchance getäuscht[279].

Gemessen an den im vorherigen Abschnitt ermittelten Kriterien für ein garantenpflichtwidriges Täuschungsverhalten erweist sich diese betrugsrechtliche Einordnung des *Hütchenspiels* als nicht haltbar. Ein Vertrauen der Mitspieler dahingehend, der Veranstalter bzw. Spielmacher werde die „Hütchen" auch weiterhin nur i.S.e. Geschicklichkeitsspiels mit relativ langsamen Spielzügen verschieben,

---

277 Vgl. den Vorlagebeschluß des OLGSt Frankfurt, NSTZ 1988, S. 459 ff.; ferner BGHSt 36, S. 74 ff.; LGSt Frankfurt, NJW 1993, S. 945 ff. Anfang der 90er Jahre hat das *Hütchenspiel* sogar den deutschen Bundestag beschäftigt, vgl. BT-Drucksache 12/1176 v. 20.09.1991.

278 Zustimmend *Sack*, Das „Hütchenspiel" – ein eindeutiger Betrug, NJW 1992, S. 2540 ff.; *Schönke/Schröder-Cramer*, a.a.O., Rdn. 16e.

279 Vgl. *Sack*, a.a.O., m.w.N.; LGSt Frankfurt, a.a.O., S. 946.

kommt als Anknüpfungspunkt eines Täuschungsverhaltens bereits deshalb nicht in Betracht, weil der Spielmacher den Spielinteressenten ersichtlich als ein auf den eigenen wirtschaftlichen Vorteil bedachter Gegenspieler entgegentritt und ihn insoweit - angesichts der Sperrwirkung des § 266 - keine betrugsrelevante Obhutspflicht für das fremde Vermögen der Spielinteressenten treffen kann. Auch die Voraussetzungen einer Sicherungsgarantenpflicht sind nicht erfüllt, sofern sich das Verhalten des Spielmachers darauf beschränkt, für die Spielinteressenten unerwartet von langsamer zur schnellen Spielweise überzugehen. Zwar mag mit dem Eingehen eines Hütchenspiels eine erhebliche Gefahr für den Eintritt einer Vermögensschädigung geschaffen werden. Es darf jedoch nicht außeracht bleiben, daß derjenige, der sich auf der Straße oder gar – wie in *BGHSt 36, S. 74 ff.* und LGSt *Frankfurt, NJW 1993, S. 945 ff.* an zwielichtigen Orten[280] - auf ein Risikogeschäft einläßt, damit zugleich ganz bewußt auch eine Gefährdung seines Vermögens in Kauf nimmt. Allein der Umstand, daß er diese Risiko falsch einschätzt, macht den dadurch erlittenen Vermögensschaden noch nicht zu einem strafbaren Betrug. Etwas anderes gilt freilich dann, wenn der Spielmacher sich nicht darauf beschränkt, von der langsamen zur schnellen Spielweise zu wechseln, sondern darüber hinaus auch Manipulationen am Spielvorgang selbst vornimmt, indem er beispielsweise die Kugel verschwinden läßt oder die Mitspieler durch Komplitzen in der Konzentration stören bzw. ablenken läßt[281].

(2) *Spätwetten*

Eine Fallgruppe, die trotz ähnlich gelagerter Ausgangssituationen wiederholt höchstrichterlich - und dabei scheinbar widersprüchlich - entschieden wurde, bildet die Gruppe der sog. *Spätwetten*.

In *RGSt. 62, S. 415 ff.* hatte das Reichsgericht den Fall zu entscheiden, daß sich die Angeklagten durch ein (als solches strafbares) Abhören des Funkverkehrs Kenntnis über den Ausgang der im Ausland abgehaltenen Pferderennen verschaft hatten, um sodann bei Buchmachern in Kenntnis des Rennausgangs Wettverträge abzuschließen, noch bevor der Ausgang der Rennen offiziell bekanntgegeben war. Das *Reichsgericht* hielt in diesem Fall die Voraussetzungen einer konkludenten Täuschung für gegeben und stellte in seiner Begründung darauf ab, daß eine "*... noch bestehende Ungewißheit des Gewinnfalls ... die selbstverständliche und beiderseits stillschweigend zum Vertragsinhalt erhobene Bedingung jeder Rennwette ...* (bilde)", woraus der Schluß zu ziehen sei, "*... daß beide Teile sich*

---

280 In BGHSt 34, S. 74 ff. wurde das *Hütchenspiel* im Vorhof eines Bordells veranstaltet, in LGSt Frankfurt, NJW 1993, S. 945 ff. fand das Spiel im Eingangsbereich einer „Peep-Show“ statt.

281 Vgl. hierzu *Sack*, a.a.O.

stillschweigend ein entsprechendes Wissen bezüglich jener Ungewißheit zusichern."

Ein ganz ähnlich gelagerter Fall betrifft die Entscheidung *BGHSt. 16, S. 120 ff.*, in der sich die Angeklagten von Rennplätzen im Ausland aus über einen Dritten unmittelbar nach dem Zieleinlauf die Rennergebnisse telefonisch mitteilen ließen, wobei den Buchmachern in den deutschen Wettbüros bei Abschluß der Wettverträge zwar der Beginn der Rennen bekannt gewesen war, nicht aber deren Ausgang bzw. das amtliche Rennergebnis. Der *Bundesgerichtshof* lehnte in seiner Urteilsbegründung die Annahme einer konkludenten Täuschung mit der Begründung ab, daß für die Parteien eines Wettvertrags keinerlei Anlaß bestehe, sich bezüglich des Nichtwissens über den Rennausgang etwas zu erklären. Die Annahme einer stillschweigenden Erklärung, wie sie etwa in *RGSt. 62, S. 145 ff.* für einen vergleichbaren Fall angenommen worden sei, laufe daher auf eine willkürliche Konstruktion hinaus.

In *BGHSt. 29, S. 165 ff.* hatte der Angeklagte Wettverträge nach den Regeln des "Rennquintetts" abgeschlossen, wobei er zuvor dafür gesorgt hatte, das einige der Rennjockeys gegen Zahlung einer entsprechenden Bestechungssummme "aus dem Rennen gekauft" worden waren. Gemessen an dem in *BGHSt. 16, S. 120 ff.* aufgestellten Grundsatz, wonach für die Parteien eines Wettvertrags keinerlei Anlaß bestehe, sich stillschweigend über den Rennausgang zu erklären, hätte es für den Bundesgerischtshof nahegelegen, auch hier das Vorliegen einer konkludenten Täuschung in Ermangelung einer wahrheitswidrigen Tatsachenbehauptung abzulehnen. Der *Bundesgerichtshof* hielt jedoch gleichwohl die Voraussetzungen einer konkludenten Täuschung bei Abschluß der Wettverträge für gegeben, da *"... der Angeklagte den Gegenstand des Wettvertrages selbst, die Rennen, zu seinen Gunsten beeinflußt...* (habe)"[282].

Überprüft man nun die drei Entscheidungen anhand der für eine Sicherungsgarantenpflicht ermittelten Kriterien, so zeigt sich, daß den Entscheidungen zwar nicht in ihren Begründungen, wohl aber im Ergebnis zu folgen ist. Alle drei Fälle haben als Ausgangsposition zunächst gemeinsam, daß aufgrund des bestehenden Wissensvorsprungs bezüglich des Rennausgangs das für Rennwetten und Spielverträge typische Wettrisiko einseitig zugunsten der Wetteinsetzer ausgeschlossen war. In allen Fällen wurde somit durch Abschluß der Wettverträge in

---

282 Bemerkenswert hieran ist zudem, daß der *Bundesgerichtshof* zur Begründung einer konkludenten Täuschung nicht wie in den anderen beiden Entscheidungen - denen eine vergleichbarere Sachverhaltskonstellationzugrunde lag - auf das Verhalten bei Abschluß der Wettverträge abstellt, sondern vielmehr ganz offen an das dem eigentlichen Vertragsschluß vorgelagerte und mißbilligte Vorverhalten des Täters angeknüpft.

Kenntnis des Rennausgangs zunächst eine erhöhte Gefahr für den Eintritt eines Vermögensschadens geschaffen. Ein Unterschied besteht jedoch insoweit, als daß sich in *RGSt. 62, S. 415 ff.* und *BGHSt. 29, S. 165 ff.* die Wetteinsetzer ihren Wissensvorsprung jeweils durch ein – als solches sogar strafbares - Vorverhalten verschafft hatten, auf das die Buchmacher nicht gefaßt zu sein brauchten und vor dem sie auch nicht ohne weiteres selbst hätten Vorsorge treffen können. Demgegenüber kann in *BGHSt. 16, S. 120 ff.* kein Zweifel daran bestehen, daß bei wertender Betrachtung der Eintritt der Vermögensschädigung "auf das Konto" der geschädigten Buchmacher ging, da diese durch den Abschluß von Rennwetten noch nach Ausgang der Rennen die - im konkreten Fall durchaus naheliegende - Möglichkeit zur Vornahme einer Spätwette überhaupt erst ermöglicht hatten[283].

Die Voraussetzungen einer Täuschungshandlung aufgrund garantenpflichtwidrigen Vorverhaltens sind somit in *RGSt. 62, S. 415 ff.* und *BGHSt. 29, S. 165 ff.* erfüllt, während sie in *BGHSt. 16, S. 120 ff.* nicht vorliegen.

Unausgesprochen dürfte in den genannten Fällen auch der *Bundesgerichtshof* bei seiner Entscheidungsfindung maßgebend auf die Qualität des Vorverhaltens abgestellt haben. Die aufgezeigten scheinbaren Widersprüche in den Begründungen mögen daher als ein Beleg dafür angesehen werden, daß jeweils das Täterverhalten im Vorfeld des eigentlichen Vertragsschlußes als wahrer Anknüpfungspunkt für das Vorliegen einer Täuschungshandlung herangezogen wurde. Dort, wo die Täter sich ihren Wissensvorsprung durch ein strafbares bzw. eindeutig zu mißbilligendes Verhalten verschafft hatten, wurde das Vorliegen einer konkludenten Täuschung bejaht, wogegen es in *BGHSt. 16, S. 120 ff.*, da den Tätern ein solcher Vorwurf nicht gemacht werden konnte, verneint wurde.

(3) *Gebrauchtwagenverkauf*

Folgt man der hier vertretenen Auffassung, daß im Bereich der Obhutspflichten für fremdes Vermögen von einer Sperrwirkung des § 266 auszugehen ist, so kommt für die Fälle des Gebrauchtwagenverkaufs regelmäßig nur die Möglichkeit einer Täuschung aufgrund des Verstoßes gegen eine Sicherungsgarantenpflicht in Betracht. Zwar mag der gewerbliche Gebrauchtwagenverkäufer eine gewisse Vertrauensstellung besitzen, er bleibt jedoch stets ein (ersichtlich) auf den eigenen Vorteil bedachter wirtschaftlicher Gegenspieler des Kaufinteressenten, so daß die hohen Anforderungen einer Vermögensbetreuungspflicht i. S. d. § 266 regelmäßig nicht erfüllt sein werden. Die Frage der Vertrauensstellung eines

---

283 Die hM müßte hier eine Sicherungsgarantenpflicht bereits deshalb verneinen, weil die telefonische Übermittlung des Rennausgangs - im Gegensatz zum Fall des strafbaren Abhörens des Funkverkehrs - keine rechtswidrige Handlung darstellt.

Gebrauchtwagenhändlers ist im Hinblick auf eine mögliche strafrechtlich relevante Garantenpflicht somit unerheblich. Abzulehnen ist daher die Entscheidung des *OLGSt. Nürnberg, MDR 1964, S. 693 f.*,wonach bereits das bloße Nichtoffenbaren der Unfalleigenschaft eines KFZ bzw. versteckter Mängel durch einen Gebrauchtwagenhändler bei Abschluß des Kaufvertrags eine betrugsrelevante Aufklärungspflichtverletzung darstellt. Der Käufer ist in diesen Fällen vielmehr auf die ihm zivilrechtlich zur Verfügung stehenden Sanktionsmöglichkeiten gegen den Verkäufer verwiesen.

Im Ergebnis zuzustimmen ist dagegen der Entscheidung des *BayObLGSt., NJW 1994, S. 1078 f.* insoweit, als ein Gebrauchtwagenhändler jedenfalls dann keine betrugsrelevante Aufklärungspflichtverletzung begeht, wenn er zwar die Unfalleigenschaft eines KFZ als solche - nicht aber zugleich auch Art u. Umfang der Vorschäden - offenbart. Abzulehnen ist die Entscheidung hingegen, soweit der Gebrauchtwagenhändler regelmäßig verpflichtet sein soll, die Unfalleigenschaft eines von ihm zum Kauf angebotenen KFZ ungefragt zu offenbaren, da damit dem Händler im Ergebnis eine Fürsorgepflicht für das fremde Vermögen auferlegt wird.

Eine strafrechtliche Garantenpflicht zur Irrtumsverhinderung bzw. zur Aufklärung eines bereits vorhandenen Irrtums trifft den (privaten wie gewerblichen) Verkäufer eines Gebrauchtwagens vielmehr nur, wenn und soweit er selbst gefahrerhöhende Risiken einer irrtumsbedingten Vermögensschädigung geschaffen hat. Dies wäre etwa dann der Fall, wenn der Gebrauchtwagenverkäufer dem Kaufinteressenten ein Fahrzeug anbietet, dessen Unfallschaden lediglich oberflächlich und für einen Laien nicht erkennbar kaschiert wurde. Ebenso im Falle einer sog. "Verkaufslackierung", bei der Roststellen und Lackschäden lediglich übertüncht werden, sowie ferner im Falle des "Frisierens" von Gebrauchtwagen, etwa durch Einfüllen besonders dickflüssigen Öls, um einen Ölverlust des Motors zu verdekken. Des weiteren durch Manipulationen am Tachometer oder durch Kaschieren von Durchrostungen an tragenden Teilen mit Hilfe von Unterbodenschutz oder einem sog. Rostprimer[284].

(4) *Manipulation an Augenscheinsobjekten*

Nach dem hier vertretenen Standpunkt stellt die Manipulation an Augenscheinsobjekten zum Zwecke der Irrtumserregung oder Unterhaltung dann eine Täuschungshandlung i.S.d. § 263 dar, wenn dieses Verhalten die Voraussetzungen einer Sicherungsgarantenpflicht erfüllt, also durch die Manipulation eine über das normale Lebensrisiko hinausgehende Gefahr zur Vornahme einer irrtumsbe-

---

284 Vgl. hierzu *Reinking/Eggert*, Der Autokauf, 6. Aufl., Rdn. 1892, m.w.N.

dingten Vermögensschädigung geschaffen wird. Danach täuscht i.S.d. § 263, wer Verbrauchsmeßgeräte wie Strom- oder Wasserzähler derart manipuliert, daß sie beim Ablesen einen geringeren als den tatsächlichen Verbrauch anzeigen[285], wer gefälschte Gewichte oder Maßeinheiten verwendet, um dadurch über die tatsächliche Menge der verkauften Ware zu täuschen[286], wer Waren unrichtig etikettiert[287], schlechte Ware durch gute überdeckt[288] oder eine mit Schwamm befallene Hauswand übertüncht.Weitere Konstellationen betreffen die Manipulation an einem Geldautomaten[289] oder an einem Roulettetisch, um die Gewinnmöglichkeiten der Spieler zu minimieren bzw. auszuschalten[290] sowie ferner das Vertauschen von Preisschildern an Waren, um an der Kasse nur den geringeren Preis für die teurere Ware zahlen zu müssen[291].

Die hier vertretene Auffassung weicht im Ergebnis nicht von der herrschenden Meinung ab, die in den genannten Fällen der Manipulation an Augenscheinseinrichtungen ebenfalls die Voraussetzungen einer (konkludenten) Täuschung für gegeben ansieht. Entgegen der herrschenden Meinung ist das Vorliegen einer Täuschungshandlung in den genannten Fällen jedoch nicht darauf zurückzuführen, daß der Täter eine - gerade in diesen Fallkonstellationen äußerst zweifelhaft erscheinende[292] - stillschweigende Erklärung abgibt. Maßgebend ist vielmehr, daß der Täter in den Fällen der täuschenden Manipulation an Augenscheinsobjekten durch sein Verhalten dem Kaufinteressenten bzw. seinem Vertragspartner die Möglichkeit, bestimmte Mängel des Vertragsgegenstands als solche zu erkennen, nimmt oder doch diese Möglichkeit zumindest erschwert und damit zugleich für seinen Vertragspartner die erhöhte, über das normale Lebensrisiko hinausgehende Gefahr zur Vornahme einer irrtumsbedingten Selbstschädigung schafft.

(5) *Geldwechselfälle*

Aus der Sperrwirkung des § 266 im Bereich der Obhutspflichten für fremdes Vermögen folgt, daß die bloße Entgegennahme zuviel gezahlten Geldes - in Übereinstimmung mit der herrschenden Meinung im Schrifttum [293] – keine betrugsrelevanten Garantenpflichten auslösen kann.

---

285 Vgl. RGSt. 35, S. 311 ff. (314); RGSt. 74, S. 243 ff. (245).
286 Vgl. *Lackner*, LK, § 263, Rdn. 19.
287 Vgl. BGHSt. 12, S. 347 f.
288 Vgl. RGSt. 59, S. 299 ff. (305).
289 Vgl. zum sog. *Rotamintfall*: OLG Hamm, NJW 1957, S. 1162.
290 Vgl. hierzu die Nachweise unter FN 310.
291 OLGSt. Hamm, NJW 1968, S. 1894 f.
292 Vgl. hierzu die unter D. III. 2.a) gemachten Ausführungen.
293 Vgl. statt vieler nur *Schönke/Schröder-Cramer*, § 263, Rdn. 17a,m.w.N.

In der – zumeist älteren - Rechtsprechung wird hingegen teilweise die Auffassung vertreten, daß eine konkludente Täuschung bei Vorliegen „besonderer Umstände“ auch durch die schweigende Entgegennahme eines nicht geschuldeten Geldbetrags verwirklicht werden könne[294]. So hat beispielsweise der *Bundesgerichtshof* die Voraussetzungen einer konkludenten Täuschung in einem Fall als erfüllt angesehen, in dem ein Gast mit einem 50 DM-Schein bezahlt hatte und anschließend schwieg, nachdem die Wirtin ihm mit der Bemerkung „schon wieder so ein verdammter Hunderter“ einen zu hohen Wechselgeldbetrag herausgab[295].

Richtigerweise kommt im vorgenannten Fall eine Täuschungshandlung deshalb nicht in Betracht, weil durch die Hingabe eines 50 DM-Scheins keine über das normale Lebensrisiko hinausgehende Gefahr zur Vornahme einer irrtumsbedingten Vermögensschädigung geschaffen wird.

An einer erhöhten Gefahrschaffung fehlt es ferner in dem vom *Bundesgerichtshof* entschiedenen *Tankwartfall*[296], in welchem ein Tankwart einem Kunden Wechselgeld in der irrtümlichen Annahme herausgegeben hatte, der von einem anderen Kunden auf den Tresen gelegte 100 DM-Schein stamme von diesem. Anders ist hingegen der Fall zu bewerten, wenn ein Kunde einen gefälschten Geldschein mit der scherzhaften Bemerkung vorlegt: „Vorsicht, der Schein ist gefälscht !“ und anschließend das Wechselgeld in Empfang nimmt. Auch die Tatsache, daß der Gast keine wahrheitswidrige, sondern eine wahrheitsgemäße Tatsachenbehauptung abgegeben hat, vermag nichts daran zu ändern, daß mit der Vorlage eines gefälschten Geldscheins regelmäßig die erhöhte Gefahr einer irrtumsbedingten Selbstschädigung verbunden ist. Der herrschenden Meinung bereitet es indessen erhebliche Schwierigkeiten, in vergleichbaren Fallkonstellationen zu begründen, daß eine Täuschungshandlung auch dann vorliegen kann, wenn der Täter nicht lügt, sondern die Wahrheit sagt[297].

An einer Garantenpflicht zur Irrtumsverhinderung fehlt es ferner in den von der Rechtsprechung entschiedenen Fällen der Herausgabe zu hoher Wechselgeldbeträge im Zusammenhang mit dem Umtausch ausländischer Geldnoten in einer Bank.

---

294 Vgl. OLGSt. Frankfurt, NJW 1971, S. 527; OLGSt. Köln, NJW 1980, S. 2366.

295 Vgl. BGHSt. V. 11.09.1952 –5StR 597/52, abgedruckt bei *Dallinger*, MDR 1953, S. 21.

296 BGHSt. JZ 1989, S. 550. Der *Bundesgerichtshof* hat hier zu recht ein strafloses Ausnutzen eines Irrtums angenommen. Zur Kritik seitens des Schrifttums, vgl. *Ranft*, a.a.O., S. 67.

297 Vgl. hierzu auch die unter FN 275 gemachten Ausführungen.

Nach *OLGSt. Hamm, MDR 1968, S. 778* soll in der Vorlage ausländischer Geldnoten am Bankschalter unter Verschweigen einer zwischenzeitlich erfolgten - aus den Geldnoten jedoch nicht ersichtlichen - Abwertung eine Täuschungshandlung zu sehen sein, da mit der Vorlage zum Umtausch zugleich stillschweigend erklärt werde, es handele sich um einen gültigen Schein, der den aus seiner Beschriftung ersichtlichen Wert auch tatsächlich aufweise[298].

Stellt man dagegen – entsprechend dem hier vertretenen Standpunkt - nicht auf das Vorliegen einer stillschweigenden Erklärung ab, sondern auf die Kriterien einer Sicherungsgarantenpflicht, so scheidet eine Täuschungshandlung aus, da es sich bei der Abwertung ausländischer Banknoten im Zuge von Währungsmaßnahmen aus Sicht der Bank um ein geradezu typisches Gefahrenrisiko handelt, vor dessen Verwirklichung sich die Bank selbst zu schützen hat[299].

Anders verhält es sich im Hinblick auf das Gefahrenrisiko freilich dann, wenn die abgewerteten Banknoten nicht in einer Bank oder Wechselstube zum Zwecke des Umtauschs vorgelegt werden, sondern einer Privatperson. Wer also beispielsweise einem Touristen abgewertete Banknoten zum Umtausch anbietet, der verwirklicht mit diesem gefahrerhöhenden Tun zugleich die Voraussetzungen einer betrugsrelevanten Sicherungsgarantenpflicht.

(6) ***Kreditgeschäfte***

Nach Auffassung der herrschenden Meinung soll ein partielles Verschweigen bei Abschluß eines Kreditgeschäfts unter bestimmten Voraussetzungen als konkludente Täuschungshandlung anzusehen sein[300].

Da Grundlage eines jeden Vertragsschlusses das Vorliegen eines gegenseitigen Erfüllungs*willens* sei, begehe derjenige eine betrugsrelevante Täuschungshandlung, der bereits bei Abschluß des Kreditvertrags nicht willens sei, die übernommene Verpflichtung auch zu erfüllen. Ferner täusche konkludent über

---

298 Demgegenüber soll nach *OLGSt. Frankfurt, NJW 1971, S. 527* allein das Vorlegen abgewerteter Banknoten – ohne Hinzutreten weiterer Umstände – weder eine stillschweigende Erklärung beinhalten noch eine Aufklärungspflicht begründen.

299 In diese Richtung geht auch der Begründungsansatz in *OLGSt. Köln, JZ 1988, S. 101.* Dort hatte der Angeklagte ein Bündel ausländischer Geldnoten verschiedener Fremdwährungen zum Umtauch vorgelegt, wobei die Kassiererin den Umstand, daß es sich um unterschiedliche Geldsorten handelte, nicht bemerkte und so einen viel zu hohen Umtauschbetrag zur Auszahlung brachte. Das Gericht lehnte die Annahme einer konkludenten Täuschung mit der Begründung ab, es „gehöre grundsätzlich in den Risiko-bereich des Leistenden, daß die Schuld besteht und den Anspruch nicht übersteigt".

300 Vgl. oben im 2. Teil unter D. II. 2. bb. (1).

seine Erfüllungs*fähigkeit,* wer bereits bei Abschluß eines Kreditgeschäfts wisse, daß er bei Fälligkeit nicht zur (Rück-)Zahlung in der Lage sein werde oder seine Zahlungsfähigkeit dem bloßen Zufall überlassen wolle[301]. Hegt der Kreditnehmer hingegen lediglich gewisse Zweifel an seiner späteren Zahlungsfähigkeit – etwa weil er mit der Möglichkeit rechnet, erwerbslos zu werden - soll nach überwiegender Auffassung keine Täuschungshandlung vorliegen, da das Mögliche gewollt sein könne und der Täter „insoweit nichts falsches erkläre"[302].

Der herrschenden Meinung ist im Ergebnis darin zuzustimmen, daß derjenige eine betrugsrelevante Täuschungshandlung begeht, der einen Kreditvertrag in der Absicht eingeht, diesen nicht erfüllen zu wollen. Zwar entspricht es dem allgemeinen Lebensrisiko eines jeden Kreditgebers, daß der Kreditnehmer zur Rückzahlung der Kreditsumme – bzw. zur Zahlung des Kaufpreises bei einem Kreditkauf – bei Fälligkeit nicht in der Lage sein werde und der Kreditgeber dadurch einen Vermögensschaden erleidet. Dieses allgemeine Lebensrisiko ist allerdings immer dann überschritten, wenn der Kreditnehmer von vornherein plant, seine Zahlungsverpflichtung nicht zu erfüllen. Dabei ist insbesondere zu berücksichtigen, daß es dem Kreditgeber zwar in aller Regel möglich sein wird, in bezug auf die Zahlungs*fähigkeit* des Kreditnehmers – respektive bestehender Sicherheiten und Einkommensverhältnissen – eigene Erkundigungen einzuholen[303], nicht aber hinsichtlich des innerlichen Willens der Zahlungsbereitschaft. Ist der Kreditnehmer dagegen bei Abschluß des Vertrags rückzahlungswillig und unterläßt er es lediglich im Hinblick auf seine spätere Zahlungsfähigkeit ungünstige Umstände zu offenbaren, so trifft ihn insoweit keine Pflicht zur Irrtumsverhinderung, da es grundsätzlich in den Risikobereich des Kreditgebers fällt, die Bonität seines Schuldners zutreffend zu beurteilen.

4. Konsequenzen für die Abgrenzung von Tun und Unterlassen beim Betrug

Bislang unbeantwortet geblieben ist die Frage nach der *de lege lata* vorzunehmenden und insbesondere für die Praxis so bedeutsamen Unterscheidung der Täuschung durch positives Tun von der Verwirklichungsform des Unterlassens[304]. Es würde den Rahmen der vorliegenden Arbeit sprengen, an dieser Stelle auf die Vielzahl der Abgrenzungstheorien einzugehen, welche im Rahmen

301 *Maaß*, a.a.O., S. 268 f.; *Schönke/Schröder-Cramer*, § 263, Rdn. 27, jeweils m.w.N.

302 Wie vorstehend.

303 Beispielsweise durch Informationen von Wirtschaftsauskunfteien.

304 Zur Begründung der generellen Strafbarkeit des Betrugs durch Unterlassen, vgl. im 1. Teil unter D III. 1.

der allgemeinen Abgrenzung von positvem Tun und Unterlassen diskutiert werden[305]. Hervorzuheben ist in diesem Zusammenhang allerdings, daß sich in der vorherrschenden Betrugsdogmatik eine betrugsspezifische Unterscheidung von aktiver Täuschung und Täuschung durch Unterlassen etabliert hat, die sich nicht in die allgemeine Unterlassensdogmatik einordnen läßt. So nimmt die herrschende Meinung die Abgrenzung von aktiver Täuschungshandlung und Betrug durch Unterlassen nicht nach den in der allgemeinen Unterlassungsdogmatik entwickelten Abgrenzungskriterien, d.h. dem „Schwerpunkt der Vorwerfbarkeit", dem Kriterium der Kausalität, dem Einsatz von Energie oder der Frage nach dem „sozialen Sinn" des Geschehens vor. Vielmehr erfolgt die Abgrenzung der beiden Begehungsformen beim Betrug bekanntlich dergestalt, daß für die aktive Täuschungshandlung in Form der ausdrücklichen oder konkludenten Täuschung ein Verhalten mit »Erklärungswert« gefordert wird, während eine Unterlassenstäterschaft nur außerhalb dieses Bereichs und bei Vorliegen einer Aufklärungspflicht i.S.e.Garantenpflicht in Betracht kommen soll[306]. Wie bereits an anderer Stelle ausgeführt wurde[307], verstößt diese, nur für den Betrugstatbestand Geltung beanspruchende Vorgehensweise der herrschenden Meinung, gegen das Erfordernis einer axiologischen Vergleichbarkeit von positivem Tun und Unterlassen und steht daher mit der Gleichstellungsnorm des § 13 I in einem unvereinbaren Wertungswiderspruch. Hinzu kommt, daß auch vor dem Hintergrund des Gebots der logischen Stabilität für die Abgrenzung von aktiver Begehung und Unterlassung beim Betrug ein allgemeines, für alle Tatbestände des Besonderen Teils Geltung beanspruchendes Kriterium zu fordern ist.

Nach der in dieser Arbeit vertretenen Auffassung, handelt es sich bei der Unterscheidung von positivem Tun und Unterlassen um eine *de lege lata* vorzunehmende Unterscheidung, die jedoch nichts über die materialen Gründe strafrechtlicher Haftungszurechnung besagt[308]. Bedenkt man ferner, daß nach dem Gesetzeswortlaut für die Verwirklichung eines Begehungsdelikts regelmäßig ein »Bewirken« des tatbestandsmäßigen Erfolgs in der Außenwelt gefordert wird[309], so ist die Abgrenzung von Tun und Unterlassen (auch) beim Betrug gleichsam vorgegeben: Hat der Täter die Fehlvorstellung auf seiten des Irrenden realkausal verursacht, liegt aktive Begehung vor. Fehlt es dagegen an einem Kausalnexus

---

305 Vgl. hierzu nur *Jescheck*, LK, § 13, Rdn. 90.

306 Zur Abgrenzung von aktiver Täuschung und Täuschung durch Unterlassen nach hM vgl. vor allem *Maaß*, GA 1984, S. 264 ff.

307 Vgl. oben im 1. Teil unter D. III.

308 Vgl. oben unter D. II. 3. a).

309 So verlangt beispielsweise § 222, daß durch den Täter der Tod eines Menschen „verursacht" wurde. *Herzberg*, a.a.O., spricht daher bei den Begehungsdelikten auch von »Bewirkungsdelikten«.

zwischen Fehlvorstellung und Täterverhalten, so kommt nur ein Betrug durch Unterlassen in Betracht[310].

[310] Ebenso *Lackner*, a.a.O., Rdn. 53, wonach die Abgrenzung von aktiver Täuschung und Täuschung durch Unterlassen allein davon abhängig gemacht wird „ob der Getäuschte aus dem Verhalten des Täters im Vertrauen auf dessen Pflichtmäßigkeit falsche Schlüsse zieht oder ob er die falsche Vorstellung bereits hat oder aus anderen Hinweisen entnimmt."

Zusammenfassung und Endergebnis

Zum Abschluß sollen die im Verlauf dieser Untersuchung gewonnenen wesentlichen Ergebnisse noch einmal zusammengefaßt und hervorgehoben werden.

Ausgangspunkt der vorliegenden Untersuchung war die Frage nach einer dogmatischen Konzeption zur Erfassung der Täuschungshandlung des Betrugstatbestands, insbesondere in der Erscheinungsform der sog. konkludenten Täuschung.

Die kritische Auseinandersetzung mit der dogmatischen Konzeption der herrschenden Meinung, der sog. Lehre vom »Täterverhalten mit Erklärungswert«, hat eine Reihe von Wertungswidersprüchen innerhalb der heute allgemein vorherrschenden Betrugsdogmatik hervorgebracht.

So konnte im 1. Teil dieser Arbeit aufgezeigt werden, daß es mit der Funktion der Entsprechensklausel des § 13 I 2. Halbsatz nicht zu vereinbaren ist, zur Erfassung der aktiven Täuschungshandlung auf das Vorliegen eines Erklärungsverhaltens des Täters abzustellen, d. h. nach der Abgabe einer ausdrücklichen bzw. schlüssig erklärten Tatsachenbehauptung zu fragen, im Bereich der Begehung durch Unterlassen jedoch ausschließlich den Verstoß gegen eine Aufklärungspflicht i.S.e. Garantenpflicht für maßgebend zu erachten. Vielmehr kann dem Erfordernis einer axiologischen Vergleichbarkeit der beiden Verwirklichungsformen des Betruges vom Standpunkt der herrschenden Meinung aus nur dadurch ausreichend Rechnung getragen werden, daß auch für den Bereich der Täuschung durch unterlassene Aufklärung ein Erklärungswert des Unterlassens gefordert wird. Ein solches Erfordernis führt jedoch notwendig dazu, den rechtstatsächlichen Anwendungsbereich des Betrugs durch Unterlassen – wie er heute in Rechtssprechung und Literatur weitgehende Anerkennung gefunden hat – gleichsam auf Null zu reduzieren.

Die kritische Analyse des Kriteriums »Erklärungswert« im 2. Teil der Untersuchung hat deutlich werden lassen, daß entgegen der *Herzbergschen* These, wonach der Lüge für den Betrug konstitutive Bedeutung zukommen soll, die Lüge weder hinreichende noch notwendige Voraussetzung für das Vorliegen einer betrugsrelevanten Täuschungshandlung sein kann. Vielmehr hat der rechtshistorische Exkurs im 2.Teil unter B. ergeben, daß die Entwicklung eines allgemeinen Betrugstatbestands wie er erstmals in § 241 PrStGB kodifiziert wurde, zugleich von dem Bestreben begleitet war, nicht jede Lüge, die zu einem Vermögensschaden führt, als strafbaren Betrug zu erfassen, sondern dem Aspekt des subsidiären Charakters des strafrechtlichen Rechtsgüterschutzes ausreichend Beachtung zu schenken.

Die Lehre vom Täterverhalten mit Erklärungswert ist zudem nicht in der Lage, hinreichend konturierte Maßstäbe dafür zu liefern, unter welchen Voraussetzungen einem Verhalten überhaupt ein Erklärungswert zukommen soll.

Die Annahme der herrschenden Meinung, es liege in den Fällen der aktiven Täuschung stets eine Handlung des Täters in Form einer Erklärung vor, konnte im 2. Teil dieser Arbeit widerlegt werden. Der Vergleich mit den zivilrechtlichen Grundsätzen der konkludenten Willenserklärung sowie des zivilrechtlichen Täuschungsbegriffs hat dabei deutlich werden lassen, daß bei jenen Phänomenen, die im Zivilrecht als konkludentes bzw. schlüssiges Verhalten im Rechtsverkehr bezeichnet werden, nicht faktische Verhaltensweisen, sondern normative Erwägungen des Verkehrsschutzes bzw. der Redlichkeit des Geschäftsverkehrs im Vordergrund stehen. Dem Strafrecht ist es jedoch schon aufgrund seines notwendig subsidiären und fragmentarischen Charakters verwehrt, jene Wertungen des Zivilrechts über den Begriff »Erklärungswert« ungefiltert zu übernehmen.

Die Ausführungen im 3. Teil der Arbeit haben gezeigt, daß die Abgrenzung des strafbaren Betrugs von einem nur zivilrechtsrelevanten Täuschungsverhalten nur anhand eines normativen Kriteriums erfolgen kann. Dieses normative Kriterium ist unabhängig davon zu bestimmen, ob der Täter die Fehlvorstellung auf seiten des Irrenden realkausal verursacht hat.

Aufgabe des Täuschungsmerkmals innerhalb des Betrugstatbestands ist es, die *Verantwortungszuständigkeit* des Täters für den auf seiten des Irrenden bestehenden Defektzustand sowie die nachfolgende Selbstschädigung zu bestimmen. Die bloße Verursachung des Defektzustands »Irrtum« ist - ebenso wie die Verursachung der nachfolgenden Vermögensschädigung - für sich genommen wertungsneutral und vermag daher eine strafrechtliche Haftungszurechnung ebensowenig zu begründen, wie ein normatives Übergewicht des Begehungstäters. Erforderlich ist daher stets eine besondere Pflichtenstellung, kraft derer die Verantwortungszuständigkeit für den Defektzustand des Irrenden auf den Täter übergeht. Die an diese besondere Pflichtenstellung zu erhebenden Anforderungen sind beim Begehungs- und Unterlassungstäter inhaltlich identisch. Täuschung durch positives Tun und Täuschung durch Unterlassen setzen daher gleichermaßen den Verstoß gegen eine Garantenpflicht voraus.
Entsprechend der in der allgemeinen Garantenlehre vorzufindenden Tendenz, Garantenpflichten nach ihrer Zielrichtung in Obhuts- und Sicherungspflichten zu unterteilen, kann ein betrugsrelevantes Täuschungsverhalten in dem Verstoß gegen eine Obhutspflicht für fremdes Vermögen oder in der Verwirklichung einer erhöhten Rechtsgutsgefährdung bestehen.

Entgegen einer auch heute noch im Strafrecht anzutreffenden Auffassung lassen sich betrugsrelevante Obhutspflichten nicht aus dem zivilrechtlichen Grundsatz von Treu und Glauben herleiten. Da es sich bei Obhutspflichten für fremdes Vermögen der Sache nach um Vermögensfürsorgepflichten handelt, ist zudem von einer Sperrwirkung des Untreuetatbestands auszugehen. Daraus folgt, daß eine „besondere Vertrauensstellung“ des Täters betrugsrelevante Aufklärungspflichten erst dann zu begründen vermag, wenn zugleich die hohen Anforderungen einer Vermögensfürsorgepflicht i.S.d. § 266 erfüllt sind.

Die Voraussetzungen einer Sicherungsgarantenpflicht aufgrund erhöhter Rechtsgutsgefährdung sind erfüllt, wenn der Täter durch seine Verhaltensweise eine Gefahr zur Vornahme einer irrtumsbedingten Vermögensschädigung auf seiten des Irrenden geschaffen hat, die über das von jedermann selbst zu tragende allgemeine Lebensrisiko hinausgeht und es sich nicht zugleich um die Verwirklichung eines vom Opfer selbst geschaffenen Sonderrisikos handelt.

Die *de lege lata* erforderliche Unterscheidung zwischen aktiver Täuschung und Täuschung durch Unterlassen ist mit Hilfe des Kriteriums der Kausalität vorzunehmen.

Der in dieser Arbeit vertretene Standpunkt, insbesondere die Absage an eine Begründung betrugsrelevanter Aufklärungspflichten aus der Inanspruchnahme „besonderen Vertrauens“ unterhalb der Schwelle einer Vermögensfürsorgepflicht i.S.d. § 266, führt zu einer restriktiven Interpretation des Täuschungsbegriffs und damit der Betrugsstrafbarkeit. In diesem Zusammenhang sei abschließend auf die im 3. Teil unter B. gewonnene Erkenntnis verwiesen, wonach der extensive Täuschungsbegriff in der deutschen Betrugsdogmatik im Vergleich zu anderen kommensurablen Strafrechtsordnungen gleichsam eine Extremposition einnimmt. Eine Anregung dafür zu liefern, diesen in der deutschen Betrugsdogmatik vorherrschenden Täuschungsbegriff kritisch zu hinterfragen, ist das Anliegen der vorgelegten Arbeit.

Literaturverzeichnis

Alternativkommentar zum Bürgerlichen Gesetzbuch, Band 1, Allgemeiner Teil, Neuwied u. Darmstadt 1987 (zit.: AK-BGB/*Bearbeiter*).

Amelung, Knut: Irrtum und Zweifel des Getäuschten beim Betrug, GA 1977, S. 1-17.

Androulakis, Nikolaos K.: Studien zur Problematik der unechten Unterlassungsdelikte, München/Berlin 1963 (zit.: *Androulakis*, Unterlassungsdelikte).

Ardinay, Henri: Der Betrug nach dem schweizerischen Strafgesetzbuch, SchwZStrR 86 (1970), S. 15 ff.

Arzt, Gunther: Zur Garantenstellung bei unechten Unterlassungsdelikten (2. Teil, 2. Hälfte), JA 1980, S. 712 ff.

ders.:Strafrecht, Besonderer Teil, Lehrbuch, Heft 3: Vermögensdelikte (Kernbereich), 2. Auflage, Bielefeld, 1986.

Bacigalupo, Enrique: Die Problematik der Untreue im spanischen Strafrecht (rechtsvergleichende Bemerkungen zum deutschen und spanischen Recht), in: Bausteine des europäischen Wirtschaftsstrafrechts, Madrid-Symposium für Klaus Tiedemann, Köln u.a. 1994.

Bärwinkel, Richard: Zur Struktur der Garantieverhältnisse bei den unechten Unterlassungsdelikten, Diss. Berlin 1968.

v. Bar, Christian: Verkehrspflichten, München 1980.

Barbero Santos, Mario: Die Wirtschaftsstraftaten in der spanischen Gesetzgebung, in: Deutsch-Spanisches Strafrechtskolloquium, S. 195 ff., Baden-Baden 1986.

Baumann, Jürgen: Betrug durch vom Geschäftspartner nicht verstandene Vertragsformulierung, JZ 1957, S. 367 ff.

ders.: Strafrecht Allgemeiner Teil, 6. Auflage, Bielefeld 1974.

ders./Weber, Ulrich: Strafrecht Allgemeiner Teil, 9. Auflage, Bielefeld 1985.

Berning, Walter: Die Behandlung des Betrugs im spanischen Strafrecht, Diss. Göttingen 1971.

Beseler, Georg: Kommentar über das Strafgesetzbuch für die Preußischen Staaten und das Einführungsgesetz vom 14. April 1851, Leipzig 1851.

Beulke, Werner: Anmerkung zu LG Mannheim, NJW 1977, S.160, in:NJW 1977, S.1073f.

ders.: Anmerkung zu OLG Stuttgart, JR 1977, S. 388 ff., in: JR 1978, S. 390 f.

Bickels, Dietrich: Rechtsgeschäftliche Erklärungen durch Schweigen ? NJW 1972, S. 607 ff.

Binding, Karl: Lehrbuch des gemeinen Deutschen Strafrechts, Besonderer Teil, 2. Band, 1. Abteilung, 2. Auflage, Leipzig 1904.

Blei, Hermann: Garantenpflichtbegründung beim Unterlassen, in: Festschrift für Hellmuth Mayer, S. 119 ff., Berlin 1966.

ders.: Strafrecht II, Besonderer Teil. Ein Studienbuch. 12 Auflage, München 1983.

Bockelmann, Paul: Betrug verübt durch Schweigen, in: Festschrift für Eb. Schmidt, Göttingen 1961.

ders.: Anmerkung zu BGH 5 StR 184/61, NJW 1961, S. 1934 f.

ders.: Strafrecht, Besonderer Teil 1 (Vermögensdelikte), 2. Auflage, München 1982.

Brammsen, Joerg: Inhalt und Elemente des Eventualvorsatzes - Neue Wege in der Vorsatzdogmatik ? JZ 1989, S. 71 ff.

Bruns, Hans-J.: Die Befreiung des Strafrechts vom zivilistischen Denken, Berlin 1938.

Cadus, Joachim-M.: Die faktische Betrachtungsweise: Ein Beitrag zur Auslegung im Strafrecht, Diss. Berlin 1984.

Canaris, Claus-Wilhelm: Die Vertrauenshaftung im Deutschen Privatrecht, München 1971.

ders.: Schweigen im Rechtsverkehr als Verpflichtungsgrund, in: Festschrift für Walter Wilburg zum 70. Geburtstag, Graz 1975, S. 77 ff.

Cramer, Peter: Vermögensbegriff und Vermögensschaden im Strafrecht, Berlin/Zürich 1968 (zit.: *Cramer*, Vermögensbegriff).

Cucumus, Conrad: Über das Verbrechen des Betrugs als Beytrag für Criminalgesetzgebung. Ein Programm, Würzburg 1820.

Dallinger, Wilhelm: aus der Rechtsprechung des Bundesgerichtshofes in Strafsachen, MDR 1953, S. 18 ff.

Dästner, Christian: Straffreiheit für den Prozeßbetrug im automatisierten Mahnverfahren? ZRP 1976, S. 36 ff.

Derksen, Roland: Handeln auf eigene Gefahr, Diss. Berlin 1992.

Dietz-Rippollés, José Luis: Die jüngsten strafrechtlichen und strafprozessualen Reformen in Spanien, JZ 1984, S. 561 ff.

Dokumentation zum Strafgesetzbuch. Herausgegeben vom Bundesministerium für Justiz, Wien 1974.

Ebert, Udo: Strafrecht, Allgemeiner Teil, 2. Auflage, Heidelberg 1994.

Ellmer, Manfred: Betrug und Opfermitverantwortung, Diss. Berlin 1986 (zit.: *Ellmer*, Opfermitverantwortung).

Engisch, Karl: Tun und Unterlassen, in: Festschrift für Wilhelm Gallas zum 70. Geburtstag, Berlin/NewYork 1973.

ders.: Monatsschrift der Kriminolgie und Strafrecht, Band. 30 (1939)

Enneccerus/Nipperdey: Allgemeiner Teil des Bürgerlichen Rechts. Ein Lehrbuch. Erster Band, zweiter Halbband, 15. Auflage, Tübingen 1960.

Erman: Handkommentar zum Bürgerlichen Gesetzbuch, 1. Band, 9. Auflage, Münster 1993 (zit.: Erman/*Bearbeiter*).

Escher, Heinrich: Die Lehre vom strafbaren Betruge und von der Fälschung, Zürich 1840.

Eser, Albin: Strafrecht IV, Schwerpunkt Vermögensdelikte, 4. Auflage, München 1983.

Flume, Werner: Allgemeiner Teil des Bürgerlichen Rechts. Band II, Das Rechtsgeschäft, 3. Auflage, Berlin (u.a.) 1979.

Faure, Michael G.: Der strafrechtliche Schutz des Vermögens gegen Täuschung in Belgien, Frankreich und den Niederlanden, ZStW 108 (1996), S. 528 ff.

Feuerbach, P.J. Anselm von: Lehrbuch des gemeinen in Deutschland gültigen peinlichen Rechts, 7. Auflage, Gießen 1820.

Foregger, Egmont/Kodek, Gerhard: Strafgesetzbuch Kurzkommentar, 6. Auflage, Wien 1997.

Frank, Reinhard: Das Strafgesetzbuch für das Deutsche Reich, 15. Auflage, Tübingen 1924.

Frankfurter Kommentar zum Gesetz gegen Wettbewerbsbschränkungen, herausgegeben von *Helmut Glassen* u.a., Band 4, §§ 28-109 GWB, 3. Auflage, Stand: November 1997, Köln 1982/97 (zit.: *Bearbeiter*, Frankfurter Kommentar).

Franzheim, Horst: Probleme des Beitragsbetruges im Bereich der illegalen Arbeitnehmerüberlassung – Zugleich eine Besprechung der Entscheidung des BGH vom 13.5.1987-3StR 460/86, wistra 1887, S. 313 f.

Freienstein, Wendelin: Läßt sich die Strafbarkeit von Unterlassungsdelikten auch auf die Verletzung von sittlicher Pflichten zurückführen? Leipzig 1936.

Freund, Georg: Erfolgsdelikt und Unterlassen, Berlin 1992.

Frisch, Wolfgang: Funktion und Inhalt des „Irrtums“ im Betrugstatbestand, in: Festschrift für Paul Bockelmann zum 70. Geburtstag, München 1979, S. 647-667.

ders.: Die Garantenpflicht des Unterlassungstäters (1963), in: Studien zum Unterlassungsdelikt, Heidelberg 1989.

Geib, Gustav: Über die Grenze zwischen civilrechtlichem und criminellen Betruge, Arch.crim. NF., Jahrgang 1840, S. 195 ff.

Germann, Oskar Adolf: 10 Jahre schweizerisches Strafgesetzbuch, Ausblick und Rückblick, SchwZStr 67 (1952), S.1 ff.

Giehring, Heinz: Prozeßbetrug im Versäumnis- und Mahnverfahren – Zugleich ein Beitrag zur Auslegung des Irrtumsbegriffs in § 263 StGB, GA 1973, S. 1-26.

Goldschmidt, James: Beiträge zur Lehre vom Kreditbetruge, ZStW 48 (1928), S. 149 ff.

Goltdammer, Theodor: Die Materialien zum Strafgesetzbuche für die Preußischen Staaten, Theil II, (Den besonderen Theil enthaltend), Berlin 1852. (Zit.: Materialien II).

Götz, Albrecht/Göhler, Erich: Der Code pénal. Textausgabe mit Übersetzung, Berlin 1963.

Gesetz gegen Wettbewerbsbeschränkungen und Europäisches Kartellrecht, Gemeinschaftskommentar, herausgegeben von *Werner Benisch*, 4. Aufllage, 6. Lieferung §§ 34-39 GWB, Köln (u.a.) 1982. (Zit.: *Bearbeiter*, GK zum GWB).

Graul, Eva: Können auch Erfahrungssätze und Rechtssätze Tatsachen im Sinne des § 263 StGB sein ? JZ 1995, S. 595 ff.

Gropp, Walter: Strafrecht, Allgemeiner Teil, Berlin u.a. 1998.

Gross, Karl-Heinz: Betrug ohne Irrtum, NJW 1973, S. 600 ff.

Günther, Hans-Ludwig: Strafrechtswidrigkeit und Strafrechtsausschluß, Köln u.a.1983.

Grünwald, Gerald: Der Vorsatz des Unterlassungsdelikts, in: Festschrift für Hellmuth Mayer, S. 281 ff., Berlin 1966.

Hanau, Peter: Objektive Elemente im Tatbestand der Willenserklärung, AcP 165 (1965), S. 220 ff.

Hansen, Uwe. Der objektive Tatbestand des Betruges (§ 263 StGB) – viergliedrig oder dreigliedrig?, Jura 1990, S. 510 ff.

ders.: Die subjektive Seite der Vermögensverfügung beim Betrug, MDR 1975, S. 533 ff.

Hardwig, Werner: Beiträge zur Lehre vom Betrug, GA 1956, S. 6 ff.

Hassemer, Raimund: Schutzbedürftigkeit des Opfers und Strafrechtsdogmatik, Berlin 1981.

Hauf, Claus-Jürgen: Einheit der Rechtsordnung:die Garantenstellung im Betrug und im allgemeinen Schuldrecht, MDR 1995, S. 21 f.

Hegler, August: Betrug: (§§ 263-265 RStGB), in: Vergeichende Darstellung des deutschen und ausländischen Strafrechts, Besonderer Teil, Bd. VII, 1907.

Heimann-Trosien, Georg: Zur strafrechtlichen Beurteilung des Scheckkartenmißbrauchs, JZ 1976, S. 594 ff.

Henkel, Heinrich: Das Methodenproblembei den unechten Unterlassungsdelikten, MschrKrim 1961, S. 178 ff.

Herzberg, Rolf Dietrich: Das Wollen beim Vorsatzdelikt und dessen Unterscheidung von bewußt fahrlässigen Verhalten - Teil 1, JZ 1988, S. 575 ff.

ders.: Die Unterlassung im Strafrecht und das Garantenprinzip, Berlin 1972.

Hillenkamp, Thomas: Anmerkung zu BayObLG, Urt. V. 5.2.1987, in: JR 1988, S. 301 ff.

ders.: Vorsatztat und Opferverhalten, Göttingen 1981.

Hofmann, Paul: Zur Offenbarungspflicht des Arbeitnehmers, ZfA 1975, S. 1 ff.

Hübner, Heinz: Allgemeiner Teil des Bürgerlichen Gesetzbuchs, Berlin/ New York, 1996.

Hupe, Erich: Falsum, fraus und stellionatus im römischen und germanischen Recht bis zur Rezeption, Marburg 1967 (zit.: *Hupe*, Falsum).

Immenga/Mestmäcker, GWB, Gesetz gegen Wettbewerbsbeschränkungen, Kommentar, 2. Auflage, München 1992. (Zit.: *Bearbeiter* in: Immenga/Mestmächer, GWB).

Jakobs, Günther: Der strafrechtliche Handlungsbegriff. Kleine Studie , Vortrag gehalten vor der juristischen Studiengesellschaft Regensburg am 21. Mai 1992, München 1992.

ders.: Die strafrechtliche Zurechnung von Tun und Unterlassen, Opladen 1996.

ders.: Regreßverbot beim Erfolgsdelikt, ZStW 89 (1977), S. 1 ff.

ders.: Strafrecht Allgemeiner Teil, 2. Auflage 1993.

ders.: Nötigung durch Gewalt, in: H. Kaufmann Gedächtnisschrift, S. 795 ff. (808).

Janka, Karl /v. Kallina, Emilian: Das österreichische Strafrecht, 4. Auflage, Wien 1902.

Jauernig, Othmar: Bürgerliches Gesetzbuch, 8. Auflage, München 1997.

Jescheck, Hans-Heinrich/Weigand, Thomas: Lehrbuch des Strafrechts. Allgemeiner Teil, 5. Auflage, Berlin 1996.

Joerden, Jan C.: Anmerkung zu OLG Köln vom 16.1.1987 - Ss 754/86, in: JZ 1988, S. 103 ff..

Kahrs, Jürgen: Das Vermeidbarkeitsprinzip und die condicio-sine-qua-non-Formel im Strafrecht, Diss. Hamburg 1967. (zit.: *Kahrs*, Vermeidbarkeitsprinzip).

Kamberger, Petra: Treu und Glauben (§ 242 BGB) als Garantenstellung im Strafrecht? Diss.1995, Frankfurt/M.

Kant, Immanuel: Die Metaphysik der Sitten. Werkausgabe Band VIII. Herausgegeben von Wilhelm Weischedel, 10. Auflage, Frankfurt a.M. 1993.

Kaufmann, Arthur: Die Dogmatik der Unterlassungsdelikte, Göttingen 1959.

Kienapfel, Diethelm: Urkunden im Strafrecht, Frankfurt a.M. 1967.

ders.: Grundriß des österreichischen Strafrechts, Besonderer Teil, Band II: Delikte gegen Vermögenswerte, 3. Auflage, Wien 1993.

Kimmel, Josef: Lehrbuch des österreichischen Strafrechts, 16. Auflage, Wien 1954.

Kindhäuser, Urs: Täuschung und Wahrheitsanspruch beim Betrug, ZStW 103 (1991), S. 398 ff.

ders.: Zur Struktur des Wuchertatbestandes, NStZ 1994, S. 105 ff.

Klawitter, Timm: Die Grenzen des Betrugs durch Unterlassen. Diss. Frankfurt 1993.

Köhler, Michael: Strafrecht, Allgemeiner Teil, Berlin u.a. 1997.

Köndgen, Johannes: Selbstbindung ohne Vertrag, Tübingen 1981.

Kohlrausch, Eduard/Lange, Richard: Strafgesetzbuch mit Erläuterungen und Nebengesetzen, 43. Auflage, Berlin 1961.

Köstlin, Christian Reinhold: Über die Grenzenzwischen dem strafbaren und dem bloß civilrechtlich zu verfolgenden Betruge, Zeitschrift für Civilrecht und Prozeß, 14. Bd. (1857), S. 294 ff.

Krack, Ralf: List als Tatbestandsmerkmal, Diss. Frankfurt/M. 1994.

Kramer, Ernst A.: Schweigen als Annahme eines Antrags, Jura 1984, S. 235 ff.

Krey, Volker: Strafrecht, Besonderer Teil, Band 2 (Vermögensdelikte), 12. Auflage, Stuttgart (u.a.) 1999.

Kühl, Kristian: Strafrecht, Allgemeiner Teil, 2. Auflage, München 1997.

Kühne, Hans Heiner: Geschäftstüchtigkeit oder Betrug? Kehl am Rhein 1978.

Küper, Wilfried: Strafrecht Besonderer Teil, Definitionen mit Erläuterungen, Heidelberg 1996.

Kurth, Frowin: Das Mitverschulden des Opfers beim Betrug, Diss. Frankfurt 1984.

Larenz Karl: Die Methode der Auslegung des Rechtsgeschäfts (Fotomechanischer Nachdruck der 1. Auflage von 1930), Frankfurt a.M. 1966 (zit.: *Larenz*, Methode).

ders.: Allgemeiner Teil des Deutschen Bürgerlichen Rechts, 7. Auflage, München 1989.

ders./Canaris, Claus-Wilhelm: (Fortf.) Methodenlehre der Rechtswissenschaft, 6.Auflage (zit.: *Larenz/Canaris*, Methodenlehre).

ders./Wolf, Manfred: (Fortf.) Allgemeiner Teil des Bürgerlichen Rechts, 8. Auflage, München 1997.

Leipziger Kommentar zum Strafgesetzbuch, Band 6, §§ 263-302a, 10. Auflage Berlin/New York, 1988 (zit.: *Bearbeiter*, LK).

Leukauf, Otto/Steininger,Herbert: Kommentar zum Strafgesetzbuch, 2. Auflage, Eisenstadt 1979.

Loos, Fritz/Krack, Ralf: Betrugsstrafbarkeit bei Versprechen der Teufelsaustreibung – LG Mannheim, NJW 1993, S. 1488, in: JUS 1995, S. 204 ff.

von Lübtow, Ulrich: Zur Anfechtung von Willenserklärungen wegen arglistiger Täuschung, in: Festschrift für Horst Bartholomeycik zum 70. Geburtstag, Berlin 1973.

Maaß, Wolfgang: Die Abgrenzung von Tun und Unterlassen beim Betrug, GA 1984, S. 266 ff.

Maiwald, Manfred: Der Zueignungsbegriff im System der Eigentumsdelikte, Heidelberg 1970.

ders.:Kausalität und Strafrecht: Studien zum Verhältnis von Naturwissenschaft und Jurisprudenz, Göttingen 1980. (zit.: *Maiwald*, Kausalität u. Strafrecht).

Malaniuk, Wilhelm: Lehrbuch des Strafrechts, zweiter Band, 1. Teil: Delikte gegen den einzelnen, Wien 1948.

Maunz, Theodor/Dürig, Günther: Grundgesetz Kommentar, Band V, Art. 92 – 146, Lieferungen 1 – 35, München 1999.

Mayer, Hellmuth: Das Strafrecht des Deutschen Volkes, Stuttgart 1936.

Maurach, Reinhart: Deutsches Strafrecht Besonderer Teil, Hannover 1952.

ders./Schroeder, Friedrich-Christian/Maiwald, Manfred: Strafrecht, Besonderer Teil, Teilband 1 (Straftaten gegen Persönlichkeits- und Vermögenswerte), 8. Auflage, Heidelberg 1995 (zit.: *Maurach/Schroeder-Maiwald*).

Medicus, Dieter: Allgemeiner Teil des BGB. Ein Lehrbuch. 7. Auflage, Heidelberg 1997.

Merkel, Adolf: Kriminalistische Abhandlungen, 2 Bände, Leipzig 1867.

Metzen, Peter Matthias: Problematik und Funktion der fakultativen Strafmilderung für die Begehung durch Unterlassen (§ 13 Abs. 2 StGB 1975), Diss. Köln 1977.

Meyer, Maria-Katherina: Ausschluß der Autonomie durch Irrtum – Ein Beitrag zur mittelbaren Täterschaft und Einwilligung, Köln u.a. 1984.

Mommsen, Theodor: Römisches Strafrecht, Graz 1955.

Mugdan, Benno: Die gesamten Materialien zum Bürgerlichen Gesetzbuch für das Deutsche Reich, Band 1 Einführungsgesetz und Allgemeiner Teil (Neudruck der Ausgabe Berlin 1899), Aalen 1979 (zit.: *Mugdan*, Motive I).

Münchener Handbuch zum Arbeitsrecht. Band 1, Individualarbeitsrecht I, München 1992 (zit: *Bearbeiter*, in: Münch Handb ArbR).

Naucke, Wolfgang: Zur Lehre vom strafbaren Betrug, Berlin 1964.

ders.: Der Nutzen der subjektiven Auslegung im Strafrecht, in: Festschrift für Engisch, S. 274 ff., Frankfurt/M. 1969.

ders.: Anmerkung zum Urteil des AG Bremerhaven v. 28.11.1966, JZ 1967, S. 371.

ders.:Der Kausalzusammenhang zwischen Täuschung und Irrtum beim Betrug, in: Festschrift für Karl Peters, Tübingen 1974.

Neumann-Duesberg, Horst: Rechtswidrigkeitserfordernis und Rechtswidrigkeitsausschluß im Täuschungstatbestand des § 123 BGB, JR 1967, S. 1 ff.

Nickel, Egbert: Die Problematik der unechten Unterlassungsdelikte im Hinblick auf den Grundsatz „nullum crimen sine lege", Berlin 1972

Niederschriften über die Sitzungen der Großen Strafrechtskommission, zit: Niederschriften, Band und Seite.

Nitze, Paul: Die Bedeutung der Entsprechensklausel beim Begehen durch Unterlassen (§ 13 StGB), Diss. Berlin 1989 (zit.: *Nitze*, Entsprechensklausel).

Noll, Peter: Schweizerisches Strafrecht, Besonderer Teil I, Delikte gegen den einzelnen, Zürich 1983.

Nomos Kommentar zum Strafgesetzbuch, Band 1, Allgemeiner Teil. Gesamtredaktion: *Ulfried Neumann/Wolfgang Schild*, Baden-Baden 1995, Stand: 6. Lieferung 1999 (zit.: *Bearbeiter*, NK).

Otto, Harro: Grundkurs Strafrecht. Die einzelnen Delikte. Ein Lehrbuch. 5. Auflage, Berlin/New York 1998.

ders./ Brammsen, Joerg: Die Grundlagen der strafrechtlichen Haftung wegen Unterlassens, Jura 1985, Teil I, S. 530 ff., Teil II, S. 592 ff.

Palandt. Bürgerliches Gesetzbuch. 59. Auflage, München 2000 (zit.:Palandt/ *Bearbeiter*).

Paliero, Enrico: Probleme der Entkriminalisierung in Italien, ZStW 94 (1982), S. 404 ff.

Perrez, Josef M.: Der Betrug im italienischen und schweizerischen Strafrecht, Winterthur 1963.

Pérez Manzano, Mercedes: Die objektive Zurechnung beim Betrug, in: Bausteine des europäischen Wirtschaftsrechts, Madrid-Symposium für Klaus Tiedemann, herausgegeben von *Bernd Schünemann* u. *Carlos Suárez Gonzáles*, S. 213 ff., Köln u.a. 1994.

Pompe, Willem P. J.: Das niederländische Strafrecht, in: Das ausländische Recht der Gegenwart, Band V, S. 17 ff.. Herausgegeben von Edmund Mezger (u.a.), Berlin 1976.

Preisedanz, Holger: Strafgesetzbuch, 30. Auflage, Berlin, 1978.

Puppe, Ingeborg: Die Fälschung technischer Aufzeichnungen, Berlin 1972.

dies.: Erscheinungsformen der Urkunde, Jura 1980, S. 18 ff.

Quintano-Rippollés, Antonio: Das spanische Strafgesetzbuch v. 23.12.1944. Sammlung außerdeutscher Starfgesetzbücher, Berlin 1955.

RGRK: Das Bürgerliche Gesetzbuch, Kommentar, herausgegeben von Mitgliedern des Bundesgerichtshofes, Bd. I (§§ 1-240), 12. Auflage, Berlin/New York 1982.

Ranft, Otfried: Grundprobleme des Betrugstatbestandes, Jura 1992, S. 66 ff.

ders.: Betrug durch Verheimlichung von Submissionsabsprachen - eine Stellungnahme zu BGHSt 38, S. 186, wistra 1994, S. 41 ff.

Reese, Jürgen: Täuschung und Irrtum beim Betrug, Diss. Kiel 1975.

Reinking, Kurt /Eggert, Christoph: Der Autokauf, 6. Auflage, Düsseldorf 1996.

Rengier, Rudolf: Kündigungsbetrug des Vermieters bei vorgetäuschtem Eigenbedarf, JUS 1989, S. 802 ff.

Riegger, Ernst-Jürgen: Die Regelung des Betrugs im iberoamerikanischen Strafrecht, Diss. Frankfurt a.M./Bern/Cirencester 1981(zit.: *Riegger*, Betrug).

Riggert, Rainer: Zum Betrug durch konkludente Täuschung und Unterlassen, MDR 1990, S. 203 f.

Rittler, Theodor: Lehrbuch des österreichischen Strafrechts. Zweiter Band, Besonderer Teil, Wien 1962.

Riz, Roland/ Bosch, Johanna: Italienisches Strafgesetzbuch. Codice penale italiano. Zweisprachige Ausgabe, Bozen 1995.

Rochus, Reinhard: Betrügerischer Handel mit Rohstoffoptionen, NJW 1981, S. 736 ff.

Röhmel, K.: Rezension von Rolf Dietrich Herzberg: Funktion und Bedeutung des Merkmals *Irrtum* in § 263 StGB, JA 1977, S. 584 f.

Roxin, Claus: Täterschaft und Tatherrschaft, 5. Auflage, Berlin 1990.

ders.: Unterlassung, Vorsatz und Fahrlässigkeit, Versuch und Teilnahme im neuen Strafgesetzbuch, JUS 1973, S. 197 ff.

ders.: Strafrecht Allgemeiner Teil Band I, Grundlagen, Der Aufbau der Verbrechenslehre, 3. Auflage, München 1997.

Rudolphi, Hans-Joachim: Die Gleichstellungsproblematik der unechten Unterlassungsdelikte und der Gedanke der Ingerenz, Göttingen 1966.

Sack, Hans-Jürgen: Das „Hütchenspiel“ – ein eindeutiger Betrug, NJW 1992, S. 2540 f.

Samson, Erich: Begehung und Unterlassung, in: Festschrift für Hans Welzel zum 70. Geburtstag, S. 579 ff., Berlin/NewYork 1974.

ders.: Grundprobleme des Betrugstatbestands (1. Teil), JA 1978, S. 469 ff.

ders.: Strafrecht II, 5. Auflage, Frankfurt a.M.1985.

ders.: Urkunde und Beweiszeichen: die Verkörperte Gedankenerklärung als Merkmal des strafrechtlichen Urkundenbegriffs, Baden-Baden 1968 (zit.: *Samson*, Urkunde u. Beweiszeichen).

Satzger, Helmut: Der Submissionsbetrug, Diss. Berlin 1993.

Schaffmeister, Dieter: Das niederländische Strafgesetzbuch vom 3. März 1881. Sammlung außerdeutscher Strafgesetzbücher, Berlin/New York 1977.

ders.: Das Delikt des Stellionatus in der gemeinrechtlichen Strafrechtsdoktrin, in: Festschrift für Franz Wieacker, 1978, S. 281 ff.

Schmid, Reinhard Th.: Schadenersatzansprüche des Bauherrn bei Submissionsabsprachen, ZIP 1983, S. 652 ff.

Schmidt-Bleibtreu, Bruno/Klein, Franz: Kommentar zum Grundgesetz, 9. Auflage, Neuwied u. Kriftel 1999 (zit.: Schmidt-Bleibtreu/Klein).

Schmidt, Karsten: Handelsrecht, 5. Auflage, Köln (u.a.) 1999.

Schmidthäuser, Eberhard: Fluchtverbot und Anzeigegebot bei Verkehrsunfällen, JZ 1955, S. 433 ff. (435).

ders.: Strafrecht Allgemeiner Teil. Studienbuch, 2. Auflage, Tübingen 1984.

ders.: Teleologisches Denken in der Strafrechtsanwendung, Würtenberger-FS, S. 91 ff.

Schönke, Adolf/Schröder, Horst: Strafgesetzbuch Kommentar, 25. Auflage, München 1997 (zit.: *Schönke/Schröder-Bearbeiter*).

Schönke, Wolfgang: Unterlassene Erfolgsabwendungen und Strafgesetz, Köln u.a. 1974 (zit.: *Schönke*, Unterlassene Erfolgsabwendungen).

Schröder, Horst: Über die Abgrenzung des Diebstahls von Betrug und Erpressung, in: ZStW 60 (1941), S. 3 ff.

Schubarth, Martin/Albrecht, Peter: Kommentar zum schweizerischen Strafrecht, Besonderer Teil, 2. Band: Delikte gegen das Vermögen, Art. 137-172, Bern 1990.

Schultz, Michael: Amtswalterunterlassen, Diss. Berlin 1983.

Schünemann, Bernd: Grund und Grenzen der unechten Unterlassungsdelikte, Göttingen 1971. (zit.: *Schünemann*, Grund und Grenzen).

ders.: Zum gegenwärtigen Stand der Dogmatik der Unterlassungsdelikte in Deutschland, in: Internationale Dogmatik der objektiven Zurechnung und der Unterlassungsdelikte. Ein spanisch-deutsches Symposium zu Ehren von Claus Roxin. Herausgegeben von Enrique Gimbernat u.a., Heidelberg 1995.

ders.: Die Zukunft der Viktimo-Dogmatik: die viktimologische Maxime als umfassendes regulatives Prinzip zur Tatbestandseingrenzung im Strafrecht, in: Festschrift für Hans Joachim Faller, München 1984, S. 357-372.

ders.: Die Unterlassungsdelikte und die strafrechtliche Verantwortlichkeit für Unterlassungen, ZStW 96 (1984), S. 287 ff.

Schürmann, Hannes: Unterlassungsstrafbarkeit und Gesetzlichkeitsgrundsatz, Berlin 1986 (zit.: *Schürmann*, Unterlassungsstrafbarkeit).

Schwalm, Georg: Der objektive Wille des Gesetzgebers, in: Heinitz-FS S. 47 ff.

Seebode, Manfred: Anmerkung zu BGH v. 17.5.1988 – 5 StR 153/88 (BGHSt. 35, S. 288), in: JR 1989, S. 301 ff.

Seelmann, Kurt: Betrug beim Handel mit Rohstoffoptionen, NJW 1980, S. 2545 ff.
ders.: Zum Betrug beim Handel mit Optionen auf Warenterminkontakte, Anmerkung zu BGHSt v. 08.07.1981, NJW 1981, S. 2131 f.
ders.: Grundfälle zu den Straftaten gegen das Vermögen als Ganzes, JUS 1982, S. 268 ff.
ders.: Privatrechtlich begründete Garantenpflichten?, aus: Vielfalt des Rechts – Einheit der Rechtsordnung, Berlin 1994, S. 85 ff.
Sieber, Ulrich: Computerkriminalität und Strafrecht, Diss. Köln 1977 (zit.: *Sieber*, Computerkriminalität).
Singer, Reinhard: Das Verbot des widersprüchlichen Verhaltens, Diss. München 1993.
ders.: Selbstbestimmung und Verkehrsschutz im Recht der Willenserklärungen, München 1995 (zit.: *Singer*, Willenserklärungen).
Soergel. Bürgerliches Gestzbuch. Allgemeiner Teil, 12. Auflage, Stuttgart 1987 (zit.: Soergel/*Bearbeiter*).
Sonnen, Bernd-Ruedeger: Anmerkung zu OLG Hamburg v. 01.07.1980, NStZ 1981, S. 24 f.
ders.: Strafrechtliche Grenzen des Handels mit Optionen auf Warentermin-Kontakte, wistra 1982, S: 123 ff.
Spangenberg: Über Unterlassungsverbrechen und deren Strafbarkeit, in: Neues Archiv des Criminalrechts, Bd. 4 (1821), S. 527 ff.
Staudinger: Kommentar zum Bürgerlichen Gesetzbuch. Allgemeiner Teil (§§ 90-240), 12. Auflage, Berlin 1980 (zit.: Staudinger/*Bearbeiter*).
Stratenwerth, Günther: Schweizerisches Strafrecht, Besonderer Teil I: Straftaten gegen Individualinteressen, 5. Auflage, Bern 1995.
ders.: Strafrecht Allgemeiner Teil I. Die Straftat, 3. Auflage, Berlin u.a. 1981.
ders.: Zum Streit der Auslegungstheorien, in: Festschrift für Oscar Adolf Germann, Bern 1969, S. 257 ff.
Stree, Walter: Garantenstellung kraft Übernahme, in: Festschrift für Hellmuth Mayer, S. 145 ff., Berlin 1966.
Stübel, Christoph Carl: Über die Teilnahme mehrerer Personen an einem Verbrechen, Dresden 1828.
Systematischer Kommentar zum Strafgesetzbuch: Band 2, Besonderer Teil (§§ 80-358), 5. bzw. 6. Auflage, Stand: 49. Lieferung, Oktober 1999 (zit.: *Bearbeiter*, SK).

Tiedemann, Klaus: Der Vergleichsbetrug, in: Festschrift für Ulrich Klug, 1983, S. 405 ff.
ders.: Subventionskriminalität in der Bundesrepublik Erscheinungsformen, Ursachen, Folgerungen, Reinbek 1974 (zit.: *Tiedemann*, Subventionskriminalität).

Timpe, Gerhard: Strafmilderungen des Allgemeinen Teils des StGB und das Doppelverwertungsverbot, Berlin 1983.

Tönnies, Sybille: Die Ausdehnung des Täuschungsbegriffs durch die Konstruktion des Betrugs durch schlüssiges Verhalten, Diss. Kiel 1971.

Trechsel, Stefan: Schweizerisches Strafgesetzbuch vom 21.Dezember 1931. Kurzkommentar, 2. Auflage, Zürich 1997.

Triffterer, Otto: Abgrenzungsprobleme beim Betrug durch Schweigen - OLG Hamburg, NJW 1969, S. 335, JUS 1971, S. 181 ff.

Tröndle, Herbert/Fischer, Thomas: Strafgesetzbuch und Nebengesetze, 49. Auflage, München 1999.

Vogel, Joachim: Norm und Pflicht bei den unechten Unterlassungsdelikten, Diss. Berlin 1993.

Vogler, Theo: Zur Bedeutung des § 28 StGB für die Teilnahme am unechten Unterlassungsdelikt, in: Festschrift für Lange, S. 265 ff., Berlin 1976.

Volk, Klaus: Zur Abgrenzung von Tun und Unterlassen, in: Festschrift für Herbert Tröndle zum 70. Geburtstag am 24. August 1989, S. 219 ff., Berlin/New York 1989.

ders.: Täuschung durch Unterlassen beim Betrug - OLG Köln, NJW 1980, S. 2336, JUS 1981, S. 880 ff.

Vitt, Elmar: Verstecken von Ware im Einkaufswagen, Anmerkung zu OLGSt Düsseldorf v. 17.11.1992, NStZ 1994, S. 133 f. (134).

Wessels, Johannes/ Beulke, Werner: Strafrecht Allgemeiner Teil, 29. Auflage, Heidelberg 1999.

ders./ Hillenkamp, Thomas.: Strafrecht, Besonderer Teil 2 (Straftaten gegen Vermögenswerte), 22. Auflage, Heidelberg 1999.

Welzel, Hans: Das deutsche Strafrecht, 9. Auflage 1965.

Wiener Kommentar zum Strafgesetzbuch, herausgegeben von *Egmmont Foregger* und *Friedrich Nowakowski*, 10. Lieferung und 10a. Lieferung, §§ 146 -168 StGB, Wien, 1981/1990 (zit.: *Bearbeiter*, in: Wiener Kommetar).

Wismer, Willi: Das Tatbestandselement der Arglist beim Betrug, Diss. Zürich, 1988.

Woesner, Horst: Buchbesprechung: Einführung in das neue Strafrecht von Claus Roxin, Walter Stree, Heinz Zipf, Heike Jung, in: NJW 1975, S. 201.

Wolf, Ernst: Allgemeiner Teil des bürgerlichen Rechts, 3. Auflage, Köln (u.a.) 1982.

Worms, Alexander: Warenterminoptionen: Strafbarer Betrug oder nur enttäuschte Erwartungen?, wistra 1984, S. 123 ff.

ders.: Anlegerschutz durch Strafrecht, Diss. Köln 1987.

Zaczyk, Rainer: Strafrechtliches Unrecht und die Selbstverantwortung des Verletzten, Heidelberg 1993 (zit.: *Zaczyk*, Strafrechtliches Unrecht).

Zimmerl, Leopold: Grundsätzliches zur Teilnahmelehre, ZStW 49 (19 29), S. 39 ff.

Zürcher, Emil: Schweizerisches Strafgesetzbuch. Erläuterungen zum Vorentwurf vom April 1908. Bern, 1914.